"十二五"职业教育国家规划教材

经全国职业教育教材审定委员会审定

职业教育·道路运输类专业教材

公路工程项目管理

（第5版）

李绪梅　王　华　陈　列　主编

雷军旗[陕西交控市政路桥集团有限公司]　主审

人民交通出版社

北　京

内 容 提 要

本书为"十二五"职业教育国家规划教材,主要内容包括公路工程施工项目管理概述、公路工程施工合同管理、公路工程施工进度管理、公路工程项目施工质量管理、公路工程施工安全和环境管理、公路工程施工成本管理。

本书为高等职业院校道路运输类专业教材,也可供从事道路与桥梁工程施工和管理人员参考。

本书配有课件和习题答案,教师可通过加入职教路桥教学研讨群(QQ561416324)获取。书中相关知识点配有数字资源,请读者扫描封面二维码观看和查阅。

图书在版编目(CIP)数据

公路工程项目管理 / 李绪梅,王华,陈列主编.

5 版. — 北京 : 人民交通出版社股份有限公司, 2025.

6. — ISBN 978-7-114-20184-4

Ⅰ. U415.1

中国国家版本馆 CIP 数据核字第 2025XK7082 号

"十二五"职业教育国家规划教材
职业教育·道路运输类专业教材
Gonglu Gongcheng Xiangmu Guanli

书　　名	公路工程项目管理(第 5 版)
著 作 者	李绪梅　王　华　陈　列
责任编辑	刘　倩　杜希铭
责任校对	赵媛媛
责任印制	张　凯
出版发行	人民交通出版社
地　　址	(100011)北京市朝阳区安定门外外馆斜街 3 号
网　　址	http://www.ccpcl.com.cn
销售电话	(010)85285911
总 经 销	人民交通出版社发行部
经　　销	各地新华书店
印　　刷	北京市密东印刷有限公司
开　　本	787×1092　1/16
印　　张	22
字　　数	538 千
版　　次	2002 年 7 月　第 1 版
	2012 年 6 月　第 2 版
	2015 年 8 月　第 3 版
	2019 年 8 月　第 4 版
	2025 年 6 月　第 5 版
印　　次	2025 年 6 月　第 5 版　第 1 次印刷　总第 29 次印刷
书　　号	ISBN 978-7-114-20184-4
定　　价	58.00 元

(有印刷、装订质量问题的图书,由本社负责调换)

前·言
Preface

"公路工程项目管理"是道路与桥梁工程技术、公路养护与管理等专业的必修课程。本教材根据公路工程施工现场项目管理内容要求,将"创新、协调、绿色、开放、共享"的发展理念融入教材,以培养学生职业能力为主线,突出项目施工合同管理、进度管理、质量管理、成本管理、安全和环保管理等方面内容,并将公路工程二级建造师考试相关应知、应会知识点融于其中,重视校内学习和实际工作的一致性,选用大量工程案例,实施项目教学和案例教学,使学生了解真实公路工程项目管理内容和要求,强化项目建设综合管理能力培养。

教材修订结合《交通强国建设纲要》的内容和要求,将"牢牢把握交通'先行官'定位",以及"推动交通发展由追求速度规模向更加注重质量效益转变,由各种交通方式相对独立发展向更加注重一体化融合发展转变,由依靠传统要素驱动向更加注重创新驱动转变,构建安全、便捷、高效、绿色、经济的现代化综合交通体系"的理念要求融入教材。

第5版教材基本延续第4版的主体内容,根据项目管理"**先宏观再微观,先总体后专业**"的思路,对教材结构顺序进行了调整,将第4版中项目四"公路工程进度管理"和项目六"公路工程施工安全和环境管理"相关内容在全书架构中的位置提前。结合目前信息技术的快速发展,在项目六中增加了模块六"公路工程施工信息管理"。

本次修订的理念为"**突出项目导向,任务驱动**",因此,在每个项目内容前增加了一个结合具体工程建设背景的【引导案例】,并在其后每一个模块内容前都结合【引导案例】工程背景资料和该模块要学的知识内容增设了【工作任务】,引导学生带着"任务"进入后面知识点的学习。

本次修订按照国家新发展理念要求以及相关新技术标准和规范进行了内容的更新和完善,突出对项目建设环境保护的管理和要求,着力培养学生"尊重自然、保护自然"的职业行为习惯,树立绿色可持续发展理念。

本教材由新疆交通职业技术大学李绪梅、王华和四川交通职业技术学院陈列担任主编,参加此次编写修订工作的还有新疆交通职业技术大学高峰、莫俊明、李敏、赵丽萍、姚锐老师,全书由李绪梅统稿。感谢陕西交控市政路桥集团有限公司雷军旗担任本书主审,并为本次教材修订工作提供了许多宝贵意见和建议。

本教材在编写过程中,参考和引用了大量有关文献资料,在此对这部分资料的作者表示感谢!由于编者水平有限,教材中仍可能存在一些疏漏和不当之处,恳请读者批评指正,并及时反馈有关建议,以便修订完善。

编 者

2025 年 1 月

本书数字资源索引页

续上表

序号	项目	知识点	资源类型	本书页码
33		《中华人民共和国安全生产法》	文件	243
34		《中华人民共和国建筑法》	文件	244
35		《建设工程安全生产管理条例》	文件	244
36		《建设工程施工现场环境与卫生标准》	文件	251
37	项目五	《公路水运工程安全生产监督管理办法》	文件	251
38		公路工程典型安全事故分析	课件	263
39		《中华人民共和国环境保护法》	文件	277
40		《中华人民共和国噪声污染防治法》	文件	278
41		工程项目安全环保基础培训	课件	280
42	项目六	工程量清单计量规则	文件	326

以上资源观看方法：

1. 扫描封面上的二维码,注意此码只可激活一次；

2. 关注"交通教育出版"微信公众号；

3. 公众号弹出"购买成功"通知,点击"查看详情",进入后即可查看资源；

4. 也可进入"交通教育出版"微信公众号,点击下方菜单"用户服务-图书增值",选择已绑定的教材进行观看学习。

目·录
Contents

项目一
ITEM ONE
公路工程施工项目管理概述

知识点

1. 公路工程建设项目的概念、组成、特点。
2. 公路工程施工项目管理的概念、内容。
3. 公路工程施工项目部的概念、常见组织结构的基本形式。
4. 公路工程施工项目管理制度的建立及项目经理的责、权、利。

技能点

1. 组建简单的公路工程施工项目部。
2. 制定相应的施工项目管理制度。

引导案例

项目背景:2024 年 1 月,G30 连霍高速公路哈密至吐峪沟段改扩建工程项目开标,项目划分为 12 个标段,其中第一标段(HTGJ-1 标段)桩号为 K3017 +000 至 K3047 +000,招标范围包括标段内路基工程、路面工程、桥梁涵洞工程、路线交叉工程、交通安全设施及预埋管线工程、绿化及环境保护工程、管理养护与服务房屋建筑工程(含外部供水、外部供电等工程)等。

某公路工程公司中标第一标段。在开工伊始的项目施工准备阶段,公司需要组建现场施工管理机构,为了更好地进行施工管理和质量检验评定,按照《公路工程质量检验评定标准 第一册　土建工程》(JTG F80/1—2017)中有关单位、分部、分项工程划分的原则对所承建工程进行划分。

请依据模块一至模块三的相关知识,完成 3 个工作任务,任务单详见表 1-1、表 1-2 和表 1-6。

模块一 公路工程施工项目的基础知识

【工作任务1】 请依据本模块中的相关知识,结合给定的项目建设背景资料,完成下列任务,详见表1-1。

项目一 模块一 任务单 表 1-1

工作任务	请收集国家公路网规划资料,分析公路交通在国民经济发展中的重要性,了解《交通强国建设纲要》内容。根据项目一[引导案例],按照有关单位、分部、分项工程划分的原则,对工程进行划分
任务要求	1. 小组收集国家公路网规划资料,每组 2~3 人,完成对国家公路网路线情况总结; 2. 小组查阅《公路工程质量检验评定标准 第一册 土建工程》(JTG F80/1—2017)中有关单位、分部、分项工程划分的原则,完成对此划分原则的总结; 3. 小组完成对[引导案例]中工程的单位、分部、分项工程的划分
任务准备	1. 知识准备:了解公路工程建设项目的概念; 掌握有关单位、分部、分项工程划分的原则; 2. 工具准备:借阅《公路工程质量检验评定标准 第一册 土建工程》(JTG F80/1—2017)
工作步骤	1. 小组讨论分工; 2. 小组合作完成对国家公路网路线情况的总结,讨论交通强国建设意义; 3. 小组合作完成对[引导案例]中工程的单位、分部、分项工程的划分
自我评价 (优、良、中、差)	工作态度: 团队协作: 知识掌握:

一、建设项目与公路工程建设项目的相关概念

1. 建设项目

建设项目是需要一定量的投资,按照一定程序,在一定时间内完成,且应符合质量要求,以形成固定资产为目标的特定性任务。建设项目是固定资产投资项目,固定资产投资项目包括基本建设项目(新建、扩建等扩大生产能力的项目)和技术改造项目。

建设项目具有以下特征:一是建设项目在一个总体设计或初步设计范围内,由一个或若干个相互有内在联系的单项工程所组成,在建设中实行统一核算、统一管理;二是建设项目具有若干方面的约束条件,即有合理的建设工期要求,一定的投资总量约束,预期的生产能力、技术水平或使用效益等质量目标要求;三是建设项目需要遵循必要的建设程序和经过特定的建设过程,从提出项目建设的设想、建议、方案拟订、可行性研究、评估、决策、勘察、设计、施工,一直到竣工、试运行和交付使用,是一个有序的系统工程;四是建设项目需要按照特定的要求,进行一次性组织,表现为建设管理机构的一次性设置,建设过程的一次性实施,建设地点的一次性固定,项目经理的一次性任命;五是建设项目具有投资限额标准,只有达到一定限额投资的才

作为建设项目。

2. 公路工程建设项目

公路工程建设项目也称公路基本建设项目,除具有建设项目的特点外,还具有以下特点:公路工程建设项目一般属于线形工程,一个项目的建设路段短则几公里,长则上百公里,会经过不同的地质地段;公路工程建设项目投资大,项目构成复杂,施工过程多,工作面有限,工期长。

(1)组成

公路工程建设项目由若干个单项工程组成,每个单项工程由若干个单位工程组成,每个单位工程由若干个分部工程组成,每个分部工程又由若干个分项工程组成。在合同段中,具有独立施工条件和结构功能的工程为单位工程。在单位工程中,按路段长度、结构部位及施工特点等划分的工程为分部工程。在分部工程中,根据施工工序、工艺或材料等划分的工程为分项工程。

①单项工程是指在一个建设工程项目中,具有独立的设计文件,竣工后能独立发挥生产能力或产生效益的工程项目,也称为工程项目。单项工程是建设工程项目的组成部分。一个建设工程项目由一个或多个单项工程组成。单项工程从施工的角度看是一个独立的系统,在工程项目总体施工部署和管理目标的指导下,形成自身的项目管理方案和目标,依照其投资和质量要求,如期建成并交付使用。

②单位工程是指具有独立的设计文件,具备独立施工条件并能形成独立使用功能,但竣工后不能独立发挥生产能力或产生工程效益的工程,是构成单项工程的组成部分。与单项工程不同的是,单位工程竣工后不能独立发挥其生产能力或价值。

③分部工程是单位工程的组成部分,一般是按单位工程的结构形式、工程部位、构件性质、使用材料、设备种类等不同而划分的工程项目。

④分项工程是分部工程的细分,是构成分部工程的基本项目,又称工程子目或子目。它是通过较为简单的施工过程就可以生产出来并可用适当计量单位进行计算的建筑工程或安装工程。

(2)建设程序

公路工程建设程序是从设想、选择、评估、决策、设计、施工到建成、竣工验收、投入使用的整个建设过程,反映了这一过程所经历的各阶段、各环节的先后次序关系及相互联系。按照建设项目发展的内在联系和发展过程,基本建设程序可分为若干阶段,包括项目建议书阶段、可行性研究报告阶段、设计工作阶段、建设前准备工作阶段、建设项目施工阶段、竣工验收阶段和项目运营、后评价阶段。这些发展阶段有严格的先后顺序,可以交叉,但不能任意颠倒、违反规律。公路工程基本建设程序是从事公路建设项目建设管理必须遵守的工作准则。

①根据规划,编制项目建议书。大型项目需要编制预可行性报告。

②根据批准的项目建议书,进行工程可行性研究,编制可行性研究报告。此阶段还需要完成相关专题研究,包括土地预审、环评、水保、地质、地震、防洪、文物、通航论证、银行承诺等,作为项目决策的依据。

公路工程的单位工程、分部子分部、分项工程划分(节选)

《中华人民共和国公路法》

③根据批准的可行性研究报告编制初步设计文件。

④根据批准的初步设计文件,编制施工图设计文件,对于特殊复杂工程,必要时增加技术设计阶段。

⑤根据批准的施工图设计文件,组织项目施工、监理招标投标,确定建设项目施工单位和监理单位。

⑥根据国家有关规定,进行征地拆迁等施工前准备工作,申请质量监督和施工许可。

⑦根据批准的施工许可,组织公路工程建设项目实施。

⑧建设项目施工完工后,完善竣工图表和档案资料、工程决算和项目竣工财务决算,办理项目交竣工验收和财产移交手续。

⑨项目运营,组织项目后评价。

(3)管理主体

①业主(建设单位)。公路工程建设项目具有公用工程项目的特性,建设中,业主主要有各级交通主管部门和相关公司,包括公路投资公司、合资公司等。

②设计单位。指承接公路工程建设项目勘察设计任务的公路工程设计单位,如中交第一公路勘察设计研究院等。

③监理咨询机构。指承接公路工程建设项目监理咨询任务的公路工程监理咨询机构。

④承包人。指承接公路工程建设项目施工任务的公路工程施工企业,如中国交通建设集团有限公司等。

(4)管理类型

公路工程建设项目管理类型有业主进行的项目管理、咨询公司代业主进行的项目管理、设计单位进行的项目管理、咨询公司代设计单位进行的项目管理、施工承包人进行的项目管理、咨询公司代施工承包人进行的项目管理、工程指挥部代表有关政府部门进行的项目管理、政府进行的项目管理。

在工程项目建设的不同阶段,参与工程项目建设的各方的管理内容及重点各不相同。

(5)特点

①公路工程施工项目产品在空间位置上的固定性。

一般的施工项目产品均由自然地面以下的基础和自然地面以上的主体两部分组成(地下建筑全部在自然地面以下),基础承受主体的全部荷载(包括基础的自重),并传给地基,同时将主体固定在地面上。任何公路工程施工项目产品都是在选定的地点上建造使用,项目产品的施工和使用地点在空间位置上是固定的。

②公路工程施工项目产品的多样性。

公路工程施工项目产品不仅要满足各种使用功能的要求,而且还要体现地区的生活习惯、民族风格、物质文明和精神文明风貌,同时还受到地区自然条件等诸多因素的限制,使得公路工程施工项目产品在规模、结构、构造、形式等方面变化纷繁。因此,施工项目产品的类型呈多样性。

③公路施工项目产品体形的庞大性。

公路施工项目产品,无论是道路工程项目产品,还是桥梁工程项目产品,为了满足其使用功能的需要,并综合考虑建筑材料的物理力学性能,需要消耗大量的物质资源,占据广阔的平面和空间,因而公路工程施工项目产品的体形庞大。

二、建设工程施工项目与公路工程施工项目的相关概念

1. 建设工程施工项目

建设工程施工项目是施工企业自施工承包投标开始到保修期满为止的全过程中完成的项目。其具有以下特征:一是建设项目可以是整个建设项目,也可以是建设项目中的一个单项工程,还可以是单项工程中的一个单位工程的施工任务;二是以施工企业为管理主体;三是工程施工项目的范围是由工程施工合同界定的。

2. 公路工程施工项目

公路工程施工项目是由施工企业自施工承包投标开始到保修期满为止的全过程中完成的项目,其管理主体是施工企业,项目的任务范围是由施工合同界定的。

(1)公路工程施工项目产品特点

公路工程施工项目产品具有地点的固定性、类型的多样性和体型的庞大性三大主要特点,决定了施工项目产品的生产与一般工业产品相比,具有自身的特殊性。其具体特点如下:

①施工项目产品生产具有流动性。

公路工程施工项目产品地点的固定性决定了产品生产的流动性。一般的工业产品都是在固定的工厂、车间生产,而公路工程建设施工项目产品的生产是在不同的地区,或同一地区的不同现场,或同一现场的不同单位工程,或同一单位工程的不同部位,组织工人、机械围绕着同一施工项目产品进行的,从而使得施工项目产品生产需要在地区之间、生产现场之间、单位工程之间或部位之间流动。

②施工项目产品生产具有单件性。

公路工程施工项目产品地点的固定性和类型的多样性,决定了施工项目产品生产具有单件性。一般的工业产品是在一定的时期里,在统一的工艺流程中进行批量生产。而公路工程施工项目产品,则是根据道路、桥梁的使用功能,在选定的地点上单独设计和施工。即使是选用标准设计、通用构件或配件,但是由于公路工程施工项目产品所在地区的自然、技术、经济条件不同,使施工项目产品的结构或构造、建筑材料、施工组织和施工方法等各不相同,从而使得每一个公路工程建设施工项目产品的生产都具有单件性。

③施工项目产品生产具有地区性。

公路工程施工项目产品的固定性,决定了具有同一使用功能的施工项目产品因其建造地点的不同,必然受到建设地区的自然、技术、经济和社会条件的约束,使其结构、构造、材料、施工方案等方面均各异。因此,施工项目产品的生产具有地区性。

④施工项目产品生产周期长。

施工项目产品生产地点的固定性和空间的庞大性,决定了施工项目产品具有生产周期长

的特点。因为体积庞大,使得施工项目在生产过程中必须消耗大量人力、物力和财力。又由于施工项目产品地点的固定性,使得施工活动的空间具有一定的局限性,从而导致施工项目产品具有生产周期长、占用流动资金量大的特点。

⑤施工项目产品生产露天作业多。

由于公路工程施工项目产品建设地点的固定性和体积的庞大性,公路工程建设施工项目生产需要在露天施工现场组织施工,这也导致了施工项目产品生产露天作业多。

⑥施工项目产品生产高空作业多。

由于公路工程施工项目产品体形庞大,特别是大型桥梁工程项目施工具有高空作业多的特点,随着高等级公路的快速发展,城市立交桥、跨线桥、跨河桥的施工任务日益增多,公路工程建设施工项目产品生产中,高空作业多的特点日益明显。

⑦施工项目产品生产组织协作复杂。

由于公路工程施工项目生产涉及面广,在组织公路工程施工过程中,施工单位不但需要同建设单位、设计单位、监理单位、材料设备供应单位等密切协作,还需要得到环境保护部门、质量监督部门、交通运输部门、土地部门等的支持。所以,公路工程施工项目生产需要社会各部门和各领域的协作配合。因此,公路工程建设施工项目产品的生产组织协作具有复杂性。

(2)公路工程施工项目管理要求

我国建设领域推行项目法人责任制、招标投标制、工程监理制、合同管理制。

①建设工程项目法人责任制是指经营性建设项目由项目法人对项目的策划、资金筹措、建设实施、生产经营、偿还债务和资产的保值增值实行全过程负责的一种项目管理制度。国有单位经营性大中型建设工程必须在建设阶段组建项目法人。项目法人可以有限责任公司(包括国有独资公司)和股份有限公司等形式设立,国有单位经营性基本建设大中型项目必须组建项目法人。实行项目法人责任制即由项目法人承担投资风险,项目法人要对工程项目的建设及建成后的生产经营实行一条龙管理和全面负责。

②建设工程招标投标制是指建设工程项目依据《中华人民共和国招标投标法》(以下简称《招标投标法》)和《中华人民共和国招标投标法实施条例》(以下简称《招标投标法实施条例》),对凡是达到相关规定的规模和标准,以及国家规定必须进行招投标的工程应施行项目招投标来确定承担项目的单位(包括建设项目勘察、设计、监理和施工等)的制度。

③建设工程监理制是指建设工程必须执行监理管理制度。依据《招标投标法》和《招标投标法实施条例》,大型民用建筑、公益性建筑、道路交通设施等建设工程必须要执行监理管理的制度。项目监理是工程项目的一方责任主体,以公正、独立的第三方身份承担监理责任。

④建设工程合同管理制度是要求建设项目,包括项目管理、经营、设计、施工、监理等建设活动,必须要有相应的书面合同。合同的订立要遵守《民法典》相关要求,并以合同为基础对项目各环节进行管理。

《中华人民共和国招投标法》

《中华人民共和国投标法实施条例》

《中华人民共和国法典》第三编 合同

模块二 公路工程施工项目管理的基础知识

【工作任务2】 请依据本模块中的相关知识,结合给定的项目建设背景资料,完成下列任务,详见表1-2。

项目一 模块二 任务单 表 1-2

工作任务	请列出施工项目管理的目标和可以用到的方法,并对方法进行介绍
任务要求	1. 小组收集施工项目管理的目标和可以用到的方法,每组 2~3 人,完成对施工项目管理目标控制方法的总结汇报; 2. 小组协作完成对[引导案例]中工程制订控制目标及可用的控制方法的说明
任务准备	1. 知识准备:了解公路工程施工项目管理的概念; 掌握公路工程施工项目管理的内容; 2. 工具准备:网上查阅浏览项目管理、项目控制的主要方法
工作步骤	1. 小组分工整理工程项目控制的主要方法; 2. 小组内对工程项目控制的主要方法进行汇报; 3. 小组合作完成对[引导案例]中工程项目管理控制目标的制订,并疏理可用的主要方法
自我评价 (优、良、中、差)	工作态度: 团队协作: 知识掌握:

一、相关概念

1. 建设工程项目管理

建设工程项目管理是建设单位在建设项目的生命周期内,用系统工程的理论、观点和方法,进行有效的策划、决策、组织、协调、控制等系统、科学的管理活动,从而根据项目既定的质量要求、建设时间、投资总额、资源限制和环境条件,圆满地实现建设项目目标。其特点是:项目管理者是建设单位;对象是建设工程项目。内容包括项目决策、设计、施工、竣工和使用及维护管理。随着项目管理阶段的发展,项目管理的内容也不同。

2. 建设工程施工项目管理

施工项目管理与建设项目管理在管理主体、管理对象、管理内容和管理范围方面都是不同的:管理主体是施工企业;管理对象是施工项目;管理周期包括工程项目投标、签订工程项目施工合同、施工准备、组织施工、交工验收和用后服务等;管理范围根据施工合同要求界定;管理任务包括进度管理、质量管理、成本管理、安全管理、环境管理、合同管理、资源管理、信息管理、沟通管理、风险管理、组织协调等。

3. 公路工程施工项目管理

公路工程施工项目管理是指在公路工程项目施工过程中,施工企业利用工程项目管理的原理、方法、手段，针对公路工程项目施工活动的特点，对公路工程项目施工进行全过程、全方位的科学管理和全面控制，对施工项目进行策划、组织、控制、协调、监督等活动，最优地实现公路项目施工的质量目标、成本目标、工期目标和安全目标。其特点是：项目管理者是公路工程施工企业；对象是施工项目；内容是项目施工阶段"五控制、两管理、一协调"。

公路工程施工项目管理是施工企业对某项具体公路工程施工建设项目的施工进行的全过程管理。

(1)施工项目管理范围：投标承包决策、参与项目投标、签订施工合同、施工准备、组织施工、竣工验收。

(2)施工项目管理目的：实现施工合同目标，使企业取得经济效益。

(3)施工项目管理技术：包括合同管理方面、质量管理方面、进度管理方面、成本管理方面、安全管理方面、信息管理方面等。

施工项目管理与建设项目管理的区别详见表1-3。

施工项目管理与建设项目管理的区别　　　　　　　　　　　　　　　表1-3

区别特征	施工项目管理	建设项目管理
管理任务	生产工程产品，取得利润	取得符合要求的、能发挥应有效益的固定资产
管理内容	涉及从投标开始到交工为止的全部生产组织与管理及维修	涉及投资周转和建设的全过程管理
管理范围	由工程承包合同规定的承包范围，通常为建设项目、单项工程或单位工程	由可行性研究报告确定的所有工程，通常为一个建设项目
管理主体	施工企业	建设单位或委托的咨询(监理)单位

4.公路工程施工项目管理的职能

公路工程施工项目管理主要有以下四种职能：

(1)计划职能。在项目实施施工管理的全过程中，用一个动态的计划来控制整个项目实施活动，使项目能够协调、有序地达到预期目标。

(2)组织职能。通过职权划分、授权、合同的签订与执行和运用各种规章制度等方式，建立一个高效率的组织体系，以确保项目目标的实现。

(3)协调职能。在项目施工全过程中，需要在不同阶段、不同部门、不同层次间进行协调与沟通，才能保证项目的顺利实施。

(4)控制职能。项目施工管理过程要通过计划、决策实施、反馈、调整来对项目实行有效的控制，其控制的中心内容是质量控制、工期控制、成本控制和安全控制。

二、公路工程施工项目管理模式

公路工程建设项目施工管理需要一批专业机构和专业人才具体实施。目前，工程项目施工管理模式主要有传统的项目法管理模式和更加现代化的集约化管理模式。

1.项目法管理模式

传统的项目法管理模式，就是根据工程项目造价、质量、安全、进度等合同目标及企业利润要求等指标,组织企业在内部公开竞聘项目经理,由项目经理组建项目部,构建以项目管理为核心,以项目建设目标为目的和以公路工程建设项目施工合同为依据的组织管理系统。

项目法管理模式下组建的项目部可以择优选聘专业管理人员,负责项目实施,对于进入施工施工现场的人、财、物、机械等有统一调度、合理配置、指挥使用的权利。这一模式的问题是公路工程建设施工项目承包合同是项目建设管理单位(法人)与符合资质要求的施工企业法人签订的,但企业法人在项目实施过程中实际上失去了对项目实施的控制权,项目经理对项目实施具有很大的权力,却不能承担建设施工项目合同要求承担的相应义务和法律责任。

2.集约化管理模式

集约化管理模式目前主要体现为"法人管项目"。该管理模式依托信息化手段,配合规范的管理程序,解决了传统项目法管理模式的弊病。其主要管理核心是集约化管理。

集约化管理模式下的项目经理只是代表企业去管理项目实施,是执行者而不是决策者,项目经理对项目实施管理要严格体现企业管理项目的意图,严格执行企业管理项目的规范制度。

三、公路工程施工项目管理的内容

1.建立公路工程施工项目管理组织

项目管理组织的工作内容包括组织设计、组织联系、组织运行、组织行为及组织协调五个环节。

2.编制公路工程施工项目管理规划

施工项目管理规划是对施工项目管理组织及其内容、方法、步骤、重点进行预测和决策,形成包含具体安排的纲领性文件。

3.进行公路工程施工项目的目标控制

施工项目的控制目标包括进度控制目标、质量控制目标、成本控制目标、安全控制目标。控制方法一般有预先控制、现场控制、反馈控制等。详见表1-4。

公路工程施工项目控制的方法　　　　　　　　　　表1-4

控制目标	主要方法
进度控制	横道图计划法、网络图计划法、S形曲线法
质量控制	检查对比法、数理统计法(控制图法、因果关系图法、频数直方图分析法等)、质量方针目标管理法、图表法
成本控制	量本利分析法、价值工程分析法、偏差控制法、估算法
安全控制	安全目标责任法
施工现场控制	看板管理法、责任承担法

施工项目目标控制的行为对象是施工项目目标,控制行为的主体是项目经理部。控制对象构成目标体系。施工项目目标控制过程中会不断受到各种客观因素的干扰,各种风险因素都有可能发生,故应通过组织协调和风险管理对施工项目目标进行动态控制。施工项目管理规划与控制目标之间的关系见表1-5。

施工项目管理规划与控制目标之间的关系　　　　　表 1-5

规划内容	与控制目标的关系
施工方案	是各项目标生产的基础和前提
技术组织措施	制订节约、质量、安全、环境保护、季节施工、成本等控制目标
施工进度计划	确定进度目标与总工期、劳动量、材料量、机械台班量
施工平面图	确定临时设施、场地利用率

4. 对公路工程施工现场的生产要素进行优化配置和动态管理

公路工程施工现场的生产要素是指投入施工项目的劳动力、材料、机械设备、技术和资金。对公路工程施工现场的生产要素进行优化配置和动态管理,是指科学安排现场的生产要素,随时根据工程项目施工过程中的具体情况,适时、适量、适比例、适位置地配置或投入生产要素,满足工程施工进度、质量的要求,并与各种施工环境保持协调关系,最终提高项目经济效益。

5. 对公路工程施工项目进行合同管理

公路工程施工企业通过招投标的形式中标,与建设单位签订施工合同,其合同格式应参照交通运输部颁布的《公路工程标准施工招标文件》。签订公路施工承包合同时,应有已批准的初步设计和总概算,主体双方有法人资格,承包人有相应的资质等级,征地、拆迁问题已经解决,资金已经落实。公路工程施工企业必须按照施工合同的要求组织施工,履行合同目标。

6. 公路工程项目施工标准化管理

承包人应按照相关规范要求,优化施工工艺,严格工艺管理,提高施工效率和实体工程质量;规范质量检测与控制,强化各类检验和标准试验,做到检测项目完整齐全、检测频率符合要求、检测数据真实可靠;加强隐蔽工程、关键工序的过程控制和验收,确保工程各项指标抽检合格率达到规范要求;施工过程中,施工原始记录应与施工工序同步,工程现场验收应与施工资料签认同步,对隐蔽工程应保留相关影像资料;严格执行试验路、试验段及首件工程验收制,未经验收总结,不得进行规模生产。

承包人应严格遵守公路建设法律法规和强制性标准,在工程管理中查找薄弱环节,健全管理制度,优化管理流程,把技术标准、管理标准、作业标准落实到施工全过程,确保工程进度合理均衡,安全措施和节能环保措施落实到位,档案资料收集齐全、整理规范。同时,加强从业人员管理和培训,统一从业人员持证和着装。

7. 对公路工程施工项目进行信息管理

公路工程施工项目管理是一项复杂的现代化的管理活动。进行施工项目管理,如施工项目目标管理、动态管理等,必须依靠信息管理。在项目施工过程中必须保持信息畅通,才能保证项目的动态管理。

8. 组织协调

公路工程施工项目组织协调的内容包括:人际关系协调、组织关系协调、供求关系协调、配合关系协调、约束关系协调等。

模块三　公路工程施工项目管理组织的建立

【**工作任务3**】　请依据本模块中的相关知识,结合给定的项目建设背景资料,完成下列任务,详见表1-6。

项目一　模块三　任务单　　　　　　　　　　表1-6

工作任务	请帮承包人设计项目部组织结构,并说明理由
任务要求	1. 小组去项目实地访问项目部,了解组织机构设置情况并总结汇报; 2. 小组协作完成[引导案例]中工程项目的项目组织建立工作,并说明该组织的优缺点
任务准备	1. 知识准备:了解公路工程施工项目部的概念;掌握常见组织机构的基本形式; 2. 工具准备:网上查阅浏览项目管理中组织管理的相关内容
工作步骤	1. 小组分工整理工程常见组织机构的基本形式; 2. 小组去项目实地访问项目部,了解组织机构设置情况,小组内进行参观工程项目组织机构汇报; 3. 小组合作完成[引导案例]中工程项目的项目组织结构设计工作
自我评价 (优、良、中、差)	工作态度: 团队协作: 知识掌握:

一、公路工程施工项目管理组织

公路工程施工项目管理组织是指为进行施工项目管理、实现组织职能而进行的组织系统的设计、建立、组织运行和组织调整等几个方面工作的总称。项目组织系统的设计与建立是通过筹划、设计、建立一个可以完成施工项目管理的组织机构,建立必要的规章制度,划分并明确岗位、层次、部门的职责和权限,建立和形成管理信息系统及责任分担系统,并通过一定的岗位和部门内人员的规范化活动和信息流通实现组织目标。

1.组织系统的设计

选定一个合理的项目组织机构形式,划分项目各部门的权限和职责,确立各种规章制度。

2.组织系统的建立

为了保证工程项目的良好开展,根据选定的项目组织机构形式,以需配人,以岗定人,确定项目各部门人员,建立项目团队,形成项目组织系统。

3.组织系统的组织运行

项目团队人员要按分担的责任完成各自的工作,规定项目内各组织的工作顺序和业务管理活动的运行过程。项目组织运行要抓好三个关键性问题:一是人员配置,二是业务接口关系,三是信息反馈。

4.组织系统的组织调整

项目团队根据工作的需要、环境的变化或原有的项目组织系统的缺陷、适应性和效率性，对原有组织系统进行调整和重新组合，包括组织形式的变化、人员的变动、规章制度的修订和废止、各部门责任系统的调整以及对信息流通系统的调整等。

二、公路工程施工项目管理组织机构

(一)作用

1.组织机构是施工项目管理的组织保证

项目经理在启动项目管理之前，首先要做好项目组织准备，建立一个能够完成管理任务，使项目经理指挥灵活、调整自如、工作高效的项目组织机构——项目经理部，该机构的设立目的是提供施工项目管理的组织保证。

2.形成一定的权力系统，以便进行统一指挥

项目机构的建立，首先是以法定的形式产生权力，权力是工作的需要，是管理地位形成的前提，是组织活动的反映。工程项目组织机构的建立需要授权，以便使用合法权力实现工程项目目标。

3.形成项目责任制度

项目责任制度是公路工程施工项目组织中的核心机制，没有责任就不能称为项目管理机构，也就不存在项目管理。一个项目组织能否有效地运转，取决于是否有健全的岗位责任制度。施工项目组织机构的每位成员都应肩负一定责任，该责任是指项目组织对每位成员规定的一部分管理活动和生产活动的具体内容。

4.形成项目信息沟通体系

信息沟通是项目组织力形成的重要因素。下级(下层)以报告或其他形式向上级(上层)传递信息；同级不同部门之间为了相互协作而横向传递信息。项目经理只有获得足够的信息，才能进行正确的决策和指挥。

(二)设置原则

1.目的性原则

公路工程施工项目组织机构设置的根本目的是为了产生组织功能，实现项目管理总目标。所以，应根据目标设置机构确定编制，按编制设岗位、定人员，以责任定制度、授权力。

2.精干高效原则

公路工程施工项目组织机构人员的设置，以能实现施工项目所要求的工作任务为原则，尽量简化机构，做到精干高效。

3. 管理跨度和分层统一原则

管理跨度也称为管理幅度,是指一个主管人员直接管理下属人员的数量。管理跨度大,管理人员的接触管理增多,处理人与人之间关系的工作量随之增大。管理层次多,管理跨度会小;管理层次少,管理跨度会大。

4. 业务管理系统化原则

在设计组织机构时,要考虑以业务工作系统化原则作为指导,周密考虑层间关系、分层与跨度关系、部门划分、授权范围、人员配置及信息沟通等,使组织机构自身成为一个严密的、封闭的组织系统,能够为完成项目管理目标而实行合理分工及相互协作。

5. 弹性和流动性原则

施工项目的单件性、阶段性、露天性和流动性是施工项目生产活动的主要特点,因而必然带来生产数量、质量和地点的变化,以及资源品种和数量的变化。于是要求管理工作和管理机构随之进行调整,以适应施工任务的变化。

(三)常见的基本形式

1. 职能型组织形式

职能型组织形式是最基本的组织形式,其是根据公司行政、人力资源、财务、各工程技术、材料设备、安全保卫等职能部门的特点与职责,将一个大的项目分成若干个子项目,由相应职能部门完成各方面的工作。职能型组织机构见图1-1。

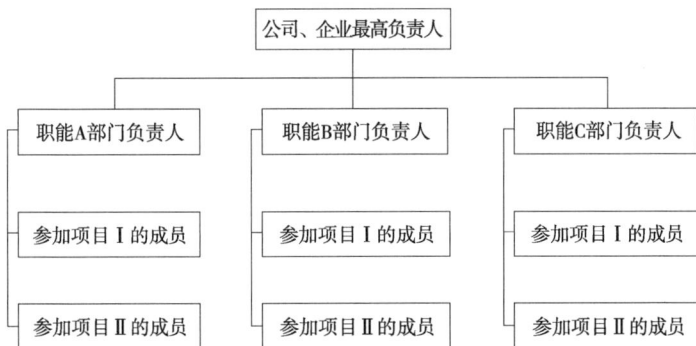

图1-1 职能型组织机构

职能型组织机构的特点如下:

(1)项目团队中各成员无后顾之忧。他们来自企业各职能部门,所属关系没有发生变化。

(2)各职能部门可以在本部门工作与项目工作任务的平衡中进行人力配置。

(3)有利于发挥企业集体的力量。

(4)项目管理没有正式权威性。

(5)项目团队不易产生事业感和成就感。

(6)有多个职能部门参与项目,协调比较困难。

(7)不利于来自不同职能部门的团队成员之间的交流。

(8)项目发展空间容易受限制。

2.项目型组织形式

项目型组织形式是出现最早、最简单的一种组织机构形式,是由项目组织自身独立地负责项目主要工作的一种组织管理模式,项目具体工作由项目团队负责。其特点是:组织中上、下级呈直线权责关系,各级均有主管,主管在其所辖范围内具有指挥权,组织中每个人只接受一个直接上级的指示。项目型组织机构见图1-2。

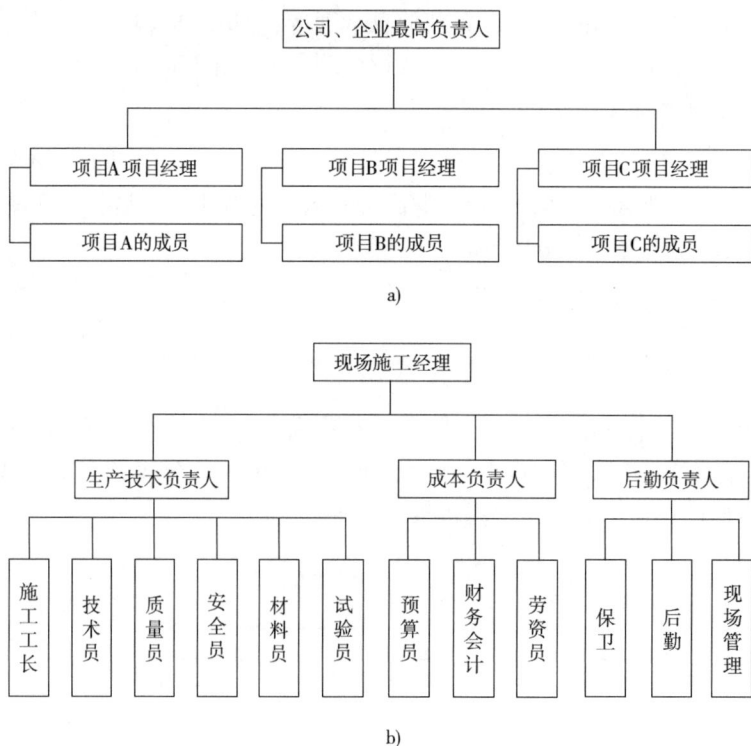

a)

b)

图1-2 项目型组织机构

项目型组织机构的特点如下:

(1)项目经理是真正意义上的项目负责人,项目经理对项目及公司负责。

(2)权责分明,团队工作目标单一。

(3)项目管理层次相对简单,行动灵敏快捷。

(4)项目管理指令一致,组织纪律易于维持。

(5)缺乏合理的分工和横向的联系和协作。

(6)项目经理要管理各种业务,一切由个人决策,易产生独断专行的弊病。

(7)项目后期项目团队缺少归属感。

3.矩阵型组织形式

为了解决职能型组织形式与项目型组织形式的不足,发挥它们的长处,可采用矩阵型组织形式,它是介于职能型组织形式与项目型组织形式之间的一种项目管理组织模式。矩阵型项目组织机构中,参加项目的人员由公司各职能部门负责安排,而这些人在项目工作期间的工作内容应服从项目团队安排,是人员不独立于公司职能部门之外的一种暂时的、半松弛的组织形式。矩阵型组织形式见图1-3。

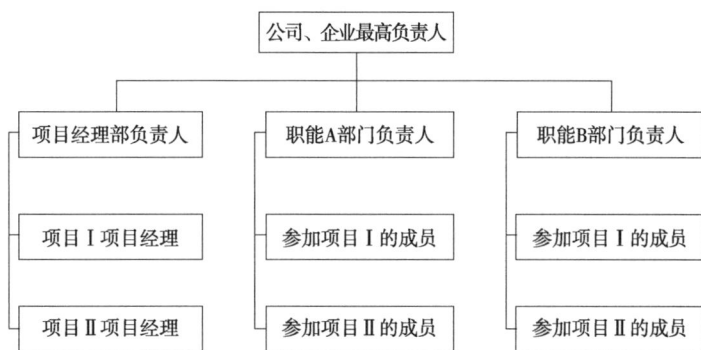

图 1-3 矩阵型组织机构

矩阵型组织机构的特点如下:

(1)团队的工作目标与工作任务比较明确,有专人负责。

(2)团队无后顾之忧,项目结束后,不必为将来工作担心。

(3)充分发挥各专业职能部门优势,各专业职能部门可根据自己部门的资源与任务情况来调整、安排资源力量。

(4)相对项目型的组织机构,可以在一定程度上避免资源的囤积与浪费。

(5)项目管理的权力需要在项目经理和职能部门之间平衡。

(6)项目成员正常情况下至少要接受两个方面的领导,即项目经理和所在部门的负责人的领导,容易造成指令矛盾。

职能型组织形式比较适用于规模小、偏重技术的项目,而不适合用于环境变化较大的项目。当一个公司承揽了许多项目或项目规模比较大、技术复杂时,则应采取项目型组织机构。同职能型组织形式相比,对付不稳定环境时,由于项目型组织机构的团队整体性和各类人才的紧密合作,项目型组织形式显示了自己潜在的长处。矩阵型组织形式与职能型和项目型的组织形式相比,能充分利用总公司资源,由于融合了上述两种机构的优点,这种组织机构在进行技术复杂、规模巨大的项目管理时呈现出明显的优势。

三、公路工程施工项目经理部

1. 定义

施工项目经理部简称项目部或项目经理部,是项目经理的办事机构,为项目经理决策提供信息依据。其在项目经理领导下,作为某一施工项目上的一次性管理组织机构,负责施工项目从开工到竣工全过程的施工生产经营管理。施工项目经理部是代表企业履行工程施工合同的主体,对最终建筑产品和建设单位负责。

2.组成

项目经理部一般按照"一长一师四大员"的架构模式进行组建,即:项目经理(一长),项目工程师(一师),项目经济员、技术员、料具员、总务员(四大员),负责管理项目预算、成本、合同、技术、施工、质量、安全、场容、机械、档案、后勤等项目管理内容。

项目经理部一般可设置以下五个部门:

(1)合同预算部门。主要负责预算、合同、索赔、资金收支、成本核算、劳动配置及劳动分配等工作。

(2)工程技术部门。主要负责生产调度、文明施工、技术管理、施工组织设计、计划统计等工作。

(3)物资设备部门。主要负责材料的询价、采购、计划供应、管理、运输、工具管理、机械设备的租赁、配套使用等工作。

(4)监控管理部门。主要负责工作质量、安全管理、消防保卫、环境保护等工作。

(5)测试计量部门。主要负责计量、测量、试验、检验等工作。

3.设立步骤

(1)确定项目经理部的管理任务和组织形式。

(2)确定项目经理部的管理层次、职能部门和工作岗位。

(3)确定人员及其职责、权限,确定项目管理目标责任书。

(4)对确定的目标进行分析,制定规章制度和目标责任考核与奖惩制度。

4.运行和解体

(1)项目经理部的运行规则

①按规章制度运行,并根据运行状况的检查信息控制运行,以实现项目管理目标。

②按责任制度运行,控制管理人员的管理行为,以实现项目管理目标。

③按合同运行,通过加强组织协调以控制作业队伍和分包人的行为。

(2)项目经理部的解体

由于项目经理部是一次性组织,故应在其完成管理任务、具备解体条件后解体。项目经理部解体有以下六个条件:项目已竣工验收,项目已结算完毕,项目已签发质量保修书,项目已完成项目管理目标责任书,项目已与企业管理层办完有关手续,项目现场最后清理完毕。

四、施工项目管理制度的建立

1.建立施工项目管理制度的原则

(1)制定施工项目管理制度必须符合国家法律、法规、方针及部门规章制度。

(2)制定施工项目管理制度必须实事求是,符合本施工项目的需要。

(3)施工项目管理制度要与施工项目配套,不留漏洞。

(4)各种管理制度之间不能产生矛盾。

(5)施工项目管理制度的制定要有针对性。

(6)施工项目管理制度的颁布、修改和废除要有严格的程序。

2.项目经理负责建立的主要管理制度

(1)项目管理岗位责任制度。规定项目经理部各管理层次管理人员的职责、权限以及工作内容和工作要求的文件。

(2)项目技术管理制度。具体内容包括图纸会审制度、施工项目管理规划文件的编制和审查制度、技术组织措施的制定及应用制度以及新材料、新工艺和新技术的推广制度等。

(3)项目质量管理制度。具体内容包括质量管理规定、质量检查制度、质量事故处理制度以及质量管理体系等。

(4)项目安全管理制度。主要内容包括安全教育制度、安全保证措施、安全生产制度以及安全事故处理制度等。

(5)计划、统计与进度报告制度。它是规定项目资源计划、统计与进度控制工作的管理文件。内容包括生产计划和劳务、材料、机具、资金等的使用计划和统计工作制度、进度计划和进度控制制度等。

(6)项目成本核算制度。它是规定项目成本核算原则、范围、程序、方法、内容、责任及要求的管理文件。

(7)图纸技术档案管理制度。它是规定施工图纸、现场施工日志和施工记录及资料存档等相关施工技术档案资料收集整理等工作的管理制度。

(8)项目材料、机械设备管理制度。它是管理项目材料和机械设备采购、运输、仓储保管、保修保养以及使用和回收等工作的管理文件。

(9)文明施工和场容管理制度。它是规定项目施工现场平面布局,材料、设备、设施的放置、运输线路规划、文明施工要求和场容管理的文件。

(10)项目例会与组织协调制度。它是规定项目管理日常工作例会和项目内部组织关系、近外层关系和远外层关系等的沟通原则、方法和处理标准等的管理文件。

(11)分包及劳务管理制度。它是规定项目分包类型、模式、范围以及合同签订和履行等工作的管理文件。

(12)项目信息管理制度。它是规定项目信息的采集、分析、归纳、总结和应用等工作的程序、方法、原则和标准的管理文件。

项目部驻地建设示例

案例 1-1

某公路工程建筑施工企业为了进一步加强项目部管理,需要建立完善项目部管理文件,请帮助编制相关文件。

解:

1.项目部职责范围

项目部在工程处经理领导下,认真贯彻党和国家的方针、政策、法律法规,遵守集团公司《管理体系手册》《程序文件》的相关要求,落实集团公司方针和目标,执行设计规定的标准和各项技术规程、规范,生产出满足合同要求、赢得顾客信任的产品。职责范围如下:

(1)负责贯彻落实集团公司的方针、目标和《管理体系手册》《程序文件》,建立本项目部的质量、环境、职业健康安全管理体系,明确职责分配,制订资源需求计划。

(2)具体负责工程项目策划,编写项目《施工组织设计》和《施工作业指导书》,经批准后组织实施。

(3)明确项目部内部职责分工,具体控制项目施工进度、质量、成本、安全、文明施工等过程。

(4)负责进场的原材料、施工机械设备和专业工程分包、劳务分包等供方的进场验证、过程监视及各项管理工作。

(5)负责施工过程中与顾客和相关方的沟通,定期将有关信息通过工程处反馈到集团公司相关部室。

(6)负责本项目环境因素、危险源的识别,制订项目部环境、职业健康安全目标、指标和管理方案,经批准后组织实施。

(7)负责环境、职业健康安全法律、法规与其他要求的贯彻执行和本项目内、外部信息交流与沟通协商的落实。

(8)负责施工现场环境监测(法律、法规有要求时)和应急准备与响应工作的落实。

(9)负责本项目节能降耗、施工机械、防护设施、临时用电、易燃易爆品、油及化学品、废水废物、噪声和扬尘等方面的管理。

(10)负责本项目质量、环境、职业健康安全管理中不符合项的纠正与预防措施的制定与实施。

2.项目部人员岗位职责

1)项目经理岗位职责

(1)领导项目部执行集团公司整合型管理体系文件,主持建立项目部整合型管理体系,组织编写项目《施工组织设计》,并组织实施。

(2)对工程的质量、安全、进度、成本和文明施工全面负责,满足法律法规、合同规定的要求和企业附加的要求。

(3)自觉遵守各项法律、法规、政策和规定。严格履行合同,维护企业形象,确保企业效益。

(4)建立项目部质量管理体系,明确项目部各岗位人员责任,监督各岗位人员做好本职工作。

(5)贯彻执行集团公司质量管理体系文件的规定,保证项目部质量管理体系的有效运行,接受集团公司和认证机构对项目部的质量审核,组织项目部质量体系不合格项的纠正以及预防措施的制定和实施。对工程处经理负全面责任。

(6)主持编制工程项目质量计划和施工组织设计,并负责实施和整改。对因设计和洽商发生的变更,及时修订施工组织设计。

(7)自觉接受建设单位、监理、上级和社会各方面的监督、检查,对发现的问题及时整改。

(8)负责施工过程中与顾客和相关方的沟通,协调内、外部关系。

(9)负责工程项目关于环境、职业健康安全的策划。

(10)负责组织项目部贯彻和实施与环境、职业健康安全相关的法律、法规及其他要求。

（11）负责建立项目部质量、环境、职业健康安全三个管理体系，明确项目部职责分配，落实各岗位人员责任制，监督各岗位人员做好本职工作。

（12）负责组织本工程项目的环境因素、危险源的识别、评价和确认，对项目部环境、职业健康安全目标、指标和管理方案进行审批，并组织实施。

（13）负责组织解决施工现场涉及环境、职业健康安全目标、指标和管理方案实施中的问题。

（14）负责组织项目部内、外部信息交流与沟通协商的落实。

（15）负责项目部环境、职业健康安全管理中不符合项的纠正与预防措施的审批。

（16）负责项目部环境、职业健康安全管理体系的有效运行。

（17）参加重大环境、职业健康安全事故的调查、分析，参加环境、职业健康安全管理方案的评审。

（18）按时向工程处提交体系运行情况，为集团公司管理评审会输入资料。

2）项目副经理岗位职责

（1）协助项目经理做好项目部工作。

（2）负责工程项目施工计划的落实、月中计划的调整和月度完成情况的审核。负责材料计划的审核。

（3）负责项目部工程分包和劳务分包方资料的审核工作。

（4）负责工程、机械分包方结算的审核。

（5）负责施工过程中所发生洽商的审核。

（6）负责项目部有效文件和资料的审核。

（7）协助项目经理在项目部贯彻实施集团公司环境、职业健康安全方针。

（8）负责项目部环境、职业健康安全法律、法规及其他要求的贯彻执行。

（9）负责组织本项目部环境因素、危险源的辨识与评价，负责组织编制本项目部《环境、危险源辨识与评价汇总表》及《重要环境因素清单》《中、高度风险清单》，并组织编制重要环境因素、中高度风险目标、指标和管理方案。

（10）组织项目部环境、职业健康安全管理中不合格项的纠正与预防措施的制定与实施。

（11）负责项目部体系文件和资料的审核。

（12）负责环境、职业健康安全管理工作要求在工程施工过程中的具体落实、监督、检查，认真做好检查记录。

（13）负责项目部内、外部信息交流与沟通协商的落实。

（14）负责工程分包的监督管理。

（15）参加重大环境、职业健康安全事故的调查、分析，参加环境、职业健康安全管理方案的评审。

3）项目总工程师岗位职责

（1）协助项目部经理贯彻国家有关技术、管理的规定，遵守施工规程、规范和质量标准，对工程质量负全面技术责任。

（2）负责组织工程项目质量计划和施工组织设计的编制。

（3）组织落实工程处规定的新技术、新工艺、新材料在项目部的实施。

(4)领导、监督、检查工程项目的检验和试验工作。

(5)负责解决、处理施工过程中的技术质量问题。有权制止任何忽视质量的工作行为,甚至要求停工和返工整改。

(6)负责施工过程中检验和试验以及监视和测量装置的控制工作。

(7)负责产品质量监督和材料计划的对外签批。

(8)负责项目部质量记录清单的审核。

(9)负责竣工总结的审核。

(10)协助项目经理在项目部贯彻实施集团公司环境、职业健康安全的方针。

(11)负责相关法律、法规及其他要求的收集、贯彻实施。

(12)负责项目部环境、职业健康安全仪器装置的控制管理。

(13)负责内、外部相关信息沟通。

(14)参加重大环境、职业健康安全事故的调查、分析,参加环境、职业健康安全管理方案的评审。

(15)参加项目部环境因素、危险源和职业健康安全的辨识、评价和确认,配合项目生产负责人加强对目标、指标、管理方案和运行控制的实施。

(16)对项目部环境、职业健康安全工作中不符合项的纠正与预防措施进行审核。

(17)负责将环境、职业健康安全方面的内容编入施工组织设计的组织工作。

4)计划员岗位职责

(1)计划员根据施工组织设计或质量计划,按时编制本项目部月度生产计划及月末预计完成情况,报工程处计划部,并附文字说明。会同技术员提出月度材料计划。

(2)负责编制实施本项目部在施工过程的周计划和本月计划调整,提出本项目部工程施工过程中影响工程进度的各类问题。

(3)参加项目部召开的各种协调会。

(4)负责组织项目部施工方案的编制和实施。

(5)负责及时收集、整理施工中各种资料,组织竣工资料的编制和竣工交验工作,并按规定时间报送归档。

(6)负责设计变更、洽商信息的收集和保管。

(7)负责本项目部的文明施工达标工作,检查标准的实施情况。

(8)负责按集团公司环境、职业健康安全方针开展各项相关工作。

(9)负责按相关法律法规及其他要求开展各项相关工作。

(10)参加项目部环境因素的识别、危险源的辨识,排查并制定《重要环境因素清单》《中、高度风险清单》。

(11)负责相关工作内、外部信息的交流与沟通,并保存信息记录。

(12)填写并保存各种相关记录,建立记录清单。

(13)负责对相关工作的法律、法规和资料的管理,并建立目录清单。

5)施工员岗位职责

(1)负责根据施工组织设计和质量计划,对施工班组进行技术、质量、安全交底,并下达交底单,签字齐全后予以保存。

（2）负责安排、指导并监督施工班组执行各项作业工序,并对完成的工序、部位进行交验,做好施工日志的记录。

（3）监督工序、部位质量,纠正违反操作规程的行为,检查施工过程中不合格项的纠正措施执行情况。

（4）参加制定重点工序、部位的技术措施并组织实施。

（5）负责保管好施工过程中的技术记录,参加竣工资料的编制整理。

（6）负责按集团公司环境、职业健康安全方针开展各项相关工作。

（7）负责按相关法律法规及其他要求开展各项相关工作,并做好收集、贯彻和实施工作。

（8）在项目经理的组织下,负责对工程项目环境因素、危险源和职业健康安全进行识别和确认的具体工作,草拟目标、指标、管理方案和运行控制办法,并在现场组织实施。

（9）对环境因素中的水、气、声、渣等采取有效的预防措施,并在施工中贯彻实施。

（10）监督、检查施工人员执行措施情况,纠正违反操作规程的行为,并按要求做好施工日志的记录,及时向项目领导反馈相关信息。

（11）负责拟订本岗位环境、职业健康安全管理中不符合项的纠正与预防措施。

（12）负责内、外部相关信息的沟通,并保存记录。

（13）填写并保存各种相关记录,并建立记录清单。

（14）负责对相关工作的法律、法规和资料的管理,并建立目录清单。

（15）负责对工程分包方的监督管理。

6）安全员岗位职责

（1）负责项目部安全生产的日常管理工作。

（2）负责各项安全生产资料的收集、整理、归档工作。

（3）配合项目经理进行职工、劳务队的安全教育及上岗培训、考核工作,并保存记录。

（4）负责重点部位防护措施的编制、确认和上报工作,并重点检查、监督。

（5）配合安全部门对工伤事故进行调查,并负责保护现场、抢救伤员,配合有关部门及时妥善处理事故。

（6）负责劳保用品的发放及管理工作。

（7）负责各类安全生产协议的审核、修订工作。

7）技术员岗位职责

（1）参加设计交底,负责编制施工组织设计和质量计划。

（2）负责项目施工中的设计变更、洽商,签字齐全后,传递给有关部门。会同计划员提出月度材料计划。

（3）针对重点施工部位编制技术措施。

（4）参加质量事故的分析,制定改进措施和预防措施。

（5）参加竣工验收及有关资料的整理。

（6）负责项目冬雨季施工措施的编制、上报,并贯彻实施。

（7）负责采用新材料、新技术、新工艺,改进施工方法,争创优质工程。

（8）负责现行技术规范、标准在工程中的实施应用,及时淘汰已作废的技术规范、标准,避免因此引发质量问题。

8）测量员岗位职责

(1)负责完成项目交接桩、测量桩点的接收及保护。

(2)负责编制测量方案，报有关部门审批后，在施工现场组织实施，并做好测量记录。

(3)对现场实施的测量内容，以书面形式向施工员进行交底，施工中负责保护测量标志。

(4)负责各工序的测量复核，组织实施项目的竣工测量。

(5)负责测量资料的收集、整理并报出成果资料。

(6)负责测量仪器的使用、保管和维护工作，建立使用记录。

(7)配合计量员完成对所用仪器的计量检测工作。

9）计量员岗位职责

(1)负责本项目部施工过程中使用合格的试验设备、监视和测量装置的管理，建立试验设备、监视和测量装置的台账。

(2)负责本项目部试验设备、监视和测量装置的标识，并保留记录。

(3)负责本项目监视和测量装置的定期送检工作。

(4)负责对施工中发生偏差的设备采取禁用措施，并上报工程处技质部对其进行检定和维修。

(5)做好施工项目遵守计量法律法规的宣传教育工作，普及计量基本知识。

10）质量检验员岗位职责

(1)负责进场材料的检验和送检工作，并将检验结果及时传递到有关部门。

(2)负责根据本项目部质量计划和施工组织设计的要求、质量检验标准，对施工工序、部位进行监督、检验，并保留文字记录。每月按规定时间将工程质量月报报工程处技术质量部。

(3)负责组织落实"三检"制度，对产品实行现场跟踪检查，保留文字记录，并对工序、部位交验负验证责任。

(4)负责及时提交邀请监理人员验收的报告。当质量验收合格时，及时发出合格通知书。

(5)对不符合质量要求的施工作业，有行使要求整改、停工的权力，及时将情况报告有关人员，并保留传递记录，做到资料准确、完整。

(6)参加质量事故分析，参加纠正措施和预防措施的制订工作，并负责检查执行。

(7)负责质量记录的收集、整理、保存，参加竣工资料的编制。

(8)负责工程报优、评优工作。

11）预算合同管理员岗位职责

(1)预算合同管理员受项目部和工程处经营部的双重领导，认真履行业务职责。

(2)预算合同管理员要深入施工现场，了解工程情况，负责及时收集签字齐全的设计变更和洽商，编制增减账，保证数字质量，报甲方签认。

(3)对招投标工程，要依据工程中标价和工程处确定下达的工程范围划分编制概算。

(4)负责自揽工程概(预)算、技术和措施费的编制，并与甲方确定工程造价。

(5)负责分包工程合同的起草、签认，项目经理签字后，经工程处经营部审核备案后，报有关单位。

(6)负责对工程概预算、洽商、工程合同、分包合同的管理，并建立台账和发放记录。

(7)对已完工程依据竣工图(或工程量签认单)，及时办理竣工结算。经工程处经营部审批后,报有关单位。

(8)预算合同管理员要接受系统的检查和参加系统的岗位培训,完成工程处布置的各项任务。

12)劳资员岗位职责

(1)负责对本项目部计划使用的劳务队进行资质初审和申报,并对批准使用的劳务队进行入场教育。

(2)负责对批准使用的劳务队的人员情况(人员增减情况、人册对应情况)和特殊工种持证情况进行检查,做好相应的记录,并对劳务费的结算进行审核、签认。

(3)负责组织在职职工及劳务队的上岗培训取证。

(4)负责建立本项目部所使用人员及特殊工种的档案。

(5)负责对本项目部各种劳动报表的统计上报,保证数字质量。

(6)依照法律法规和单位的规章对日常发生的其他工作进行处理。

(7)负责项目部各岗位人员的考核、测评。

13)材料员岗位职责

(1)负责本项目部每月按时、准确地将材料计划上报工程处材料部。

(2)负责进场材料的验收、计量、保管和标识工作,按要求进行登记,并保留记录。

(3)负责进场材料检验、试验的取样送检的通知工作,并保留通知记录。

(4)负责不合格材料相关的及时反馈工作,并检查材料的使用和保管状况,杜绝材料或半成品的损坏、丢失。

(5)负责材料的发放,做到签字、手续齐全,将发放记录整理成册,按月及时消料,数字准确,并将月度材料消耗报表报工程处材料部。

(6)负责材料合格证书、材料质量证明等资料的收集和传递工作。

14)机务员岗位职责

(1)认真执行党和国家设备管理方面的方针、政策、法规,做好机械设备调度、租赁、使用管理工作。

(2)根据施工组织设计,合理、经济地制订设备的使用计划,报工程处设备部批准后实施。

(3)严格按照 ISO 9000 系列标准质量管理体系要求,对进场设备的资质、技术状态及标识进行认真管理。

(4)配合施工员签订土方及机械使用台班费用,并报工程处设备部挂账。

(5)负责施工现场机械设备安全工作及机械操作人员操作证的检查,并做相应记录。

(6)负责贯彻执行设备系统有关文件及制度。

15)统计员岗位职责

(1)受项目部和工程处计划部的双重领导,对本项目的施工生产情况进行统计调查、统计分析,提供统计资料,实行统计监督,不得虚报、瞒报、拒报、迟报,不得伪造、篡改统计数据。

(2)统计数字来源要有依据,要建立统计记录,统计台账坚持实事求是,保证数字质量。

(3)要对项目工程中标价、工程发包额、工期、进度、设计变更、洽商、工程结算等有关工程项目的数据进行详尽的了解。

(4)要深入现场了解工程进度,检查计划完成情况,及时索要、收集洽商、变更相应的预算签认单,签认不全者不予报量。

(5)拆迁项目以拆迁部认可为准,凡没有拆迁部签字盖章的拆迁量,一律不得报量。

(6)要按规定的统计范围、计算口径进行统计工作,使用统一的计算机软件,进行统计报表及数据传输。

(7)要按照驻地监理提出的要求,及时报送各种资料。

(8)要接受并参加系统检查、岗位培训,认真履行业务职责,参加系统评比,完成工程处布置的各项任务。

16)文件、资料员岗位职责

(1)负责工程处下发公文的运转、保管、归档及各种会议精神的上传下达工作。对文件进行分类管理,ISO 9000 系列标准质量管理体系的文件要专档管理,同时做好收发登记。

(2)参加现场办公会,并做好记录。

(3)负责项目部质量记录清单的汇总。

(4)负责项目部文件的上报,并做好记录。

(5)负责项目部印章的使用、管理工作,做到使用有登记。

(6)负责项目部有效文件清单的汇总。

17)试验员岗位职责

(1)负责进场材料的试验和送检工作,并将试检结果及时传递到有关部门,同时做好传递记录。

(2)负责施工过程中所有试验项目的取样、试验和送检工作。

(3)负责建立《工程材料检验、试验台账》。

(4)负责检验、试验设备的标识和保管工作。

(5)参加质量事故分析会,为事故分析提供相关资料。

(6)负责试验报告的收集、整理并保存,参加竣工资料的管理工作。

18)行政后勤生活管理员岗位职责

(1)认真学习党和国家的政策法规,执行企业各项规章制度,贯彻国家和地方标准实施细则。

(2)行政后勤生活管理员负责建立项目部行政财产、办公设备、临时设施的账目,每季度和行政部财产管理员对账,为调进、调出的行政财产、办公设备及时办理转账手续。

(3)配合行政管理员,对项目部生活设施作出规划,建立管理体制和维护行政财产,采购办公用品并登记发放。

(4)做好每年清点的基础工作,对自购财产做到账物相符,对损坏、丢失财产写出书面报告,对办公设备报废写出书面请示。

(5)负责职工食堂、生活区、办公区、劳务宿舍区的检查评比。

(6)负责和分包方签订现场管理的协议,标准参照地方标准实施细则。

案例1-2

某施工企业承担了一条34.5km的二级公路施工项目,为了取得良好的社会效益和经济效益,项目经理组织制订了详细的施工组织设计方案,内容包括:施工方案、进度计划、平面布置图、安全生产、质量保证措施、文明生产、劳动力及材料计划安排、交通组织措施等方面。

问题：

（1）说明需要成立项目部组织机构的理由。

（2）需建立哪几个部门？其主要工作职责有哪些？

（3）你认为在管理方面哪些方面还需要加强？

解：

（1）由于该项目规模不大，工程项目复杂程度不高，建议采取项目式组织管理模式，项目经理独立组织负责项目的实施，具体项目工作由项目部团队负责。

（2）施工项目经理部一般需要建立五个部门，负责管理项目预算、成本、合同、技术、施工、质量、安全、场容、机械、档案、后勤等项目管理内容。

①合同预算部门。主要负责预算、合同、索赔、资金收支、成本核算、劳动配置及劳动分配等工作。

②工程技术部门。主要负责生产调度、文明施工、技术管理、施工组织设计、计划统计等工作。

③物资设备部门。主要负责材料的询价、采购、计划供应、管理、运输、工具管理、机械设备的租赁配套使用等工作。

④监控管理部门。主要负责工作质量、安全管理、消防保卫、环境保护等工作。

⑤测试计量部门。主要负责计量、测量、试验、检验等工作。

（3）项目部应该加强管理制度建设，主要包括：确定部门工作岗位及岗位职责，项目管理岗位责任制度、项目技术管理制度、项目质量管理制度、项目安全管理制度和计划、统计与进度报告制度及项目成本核算制度等，在项目实施过程中强化落实和执行。

复习思考题

1. 简述公路工程建设施工项目的组成。

2. 简述公路工程建设施工项目的特点。

3. 公路工程建设施工项目管理的基本内容有哪些？

4. 公路工程建设施工项目管理的内容有哪些？

5. 简述建设项目管理与公路工程建设施工项目管理的关系。

6. 公路工程建设施工项目管理的基本方法有哪些？

7. 工程项目组织形式一般有哪几种？各有什么特点？

8. 项目经理的职权和任务有哪些？

9. 项目经理负责建立的主要管理制度有哪些？

10. 施工项目经理部可设置哪几个部门？各部门主要工作有哪些？

11. 某施工单位承担了某高速公路的施工任务，该工程包括路基、路面、桥梁等主要项目。针对工程的特点，项目经理拟将施工现场施工管理机构设置成矩阵式和项目组织结构两种方案供大家讨论。

问题：

你若作为项目经理，应推荐采用哪种方案？为什么？请你给出组织结构示意图。

12. 李强是一家大型施工企业的总经理，目前正在着手组织某二级公路工程施工投标工作。

问题：

你推荐哪种项目组织管理机构？该施工项目部主要应由哪些人员组成？对项目经理的素质有何要求？

项目二
ITEM TWO
公路工程施工合同管理

📖 知识点

1. 国家对工程施工项目招投标的相关规定。
2. 公路工程施工招标程序及评标方法。
3. 公路工程施工风险管理。
4. 公路工程施工过程的合同管理。

📖 技能点

1. 能够编制一般简单公路工程施工投标文件。
2. 能够分析公路工程施工招标评标办法。
3. 能够进行施工项目风险分析。
4. 能够进行公路工程施工过程的合同管理。

📖 引导案例

项目背景:某高速公路工程已由某省发展改革委批准,项目资金来源为自筹,具备招标条件。该项目路线走向由东向西,起点位于 G30 线甘新界,起点桩号 K2825 + 000。向西经沙泉子枢纽立交、红淖铁路等,终点位于哈密市北出口立交西侧处,终点桩号 K3016 + 919.946,路线全长192.037km。其中整体式路基段长 23.439km,分离式路基段长 168.598km。

该项目采取公开招标双信封形式,评标采取"合理低价法"。投标最高限价 15000 万元,工期 40 个月,有 8 家企业进行了投标。招标人根据招标文件中规定的投标截止时间(开标时间)、投标人须知前附表规定的时间和地点组织投标文件第一个信封(商务及技术文件)开标;通过形式评审、资格评审和响应性评审。有 6 家企业通过了第一个信封评审,招标人在规定的时间内对通过第一个信封评审的 6 家企业组织进行了第二个信封(报价文件和工程量清单)开标,6 家企业投标报价均为有效标,详见表 2-1。

投标企业报价　　　　　　　　　　　　　表 2-1

单位名称	第一个信封(商务及技术文件)评审情况	投标报价(万元)
A 企业		14920
B 企业		14740
C 企业	均通过形式评审、资格评审和响应性评审	14680
D 企业		14820
E 企业		14860
F 企业		14790

现场投标人代表抽取的下浮系数为 2%。评标价每高于评标基准价 1 个百分点,扣 2 分,评标价每低于评标基准价 1 个百分点,扣 1 分。

请依据模块一至模块四的相关知识,完成 4 个工作任务,任务单详见表 2-2、表 2-16、表 2-19 和表 2-20。

模块一　公路工程施工招投标管理

【工作任务 1】　请依据本模块中的相关知识,结合给定的项目背景资料,完成下列任务,详见表 2-2。

项目二　模块一　任务单　　　　　　　　表 2-2

工作任务	请列出几种公路工程施工招标评标办法
任务要求	1. 小组收集公路工程施工招标评标办法,每组 2~3 人,完成对公路工程施工招标评标办法总结汇报; 2. 小组协作完成对引导案例中工程公路工程施工招标评标办法的说明
任务准备	1. 知识准备:了解公路工程施工招标与投标的概念; 掌握公路工程施工招标评标办法(3 种); 2. 工具准备:《公路工程标准施工招标文件》(2018 年版)(以下简称《公路工程标准招标文件》)
工作步骤	1. 小组分工整理公路工程施工招标评标办法; 2. 小组内进行公路工程施工招标评标办法的汇报; 3. 小组采用其中一种公路工程施工招标评标办法合作完成引导案例中的评标任务并确定中标候选人
自我评价 (优、良、中、差)	工作态度: 团队协作: 知识掌握:

一、公路工程施工项目招投标相关要求

(一)《招标投标法》相关规定

1. 境内工程建设项目招投标要求

《招标投标法》第三条规定,在中华人民共和国境内进行下列工程建设项目包括项目的勘

察、设计、施工、监理以及与工程建设有关的重要设备、材料等的采购,必须进行招标:

(1)大型基础设施、公用事业等关系社会公共利益、公众安全的项目;

(2)全部或者部分使用国有资金投资或者国家融资的项目;

(3)使用国际组织或者外国政府贷款、援助资金的项目。

前款所列项目的具体范围和规模标准,由国务院发展计划部门会同国务院有关部门制定,报国务院批准。法律或者国务院对必须进行招标的其他项目的范围有规定的,依照其规定。

2.建筑工程建设实施阶段招投标管理

根据《必须招标的工程项目规定》,对于第二条至第四条规定范围内的项目,其勘察、设计、施工、监理以及与工程建设有关的重要设备、材料等的采购达到下列标准之一的,必须进行招标:

(1)施工单项合同估算价在400万元人民币以上。

(2)重要设备、材料等货物的采购,单项合同估算价在200万元人民币以上。

(3)勘察、设计、监理等服务的采购,单项合同估算价在100万元人民币以上。

《中华人民共和国招投标法实施条例》

同一项目中可以合并进行的勘察、设计、施工、监理以及与工程建设有关的重要设备、材料等的采购,合同估算价合计达到前款规定标准的,必须招标。

3.建筑工程招标应具备的条件

建设单位在招标前按照国家有关规定需要履行项目审批手续的,应当先履行审批手续,取得批准。依据《招标投标法》和《招标投标法实施条例》的要求,依法必须进行招标的项目,其招标投标活动不受地区或者部门的限制,任何单位和个人不得违法限制或者排斥本地区、本系统以外的法人或者其他组织参加投标,不得以任何方式非法干涉招标投标活动。建筑工程招标应具备的条件详见表2-3。

建筑工程招标应具备的条件
表2-3

招标内容	招标项目须具备的条件
勘察招标	(1)具备经过审批机关批准的勘察任务书; (2)具备规划管理部门同意的用地范围许可文件; (3)有符合要求的地形图; (4)勘察招标文件已编制完成,并已经报经上级部门核准
设计招标	(1)具备经过审批机关批准的设计任务书; (2)具有开展设计必备的基础资料; (3)设计招标文件已编制完成,并已经报经上级部门核准
工程监理招标	(1)初步设计和概算文件已经批准; (2)建设资金已经落实; (3)征地拆迁工作已基本完成或落实,能够保证分年度连续建设; (4)监理招标文件已编制完成,并已经报经上级部门核准
施工招标	(1)初步设计和概算文件已经批准; (2)项目已正式列入国家或地方的公路建设计划; (3)征地拆迁工作已基本完成或落实,能够保证分年度连续建设; (4)有能够满足施工需要的施工图纸及技术资料; (5)建设资金已经落实; (6)施工招标文件已编制完成,并已经报经上级部门核准

4.建筑工程招投标领域公平竞争要求

《招标投标领域公平竞争审查规则》在《招标投标法》及其实施条例的基础上，聚焦经营主体集中反映的共性问题，有针对性地提出了七方面40余项审查标准。要求在组织招标、选择招标代理机构、编制招标文件等方面，明确政策制定机关应当尊重和保障招标人自主权，不得以不合理条件限制招标人自主权等。在保障经营主体参与投标活动方面，明确政策制定机关应当落实全国统一的市场准入条件，不得要求经营主体在本地区设立分支机构、缴纳税收社保或者与本地区经营主体组成联合体，不得要求经营主体取得本地区业绩或者奖项等。破除了地方保护和行政性垄断，推进构建全国统一大市场的决策部署，进一步优化招标投标领域营商环境。

《招标投标领域公平竞争审查规则》

5.公路工程建设项目招投标管理

根据《招标投标法》和《招标投标法实施条例》的要求，交通运输部发布《公路工程建设项目招标投标管理办法》（以下简称《招标投标管理办法》），对于按照国家有关规定需要履行项目审批、核准手续的依法必须进行招标的公路工程建设项目，建设单位应当按照项目审批、核准部门确定的招标范围、招标方式、招标组织形式开展招标。公路工程建设项目履行项目审批或者核准手续后，方可开展勘察设计招标；初步设计文件批准后，方可开展施工监理、设计施工总承包招标；施工图设计文件批准后，方可开展施工招标。

《公路工程建设项目招投标管理办法》

（二）公路工程施工招投标相关要求

1.公路工程施工招投标基本原则

公路工程施工招标投标活动应当遵循合法、公开、公平、公正和诚实信用的原则。依法必须进行招标的公路工程施工项目，其招标投标活动不受地区或者部门的限制，任何符合公路建设市场准入条件的企业法人都可以参加投标。任何组织和个人不得以任何方式非法干预公路工程施工招标投标活动。

2.公路工程施工招标准备工作

公路建设项目已经正式列入国家或地方的建设计划，初步设计和概算文件已经批准，有能够满足施工需要的施工图纸及技术资料，建设资金已经落实。公路项目法人已经成立，并符合项目法人资格标准。项目法人根据是否具有与公路建设招标项目相适应的工程管理、造价管理、财务管理能力和编制公路工程施工招标文件的能力及是否有对投标人进行资格审查和组织评标的能力，决定采取自行办理招标事宜或委托具有相应资格的招标代理机构办理公路工程施工招标事宜。任何组织和个人不得强行为项目建设单位指定招标代理机构。

3.公路工程施工招投标的方式

公路工程施工招标分为公开招标和邀请招标，具体内容如下。

（1）公开招标

公开招标又称无限竞争招标，采用公开招标的，招标人应当通过国家指定的报刊、信息网络或者其他媒体发布招标公告，邀请具备相应资格的不特定的法人投标。其特点是招标过程中投标人数量不受限制，凡是符合条件的投标人均可参加投标。公路工程施工招标应当实行公开招标,符合相关法律和交通运输部颁布的《公路工程标准施工招标资格预审文件》(2018年版)(以下简称《公路工程标准资格预审文件》)及《公路工程标准招标文件》的规定。

(2)邀请招标

采用邀请招标的,招标人应当以发送投标邀请书的方式,向三个以上具备承担招标项目的能力、资信良好的特定的法人或者其他组织发投标邀请书。

《招标投标法实施条例》第八条规定,国有资金占控股或者主导地位的依法必须进行招标的项目,应当公开招标;但有下列情形之一的,可以邀请招标:

①技术复杂、有特殊要求或者受自然环境限制,只有少量潜在投标人可供选择;

②采用公开招标方式的费用占项目合同金额的比例过大。

公路工程施工招标应当遵守国家相关法律、行政法规的要求;依据《招标投标法》,由国务院发展计划部门确定的国家重点项目和省、自治区、直辖市人民政府确定的地方重点项目不适宜公开招标的,经国务院发展计划部门或者省、自治区、直辖市人民政府批准,可以进行邀请招标。

(3)特殊情况不进行招标项目

《招标投标法》第六十六条规定,涉及国家安全、国家秘密、抢险救灾或者属于利用扶贫资金实行以工代赈、需要使用农民工等特殊情况,不适宜进行招标的项目,按照国家有关规定可以不进行招标。依《招标投标法实施条例》第九条规定,除《招标投标法》第六十六条规定的可以不进行招标的特殊情况外,有下列情形之一的,也可以不进行招标:

①需要采用不可替代的专利或者专有技术;

②采购人依法能够自行建设、生产或者提供;

③已通过招标方式选定的特许经营项目投资人依法能够自行建设、生产或者提供;

④需要向原中标人采购工程、货物或者服务,否则将影响施工或者功能配套要求;

⑤国家规定的其他特殊情形。

(三)公路工程施工招标程序

1.公路工程施工项目招标程序

《招标投标管理办法》第十一条规定,公路工程建设项目采用资格预审方式公开招标的,应当按照下列程序进行。

(1)编制资格预审文件;

(2)发布资格预审公告,发售资格预审文件,公开资格预审文件关键内容;

(3)接收资格预审申请文件;

(4)组建资格审查委员会对资格预审申请人进行资格审查,资格审查委员会编写资格审查报告;

(5)根据资格审查结果,向通过资格预审的申请人发出投标邀请书;向未通过资格预审的申请人发出资格预审结果通知书,告知未通过的依据和原因;

(6)编制招标文件;

(7)发售招标文件,公开招标文件的关键内容;

(8)需要时,组织潜在投标人踏勘项目现场,召开投标预备会;

（9）接收投标文件,公开开标;

（10）组建评标委员会评标,评标委员会编写评标报告、推荐中标候选人;

（11）公示中标候选人相关信息;

（12）确定中标人;

（13）编制招标投标情况的书面报告;

（14）向中标人发出中标通知书,同时将中标结果通知所有未中标的投标人;

（15）与中标人订立合同。

采用资格后审方式公开招标的,在完成招标文件编制并发布招标公告后,按照前款程序第（七）项至第（十五）项进行。《招标投标管理办法》第十一条规定,公路工程建设项目采用公开招标方式的,原则上采用资格后审办法对投标人进行资格审查。采用邀请招标的,在完成招标文件编制并发出投标邀请书后,按照前款程序第（七）项至第（十五）项进行。

2.公路工程建设项目招标前期开展的主要工作

（1）委托招标代理机构

项目建设单位有权自行选择招标代理机构,委托其办理招标事宜。任何单位和个人不得以任何方式为招标人指定招标代理机构。项目建设单位具有编制招标文件和组织评标能力的,可以自行办理招标事宜。任何单位和个人不得强制其委托招标代理机构办理招标事宜。依法必须进行招标的项目,项目建设单位自行办理招标事宜的,应当向有关行政监督部门备案。

《招标投标法》第十三条规定,招标代理机构是依法设立、从事招标代理业务并提供相关服务的社会中介组织。招标代理机构应当具备下列条件:一是有从事招标代理业务的营业场所和相应资金;二是有能够编制招标文件和组织评标的相应专业力量。

《招标投标法》第十四条规定,招标代理机构与行政机关和其他国家机关不得存在隶属关系或者其他利益关系。

（2）编制项目资格预审文件和项目招标文件

依据《招标投标法实施条例》公开招标的项目,应当依照《招标投标法》和《招标投标法实施条例》的规定发布招标公告、编制招标文件。项目建设单位采用资格预审办法对潜在投标人进行资格审查的,应当发布资格预审公告、编制资格预审文件。对依法必须进行招标的公路工程建设项目,项目建设单位应当根据《公路工程标准资格预审文件》和《公路工程标准招标文件》的相关要求,结合招标项目具体特点和实际需要,编制资格预审文件和招标文件。资格预审文件和招标文件应当载明详细的评审程序、标准和方法,项目建设单位不得另行制定评审细则。

项目资格预审文件包括:资格预审公告、申请人须知、资格审查办法、资格预审申请文件格式和项目建设概况五部分。

项目招标文件包括:招标公告(投标邀请书)、投标人须知、评标办法、合同条款及格式、工程量清单、图纸、技术规范、投标文件格式、投标人须知及附表规定的其他材料及招标期间对招标文件的澄清和修改。

（3）编制项目预审文件和项目招标文件要求

招标人编制项目资格预审文件和项目招标文件时,不得修改《公路工程标准招标文件》相关部分的正文,但可在前附表中对"申请人须知""资格审查办法""投标人须知"和"评标办法"进行补充、细化,补充和细化的内容不得与正文内容相抵触。

"公开招标资格预审申请文件"应当载明以下主要内容。

①营业执照;

②公路工程施工资质证书;

③资信、财务能力的证明文件;

④资产构成情况及投标人投资参股的关联企业情况;

⑤拟派出的项目负责人与主要技术人员的简历、业绩证明;

⑥拟用于完成招标项目的主要施工机械设备;

⑦近五年来的类似工程施工业绩情况;

⑧近三年来财务平衡表及财务审计情况;

⑨目前正在承担施工的项目情况和正在参加投标的项目情况;

⑩招标人要求的其他相关文件。

"投标人须知"应当载明以下内容。

①项目概况;

②资金来源和落实情况;

③招标范围、计划工期、质量要求;

④投标人资格要求;

⑤评标标准和方法;

⑥现场踏勘及标签会议时间、地点;

⑦投标保证金要求;

⑧递交投标文件的起止时间、地点;

⑨开标的时间和地点。

"招标公告/投标邀请书"应当载明下列内容:

①招标人的名称和地址;

②招标项目的名称、技术标准、规模、投资情况、工期、实施地点和时间;

③获取投标资格预审文件、招标文件的办法、时间和地点;

④对投标人的资质要求;

⑤招标人认为应当公告或者告知的其他事项。

"招标公告"不得含有限制具备条件的潜在投标人购买"投标资格预审文件"的内容。

(4)项目招标文件分卷装订

招标文件分卷装订,除本款下述各卷册的内容外,招标人在招标期间发出的有编号澄清函、修改和其他正式有效函件,均是招标文件的组成部分。当招标文件、招标文件的澄清或修改在同一内容的表述上不一致时,以最后发出的书面文件为准。

各卷册的内容如下。

卷次	章次	内容
第一卷	第一章	招标公告/投标邀请书
	第二章	投标人须知
	第三章	评标办法

	第四章	合同条款及格式
	第五章	工程量清单
第二卷	第六章	图纸(包括水文、地质、气象、料场分布等资料)
第三卷	第七章	技术规范
	第八章	工程量清单计量规则
第四卷	第九章	投标文件格式
		附录采用电子招标投标条款示例

招标文件的修改:在投标截止日期15d前,招标人可以书面形式修改招标文件,并通知所有已购买招标文件的投标人;如果修改招标文件的时间距投标截止时间不足15d,应相应延长投标截止日期;招标人有责任保证所有购买招标文件的投标人收到招标文件的修改文件。

(5)编制招标文件的注意事项

①依据《招标投标法实施条例》及《公路工程建设项目招标投标管理办法》要求,对依法必须进行招标的公路工程建设项目,项目建设单位应当根据交通运输部制定的标准文本,结合招标项目具体特点和实际需要,编制资格预审文件和招标文件。资格预审文件和招标文件应当载明详细的评审程序、标准和方法,项目建设单位不得另行制定评审细则。

招标文件应当根据招标项目的特点和需要,按照《公路工程标准招标文件》相关部分要求进行编制。招标项目需要划分标段、确定工期的,项目建设单位应当合理划分标段、确定工期,并在招标文件中载明。招标文件应当包括招标项目的技术要求、对投标人资格审查的标准、投标报价要求和评标标准等所有实质性要求和条件以及拟签订合同的主要条款。

②招标文件对投标人资格要求:依据交通运输部《招标投标管理办法》,招标人结合招标项目的具体特点和实际需要,设定潜在投标人或者投标人的资质、业绩、主要人员、财务能力、履约信誉等资格条件,不得以不合理的条件限制、排斥潜在投标人或者投标人。除《招标投标法实施条例》第三十二条规定的情形外,招标人有下列行为之一的,属于以不合理的条件限制、排斥潜在投标人或者投标人:

a.设定的资质、业绩、主要人员、财务能力、履约信誉等资格、技术、商务条件与招标项目的具体特点和实际需要不相适应或者与合同履行无关;

b.强制要求潜在投标人或者投标人的法定代表人、企业负责人、技术负责人等特定人员亲自购买资格预审文件、招标文件或者参与开标活动;

c.通过设置备案、登记、注册、设立分支机构等无法律、行政法规依据的不合理条件,限制潜在投标人或者投标人进入项目所在地进行投标。

投标人(包括联合体各成员)应进入交通运输部"全国公路建设市场信用评价管理系统"中的公路工程施工资质企业名录,且投标人名称和资质与该名录中的企业名称和资质应完全一致。投标人不满足该规定条件将被否决投标。

③招标文件对主要人员要求:招标人应当根据国家有关规定,结合招标项目的具体特点和实际需要,合理确定对投标人主要人员以及其他管理和技术人员的数量和资格要求。投标人拟投入的主要人员应当在投标文件中进行填报,"主要人员"是指设计负责人、总监理工程师、项目经理和项目总工程师等项目管理和技术负责人,其他管理和技术人员的具体人选由招标人和中标人在合同谈判阶段确定。对于特别复杂的特大桥梁和特长隧道项目主体工程和其他

有特殊要求的工程,招标人可以要求投标人在投标文件中填报其他管理和技术人员。

④招标文件对投标文件密封要求:公路工程勘察设计和施工监理招标的投标文件应当以双信封形式密封,第一信封内为商务文件和技术文件,第二信封内为报价文件。对公路工程施工招标,招标人采用资格预审方式进行招标且评标方法为技术评分最低标价法的,或者采用资格后审方式进行招标的,投标文件也应当以双信封形式密封,第一信封内为商务文件和技术文件,第二信封内为报价文件。

⑤招标文件对评标办法的规定:招标人应当根据招标项目的具体特点以及本办法的相关规定,在招标文件中合理设定评标标准和方法。公路工程勘察设计和施工监理招标,应当采用综合评估法进行评标,对投标人的商务文件、技术文件和报价文件进行评分,按照综合得分由高到低排序,推荐中标候选人。评标价的评分权重不宜超过10%,评标价得分应当根据评标价与评标基准价的偏离程度进行计算。公路工程施工招标,评标采用综合评估法或者经评审的最低投标价法。综合评估法包括合理低价法、技术评分最低标价法和综合评分法。招标人在招标文件中规定的参与报价文件评审的投标人数量不得少于3个。

⑥招标文件对项目分包管理:招标人应当根据国家有关法律法规规定,在招标文件中明确允许分包的或者不得分包的工程和服务,分包人应当满足的资格条件以及对分包实施的管理要求。允许分包的工程范围仅限于非关键性工程或适合专业化队伍施工的专项工程。投标人根据招标文件有关分包的规定,拟在中标后将中标项目的部分工作进行分包的,应当在投标文件中载明。若投标人在投标文件中未列入分包计划的工程或者服务,中标后不得分包,法律法规或者招标文件另有规定的除外。分包人的资格能力应与其分包工程的标准和规模相适应,且具备招标文件对投标人规定的资格条件。中标人应就分包项目向招标人负责,接受分包的人就分包项目承担连带责任。项目管理机构应当具有与总包或分包工程的规模、技术复杂程度相适应的技术、经济管理人员,其中项目负责人和技术、财务、计量、质量、安全等主要管理人员必须是本单位人员。

⑦招标文件对投标保证金要求:招标人在招标文件中要求投标人提交投标保证金的,投标保证金不得超过招标标段估算价的2%。投标保证金有效期应当与投标有效期一致。依法必须进行招标的公路工程建设项目的投标人,以现金或者支票形式提交投标保证金的,应当从其基本账户转出。投标人提交的投标保证金不符合招标文件要求的,应当否决其投标。招标人不得挪用投标保证金。

案例2-1

《公路工程标准招标文件》第二章"投标人须知"。

"投标人须知"前附表见表2-4。

"投标人须知"前附表　　　　　　　　　　　表2-4

条款号	条款名称	编列内容
1.1.2	招标人	名称: 地址: 联系人: 电话:

条款号	条款名称	编列内容
1.1.3	招标代理机构	名称： 地址： 联系人： 电话：
1.1.4	招标项目名称	
1.1.5	标段建设地点	
1.2.1	资金来源及比例	
1.2.2	资金落实情况	
1.3.1	招标范围	
1.3.2	计划工期	计划工期：＿＿＿日历天 计划开工日期：＿＿年＿＿月＿＿日 计划交工日期：＿＿年＿＿月＿＿日
1.3.3	质量要求	标段工程交工验收的质量评定：＿＿＿ 竣工验收的质量评定：＿＿＿＿
1.3.4	安全目标	
1.4.1	投标人资质条件、能力和信誉	资质要求：见《公路工程标准施工招标文件》附录1 财务要求：见《公路工程标准施工招标文件》附录2 业绩要求：见《公路工程标准施工招标文件》附录3 信誉要求：见《公路工程标准施工招标文件》附录4 项目经理和项目总工资格：见《公路工程标准施工招标文件》附录5 其他要求：
1.4.2	是否接受联合体投标	□不接受 □接受，应满足下列要求： （1）联合体所有成员数量不得超过＿＿＿家； （2）联合体牵头人应具有＿＿＿＿＿资质； ……
1.4.3	投标人不得存在的其他关联情形	
1.4.4	投标人不得存在的其他不良状况或不良信用记录	
1.10.2	投标人在投标预备会前提出问题	时间： 形式：
1.11.1	分包	□不允许 □允许，允许分包的专项工程(或不允许分包的专项工程)： 对分包人的资格要求：＿＿＿＿＿
2.1	构成招标文件的其他资料	
2.2.1	投标人要求澄清招标文件	时间：＿＿年＿＿月＿＿日＿＿时＿＿分 形式：
2.2.2	招标文件澄清发出的形式	

条款号	条款名称	编列内容
2.2.3	投标人确认收到招标文件澄清	时间:收到澄清后____小时内(以发出时间为准)
		形式:
2.3.1	招标文件修改发出的形式	
2.3.2	投标人确认收到招标文件修改	时间:收到修改后____小时内(以发出时间为准)
		形式:
3.1.1	投标文件密封形式	□双信封 □单信封
3.1.1	构成投标文件的其他资料	
3.2.1	增值税税金的计算方法	
3.2.2	工程量清单的填写方式	□投标人按照招标人提供的工程量固化清单电子文件填写工程清单,下载网站:____ □投标人按照招标人提供的书面工程量清单填写工程量清单
3.2.3	报价方式	□单价 □总价
3.2.6	是否接受调价函	□是 □否
3.2.8	最高投标限价	□无 □有,最高投标限价_____元(其中含暂列金额_____元)
3.2.9	投标报价的其他要求	
3.3.1	投标有效期	自投标人提交投标文件截止之日起计算_____日
3.4.1	投标保证金	是否要求投标人递交投标保证金: □要求,投标保证金的金额:_____ 投标保证金可采用的其他形式:_____ 招标人指定的开户银行及账号如下: 账户名称:_____ 开户银行:_____ 账　　号:_____ 采用银行保函时,出具保函的银行级别:_____ □不要求
3.4.3	投标保证金的利息计算原则	(1)计算利息的起始日期为投标截止当日,终止日期为招标人退还投标保证金日期的前一日; (2)投标保证金的利息按照第(1)款所述计息时间段内招标人指定汇入银行公告的活期存款利率计付,并扣除招标人汇退手续费; (3)利息金额计算至分位,分以下尾数四舍五入
3.4.4	其他可以不予退还投标保证金的情形	
3.5	资格审查资料的特殊要求	□无 □有,具体要求:

条款号	条款名称	编列内容
3.5.2	近年财务状况的年份要求	_____年至_____年
3.5.3	近年完成的类似项目情况的时间要求	_____年___月___日至_____年___月___日
3.6.1	是否允许递交备选投标方案	□不允许 □允许
3.7.4	投标文件副本份数及其他要求	投标文件副本份数： 是否要求提交电子版文件： 其他要求：
3.7.5	装订的其他要求	
4.1.2	封套上应载明的信息	**投标文件第一个信封**(商务及技术文件)**封套：** 招标人名称：_____ 招标人地址：_____ _____(项目名称)_____标段施工招标第一个信封(商务及技术文件)投标文件 招标项目编号：_____ 在_____年___月___日___时___分前不得开启 投标人名称：_____ **投标文件第二个信封**(报价文件)**封套：** 招标人名称：_____ 招标人地址：_____ _____(项目名称)_____标段施工招标第二个信封(报价文件)投标文件 招标项目编号：_____ 在投标文件第二个信封(报价文件)开标前不得开启 投标人名称：_____ 投标人地址：_____ **银行保函封套：** 招标人名称：_____ 招标人地址：_____ _____(项目名称)_____标段施工招标投标保证金(银行保函原件) 招标项目编号：_____ 投标人名称：_____ **投标文件封套：** 招标人名称：_____ 招标人地址：_____ _____(项目名称)_____标段施工招标投标文件 招标项目编号：_____ 在_____年___月___日___时___分前不得开启 投标人名称：_____ **银行保函封套：** 招标人名称：_____ 招标人地址：_____ _____(项目名称)_____标段施工招标投标保证金(银行保函原件) 招标项目编号：_____ 投标人名称：_____

续上表

条款号	条款名称	编列内容
4.2.3	是否退还投标文件	□否 □是,退还时间
5.1	开标时间和地点	投标文件第一个信封(商务及技术文件)开标时间:同投标截止时间 投标文件第一个信封(商务及技术文件)开标地点:同递交投标文件地点 投标文件第二个信封(报价文件)开标时间:_____ 投标文件第二个信封(报价文件)开标地点:_____ 开标时间:同投标截止时间 开标地点:同递交投标文件地点
5.2.1	第一个信封(商务及技术文件)开标程序	(4)密封情况检查:检查商务及技术文件是否存在提前开启情况 (5)开标顺序:_____
5.2.3	第二个信封(报价文件)开标程序	(4)密封情况检查:检查报价文件是否存在提前开启情况 (5)开标顺序:_____
6.1.1	评标委员会的组建	评标委员会构成:____人,其中招标人代表____人,专家____人; 评标专家确定方式:依法从相应评标专家库中随机抽取
6.3.2	评标委员会推荐中标候选人的人数	
7.1	中标候选人公示媒介及期限	公示媒介: 公示期限:____日 公示的其他内容:_____
7.4	是否授权评标委员会确定中标人	□是 □否
7.5	中标通知书和中标结果通知发出的形式	
7.6	中标结果公告媒介及期限	公告媒介: 公告期限:____日
7.7.1	履约保证金	是否要求中标人提交履约保证金: □要求,履约保证金的形式:银行保函或现金、支票形式; 履约保证金的金额:_____%签约合同价,被招标项目所在地省级交通运输主管部门评为_____信用等级的中标人,履约保证金金额为_____%签约合同价 采用银行保函时,出具保函的银行级别:_____ □不要求
8.5.1	监督部门	监督部门:_____ 地　址:_____ 电　话:_____ 传　真:_____ 邮政编码:_____

续上表

条款号	条款名称	编列内容
9	是否采用电子招标投标	□否 □是,具体要求:
需要补充的其他内容		

3. 发布招标公告,发售投标资格预审文件

依据《招标投标法实施条例》精神,招标人采用公开招标方式的,应当发布招标公告。依法必须进行招标的项目的招标公告,应当通过国家指定的报刊、信息网络或者其他媒介发布,在不同媒介发布的同一招标项目的资格预审公告或者招标公告的内容应当一致。招标公告应当载明招标人的名称和地址、招标项目的性质、数量、实施地点和时间以及获取招标文件的办法等事项。

招标人应当按照资格预审公告、招标公告或者投标邀请书规定的时间、地点发售资格预审文件或者招标文件。资格预审文件或者招标文件的发售期不得少于5d。

4. 对潜在投标人进行资格审查

对潜在投标人进行资格审查,向通过资格预审的潜在投标人发售招标文件。当采取邀请招标时,直接发出投标邀请,发售招标文件。

依据交通运输部《招标投标管理办法》,公路工程建设项目采用公开招标方式的,原则上采用资格后审办法对投标人进行资格审查。应当在开标后由评标委员会按照招标文件规定的标准和方法对投标人的资格进行审查。资格预审审查办法原则上采用合格制,符合资格预审文件规定审查标准的申请人均应当通过资格预审。

5. 组织潜在投标人踏勘项目现场,召开投标预备会

依据《招标投标法》,项目建设单位根据招标项目的具体情况,可以组织潜在投标人踏勘项目现场。项目建设单位不得向他人透露已获取招标文件的潜在投标人的名称、数量以及可能影响公平竞争的有关招标投标的其他情况。

6. 接受投标文件,组建评标委员会

(1)对接受投标文件时间要求:依据交通运输部《招标投标管理办法》,项目建设单位应当确定投标人编制投标文件所需要的合理时间;但是,依法必须进行招标的项目,自招标文件开始发出之日起至投标人提交投标文件截止之日止,最短不得少于二十日。

(2)对组建评标委员会的要求:招标人应当按照国家有关规定组建评标委员会,使其负责评标工作。国家审批或者核准的高速公路、一级公路、独立桥梁和独立隧道项目,评标委员会专家应当由招标人从国家重点公路工程建设项目评标专家库相关专业中随机抽取;其他公路工程建设项目的评标委员会专家可以从省级公路工程建设项目评标专家库相关专业中随机抽取,也可以从国家重点公路工程建设项目评标专家库相关专业中随机抽取。

7. 公开开标、评标，推荐中标候选人

依据交通运输部《招标投标管理办法》，开标应当在招标文件确定的提交投标文件截止时间的同一时间公开进行；开标地点应当为招标文件中预先确定的地点。投标人少于3个的，不得开标，投标文件应当当场退还给投标人；招标人应当重新招标。开标由招标人主持，邀请所有投标人参加。开标过程应当记录，并存档备查。投标人对开标有异议的，应当在开标现场提出，招标人应当当场作出答复，并制作记录。未参加开标的投标人，视为对开标过程无异议。

(1) 对评标过程要求：投标文件按照招标文件规定采用双信封形式密封的，开标分两个步骤公开进行：第一步骤对第一信封内的商务文件和技术文件进行开标，对第二信封不予拆封并由招标人予以封存；第二步骤宣布通过商务文件和技术文件评审的投标人名单，对其第二信封内的报价文件进行开标，宣读投标报价。未通过商务文件和技术文件评审的，对其第二信封不予拆封，并当场退还给投标人；投标人未参加第二信封开标的，招标人应当在评标结束后及时将第二信封原封退还投标人。

(2) 对评标依据要求：招标人应当向评标委员会提供评标所必需的信息，但不得明示或者暗示其倾向或者排斥特定投标人。评标所必需的信息主要包括招标文件、招标文件的澄清或者修改、开标记录、投标文件、资格预审文件。评标委员会应当按照招标文件确定的评标标准和方法进行评标。招标文件没有规定的评标标准和方法不得作为评标的依据。

公路工程建设项目的招标人或者其指定机构应当对资格审查、开标、评标等过程录音录像并存档备查。

(3) 对评标委员会成员要求：评标委员会成员应当客观、公正、审慎地履行职责，遵守职业道德。评标委员会成员应当依据评标办法规定的评审顺序和内容逐项完成评标工作，对本人提出的评审意见以及评分的公正性、客观性、准确性负责。除评标价和履约信誉评分项外，评标委员会成员对投标人商务和技术各项因素的评分一般不得低于招标文件规定该因素满分值的60%；评分低于满分值60%的，评标委员会成员应当在评标报告中作出说明。

评标委员会应当根据《招标投标法实施条例》第三十九条、第四十条、第四十一条的有关规定，对在评标过程中发现的投标人与投标人之间、投标人与招标人之间存在的串通投标的情形进行评审和认定。评标委员会应当查询交通运输主管部门的公路建设市场信用信息管理系统，对投标人的资质、业绩、主要人员资历和目前在岗情况、信用等级等信息进行核实。若投标文件载明的信息与公路建设市场信用信息管理系统发布的信息不符，使得投标人的资格条件不符合招标文件规定的，评标委员会应当否决其投标。

8. 项目建设单位确定中标人，并将评标报告和评标结果报交通主管部门

评标完成后，评标委员会应当向招标人提交书面评标报告。评标报告中推荐的中标候选人应当不超过3个，并标明排序。

评标报告应当由评标委员会全体成员签字。对评标结果有不同意见的评标委员会成员应当以书面形式说明其不同意见和理由，评标报告应当注明该不同意见。评标委员会成员拒绝在评标报告上签字又不书面说明其不同意见和理由的，视为同意评标结果。

9. 发出中标通知书

发出中标通知书，与中标人签订公路工程施工合同。

案例2-2

　　某高速公路建设项目已经正式列入国家或地方的建设计划,初步设计和概算文件已经批准,有能够满足施工需要的施工图纸及技术资料,建设资金已经落实,项目具备公开招投标条件。建设单位依据《公路工程标准招标文件》要求,委托招标代理机构,编制招标文件,发布招标公告。请协助编制公路工程招标公告。

　　招标公告编制需依据《公路工程标准招标文件》格式要求,并结合具体工程项目特点要求进行编制。

_____（项目名称）_____合同段施工招标公告

1. 招标条件

　　本招标项目_____（项目名称）已由_____（项目审批、核准或备案机关名称）以_____（批文名称及编号）批准建设,施工图设计已由_____（批准机关名称）以_____（批文名称及编号）批准,项目业主为_____,建设资金来自_____（资金来源）,出资比例为_____,招标人为_____。项目已具备招标条件,现对该项目的施工进行公开招标。

2. 项目概况与招标范围

　　本次招标项目位于_____（××地、州、市××县）境内,路线起点_____,路线终点_____,路线(桥梁)全长_____km(延米)。计划工期_____年___月至_____年___月,预计___月,对各合同段路基、路面、桥涵、路线交叉、安全设施等进行施工招标(具体内容见表2-5)。

项目概况　　　　　　　　　　　　　　　表2-5

项目		单位	一合同段 K…～K…	二合同段 K…～K…	三合同段 K…～K…	……
公路等级及规模		等级/km				
土石方		1000m³				
桥梁	合计	m/座				
	中桥	m/座				
	小桥	m/座				
涵洞		m/道				
路面		1000m²				
排水工程		m				
防护工程	截水坝	m³/m				
	护坡	m³/m				
	挡土墙	m³/m				
	护面墙	m³/m				
特殊路基处理		m³/m				

注:表格中的主要工程数量最终以施工招标文件所列数量为准。

3. 投标人资格要求

3.1 本次招标要求投标人须具备_____资质、_____业绩,并在人员、设备、资金等方面具有相应的施工能力。

投标人应进入交通运输部"全国公路建设市场信用信息管理系统"(http://glxy.mot.gov.cn)中的公路工程施工资质企业名录,且投标人名称和资质与该名录中的相应企业名称和资质完全一致。

3.2 本次招标_____(接受或不接受)联合体投标。联合体投标的,应满足下列要求:_____。

3.3 每个投标人最多可对_____(具体数量)个标段投标;被招标项目所在地省级交通运输主管部门评为_____信用等级的投标人,最多可对_____(具体数量)个标段投标。每个投标人允许中_____个标。对投标人信用等级的认定条件为:_____。

3.4 与招标人存在利害关系可能影响招标公正性的单位,不得参加招标。单位负责人为同一人或存在控股、管理关系的不同单位,不得参加同一标段投标,否则,相关投标均无效。

3.5 在"信用中国"网站(http://www.creditchina.gov.cn/)中被列入失信被执行人名单的投标人,不得参加投标。

4. 招标文件的获取

4.1 凡有意参加投标者,请于_____年____月____日至_____年____月____日,每日上午____时____分至____时____分,下午____时____分至____时____分(北京时间,下同),在_____(详细地址)持单位介绍信和经办人身份证购买招标文件。参加多个标段投标的投标人必须分别购买相应标段的招标文件,并对每个标段单独递交投标文件。

4.2 招标文件每套售价_____元,图纸每套售价_____元,招标人根据对本合同工程勘察所取得的水文、地质、气象和料场分布、取土场、弃土场位置等资料编制的参考资料每套售价_____元,售后不退。

5. 投标文件的递交及相关事宜

5.1 招标人将于下列时间和地点组织进行工程现场踏勘并召开投标预备会。
踏勘现场时间:_____年____月____日____时____分,集中地点:_____;
投标预备会时间:_____年____月____日____时____分,地点:_____。

5.2 投标文件递交的截止时间(投标截止时间,下同)为_____年____月____日____时____分,投标人应于当日____时____分至____时____分将投标文件递交至_____(详细地址)。

5.3 逾期送达的、未送达指定地点的或不按照招标文件要求密封的投标文件,招标人将予以拒收。

6. 发布公告的媒介

本次招标公告同时在_____(发布公告的媒介名称)上发布。

7. 联系方式

招 标 人:_____   招标代理机构:_____

地　　　　址：_____　　　　地　　　　址：_____

邮 政 编 码：_____　　　　邮 政 编 码：_____

联 系 人：_____　　　　联 系 人：_____

电　　　　话：_____　　　　电　　　　话：_____

传　　　　真：_____　　　　传　　　　真：_____

电 子 邮 件：_____　　　　电 子 邮 件：_____

网　　　　址：_____　　　　网　　　　址：_____

开 户 银 行：_____　　　　开 户 银 行：_____

账　　　　号：_____　　　　账　　　　号：_____

_____年____月____日

(四)公路工程施工项目投标管理

1.公路工程施工项目投标要求

(1)对资质、业绩、主要人员等的要求

依据交通运输部《招标投标管理办法》要求,投标人是响应招标、参加投标竞争的法人或者其他组织。投标人应当具备招标文件规定的资格条件,具有承担所投标项目的相应能力。

招标人结合招标项目的具体特点和实际需要,设定潜在投标人或者投标人的资质、业绩、主要人员、财务能力、履约信誉等资格条件,不得以不合理的条件限制、排斥潜在投标人或者投标人。除《招标投标法实施条例》第三十二条规定的情形外,招标人有下列行为之一的,属于以不合理的条件限制、排斥潜在投标人或者投标人:

①设定的资质、业绩、主要人员、财务能力、履约信誉等资格、技术、商务条件与招标项目的具体特点和实际需要不相适应或者与合同履行无关;

②强制要求潜在投标人或者投标人的法定代表人、企业负责人、技术负责人等特定人员亲自购买资格预审文件、招标文件或者参与开标活动;

③通过设置备案、登记、注册、设立分支机构等无法律、行政法规依据的不合理条件,限制潜在投标人或者投标人进入项目所在地进行投标。

投标人在投标文件中填报的资质、业绩、主要人员资历和目前在岗情况、信用等级等信息,应当与其在交通运输主管部门公路建设市场信用信息管理系统上填报并发布的相关信息一致。

(2)对投标主体的要求

根据《招标投标法实施条例》要求,与招标人存在利害关系可能影响招标公正性的法人、其他组织或者个人,不得参加投标。单位负责人为同一人或者存在控股、管理关系的不同单位,不得参加同一标段投标或者未划分标段的同一招标项目投标。违反前两款规定的,相关投标均无效。

2.投标人编制投标文件

(1)阅读研究招标文件

投标人要根据招标文件的要求编制投标文件,应仔细阅读和检查招标文件的全部内容,若发现缺页或附件不全时,应及时向招标人提出,以便补齐,如有疑问,应在投标人须知前附表规定的投标截止时间15 d前以书面形式对招标文件澄清,并发给所有购买招标文件的投标人,但不指明澄清问题的来源。如果澄清发出的时间距投标截止时间不足15 d,相应延长投标截止时间。编制投标文件的时间,自招标文件发出之日起至投标人提交投标文件截止时间止;对于高速公路、一级公路、技术复杂的特大桥梁、特长隧道不得少于28 d,其他公路工程项目不得少于20 d。

(2)投标文件第一个信封编制

投标文件应当对招标文件实质性要求和条件作出满足性或更有利于招标人的响应,投标文件编制应按"投标文件格式"进行编写,如有必要,可以增加附页,作为投标文件组成部分。投标文件应对招标文件有关工期、投标有效期、质量要求、安全目标、技术标准要求、招标范围等实质性内容作出响应。否则,视为投标文件存在重大偏差,投标人的投标将被否决。投标人应按照招标文件规定要求提供资质、财务、业绩等资格审查资料。"投标人基本情况表"应附企业法人营业执照副本和资质机构代码证副本、施工资质证书副本、安全生产许可证副本、基本账户开户许可证的复印件,投标人在交通运输部"全国公路建设市场信用信息管理系统"公路工程施工资质企业名录中的网页截图复印件,以及投标人在国家企业信用信息公示系统中基础信息的网页截图或由法定的社会验资机构出具的验资报告或注册地工商部门出具的股东出资情况证明复印件。

投标人在投标文件中填报的资质、业绩、主要人员资历以及目前在岗情况、信用等级等信息,应与其在交通运输部主管部门"公路建设市场信用信息管理系统"上填报并发布的相关信息一致。投标人应及时根据单位实际情况及时完成相关信息的申报、录入和动态更新,并对相关信息的真实性、完整性和准确性负责。招标人有权核查投标文件中提供的资料,若在评标期间发现投标人提供了虚假材料,其投标将被否决;若在签订合同前发现作为中标候选人的投标人提供了虚假资料,招标人有权取消其中标资格;若在合同实施期间发现投标人提供了虚假资料,招标人有权从工程支付款或履约保证金中扣除不超过10%签约合同价的金额作为违约金。同时招标人将投标人上述弄虚作假行为上报省级交通运输主管部门,作为不良记录纳入"全国公路建设市场信用信息管理系统"。

(3)投标文件签字、盖章要求

投标文件应用不褪色的材料书写或打印,投标文件格式中明确要求投标人的法定代表人或其委托代理人签字之处,必须由相关人员亲笔签字,不得使用印章、签名章或其他电子制版签名代替;明确要求投标人加盖单位章之处,必须加盖单位章。其中,投标函、调价函及对投标文件的澄清和说明应加盖投标人单位章,或由投标人的法定代表人或其委托代理人签字。

(4)投标文件第二个信封编制

投标人报价应包括国家规定的增值税税金,增值税税金按照一般计税方法计算。投标人要按照招标文件中第九章"投标文件格式"的要求在投标函中进行报价并填写工程量清单相应表格。投标人必须严格遵循工程量固化清单电子文件中的数据、格式及运算定义,认真填写工程量清单中各子目的单价及总价,即可完成投标工程量清单的编制,确定投标报价。投标人未在工程量清单中填入单价或总额价的工程子目,将被认为其已经包含在工程量清单其他子目的单价和总额价中。

投标人应根据《公路水运工程安全生产监督管理办法》,在投标总价中计入安全生产费用,安全生产费用应符合合同条款的规定。工程量清单第100章内列有上述安全生产费的支付子目,由投标人按招标文件的规定填写总额价。

《公路水运工程安全生产监督管理办法》

投标人应认真填写工程数量表中所列的合同各工程子目的单价或合价。投标人没有填入单价或合价的工程细目招标人将不予支付,并认为其已包括在工程量清单其他的单价或合价中。投标人自行增加的细目及单价,招标人将不予接受,其投标将被拒绝。招标人设有最高投标限价的,投标人的投标报价不得超过最高投标限价。最高限价在招标文件中投标人须知前附表中载明。

3.投标文件的组成

公路工程施工项目采取双信封评标法评标时,投标文件应采用双信封密封,第一个信封内为商务文件和技术文件,第二个信封内为投标报价和工程量清单。投标人应当按照招标文件要求装订、密封投标文件,并按照招标文件规定的时间、地点和方式将投标文件送达招标人。

第一个信封(商务及技术文件):

(1)投标函及投标函附录;

(2)法定代表人身份证明或附有法定代表人身份证明的授权委托书;

(3)投标保证金;

(4)施工组织设计;

(5)项目管理机构;

(6)资格审查资料(含分包项目情况);

(7)承诺函;

(8)投标人须知前附表规定的其他材料。

第二个信封(投标报价和工程量清单):

(1)投标函;

(2)已标价的工程量清单(含工程量固化清单电子文件的U盘);

以上内容都必须使用招标文件中提供的格式,除另有规定者外,投标人不得修改。

4.投标文件的密封和标识

投标文件若采取双信封形式密封,第一个信封(商务及技术文件)以及第二个信封(报价文件)应单独分开包装。商务及技术文件的正本与副本应统一密封在一个封套中。报价文件的正本与副本、投标文件电子版文件(如需要)以及填写完的工程量固化清单电子文件应统一密封在另一个封套中。封套应加贴封条,并在封套的封口处加盖投标人单位章或由投标人的法定代表人或其委托代理人签字。采用银行保函形式提交投标保证金的,银行保函原件应密封在单独的封套中。投标文件第一个信封(商务及技术文件)、第二个信封(报价文件)以及银行保函封套上应写明的内容应符合招标文件投标人须知前附表的要求。

5.投标文件的递送

投标人递交投标文件应在招标文件规定的投标截止日期前;逾期送达的或未送达指定地点的投标文件,招标人将予以拒收。

案例 2-3

某公路工程建筑施工企业购买了某高速公路建设施工项目招标文件,通过分析研究决定投标。组织人员依据招标文件要求,编制投标文件,请帮助投标人编制投标函及投标函附录文件。

依据《公路工程标准招标文件》格式,投标人投标函编制必须遵守招标文件相关要求。

<h1 style="text-align:center">投 标 函</h1>

_____(招标人名称):

1. 我方已仔细研究_____(项目名称)_____标段施工招标文件的全部内容(含补遗书第____号至第____号),在考察工程现场后,愿意以第二个信封(报价文件)中的投标总报价(或根据招标文件规定修正核实后确定的另一金额),按照合同约定实施和完成承包工程,修补工程的任何缺陷。

2. 我方承诺在招标文件规定的投标有效期内不撤销投标文件。

3. 工程质量:_____,安全目标:_____,工期:_____日历天。

4. 如我方中标,我方承诺:

(1)在收到中标通知书后,在中标通知书规定的期限内与你方签订合同;

(2)在签订合同时不向你方提出附加条件;

(3)按照招标文件要求提交履约保证金;

(4)在合同约定的期限内完成合同规定的全部义务;

(5)在你方和我方进行合同谈判之前,我方将按照合同附件提出的最低要求填报派驻本标段的其他管理和技术人员及主要机械设备和试验检测设备,经你方审批后作为派驻本标段的项目管理机构主要人员和主要设备且不进行更换。如我方拟派驻的人员和设备不满足合同附件要求,你方有权取消我方中标资格。

5. 我方在此声明,所递交的投标文件及有关资料内容完整、真实和准确,且不存在招标文件第二章"投标人须知"第 1.4.3 项和第 1.4.4 项规定的任何一种情形。

6. 在合同协议书正式签署生效之前,本投标函连同你方的中标通知书将构成我们双方之间共同遵守的文件,对双方具有约束力。

7. _____(其他补充说明)。

投标人:_____(盖单位章)

法定代表人或其委托代理人:_____(签字)

地　　址:_____

网　　址:_____

电　　话:_____

传　　真:_____

邮政编码:_____

_____年___月___日

投标函附录见表 2-6。

投标函附录

表 2-6

序号	条款名称	合同条目号	约定内容	备注
1	缺陷责任期	1.1.4.5	自实际交工日期起计算＿＿＿年	
2	逾期交工违约金	11.5(3)	＿＿＿元/d	
3	逾期交工违约金限额	11.5(3)	＿＿＿%签约合同价	
4	提前交工的奖金	11.6	＿＿＿元/d	
5	提前交工的奖金限额	11.6	＿＿＿%签约合同价	
6	价格调整的差额计算	16.1.1	见价格指数和权重表	
7	开工预付款金额	17.2.1(1)	＿＿＿%签约合同价	
8	材料、设备预付款比例	17.2.1(2)	＿＿＿等主要材料、设备单据所列费用的＿＿＿%	
9	进度付款证书最低限额	17.3.3(1)	＿＿＿%签约合同价或＿＿＿万元	
10	逾期付款违约金的利率	17.3.3(2)	＿＿＿‰/d	
11	质量保证金金额	17.4.1	＿＿＿%合同价格,若交工验收时承包人具备被招标项目所在地省级交通运输主管部门评定的最高信用等级,发包人给予＿＿＿%合同价格质量保证金的优惠	
12	保修期	19.7(1)	自实际交工日期起计算＿＿＿年	

(五)公路工程施工项目评标

《公路工程标准招标文件》规定了投标人资格审查采取合格制和有限数量制两种资格审查方法。

1.评标办法

评标委员会应当按照招标文件确定的评标标准和方法进行评标。公路工程施工项目评标法有综合评估法和经评审的最低投标价法两类,采用合理低价法、技术评分最低标价法、综合评分法及经评审的最低投标价法四种评标方法。

按照交通运输部《招标投标管理办法》要求,一般采用合理低价法或者技术评分最低标价法。技术特别复杂的特大桥梁和特长隧道项目主体工程,可以采用综合评分法。工程规模较小、技术含量较低的工程,可以采用经评审的最低投标价法。实行设计施工总承包招标的,招标人应当根据工程地质条件、技术特点和施工难度确定评标办法。设计施工总承包招标的评标采用综合评分法的,评分因素包括评标价、项目管理机构、技术能力、设计文件的优化建议、设计施工总承包管理方案、施工组织设计等因素,评标价的评分权重不得低于50%。招标人应根据招标项目的具体特点和实际需要,在"资格审查办法"前附表和"评标办法"前附表详细列明全部评审因素、标准,没有列明的因素和标准不得作为评标依据。

(1)综合评估法

综合评估法认为,能够最大限度地满足招标文件中规定的各项综合评价标准的投标,应当推荐为中标候选人。衡量投标文件是否最大限度地满足招标文件中规定的各项综合评价标准,可以采取打分的方法或者其他方法。需要量化的因素及其权重应在招标文件中明确规定。这种方法要将评审所占百分比和相关评分标准在招标文件中事先规定。开标后按评审程序,由评委对各投标人的标书进行评分,最后以总得分最高的投标人为中标人。

招标人按照招标文件要求,在规定的时间和地点对投标文件通过第一个信封(商务及技术文件)评审的投标文件的第二个信封(报价文件)进行开标。

①合理低价法。合理低价法是指是指对通过初步评审的投标人,不再对其施工组织设计、项目管理机构、技术能力等因素进行评分,仅依据评标基准价对评标价进行评分,按照得分由高到低排序,推荐中标候选人的评标方法。合理低价法对第一个信封(商务及技术文件)的评审采取合格制,对于满足招标文件实质要求的投标文件响应性评审,只有通过第一阶段评审的投标文件才能进行第二个信封(报价文件)评审。在开标现场,招标人当场计算并宣布评标基准价。

招标人根据项目具体的特点和实际需要,选择或制定适合项目的评标基准价计算方法。与评标基准价计算或评标价得分计算相关的所有系数(如有),其具体数值或随机抽取的数值区间均应在招标文件的评标办法中予以明确。

②技术评分最低标价法。技术评分最低标价法是指对通过初步评审的投标人的施工组织设计、项目管理机构、技术能力等因素进行评分,按照得分由高到低排序,对排名在招标文件规定数量以内的投标人的报价文件进行评审,按照评标价由低到高的顺序推荐中标候选人的评标方法。招标人在招标文件中规定的参与报价文件评审的投标人数量不得少于3个。对通过第一个信封初步评审的投标人,需要对其施工组织设计、项目管理机构、技术能力等因素进行详细评审,对第一个信封(商务及技术文件)进行量化打分,其中施工组织设计25~40分,主要人员25~40分,技术能力10~20分,履约信誉15~25分,总分100分。招标人根据项目具体的特点和实际需要在招标文件中明确量化因素和分值,各评分因素得分一般不低于其权重分值的60%,且各评分因素得分应以评标委员会各成员的打分平均值确定。评标委员会按照投标人的商务和技术文件得分由高到低排序,排名在评标办法前附表规定数量以内的投标人,其投标文件第一个信封(商务及技术文件)通过详细评审。招标人一般在招标文件中规定了参与报价文件评审的投标人数量不得少于3名,最高不宜超过10名。只有通过第一个信封(商务及技术文件)评审的投标文件才能进入第二个信封(投标报价)的评审。

招标人按照招标文件要求,在规定的时间和地点对通过第一个信封(商务及技术文件)评审的投标文件的第二个信封(报价文件)进行开标。评标委员会按照评标价由低到高的顺序推荐中标候选人,并标明排序。

③综合评分法。综合评分法是指对通过初步评审的投标人的评标价、施工组织设计、项目管理机构、技术能力等因素进行评分,按照综合得分由高到低排序,推荐中标候选人的评标方法。其中,评标价的评分权重不得低于50%。技术特别复杂的特大桥梁和特长隧道项目主体工程,可以采用综合评分法。招标人按照招标文件要求在规定的时间和地点对投标文件第一个信封(商务及技术文件)进行初步评审和详细评审。初步评审主要是进行形式评审和响应性评审,通过初步评审后进入详细评审,对第一个信封(商务及技术文件)进行量化打分,其中施工组织设计5~10分,主要人员10~20分,技术能力0~5分,财务能力5~10分,业绩5~12分,履约信誉3~5分,招标人根据项目具体的特点和实际需要在招标文件中明确量化因素和分值,总分100分,评标委员会根据招标文件要求对投标人的商务文件和技术文件进行量化打分。

公路工程勘察设计和施工监理招标,应当采用综合评估法进行评标,对投标人的商务文件、技术文件和报价文件进行评分,按照综合得分由高到低排序,推荐中标候选人。评标价的评分权重不宜超过10%,评标价得分应当根据评标价与评标基准价的偏离程度进行计算。

设计施工总承包招标的评标采用综合评分法的,评分因素包括评标价、项目管理机构、技术能力、设计文件的优化建议、设计施工总承包管理方案、施工组织设计等因素,评标价的评分权重不得低于50%。

(2)经评审的最低投标价法

经评审的最低投标价法是指对通过第一个信封(商务及技术文件)初步评审的投标人,评标委员会按照评标价由低到高的顺序推荐中标候选人的评标办法。

这种评标方法是按照评审程序,经初步评审,以合理低标价作为中标的主要条件。该方法只适用于具有通用技术、性能标准或者招标人对其技术、性能没有特殊要求的招标项目。工程规模较小、技术含量较低的工程,可以采用经评审的最低投标价法。

公路工程施工项目评标办法简要归纳见表2-7。

公路工程施工项目评标办法　　　　　　　　　　　　　　　表2-7

评标办法		内涵
采用综合评估法	合理低价法	指对通过初步评审的投标人,不再对其施工组织设计、项目管理机构、技术能力等因素进行评分,仅依据评标基准价对评标价进行评分,按照得分由高到低排序,推荐中标候选人的评标方法
	技术评分最低标价法	指对通过初步评审的投标人的施工组织设计、项目管理机构、技术能力等因素进行评分,按照得分由高到低排序,对排名在招标文件规定数量以内的投标人的报价文件进行评审,按照评标价由低到高的顺序推荐中标候选人的评标方法
	综合评分法	指对通过初步评审的投标人的评标价、施工组织设计、项目管理机构、技术能力等因素进行评分,按照综合得分由高到低排序,推荐中标候选人的评标方法。其中评标价的评分权重不得低于50%
经评审的最低投标价法		指对通过初步评审的投标人,按照评标价由低到高排序,推荐中标候选人的评标方法

2. 评标委员会成员评分要求

评标委员会成员应当依据评标办法规定的评审顺序和内容逐项完成评标工作,对本人提出的评审意见以及评分的公正性、客观性、准确性负责。除评标价和履约信誉评分项外,评标委员会成员对投标人商务和技术各项因素的评分一般不得低于招标文件规定该因素满分值的60%;评分低于满分值60%的,评标委员会成员应当在评标报告中作出说明。招标人应当对评标委员会成员在评标活动中的职责履行情况予以记录,并在招标投标情况的书面报告中载明。

案例2-4

依据交通运输部《招标投标管理办法》,该公路工程施工项目采取资格后审方式,招标评标方法采用合理低价法。招标文件要求投标文件第一个信封(商务及技术文件)以及第二个信封(报价文件)按照双信封分开包装,采取两阶段开标评标,流程详见图2-1。

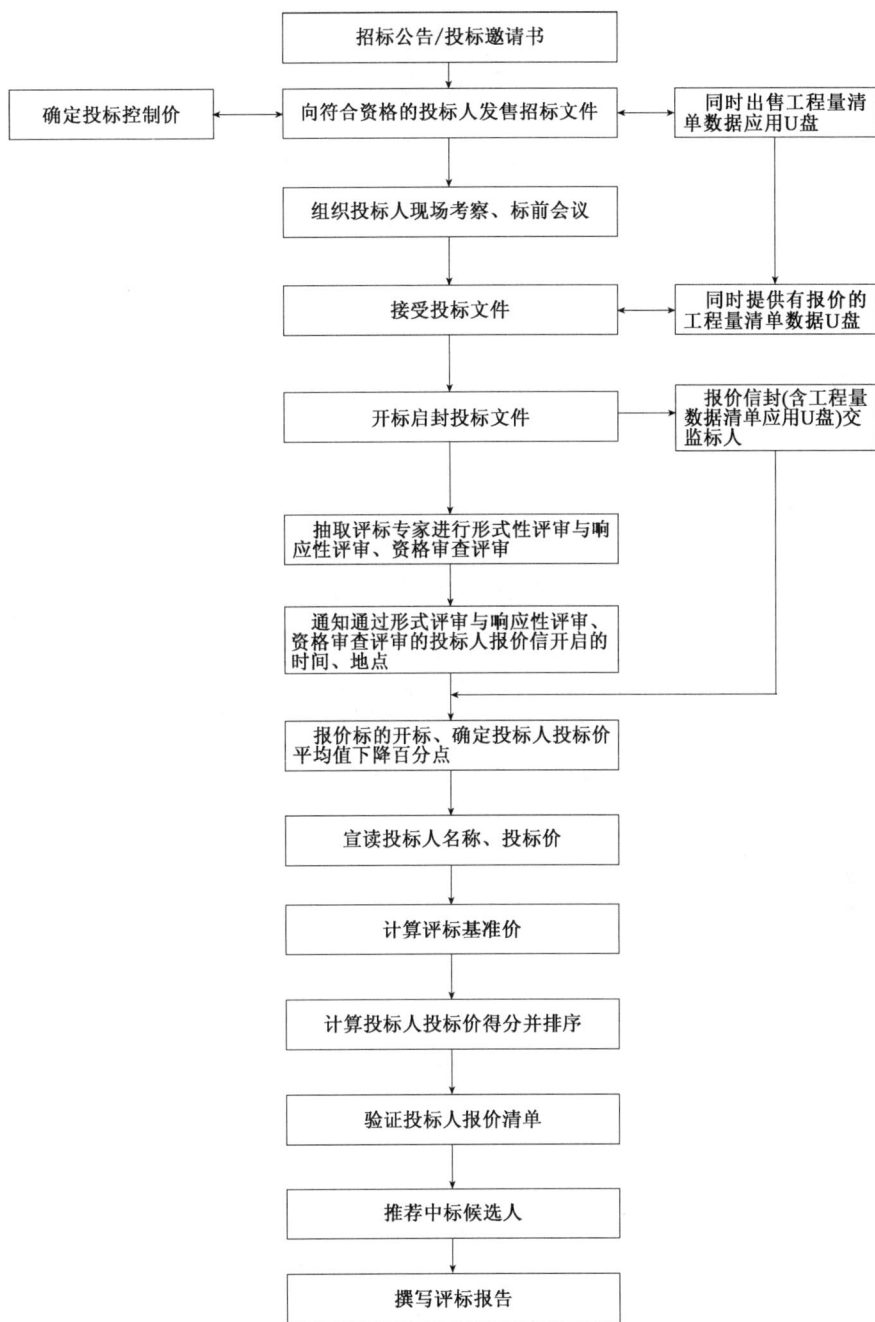

图 2-1 公路施工招标评标流程图

案例 2-5

　　某公路建设施工项目采用公开招标形式,确定项目施工承包单位。评标方法拟采取"合理低价法",请依据相关文件列出对此次评标的要求。

《建设工程施工现场
环境与卫生标准》

公路工程施工项目"合理低价法"评标办法的依据是《公路工程标准施工招标文件》,详见表2-8。

评标办法(合理低价法)

评标办法前附表   表2-8

条款号		评审因素与评审标准
1	评标办法	综合评分相等时,评标委员会依次按照以下优先顺序推荐中标候选人或确定中标人: (1)评标价低的投标人优先; (2)被招标项目所在地省级交通运输主管部门评为较高信用等级的投标人优先; (3)……
2.1.1 2.1.3	形式评审与响应性 评审标准	**第一个信封**(商务及技术文件)**评审标准:** (1)投标人文件按照招标文件规定的格式、内容填写,字迹清晰可辨: ①投标函按照招标文件规定填报了项目名称、标段号、补遗书编号(如有)、工期、工程质量要求及安全目标; ②投标函附录的所有数据均符合招标文件规定; ③投标文件组成齐全完整,内容均按规定填写。 (2)投标文件上法定代表人或其委托代理人的签字、投标人的单位章盖章齐全,符合招标文件规定。 (3)与申请资格预审时比较,投标人发生合并、分立、破产等重大变化的,仍具备资格预审文件规定的相应资格条件且其投标未影响招标公正性: ①投标人应提供相关部门的合法批件及企业法人营业执照和资质证书等证件的副本变更记录复印件; ②投标人仍然满足资格预审文件中规定的资格预审条件最低要求(资质、业绩、人员、信誉、财务等); ③与所投标段的其他投标人不存在控股、管理关系或单位负责人为同一人的情况;与招标人也不存在利害关系并可能影响招标公正性。 (4)投标人按照招标文件的规定提交了投标保证金: ①投标保证金金额符合招标文件规定的金额,且投标保证金有效期不少于投标有效期; ②若投标保证金采用现金或支票形式提交,投标人应在递交投标文件截止时间之前,将投标保证金由投标人的基本账户转入招标人指定账户; ③若投标保证金采用银行保函形式提交,银行保函的格式、开具保函的银行均满足招标文件要求,且在递交投标文件截止时间之前向招标人提交了银行保函原件。 (5)投标人法定代表人授权委托代理人签署投标文件的,须提交授权委托书,且授权人和被授权人均在授权委托书上签名,未使用印章、签名章或其他电子制版签名代替。 (6)投标法定代表人亲自签署投标文件的,提供了法定代表人身份证明,且法定代表人在法定代表身份证明上签名,未使用印章、签名章或其他电子制版签名代替。 (7)投标人以联合体形式投标时,联合体满足招标文件的要求: ①未进行资格预审的,投标人按照招标文件提供格式签订了联合体协议书,明确各方承担连带责任,并明确了联合体牵头人;

续上表

条款号	评审因素与评审标准
2.1.1 2.1.3	②已进行资格预审的,投标人提供了资格预审申请文件中所附的联合体协议书复印件,且通过资格预审后的联合体无成员增减或更换的情况。 (8)投标人如有分包计划,符合招标文件第二章"投标人须知"第 1.11 款规定,且按照招标文件第九章"投标文件格式"的要求填写了"拟分包项目情况表"。 (9)同一投标人未提交两个以上不同的投标文件,但招标文件要求提交备选投标的除外。 (10)投标文件中未出现有关投标报价的内容。 (11)投标文件载明的招标项目完成期限不得超过招标文件规定的时限。 (12)投标文件对招标文件的实质性要求和条件作出响应。 (13)权利义务符合招标文件规定: ①投标人应接受招标文件规定的风险划分原则,未提出新的风险划分办法; ②投标人未增加发包人的责任范围,或减少投标人义务; ③投标人未提出不同的工程验收、计量、支付办法; ④投标人对合同纠纷、事故处理办法未提出异议; ⑤投标人在投标活动中无欺诈行为; ⑥投标人未对合同条款有重要保留。 (14)投标文件正、副本份数符合招标文件第二章"投标人须知"第 3.7.4 项规定。 …… **第二个信封**(报价文件)**评审标准:** (1)投标文件按照招标文件规定的格式、内容填写,字迹清晰可辨: ①投标函按照招标文件规定填报了项目名称、标段号、补遗书编号(如有)、投标价(包括大写金额和小写金额); ②已标价工程量清单说明文字与招标文件规定一致,未进行实质性修改或删减; ③投标文件组成齐全完整,内容均按规定填写。 (2)投标文件上法定代表人或其委托代理人的签字、投标人的单位章盖章齐全,符合招标文件规定。 (3)投标报价或调价函中的报价未超过招标文件设定的最高投标限价(如有)。 (4)投标报价或调价函中报价的大写金额能够确定具体数值。 (5)同一投标人未提交两个以上不同的投标报价,但招标文件要求提交备选投标的除外。 (6)投标人若提交调价函,调价函符合招标文件第二章"投标人须知"第 3.2.6 项要求。 (7)投标人填写工程量固化清单,填写完毕的工程量固化清单未对工程量固化清单电子文件中的数据、格式和运算定义进行修改;工程量固化清单中的投标报价和投标函大写金额报价一致。 (8)投标文件正、副本份数符合招标文件第二章"投标人须知"第 3.7.4 项规定。 ……

(条款号第二列第二行为"形式评审与响应性评审标准")

续上表

条款号	评审因素与评审标准	
2.1.2	资格评审标准	(1)投标人具备有效的营业执照、组织机构代码证、资质证书、安全生产许可证和基本账户开户许可证。 (2)投标人的资质等级符合招标文件规定。 (3)投标人的财务状况符合招标文件规定。 (4)投标人的类似项目业绩符合招标文件规定。 (5)投标人的信誉符合招标文件规定。 (6)投标人的项目经理和项目总工资格、在岗情况符合招标文件规定。 (7)投标人的其他要求符合招标文件规定。 (8)投标人不存在第二章"投标人须知"第1.4.3项或1.4.4项规定的任何一种情形。 (9)投标人符合第二章"投标人须知"第1.4.5项规定。 (10)以联合体形式参与投标的,联合体各方均未再以自己名义单独或参加其他联合体在同一标段中投标;独立参与投标的,投标人未同时参加联合体在同一标段中投标。 ……

条款号	条款内容	编列内容
2.2.1	分值构成 (总分100分)	评标价:100分
2.2.2	评标基准价计算方法	评标基准价的计算: 在开标现场,招标人将当场计算并宣布评标基准价。 ①评标价的确定: 方法一:评标价 = 投标函文字报价 方法二:评标价 = 投标函文字报价 – 暂估价 – 暂列金额(不含计日工总额) 方法三:…… ②评标价平均值的计算: 除按第二章"投标人须知"第5.2.4项规定开标现场被宣布为不进入评标基准价计算的投标报价之外,所有投标人的评标价去掉一个最高值和一个最低值后的算术平均值即为评标价平均值(如果参与评标价平均值计算的有效投标人少于5家时,则计算评标价平均值时不去掉最高值和最低值)。 ③评标基准价的确定: 方法一:将评标价平均值直接作为评标基准价。 方法二:将评标价平均值下浮____%,作为评标基准价。 方法三:招标人设置评标基准价系数,由投标人代表现场抽取,评标价平均值乘以现场抽取的评标基准价系数作为评标基准价。 方法四:…… 在评标过程中,评标委员会应对招标人计算的评标基准价进行复核,存在计算错误的应予以修正并在评标报告中作出说明。除此之外,评标基准价在整个评标期间保持不变,不随任何因素发生变化
2.2.3	评标价的偏差率计算公式	偏差率 = 100% ×(投标人评标价 – 评标基准价)/评标基准价 偏差率保留_____位小数

条款号	评分因素	评分标准
2.2.4	评标价	100分 评标价得分计算公式示例: (1)如果投标人的评标价 > 评标基准价,则评标价得分 = 100 – 偏差率 × 100 × E_1。

续上表

条款号	评分因素	评分标准
2.2.4	评标价	(2)如果投标人的评标价≤评标基准价,则评标价得分=100-偏差率×100×E_2。其中:E_1和E_2是评标价每高于评标基准价一个百分点的扣分值,E_2是评标价每低于评标基准价一个百分点的扣分值;招标人可依据招标项目具体特点和实际需要设置E_1、E_2,但E_1应大于E_2

需要补充的其他内容:
……

3. 开标组织

(1)开标要求

招标人在规定的投标截止时间(开标时间)和投标人须知前附表规定的地点公开开标,并邀请所有投标人的法定代表人或其委托代理人准时参加。投标人若未派法定代表人或委托代理人出席开标活动,视为该投标人默认开标结果。投标人少于3个的,不得开标,投标文件应当场退还给投标人;招标人应当重新招标。

《公路工程标准施工招标文件》

(2)采用双信封形式

公路工程施工项目采取双信封形式评标时,投标文件应采用双信封密封,第一个信封内为商务文件和技术文件,第二个信封内为投标报价和工程量清单,在开标前同时提交给招标人。招标人根据招标文件中规定的投标截止时间(开标时间)和投标人须知前附表规定的时间和地点分两个步骤,分别对组织投标文件第一个信封(商务及技术文件)和第二个信封(投标报价和工程量清单)公开开标。

①招标人在规定的地点对收到的投标文件第一个信封(商务及技术文件)公开开标,对第二个信封不予拆封并由招标人予以封存,并邀请所有投标人的法定代表人或其委托代理人准时参加。按照招标文件投标人须知前附表规定的开标顺序当众开标,公布标段名称、投标人名称、投标保证金的递交情况、工期及其他内容,并记录在案。第一个信封开标过程中,若招标人发现投标文件出现以下任一情况,经监标人确认后当场宣布为废标:

a. 未按要求提交投标保证金的投标文件作废标处理。

b. 出现投标报价内容的投标文件作废标处理。

评标委员会首先按照招标文件规定的评标办法对投标文件第一个信封(商务及技术文件)进行评审,确定通过投标文件第一个信封(商务及技术文件)评审的投标人名单。

②招标人在投标人须知前附表规定的时间和地点对投标文件第二个信封(投标报价和工程量清单)进行开标,并邀请所有投标人的法定代表人或其委托代理人准时参加。宣布通过商务文件和技术文件评审的投标人名单,对其第二个信封内的报价文件进行开标,宣读投标报价。未通过商务文件和技术文件评审的,对其第二个信封不予拆封,并当场退还给投标人。投标人若未派法定代表人或委托代理人出席开标活动,视为该投标人默认开标结果。第二个信封按照招标文件投标人须知前附表规定的开标顺序当众开标,公布标段名称、投标人名称、投标报价及其他内容,并记录在案。现场计算并宣布评标基准价。第二个信封(投标报价和工程量清单)开标过程中,若招标人发现投标文件出现以下任一情况,经监标人确认后当场宣布为废标:

a. 未在投标函上填写投标总价。

b. 投标报价不符合招标人公布的投标控制价要求。

评标委员会按照招标文件规定的评标办法对投标文件第二个信封(投标报价和工程量清单)进行评审并推荐中标候选人。

4. 评标组织

(1) 评标准备

评标委员会由招标人或其委托的招标代理机构熟悉相关业务的代表,以及有关技术、经济等方面的专家组成,评标委员会成员人数以及技术、经济等方面专家的确定方式需按照招标文件投标人须知前附表确定。评标委员会成员人数应为 5 人以上的单数,其中招标人以外的专家不得少于成员总数的 2/3。专家人选应来自有关部门提供的专家库中并以随机抽取方式确定。与投标人有利害关系的人不得进入评标委员会,以保证评标的公平和公正。工程施工招标评标程序见表 2-9。

工程施工招标评标程序 　　　　　　　　　　　　　　　　　　　　　　　　表 2-9

程序	内容	
评标准备	评标委员会应熟悉招标的目的,招标项目的范围和性质,招标文件中规定的主要技术要求、标准和商务条款,招标文件规定的评标标准、评标方法和在评标过程中需考虑的相关因素	
初步评审	评标委员会应对投标文件进行符合性鉴定,按照招标文件规定的评标要求进行形式评审与响应性及资格评审;核查投标文件是否按照招标文件的规定和要求编制,签署;投标文件是否实质上响应招标文件的资质、财务、业绩、人员信誉等要求。 评标委员会检查投标报价计算是否错误,投标报价是否符合招标人公布的投标控制价要求。 评标委员会可以书面方式要求投标人对投标文件中含义不明确、对同类问题表述不一致或者有明显文字和计算错误的内容进行必要的澄清、说明或者补正。 评标委员会在评标过程中有权做出废标处理。 评标委员会否决不合格投标或者界定投标为废标后,若有效投标不足 3 个,使得投标明显缺乏竞争,评标委员会可以否决全部投标,招标人应当重新招标	
详细评审	技术部分	对施工组织设计、主要人员、技术能力、履约信誉、业绩等根据招标文件的要求按权重进行量化打分,一般不得低于其权重分值的 60%
	商务部分	评标委员会进行评标价计算和投标基准价的校核。 根据招标文件的要求计算评标价得分
投标文件的澄清与质疑	评标委员会可以书面形式要求投标人对投标文件中含义不明确的内容、明显文字或计算错误进行书面澄清或说明;评标委员会不接受投标人主动提出的澄清、说明。对投标文件不按照评标委员会要求澄清或说明的,评标委员会否决其投标。 投标人澄清或说明不得超出投标文件的范围或改变投标文件的实质内容(投标价算术性错误的修正除外),只改变投标报价、技术规格、主要条款	

(2) 初步评审

初步评审是对投标文件做出初步审查,筛选出符合最低标准要求的合格标书,淘汰不合格标书。评标委员会应当查询交通运输主管部门的公路建设市场信用信息管理系统,对投标人的资质、业绩、主要人员资历和目前在岗情况、信用等级等信息进行核实。这里的"主要人员"主要包括设计负责人、总监理工程师、项目经理和项目总工程师等项目管理和技术负责人。若投标文件载明的信息与"全国公路建设市场信用信息管理系统"发布的信息不符,使得投标人的资格条件不符合招标文件规定的,评标委员会应当否决其投标。

①初步评审的内容。

初步评审是对投标文件做出初步审查,筛选出符合最低要求标准的合格标书,淘汰不合格标书。初步评审的内容如下。

a.符合性评审:投标文件应实质响应招标文件的所有条款、条件,无显著的差异或保留。显著差异或保留包括对工程的范围、质量、实用性能产生实质性影响;严重偏离了招标文件的要求,而对合同中规定的业主权利或者投标人义务造成了实质性的限制。

b.技术性评审:包括施工方案可行性评估和关键工序评估;劳务、材料、机械设备、质量控制措施评估;对施工现场周围环境污染的保护措施评估等。

c.商务性评审:包括投标报价校核;审查全部报价数据计算的正确性;分析报价构成的合理性;与标底价格进行对比分析等。

②投标文件的澄清与说明。

评标委员会可以要求投标人对投标文件中含意不明确的内容做必要的澄清或者说明,但澄清或者说明不得超过投标文件的范围或者改变投标文件的实质性内容。澄清和说明包括投标文件中含义不明确、对同类问题表述不一致或者有明显文字和计算错误的内容。

投标文件中的大写金额和小写金额不一致的,以大写金额为准;总价金额与单价金额不一致的,以单价金额为准。

③投标偏差确认。

评标委员会应根据招标文件,审查并逐项列出投标文件的全部投标偏差。投标文件的偏差分为重大偏差和细微偏差,重大偏差将会影响投标文件的有效性。

重大偏差:投标文件应对招标文件的实质性要求和条件做出满足性或更有利于招标人的响应,否则,视为投标文件存在重大偏差,投标人的投标将被否决。重大偏差包括如下方面。

a.没有按照招标文件要求提供投标担保或者所提供的投标担保有瑕疵。

b.投标文件没有投标人授权代表签字和加盖公章。

c.投标文件载明的招标项目完成期限超过招标文件规定的期限。

d.明显不符合技术规格、技术标准的要求。

e.投标文件载明的货物包装方式、检验标准和方法等不符合招标文件的要求。

f.投标文件附有招标人不能接受的条件。

g.拒不按照要求对投标文件进行澄清、说明或者补正等。

投标文件有上述情形之一的,评标委员会都会认为其未能对招标文件做出实质性响应,应当按照废标处理。

细微偏差:投标文件在实质上响应了招标文件要求,但个别地方存在漏项或者提供了不完整的技术信息和数据等,并且补正这些遗漏或者不完整不会对其他投标人造成不公平的结果。细微偏差包括如下方面。

a.施工组织设计(含关键工程技术方案)和项目管理机构不够完善。

b.投标报价存在算术性错误,错误修正及其他错误修正后,最终投标报价未超过最高投标限价(如有)。

c.投标文件页码不连续、个别文字有遗漏错误等不影响投标文件实质内容的偏差,都称为细微偏差。细微偏差不影响投标文件的有效性。

存在细微偏差,如果采用"合理低价法"或"经评审的最低投标价法"评标,评标委员会应要求投标人对细微偏差进行澄清,只有当投标人的澄清文件被评标委员会接受,投标人才能参加评标价的最终评比。如果采用"技术评分最低标价法"或"综合评分法"评标,可在相关评分因素的评分中酌情扣分。

④评标过程中可作为废标的情形。

在评标过程中有下列情形之一的,评标委员会应当否决其投标:

a.投标人不符合国家或者招标文件规定的资格条件。

b.投标文件未按照招标文件要求格式经投标单位盖章和单位负责人签字。

c.投标文件没有对招标文件的实质性要求和条件做出响应。

d.招标人接受联合体投标的,联合体各方未按照招标文件提供格式签订联合体协议书,未能明确联合体牵头人和各方权利和义务。

e.同一投标人提交两个以上不同的投标文件或者投标报价,但招标文件要求提交备选投标的除外。

f.投标报价高于招标文件设定的最高投标限价。

g.投标人存在有串通投标、弄虚作假、行贿等违法行为。

(3)详细评审

经过初步评审合格的投标文件,评标委员会应当根据招标文件确定的评标标准和办法,对其商务部分和技术部分做进一步评审、比较。除评标价和履约信誉评分项外,评标委员会成员对投标人商务和技术各项因素的评分一般不得低于招标文件规定该因素满分值的60%;评分低于满分值60%的,评标委员会成员应当在评标报告中作出说明。评标委员会成员应当客观、公正、审慎地履行职责,遵守职业道德。设有标底的招标项目,评标委员会在评标时应当参考标底。评标委员会完成评标后,应当向招标人提交书面评标报告,并推荐合格的中标候选人。

(4)评标报告

评标完成后,评标委员会应当向招标人提交书面评标报告。评标报告中推荐的中标候选人应当不超过3个,并标明排序。根据《招标投标管理办法》的规定,评标报告应当载明下列内容:

①招标项目基本情况;

②评标委员会成员名单;

③监督人员名单;

④开标记录;

⑤符合要求的投标人名单;

⑥否决的投标人名单以及否决理由;

⑦串通投标情形的评审情况说明;

⑧评分情况;

⑨经评审的投标人排序;

⑩中标候选人名单；

⑪澄清、说明事项纪要；

⑫需要说明的其他事项；

⑬评标附表。

对评标监督人员或者招标人代表干预正常评标活动，以及对招标投标活动有其他不正当言行的，评标委员会应当在评标报告第⑫项内容中如实记录。

招标人应当根据评标委员会提出的书面评标报告和推荐的中标候选人确定中标人。国有资金占控股或者主导地位的依法必须进行招标的公路工程建设项目，招标人应当确定排名第一的中标候选人为中标人。

招标人应当及时向中标人发出中标通知书，同时将中标结果通知所有未中标的投标人。招标人最迟应当在中标通知书发出后 5 日内向中标候选人以外的其他投标人退还投标保证金，与中标人签订书面合同后 5 日内向中标人和其他中标候选人退还投标保证金。

案例 2-6

某公路工程建筑施工企业购买了某高速公路施工建设项目招标文件，根据项目招标文件要求编制投标文件，应满足项目施工质量、进度和安全等目标要求。请帮助投标人编制项目施工组织设计。

投标文件中项目施工组织设计编制需依据《公路工程标准招标文件》格式要求，结合具体项目特点，并满足招标文件目标要求。

投标人编制项目施工组织设计要求。

编制项目施工组织设计纲要（适用于"技术评分最低标价法"和"综合评分法"）。

（1）投标人应按以下要点编制施工组织设计（文字宜精炼，内容具有针对性）：

①总体施工组织布置及规划。

②主要工程项目（尤其对重点、关键和难点工程）的施工方案、方法与技术措施。

③工期保证体系及保证措施。

④工程质量管理体系及保证措施。

⑤安全生产管理体系及保证措施。

⑥环境保护、水土保持保证体系及保证措施。

⑦文明施工、文物保护保证体系及保证措施。

⑧项目风险预测与防范，事故应急预案。

⑨其他应说明的事项。

（2）施工组织设计除采用文字表述外可附下列图表：

附表一施工总体计划表、附表二分项工程进度率计划（斜率图）、附表三工程管理曲线、附表四分项生产率和施工周期表、附表五施工总平面图、附表六劳动力计划表、附表七临时占地计划表、附表八外供电力需求计划表。

案例 2-7

某高速公路施工建设项目采取公开招标双信封形式，评标采取"合理低价法"中标。投标最高限价 15000 万元,工期 40 个月,有 8 家企业进行了投标。招标人根据招标文件中规定的投标截止时间(开标时间)和投标人须知前附表规定的时间和地点组织投标文件第一个信封(商务及技术文件)开标;通过形式评审、资格评审和响应性评审,有 6 家企业通过了第一个信封评审。招标人在规定的时间内对通过第一个信封评审的 6 家企业组织进行了第二个信封(报价文件和工程量清单)开标,6 家企业投标报价均为有效标,详见表 2-10。现场投标人代表抽取的下浮系数为 2%。评标价每高于评标基准价 1 个百分点的扣 2 分,评标价每低于评标基准价 1 个百分点的扣 1 分。

投标企业报价　　　　　　　　表 2-10

单位名称	第一个信封(商务及技术文件)评审情况	投标报价(万元)
A 企业	均通过形式评审、资格评审和响应性评审	14920
B 企业		14740
C 企业		14680
D 企业		14820
E 企业		14860
F 企业		14790

问题:

(1)确定评标基准价。

(2)计算各家企业评标价偏差率及评标价得分。

(3)推荐中标候选人。

解:

(1)评标基准价的确定

①确定各企业投标人评标价

评标价 = 投标函文字报价,可以此确定各企业评标价

②确定评标价的平均值

根据评标办法的要求,去掉一个最高评标价(A 企业标价),去掉一个最低价(C 企业报价),取其余 4 家评标价的平均值。

评标价的平均值 = (14740 + 14820 + 14860 + 14790)/4 = 14802.50(万元)

③评标基准价

因为现场投标人代表抽取的下浮系数为 2%,根据评标办法的要求,评标基准价为评标价的平均值下浮 2%。

评标基准价 = 14802.50 × (100% − 2%) = 14506.45(万元)

(2)计算各家企业评标价偏差率及评标价得分

各单位投标报价均高于评标基准价,按照招标文件的评标要求,评标价得分计算方法为评标价每高于评标基准价 1 个百分点的扣 2 分。

各家企业评标价偏差率及评标价得分计算详见表 2-11。

各家企业评标价得分　　　　　　　　　　　　　　　　表 2-11

单位名称	评标价 (万元)	评标基准价 (万元)	偏差率 (%)	评标价得分 计算公式	评标价得分
A 企业	14920		2.85		94.30
B 企业	14740		1.61		96.78
C 企业	14680	14506.45	1.20	100 − 偏差率 × 100 × 2	97.60
D 企业	14820		2.16		95.68
E 企业	14860		2.44		95.12
F 企业	14790		1.95		96.10

偏差率(%) = 100% × (投标人评标价 − 评标基准价)/评标基准价

A 企业评标价偏差率(%) = 100% × (14920 − 14506.45)/14506.45 = 2.85%

依次计算其余企业的评标价偏差率,数值填入表 2-11 中。

A 企业评标价得分 = 100 − 2.85% × 100 × 2 = 94.30

依次计算其余企业的评标价得分填入表 2-11。

(3)推荐中标候选人

根据"合理低价法"中标的评标原则,其他评分因素分值均为 0 分,评标价得分最高的为推荐中标人。

第一名:C 企业,得分 97.60;

第二名:B 企业,得分 96.78;

第三名:F 企业,得分 96.10。

案例 2-8

某特大长隧道施工建设项目公开招标,评标采取"综合评分法"确定中标人。招标文件规定:施工组织设计 20 分、项目管理机构 15 分、评标价 50 分、财务能力 5 分、业绩 5 分、履约信誉 5 分。项目投标最高限价 25000 万元,要求工期为 50 个月,有 4 家企业通过形式评审、资格评审和响应性评审,各单位投标报价及相关信息如表 2-12 所示。开标现场投标人代表抽取的评标价下浮系数为 2%。

项目投标情况　　　　　　　　　　　　　　　　表 2-12

投标单位名称	报价(万元)	完成类似工程
A 企业	24800	3
B 企业	24940	5
C 企业	24680	4
D 企业	24750	2

施工组织设计方案针对性强,主要工程施工方案合理,有严密的工期、质量、安全管理体系和保障措施得 20~18 分,较好得 17~15 分,一般得 14~12 分。企业投标价为评标价,按照评标价的平均值下浮 2% 作为评标基准价。评标价每高于评标基准价 1 个百分点的扣 2 分,评标价每低于评标基准价 1 个百分点的扣 1 分。

近五年 4 家企业均有完成类似工程,企业业绩情况详见表 2-10。业绩得分按完成类似工程 5 项及以上得 5 分,3~4 项得 3 分,1~2 项得 2 分。

4 家企业项目管理机构组成合理,主要管理人员和技术人员符合招标文件要求,并且 4 家企业财务状况均良好,项目施工无不良履约记录。

问题:

试确定最佳投标人选。

解:

(1)计算各投标单位商务及技术得分

根据招标文件要求:完成类似工程 5 项及以上得 5 分,3~4 项得 3 分,1~2 项得 2 分。计算各企业业绩得分依次为 3 分、5 分、3 分、2 分。通过对各企业投标文件进行评审,评估各企业施工组织设计得分,见表 2-13。

投标企业得分情况 表 2-13

投标单位名称	完成类似工程	业绩得分	施工组织设计得分
A 企业	3	3	17
B 企业	5	5	19
C 企业	4	3	17
D 企业	2	2	19

根据评标委员会详细评审情况,项目管理机构组成合理,主要管理人员和技术人员符合招标文件要求,4 家企业项目管理机构均得 15 分。4 家企业财务状况良好,均得 5 分;4 家企业项目施工无不良履约记录,均得 5 分。

(2)评标价得分

评标价=投标函文字报价,可以此确定各企业评标价

评标价的平均值=(24800 + 24940 + 24680 + 24750)/4 = 24792.5(万元)

评标基准价=评标价的平均值×(100% − 2%)=24792.5 ×(100% − 2%)= 24296.65(万元)

偏差率(%)= 100% ×(投标人评标价 − 评标基准价)/评标基准价

A 企业评标价偏差率(%)= 100% ×(24800 − 24296.65)/24296.65 = 2.07%

依次计算其余企业评标价偏差率,列入表 2-14。

由于 4 家投标单位评标价均高于评标基准价,按照招标文件中评标办法规定,评标价每高于评标基准价 1 个百分点的扣 2 分;

A 企业评标价得分 = 50 − 2.07% × 100 × 2 = 45.86;各单位评标价得分情况详见表 2-14。

评标价偏差率及评标价得分 表 2-14

单位名称	评标价(万元)	评标基准价(万元)	偏差率(%)	评标价得分计算公式	评标价得分
A 企业	24800	24296.65	2.07	50 − 偏差率×100×2	45.86
B 企业	24940		2.65		44.70
C 企业	24680		1.58		46.84
D 企业	24750		1.87		46.26

（3）各投标单位综合得分

根据评标办法的各评标因素的权重要求，计算各投标企业综合得分，详见表2-15。

各投标单位综合得分   表2-15

投标单位名称	施工组织设计得分	项目管理机构	财务状况	履约信誉	业绩情况	商务及技术得分	评标价得分	综合得分
A企业	17	15	5	5	3	45	45.86	90.86
B企业	19	15	5	5	5	49	44.70	93.70
C企业	17	15	5	5	3	45	46.84	91.84
D企业	19	15	5	5	2	46	46.26	92.26

所以推荐中标单位：第一名为B企业，得分93.70；
　　　　　　　　　第二名为D企业，得分92.26；
　　　　　　　　　第三名为C企业，得分91.84。

案例2-9

某高速公路建设项目建设单位（招标人）通过公开招投标形式确定了中标单位（承包人），项目建设单位（招标人）按照要求向中标单位（承包人）发布中标通知书，并与其签订相关协议。请帮助编制中标通知书。

依据《公路工程标准招标文件》格式要求，结合招标文件和中标单位（承包人）投标文件编制中标通知书。

中标通知书

_____（中标人名称）：

你方于_____（投标日期）所递交的_____（项目名称）_____
标段施工投标文件已被我方接受，被确定为中标人。

中标价：_____元。

工期：_____日历天。

工程质量：符合_____标准。

工程安全目标：_____。

项目经理：_____（姓名）。

项目总工：_____（姓名）。

请你方在接到本通知书后的____日内到_____（指定地点）与我方签订施工承包合同，并按照招标文件第二章"投标人须知"第7.7款规定向我方提交履约保证金。

特此通知。

招标人：_____（单位盖章）

招标代理机构：_____（单位盖章）

____年____月____日

二、公路工程施工项目投标决策分析

当获得众多公路工程施工项目招标信息后,选择投标对象是一项非常重要的工作。参与投标与否、投哪些工程的标等,在投标之前必须进行投标可行性研究。不但要根据企业自身的发展战略决定,也要考虑企业近期业务工作及资源利用等情况。企业如何参与投标竞争,以什么样的投标报价,中标以后的效益如何,不投标会给企业带来什么局面等,都需要考虑。

一般来说,选择投标对象需要收集以下几个方面的资料:

1. 招标项目技术资料

(1)招标文件和招标通知中关于工期、费用、质量、规模、性质、业主意向、材料、劳动力来源等的情况。

(2)反映工程特征的有关资料,如工程图纸、施工条件、类似工程等有关资料及项目资金到位情况等。

(3)反映技术经济条件的有关资料。如该工程项目的政治经济意义等。

(4)当地风土民情、风俗习惯。如果参与国际工程承包,还需熟悉当地法律条款等。

2. 企业外部制约因素

(1)针对工程项目的性质、质量、技术难易程度,考虑本企业在技术上是否力所能及。

(2)针对时间上的制约条件,考虑企业能否按期提交投标文件,并有能力履行合同要求。

(3)分析竞争的态势(各竞争对手的优势、信誉、任务的饱满程度),考虑自身竞争力、中标的概率。

(4)了解工程项目地理位置、自然地质、风土民情等,考虑企业自身能否适应环境,机械与设备搬迁的费用大小,施工组织注意事项、关键环节等。

(5)针对施工现场的具体情况,考虑现场运输、施工组织有无困难和问题等。

3. 企业自身的约束因素

(1)企业自身有无后续工程及任务饱满程度决定投标报价的高低。

(2)企业本身技术管理专长、设备配备状况决定选择投标的工程类别。

(3)企业自身资金条件是否雄厚,决定对哪种投资性质(拨款、贷款或垫支资金)的工程投标。

(4)考虑参与投标是否出于某种策略的需要。如参与投标是为了争取后续更大的工程项目;为企业"创品牌",扩大社会影响;为开拓新的工程领域,占领新的工程承包市场等。

(5)企业经营决策上的其他需要。

4. 投标策略

(1)赢利策略

赢利策略是投标策略的核心。企业通过优化施工方案、提高施工效率、控制成本等措施,实现项目的赢利目标。同时,合理预测市场风险,制定风险防范措施,确保项目的长期稳定发展。

(2)微利保本策略

在某些情况下,企业可能采取微利保本策略。这种策略通常适用于市场竞争激烈、利润空间较小的情况。企业以保本为目标,通过精细管理、成本控制等措施,实现项目的微利经营。

(3)低价亏损策略

低价亏损策略通常用于企业拓展市场、积累业绩等目的。在短期内,企业可能通过降低投标价格来争取项目中标。然而,这种策略需要企业具备强大的资金实力和成本控制能力,以确保在后续施工中能够控制成本,实现扭亏为盈。

(4)发挥联合投标优势

联合投标是提升企业竞争力、分散风险的有效途径。企业可以积极寻求与其他有实力的企业合作,共同参与项目投标。通过联合投标,企业可以充分发挥各自的技术优势、资源优势和管理优势,提高中标率和赢利能力。同时,通过与其他企业的合作与交流,还可以促进企业间的互学互鉴和共同发展。

模块二　公路工程施工项目承包合同

【工作任务2】　请依据本模块中的相关知识,结合给定的项目背景资料,完成下列任务,详见表2-16。

项目二　模块二　任务单　　　　　　　　　　　　　　表2-16

工作任务	列出公路工程施工承包合同签订程序及建设施工合同协议书包括的内容
任务要求	1. 小组收集签订公路工程施工承包合同需要的资料,每组2~3人,完成签订公路工程施工承包合同的总结汇报; 2. 小组协作完成对引导案例中工程所编制的公路工程施工承包合同的说明
任务准备	1. 知识准备:了解公路工程施工承包合同中通用合同、专用合同的概念; 掌握公路工程施工承包合同的类型; 2. 工具准备:公路工程施工承包合同标准文本
工作步骤	1. 小组分工整理公路工程施工承包合同调查资料; 2. 小组内进行编制公路工程施工承包合同的汇报; 3. 小组采用其中一种公路工程施工招标评标办法合作完成引导案例中公路工程施工承包合同编制工作
自我评价 (优、良、中、差)	工作态度: 团队协作: 知识掌握:

一、公路工程施工承包合同的订立

公路工程建设项目施工招投标依据《招标投标法》《中华人民共和国建设项目管理条例》及《招标投标管理办法》确定项目施工单位(承包人)后,应按照《民法典》的相关要求,建设单位(招标人)与项目施工单位(中标人)签订公路工程施工承包合同。

（一）签订合同协议书

1. 签订合同协议书要求

（1）《招标投标管理办法》第五十七条要求，招标人和中标人应当自中标通知书发出之日起 30 日内，按照招标文件和中标人的投标文件订立书面合同，合同的标的、价格、质量、安全、履行期限、主要人员等主要条款应当与上述文件的内容一致。招标人和中标人不得再行订立背离合同实质性内容的其他协议。

招标人最迟应当在中标通知书发出后 5 日内向中标候选人以外的其他投标人退还投标保证金，与中标人签订书面合同后 5 日内向中标人和其他中标候选人退还投标保证金。

（2）《招标投标管理办法》第五十八条规定，招标文件要求中标人提交履约保证金的，中标人应当按照招标文件的要求提交。履约保证金不得超过中标合同金额的 10%。招标人不得指定或者变相指定履约保证金的支付形式，由中标人自主选择银行保函或者现金、支票等支付形式。

（3）中标人无正当理由拒签合同，在签订合同时向招标人提出附加条件，或者不按照招标文件要求提交履约保证金的，招标人可取消其中标资格，其投标保证金不予退还。给招标人造成的损失超过投标保证金数额的，中标人还应对超过部分予以赔偿。发出中标通知书后，招标人无正当理由拒签合同，或在签订合同时向中标人提出附加条件的，招标人向中标人退还投标保证金；给中标人造成损失的，还应赔偿损失。

2. 签订合同价的确定原则

（1）按照招标文件中评标办法规定对投标报价进行修正后，若修正后的最终投标报价小于开标时的投标函大写金额报价，则签订合同时以修正后的投标报价为准。

（2）按照招标文件中评标办法规定对投标报价进行修正后，若修正后的最终投标报价大于开标时的投标函大写金额报价，则签订合同时以开标的投标函大写金额报价为准，同时按比例修正相应子目的单价或合价。

（二）签订合同协议

1. 施工承包合同内容格式要求

招标人和中标人签订合同的内容格式必须按照《公路工程标准招标文件》的格式要求执行。"通用合同条款"必须不加修改直接采用《公路工程标准招标文件》合同条款内容及格式，"项目专用合同条款"应结合项目的具体特点对"通用合同条款"及"公路工程专用合同条款"进行补充和细化。

2. 签订施工承包合同

招标人和中标人在签订合同协议书的同时，须按照招标文件规定的格式和要求签订廉政合同及安全生产合同，明确双方在廉政建设和安全生产方面的权利和义务以及应承担的违约责任。联合体中标的，联合体各方应共同与招标人签订合同，就中标项目向招标人承担连带责任。

合同协议书经双方法定代表人或其授权的代理人签署并加盖单位章后生效。

案例 2-10

项目专用合同条款数据表(表 2-17)。

项目专用合同条款数据表

表 2-17

序号	条目号	信息或数据
1	1.1.2.2	发包人: 地 址:　　　　　　　　　　　邮政编码:
2	1.1.2.6	监理人: 地 址:　　　　　　　　　　　邮政编码:
3	1.1.4.5	缺陷责任期:自实际交工日期起计算＿＿＿＿年(缺陷责任期一般自实际交工日期起计算 1 年,最长不超过 2 年)
4	1.6.3	图纸需要修改和补充的,应由监理人取得发包人同意后,在该工程或工程相应部位施工前 ＿＿＿ d 签发图纸修改图给承包人
5	3.1.1	监理人在行使下列权利前需要经发包人事先批准: (6)根据《公路工程标准招标文件》第 15.3 款发出的变更指示,其单项工程变更涉及的金额超过了该单项工程签约时合同价的＿＿＿%或累计变更超过签约合同价的＿＿＿%
6	5.2.1	发包人是否提供材料或工程设备:是或否 如发包人负责提供部分材料或工程设备,相关规定如下:＿＿＿＿＿＿＿
7	6.2	发包人是否提供施工设备和临时设施:是或否 如发包人负责提供部分施工设备或临时设施,相关规定如下:＿＿＿＿＿＿＿
8	8.1.1	发包人提供测量基准点、基准线和水准点及其书面资料的期限:＿＿＿＿＿＿＿ 承包人将施工控制网资料报送监理人审批的期限:＿＿＿＿＿＿＿
9	11.5(3)	逾期交工违约金:＿＿＿＿＿元/d
10	11.5(3)	逾期交工违约金限额:＿＿＿%签约合同价(逾期交工违约金限额一般应为 10%签约合同价)
11	11.6	提前交工的奖金:＿＿＿＿＿元/d
12	11.6	提前交工的奖金限额:＿＿＿%签约合同价
13	15.5.2	承包人提出的合理化建议降低了合同价格或者提高了工程经济效益的,发包人按所节约成本的＿＿＿%或增加经济效益的＿＿＿%给予奖励
14	16.1	□因物价波动引起的价格调整按照第 16.1.1 项或第 16.1.2 项约定的原则处理 若按照第 16.1.1 项的约定采用价格调整公式进行调价,每半年或一年按照价格调整公式进行一次调整。 □合同期内不调价(对于工程规模不大、工期较短的工程,例如工期不超过 12 个月的,可以不进行调价)
15	17.2.1(1)	开工预付款金额:＿＿＿%签约合同价(开工预付款金额一般应为 10%签约合同价)
16	17.2.1(2)	材料、设备预付款比例:＿＿＿＿＿等主要材料、设备单据所列费用的＿＿＿＿＿%(主要材料,一般应为 70%~75%,最低不少于 60%)
17	17.3.2	承包人在每个付款周期末向监理人提交进度付款申请单的份数:＿＿＿＿＿份

续上表

序号	条目号	信息或数据
18	17.3.3(1)	进度付款证书最低限额:_____%签约合同价或_____万元(国际上一般按月平均支付额的0.3~0.5倍计算,我国可按0.2~0.3倍计,以利承包人资金周转)
19	17.3.3(2)	逾期付款违约金的利率:_____‰/d
20	17.4.1	质量保证金金额:_____%合同价格(质量保证金最高不超过合同价格的3%),若交工验收时承包人具备被招标项目所在地省级交通运输主管部门评定的最高信用等级,发包人给予_____%合同价格质量保证金的优惠。 质量保证金是否计付利息: □是,利息的计算方式:_____ □否
21	17.5.1(1)	承包人向监理人提交交工付款申请单(包括相关证明材料)的份数,_____份
22	17.6.1(1)	承包人向监理人提交最终结清申请单(包括相关证明材料)的份数,_____份
23	18.2(2)	竣工资料的份数:_____份
24	18.5.1	单位工程或工程设备是否需投入施工期运行:是或否 如单位工程或工程设备需要进行投入施工期运行,需要施工期运行的单位工程或工程设备规定如下:_____
25	18.6.1	本工程及工程设备是否进行试运行:是或否 如本工程及工程设备需要进行试运行,试运行的具体规定如下:_____
26	19.7(1)	保修期:自实际交工日期起计算_____年(保修期一般应为自实际交工日期起计算5年)
27	20.1	建筑工程一切险的保险费率:_____‰
28	20.4.2	第三者责任险的最低投保金额:_____万元,事故次数不限(不计免赔额)
29	24.1	争议的最终解决方式:仲裁或诉讼 如采用仲裁,仲裁委员会名称:_____

注:本数据表是项目专用合同条款中适用本项目的信息和数据的归纳和提示,是项目专用合同条款的组成部分。

二、公路工程施工承包合同主要内容

1. 公路工程施工承包合同范本

根据《公路工程标准招标文件》的规定和要求,公路工程施工承包合同文件组成应包括以下内容:

(1)合同协议书及项目合同条款;

(2)中标通知书;

(3)投标函及投标函附录;

(4)项目专用合同条款;

(5)公路工程专用合同条款;

(6)通用合同条款;

（7）工程量清单计量规则；

（8）技术规范；

（9）图纸；

（10）已标价工程量清单；

（11）承包人有关人员、设备投入的承诺及投标文件中的施工组织设计；

（12）其他合同文件。

以上组成合同的各文件应相互解释、互为说明。除项目专用合同条款另有约定外，解释合同文件的优先顺序应与排列顺序相同。已标价工程量清单是构成合同文件的重要组成部分，是已标明价格、经算术性错误修正及其他错误修正（如有）且承包人已确认的最终的工程量清单，包括工程量清单说明、投标报价说明、计日工说明、其他说明及工程量清单各项表格（工程量清单第100章至第700章表）。施工合同文件的组成见表2-18。

施工合同文件的组成　　　　　　　　　　　　　　　　　　表2-18

序号	合同文件（按解释权先后顺序排列）	内部逻辑关系	
1	合同协议书及各种合同附件	合同文件的总则	
2	中标通知书	发包人承诺	合同签订程序
3	投标书及其附件	承包人要约	
4	项目专用合同条款	明确权利和义务，即做什么	
5	公路工程专用条款		
6	通用合同条款		
7	工程量清单计量规则	提供工作依据，即怎么做	
8	标准、规范与有关技术文件		
9	图纸		
10	已标价工程量清单	明确如何开展组织管理及结算付款	
11	承包人有关人员、设备投入的承诺及投标文件中施工组织设计		
12	其他合同文件		

2.《公路工程标准招标文件》组成

（1）《公路工程标准招标文件》包括四卷共九章。

第一卷由五章组成，分别为第一章"招标公告/投标邀请书"、第二章"投标人须知"、第三章"评标办法"、第四章"合同条款及格式"、第五章"工程量清单"。

第二卷由第六章"图纸"组成。

第三卷由两章组成，分别为第七章"技术规范"、第八章"工程量清单计量规则"。

第四卷由第九章"投标文件格式"组成。

（2）公路工程施工承包合同条款及格式。

根据《公路工程标准招标文件》第一卷第四章"合同条款及格式"如下：

第一节"通用合同条款"，包括一般约定，发包人义务，监理人，承包人，材料和工程设备，施工设备和临时设备，交通运输，测量放线，施工安全、治安保卫和环境保护，进度计划，开工和竣工,暂停施工,工程质量,试验和检验,变更,价格调整,计量与支付,竣工验收,缺陷责任与保修责任,保险,不可抗力,违约,索赔,争议的解决共24个方面的规定和要求;第二节"专用合同条款"包括"A.公路工程专用合同条款"、"B.项目专用合同条款"两部分;第三节为合同附件格式。

3.编制公路工程施工项目合同要求

(1)招标人在编制项目合同时,根据《公路工程标准招标文件》的格式要求,"通用合同条款"必须不加修改直接采用《公路工程标准招标文件》合同条款内容及格式。

(2)根据招标项目的具体特点和实际需要编制"项目专用合同条款",对"通用合同条款"及"公路工程专用合同条款"进行补充和细化,除"通用合同条款"明确"专用合同条款"可作出不同约定外,补充和细化内容不得与"通用合同条款"及"公路工程专用合同条款"强制性规定相抵触。

(3)补充、细化或约定的内容,不得违反法律、行政法规的强制性规定和平等、自愿、公平和诚实信用原则。

(4)"项目专用合同条款"的编号应与"通用合同条款"和"公路工程专用合同条款"编号一致。

案例2-11

某高速公路建设项目通过公开招投标形式确定了中标人,项目建设单位(招标人)根据《公路工程标准招标文件》要求向中标企业(承包人)发布中标通知书,并按照要求与其签订相关协议。请帮助拟定合同协议书。

依据《公路工程标准招标文件》拟定合同协议书格式。

_____(发包人名称,以下简称"发包人")为实施_____(项目名称),已接受_____(承包人名称,以下简称"承包人")对该项目_____标段施工投标。发包人和承包人共同达成如下协议。

1.第_____标段有K_____+_____至K_____+_____,长约_____km,公路等级为____,设计速度为_____,_____路面,有____立交____处;特大桥____座,计长____m;大中桥____座,计长_____m;隧道____座,计长_____m以及其他构造物工程等。

2.下列文件应视为构成合同文件的组成部分:

(1)本协议书及各种合同附件(含评标期间和合同谈判过程中的澄清文件和补充资料);

(2)中标通知书;

(3)投标函及投标函附录;

(4)项目专用合同条款;

(5)公路工程专用合同条款;

(6)通用合同条款;

(7)工程量清单计量规则;

(8)技术规范;

(9) 图纸;

(10) 已标价工程量清单;

(11) 承包人有关人员、设备投入的承诺及投标文件中的施工组织设计;

(12) 其他合同文件。

上述合同文件互相补充和解释。如果合同文件之间存在矛盾或不一致之处,以上述文件的排列顺序在先者为准。

3. 根据工程量清单所列的预计数量和单价或总额价计算的签约合同价:人民币(大写)_____元(¥_____)。

4. 承包人项目经理:_____;承包人项目总工:_____。

5. 工程质量符合_____标准。工程安全目标:_____。

6. 承包人承诺按合同约定承担工程的实施、完成及缺陷修复。

7. 发包人承诺按合同约定的条件、时间和方式向承包人支付合同价款。

8. 承包人应按照监理人指示开工,工期为_____日历天。

9. 本协议书在承包人提供履约保证金后,由双方法定代表人或其委托代理人签署并加盖单位章后生效。全部工程完工后经交工验收合格、缺陷责任期满签发缺陷责任终止证书后失效。

10. 本协议书正本两份、副本____份,合同双方各执正本一份,副本____份,当正本与副本的内容不一致时,以正本为准。

11. 合同未尽事宜,双方另行签订补充协议。补充协议是合同的组成部分。

发包人:_____(盖单位章)   承包人:_____(盖单位章)

法定代表人或其委托代理人:_____(签字)   法定代表人或其委托代理人:_____(签字)

_____年____月____日   _____年____月____日

三、公路工程施工承包合同主要条款内容

依据《公路工程标准招标文件》,公路工程施工承包合同主要条款内容如下。

(一) 发包人和承包人义务

1. 发包人义务

(1) 遵守法律。发包人在履行合同中应遵守法律,并保证承包人免于承担因发包人违反法律而引起的任何责任。

(2) 发出开工申请通知。发包人应委托监理人在开工日期前 7d 向承包人发出开工通知。工期自监理人发出的开工通知中载明的开工日期起计算。

(3) 提供施工场地。发包人应按照专用合同条款约定向承包人提供施工场地,以及施工场地内地下管线和地下设施等有关资料,并保证资料的真实、准确、完整。

(4)协助承包人办理证件和批件。发包人应协助承包人办理法律规定的有关施工证件和批件。

(5)组织设计交底。发包人应根据合同进度计划,组织设计单位向承包人进行设计交底。

(6)支付合同价款。发包人应按合同约定向承包人及时支付合同价款。

(7)组织竣工验收。发包人应按合同约定及时组织竣工验收。

(8)其他义务。发包人应履行合同约定的其他义务。

2.承包人的一般义务

(1)遵守法律。承包人在履行合同过程中应遵守法律,并保证发包人免于承担因承包人违反法律而引起的任何责任。

(2)依法纳税。承包人应按有关法律规定纳税,应缴纳的税金包括在合同价格内。

(3)完成各项承包工作。承包人应按合同约定以及监理人作出的指示,实施完成全部工程,并修补工程中的任何缺陷。除专用合同条款另有约定外,承包人应提供为完成合同工作所需要的劳务、材料、施工设备、工程设备和其他物品,并按合同约定负责临时设施的设计、建造、运行、维护、管理和拆除。

(4)对施工作业和施工方法的完备性负责。承包人应按合同约定的工作内容和施工进度要求,编制施工组织设计和施工措施计划,并对所用施工作业和施工方法的完备性和安全可靠性负责。

(5)保证工程施工和人员的安全。承包人应按合同约定的施工安全责任条款采取施工安全措施,确保工程及其人员、材料、设备和设施的安全,防止因工程施工造成的人身伤害和财产损失。

(6)负责施工场地及其周边环境与生态的保护。承包人应按合同中的环境保护条款约定负责施工场地及其周边环境与生态的保护工作。

(7)避免施工对公众与他人的利益造成损害。承包人在进行合同约定的各项工作时,不得侵害发包人与他人使用公用道路、水源、市政管网等公共设施的权利,避免对邻近的公共设施产生干扰。承包人占用或使用他人的施工场地,影响他人作业或生活的,应承担相应责任。

(8)为他人提供方便。承包人应按监理人的指示为他人在施工场地或附近实施与工程有关的其他各项工作提供可能的条件。除合同另有约定外,有关条件的内容和可能发生的费用,由监理人按照协商结果确定执行。

(9)工程的维护和照管。工程接受证书颁发前,承包人应负责照管和维护工程,工程接受证书颁发时尚有部分未竣工工程的,承包人还应负责该未竣工工程的照管和维护工作,直至竣工后移交给承包人。

(10)其他义务。承包人应履行合同约定的其他义务。

(二)合同对承包人其他职责的约定

1.对履约担保的要求

承包人应保证其履约担保在发包人颁发工程接收证书前一直有效。发包人应在工程接收证书颁发后28d内把履约担保退还给承包人。

2. 对分包的规定

承包人不得将其承包的全部工程转包给第三人,或将其承包的全部工程肢解后以分包的名义转包给第三人。承包人不得将工程主体、关键性工作分包给第三人。除专用合同条款另有约定外,未经发包人同意,承包人不得将工程的其他部分或工作分包给第三人。

3. 对联合体的要求

(1)联合体各方应共同与发包人签订合同协议书。联合体各方应为履行合同承担连带责任。

(2)联合体协议书经发包人确认后作为合同附件。在履行合同过程中,未经发包人同意,不得修改联合体协议。

(3)联合体牵头负责人负责与发包人和监理人联系,并接受指示,负责组织联合体各成员全面履行合同。

4. 对承包人项目经理的要求

(1)承包人应按合同约定指派项目经理,并在约定的期限内到职。承包人更换项目经理应事先征得发包人同意,并应在更换前14d通知发包人和监理人。承包人项目经理短期离开施工现场,应事先征得监理人同意,并委派代表代其职责。

(2)承包人项目经理应按合同约定以及监理人作出的指示,负责组织合同工程的实施。在情况紧急且无法与监理人取得联系时,可采取保证工程和人员生命财产安全的紧急措施,并在采取措施后24h内向监理人提交书面报告。

(3)承包人为履行合同发出的一切函件均应盖有承包人授权的施工场地管理机构章,并由承包人项目经理或其授权代表签字。

(4)承包人项目经理可以授权其下属人员履行其某项职责,但事先应将这些人员的姓名和授权范围通知监理人。

5. 对承包人人员管理的要求

(1)承包人应在接到开工通知28d内,向监理人提交承包人在施工场地的管理机构以及人员安排报告,其内容应包括管理机构的设置、各主要岗位的技术和管理人员名单及其资格,以及各工种技术工人的安排状况。承包人应向监理人提交施工场地人员变动情况报告。

(2)为完成合同约定的各项工作,承包人应向施工场地派遣或雇佣足够数量的下列人员:

①具有相应资格的专业技工和合格的普工。

②具有相应施工经验的技术人员。

③具有相应岗位资格的各级管理人员。

(3)承包人安排在施工场地的主要管理人员和技术骨干应相对稳定。承包人更换主要管理人员和技术骨干时,应取得监理人的同意。

(4)特殊岗位的工作人员均应持有相应的资格证明,监理人有权随时检查。监理人认为必要时,可以进行现场考核。

6. 对撤换承包人项目经理和其他人员的要求

承包人应对其项目经理和其他人员进行有效管理。监理人要求撤换不能胜任本职工作、行为不端或玩忽职守的承包人项目经理和其他人员的,承包人应予以撤换。

(三)合同对监理人的要求

根据国家的规定和要求,建设单位(发包人)通过项目招投标确定项目监理咨询机构(监理人),签订委托协议,监理人对公路工程施工项目合同履行实施管理。监理人是指在专用合同条款中指明,受发包人委托对合同履行实施管理的法人或其他组织。总监理工程师是指由监理咨询机构(监理人)委派,常驻施工场地,对合同履行实施管理的全权负责人。

1. 监理人的职责和权利

(1)监理人受发包人委托,享有合同约定权利。监理人在行使某项权利前需要经发包人事先批准而通用合同条款没有指明的,应在专用合同条款中指明。

(2)监理人发出的任何指示应视为已得到发包人批准,但监理人无权免除或变更合同约定的发包人和承包人的权利、义务和责任。

(3)合同约定应由承包人承担的义务和责任,不因监理人对承包人提交文件的审查或批准,对工程、材料和设备的检查和检验,以及为实施监理作出的指示等职务行为而减轻或解除。

2. 总监理工程师

发包人应在发出开工通知前将总监理工程师的任命通知承包人。总监理工程师更换时,应在调离前14d通知承包人。总监理工程师短期离开施工现场的,应委派代表代其行使职责,并通知承包人。

3. 监理人员

(1)总监理工程师可以授权其他监理人员负责执行其指派的一项或多项监理工作。总监理工程师应将被授权监理人员的姓名及其授权范围通知承包人。被授权的监理人员在授权范围内发出的指示视为已得到总监理工程师的同意,与总监理工程师发出的指示具有同等效力。总监理工程师撤销某项授权时,应将撤销授权的决定及时通知承包人。

(2)监理人员对承包人的任何工作、工程或其采用的材料和工程设备未在约定的或合理的期限内提出否定意见的,视为已获批准,但不影响监理人在以后拒绝该项工作、工程、材料或工程设备的权利。

(3)承包人对总监理工程师授权的监理人员发出的指示有疑问的,可向总监理工程师提出书面异议,总监理工程师应在48h内对该指示予以确认、更改或撤销。

(4)除专用合同条款另有约定外,总监理工程师不应将商定或确定约定等应由总监理工程师确定的权利授权或委托给其他监理人员。

4. 监理人员的指示

(1)监理人员按照职责和权利的约定向承包人发出指示,监理人的指示应盖有监理人授权的施工场地机构章,并由总监理工程师或总监理工程师授权的监理人员签字。

(2)承包人收到监理人按照上述要求做出的指示后应遵照执行。指示构成变更的,应按照变更程序和相关要求执行。

(3)在紧急情况下,总监理工程师或被授权的监理人员可以当场签发临时书面指示,承包人应遵照执行。承包人应在收到上述临时书面指示后24h内,向监理人发出书面确认函。监理人在收到书面确认函后24h内未予答复的,该书面确认函应被视为监理人正式批示。

(4)除合同另有约定外,承包人只从总监理工程师或被授权的监理人员处取得指示。

(5)由于监理人未能按合同约定发出指示、指示延误或指示错误而导致承包人费用增加和(或)工期延误的,由发包人承担赔偿责任。

5.商定或确定

(1)合同约定总监理工程师应按照本款对任何事项进行商定或确定时,总监理工程师应与合同当事人协商,尽量达成一致。不能达成一致的,总监理工程师应认真研究后审慎确定。

(2)总监理工程师应将商定或确定的事项通知合同当事人,并附详细依据。对总监理工程师确定有异议,构成争议的,按照合同争议的约定处理。在争议解决前,双方应暂按总监理工程师确定的内容执行,按照合同争议的解决约定对总监理工程师的确定做出修改的,按修改后的结果执行。

(四)合同对保障承包人人员的合法权益要求

(1)承包人应与其雇佣的人员签订劳动合同,并按时发放工资。

(2)承包人应按劳动法的规定安排工作时间,保证其雇佣人员享有休息和休假的权利。因工程施工的特殊性需要占用休假或延长工作时间的,应不超过法律规定的限度,并按法律给予补休或付酬。

(3)承包人应为其雇佣人员提供必要的食宿条件,以及符合环境保护和卫生要求的生活环境,在远离城镇的施工现场,还应配备必要的伤病防治和急救医务人员与医疗设施。

(4)承包人应按国家有关劳动保护的规定,采取有效的防止粉尘、降低噪声、控制有害气体和保障高温、高寒、高空作业安全等的劳动保护措施。其雇佣人员在施工中受到伤害的,承包人应立即采取有效措施进行抢救和治疗。

(5)承包人应按有关法律规定和合同约定,为其雇佣人员办理保险。

(6)承包人应负责处理其雇佣人员因工伤亡事故的善后事宜。

(五)合同对承包人现场查勘约定

(1)发包人应将其持有的现场地质勘探资料、水文气象资料提供给承包人,并对其准确性负责。承包人应对其阅读上述有关资料后所做出的解释和推断负责。

(2)承包人应对施工场地和周围环境进行查勘,并收集有关地质、水文、气象条件、交通条件、风俗习惯以及其他为完成合同工作有关的当地资料。在全部合同中,应视为承包人已充分估计了应承担的责任和风险。

(六)合同对不利物质条件约定

(1)不利的物质条件,除专用合同条款另有约定外,是指承包人在施工场地遇到的不可预见的自然物质条件、非自然的物质障碍和污染物,包括地下和水文条件,但不包括气候条件。

(2)承包人遇到不利的物质条件时,应采取适应不利物质条件的合理措施继续施工,并及时通知监理人。监理人应当及时发出指示,指示造成合同变更的,按照合同变更条款约定办理。监理人没有发出指示的,承包人因采取合理措施而增加的费用和(或)工期延误,由发包人承当。

(七)工程管理一般要求

1. 开工报审表

承包人应按合同条款规定,对项目开工、分部工程开工及因长时间停工需要重新开工的进行书面开工报审,填写开工报审表,报监理人审批。

(1)开工报审表。承包人应按合同进度计划,向监理人提交工程开工报审表,经监理人审批后执行。开工报审表应详细说明按合同进度计划正常施工所需的施工道路、临时设施、材料设备、施工人员等施工组织措施的落实情况以及工程进度安排。

(2)分部工程开工报审表。承包人应在分部工程开工前14d向监理人提交分部工程开工报审表。若承包人的开工准备、工作计划和质量控制方法是可接受的且已获得批准,则经监理人书面同意后,分部工程才能开工。

(3)中间开工报审表。长时间因停工或休假(7d以上)重新施工前,或重大安全、质量事故处理完毕后,承包人应向监理人提交中间开工报审表。

2. 工程报告单

承包人应按合同条款规定向监理人提供有关不同项目和内容的工程报告单供审批。报告单的主要项目为:各种测量、试验、材料检测、各类工程(分工序)检验、工程计量、工程进度、工程事故等报告单或监理人指定需要提供的其他报告单。

3. 制订施工进度计划和施工方案说明

承包人应按合同条款规定制订施工进度计划和施工方案说明文件和年度施工计划,并且当承包人在组织项目施工过程中发生实际进度与合同进度不符时,需要及时对合同进度计划进行调整和完善。

(1)按合同条款规定,承包人应在签订合同协议后的28d内,编制详细的施工进度计划和施工方案说明报送监理人。监理人应在14d内批复或提出修改意见,否则该进度计划视为已得到批准。经监理人批准的施工进度计划称为合同进度计划,是控制合同工程进度的依据。承包人还应根据合同进度计划,编制更为详细的分阶段或分项进度计划,报监理人审批。

(2)合同进度应按照关键线路网络图和主要工作横道图两种形式分别编绘,并应包括每月预计完成的工作量和形象进度。所提交的关键线路网络图、主要工作横道图中的一切主要活动应与工程量清单中的项目一致。关键线路和与里程桩的相关联系必须清楚标明。年度、月度的任务(工程量和价值)、资源需求及累计进度必须标注清楚。提交计划时,应将制订依据、逻辑说明、资金流量、资源提供柱状图表以及使用的输入数据的副本等一并提交。

(3)不论因何种原因造成工程的实际进度与合同进度计划不符时,承包人可以在实际进度发生滞后的当月25日前向监理人提交修订进度计划的申请报告,并附有关措施和相关资料,报监理人审批;监理人也可以直接向承包人作出修订合同进度计划的指示,承包人应按该指示修订合同进度计划,报监理人审批。监理人应在收到修订合同进度计划后14d内批复。监理人在批复前应获得发包人同意。

(4)承包人应在每年11月底前,根据已同意的合同进度计划或其修订的计划,向监理人提交2份格式和内容符合监理人合理规定的下一年度的施工计划,以供审查。该计划应包括本年度估计完成的和下年度预计完成的分项工程数量和工作量,以及为实施此计划将采取的措施。

(5)施工方案说明包括形象进度图(柱状图表)和资金流量表,如出现以下几种情况时,应予以修改:

①承包人改变了逻辑线路或改变了其建议的施工程序。

②施工期无任何理由地产生延误。

③实际工程进度与计划进度严重不符以及监理人认为有必要修改时。

(6)分部工程和分项工程施工计划:承包人应根据合同进度计划和年度施工计划,制订各分部工程的施工计划和某些分项工程的施工计划,并在该分部工程和分项工程开工前14d报请监理人批准。承包人在施工过程中严格执行监理人批准的施工计划,若发现需要调整或修改时,应再次报请监理人批准。如承包人未按批准的施工计划施工,监理人有权责令其立即纠正,或令其暂时停工。

(7)编制施工方案说明使用的全套软件,应经监理人批准,并向监理人提交拷贝,以供执行合同时使用。

(8)承包人必须按照合同进度计划和施工方案说明的要求确保投入并及时到位,监理人应根据合同条款督促其实施。

4.工程信息化系统

高速公路、一级公路及独立特大桥、特长隧道工程宜按下列规定配备工程信息化系统,其他工程根据工程需要并经发包人批准时也可配备工程信息系统。

(1)承包人应统一配备发包人指定的工程信息化系统,并建立网络系统,网络带宽不宜小于20M。

(2)承包人应根据工程信息化系统的要求配备专用计算机,计算机的硬件及软件配置应满足工程信息化系统顺畅运行的要求。

(3)工程信息化系统应由专人负责操作,并应保持系统的安全性和稳定性,定期更新杀毒软件和进行系统维护,备份相关管理数据。

案例2-12

某一桥梁工程项目已通过了项目立项。4月,建设单位委托A勘察单位对其进行地质勘测,建设单位与A勘察单位签订了该项目的勘察合同。合同规定,勘察费为15万元。该项目经过勘察、设计等阶段,于第二年春天开始施工,经过施工招投标,确定B施工单位为该项目的承包人。

问题:

(1)建设单位应预付勘察定金数额是多少?

(2)该项目签订了勘察合同后10d,业主通过其他途径从C单位获得该地区的勘察资料,建设单位认为可借用该勘察资料,建设单位即通知A勘测单位不再履行合同。请问在上述事件中,哪些单位的做法是错误的?为什么?建设单位有权要求返还定金吗?

(3)若建设单位和A勘测单位的勘察合同按期履行,建设单位按照A勘测单位提供的勘测报告进行了设计与施工。但在进行基础施工时,发现其中有部分地段地质情况与勘察报告不符,出现了软弱地基,而在原勘察报告中并未指出,A勘测单位是否应当承担责任?

（4）问题（3）中，施工单位B由于进行地基处理，施工费用增加20万元，工期延误20d，对于这种情况，施工单位B应该怎样处理？业主应该承担哪些责任？

解：

（1）建设单位应该向勘察单位A支付合同价的30%作为预付勘察定金。

$15 \times 30\% = 4.5$（万元）

（2）建设单位和C单位的做法都是错误的。C单位应该维护他人的勘察成果和设计文件，不得转让给第三方使用，C单位将他人的勘察报告提供给建设单位，这种做法是错误的。建设单位不履行勘察合同，属违约行为，无权要求返还定金。

（3）若勘察合同继续履行，A勘察单位完成了勘察任务。对于因勘察资料差造成的损失，应视造成损失的大小，减收或免收勘察费。

（4）施工单位B应在出现软土地基后8h内，以书面形式通知建设单位，同时提出处置方案或请求建设单位组织勘察，与设计单位共同制订处理方案，并在28d内就延误的工期和因此发生的经济损失，向建设单位提出索赔意向通知，在随后的28d内提出索赔报告。建设单位应于28d内答复，逾期不作答复，视为默认。由于建设单位提供的勘察设计资料有误造成施工单位B停工、待工，建设单位应该按施工单位B实际消耗的工程量增付费用。因此，建设单位应承担地基处理所需的20万元，工期20d顺延。

模块三　公路工程施工阶段合同管理

【工作任务3】　请依据本模块中的相关知识，结合项目背景资料，完成下列任务，详见表2-19。

项目二　模块三　任务单　　　　表2-19

工作任务	结合项目背景资料，请总结工程施工合同中应涉及哪些关于质量控制、投资控制和进度控制的条款
任务要求	1. 小组搜集一套公路工程施工合同文件，每组2~3人，认真阅读，列出工程施工合同包含哪些文件； 2. 小组查阅《公路工程标准施工招标文件》中第四章，结合搜集的公路工程施工合同文件，总结概括合同要点； 3. 小组完成合同中关于质量控制、投资控制和进度控制条款的总结和梳理
任务准备	1. 知识准备： 了解公路工程施工质量控制、投资控制和进度控制的概念； 了解施工阶段建设单位、施工单位和监理单位各自的工作职责、权力和义务； 理解关于工程质量、费用和进度等问题的责任划分原则。 2. 工具准备： 借阅《公路工程标准施工招标文件》
工作步骤	1. 小组讨论分工； 2. 小组搜集一套公路工程施工合同文件，并下载工程标准施工招标文件(2018年版)； 3. 小组阅读和讨论以上文件，总结概括合同要点； 4. 小组分工对工程施工合同中关于质量控制、投资控制和进度控制的条款进行梳理和总结
自我评价 (优、良、中、差)	工作态度： 团队协作： 知识掌握：

一、公路工程施工准备阶段的合同管理

(一) 施工前准备

1. 施工图纸

监理人应在发出中标通知书42d内,向承包人免费提供由发包人或其委托的设计单位设计的施工图纸、技术规范和其他技术资料2份,并向承包人进行技术交底。承包人需要更多份数时,应自费复印。由于发包人未按时提供图纸造成工期延误的,发包人承担违约责任。发包人提供的图纸和文件,未经发包人同意,承包人不得泄露给他人或公开发表与引用。

2. 施工组织计划(施工方案)和进度计划

在发包人与承包人签订施工合同协议后28d内,承包人应按照专用合同条款约定的内容和期限,编制详细的施工进度计划和施工方案说明,并向监理人报送。监理人应在14d内对承包人施工进度计划和施工方案说明予以批复或提出修改意见,否则该进度计划视为已得到批准。合同进度计划应按照关键线路网络图和主要工作横道图两种形式分别编制,并应包括每月预计完成的工作量和形象进度。承包人还应根据合同进度计划,编制更详细的分阶段或分项进度计划,报监理人审批。

监理人对承包人提交的施工组织设计(施工方案)和进度计划的认可,不可免除承包人对施工组织设计和工程进度计划本身的缺陷所应承担的责任。

不论何种原因造成工程的实际进度与监理人批准的合同进度计划不符时,承包人可以在专用合同条款约定的期限内向监理人提交修订合同进度计划的申请报告,并附有关措施和相关资料报监理人审批,监理人也可以直接向承包人作出修改合同进度计划的指示,承包人应按指示修订合同计划,报监理人审批。监理人应在专用合同条款约定的期限内批复。监理人在批复前应获得发包人同意。

3. 提供施工场地

发包人及时委托项目的监理人,并将监理人、监理内容及监理权限以书面形式通知承包人。发包人根据合同协议要求做好场地、资金、材料、设备、技术资料等施工前的有关准备工作,负责办理永久占地的征用及与之有关的拆迁赔偿手续并承担相关手续费用。

承包人在按规定提交施工进度计划的同时,应向监理人提交一份按施工先后次序所需的永久占地计划。监理人应在收到此计划后的14d内审核并转报发包人核备。发包人应在监理人发出本工程或分部工程开工通知前,对承包人开工所需的永久占地办妥征用手续和相关拆迁赔偿手续,通知承包人使用,以使承包人能够及时开工;此后按承包人提交并经监理人同意的合同进度计划的安排,分期(也可以一次)对施工所需的其余永久占地办妥征用以及拆迁赔偿手续,通知承包人使用,以使承包人能够连续不间断施工。由于承包人施工考虑不周或措施不当等原因而造成的超计划占地或拆迁等所发生的征用和赔偿费用,应由承包人承担。

由于发包人未能按照规定办妥永久占地征用手续,影响承包人及时使用永久占地造成的费用增加和(或)工期延误应由发包人承担。由于承包人未能按照本项规定提交占地计划,影响发包人办理永久征地手续造成的费用增加和(或)工期延误由承包人承担。

4. 承包人人员管理

承包人安排在施工场地的主要管理人员和技术骨干应与合同协议承诺的名单一致,并保持相对稳定。未经监理人批准,上述人员不应无故不到位或被替换;若确实无法到位或需替换,需经监理人审核并报发包人批准后,用同等资质和经历的人员替换。

承包人应按合同约定指派项目经理,并在约定期限内到职。项目经理是承包人派驻到施工场地的全权负责人。承包人更换项目经理应事先征得发包人同意,并应在更换前 14d 通知发包人和监理人。承包人应在接到开工通知后的 28d 内,向监理人提交承包人在施工场地的管理机构以及人员安排报告,其内容包括管理机构的设置、各主要岗位的技术和管理人员名单及其资格,以及各工种技术工人的安排情况。承包人应向监理人提交施工场地人员变动情况报告。

为完成合同约定的各项工作,承包人应向施工场地派遣或雇佣足够数量的下列人员:具有相应资格的专业技工和合格的普工;具有相应施工经验的技术人员;具有岗位资格的各级管理人员。特殊岗位的工作人员均应持有相应的资格证明,监理人有权随时检查。监理人认为必要时,可进行现场考核。

5. 施工工艺图要求

(1)承包人应仔细阅读图纸,发现疑问应及时向监理人提出。承包人应根据发包人提供的图纸进行定线测量和编绘施工工艺图,以适应工程管理需要,并将施工工艺图的一般要求,作为合同图纸部分补充,报送监理人审批。所有施工工艺图都应与规范的规定以及发包人提供的图纸所标明的路线、纵坡、断面、尺寸和材料要求保持一致。

(2)承包人应提供永久性工程的施工工艺图,应包括:由于施工需要由承包人提供的补充设计,如细部布置图、装配详图、安装图、设备表,以及规范中专门规定必须在某一工程项目施工前经监理人审查的其他资料。承包人应提供模板设计并为水泥混凝土和各种结构的特殊要求而使用的木笼、围堰、脚手架、临时支撑系统、拱架模板以及施工用的临建工程的施工工艺图。除非合同中另有规定,木笼、围堰、脚手架施工装配图及便桥结构施工工艺图应由专业工程师设计,并有其签字和盖章。

(3)承包人应在相关工程开工前不少于 28d,将此工程的施工工艺图报监理人审批,以保证按时施工。施工工艺图应符合 A3 图幅的标准尺寸。每张图和计算表都应标有项目编号、名称及其他注解。至少应向监理人提交 3 套图纸,其中 1 套用于修改或增加必要注解后退还承包人。

(4)当监理人提出要求后,承包人应在 7d 内提供工程各部分的书面施工方法和说明及有关特殊工程施工工艺图。若 7d 内没有提供,监理人可以按照暂停施工合同条款约定,责令承包人暂时停止本工程或部分工程的施工,直到承包人圆满提供上述文件为止。

6. 测量放线

(1)施工控制网。

①发包人应在专用合同条款约定的期限内,通过监理人向承包人提供测量基准点、基准线和水准点及其书面资料。除专用合同条款另有约定外,承包人应根据国家测绘基准、测绘系统和工程测量技术规范,按上述基准点(线)以及合同工程精度要求,测设施工控制网,并在专用

条款约定的期限内,将施工控制网资料报送监理人审批。

②承包人应负责管理施工控制网点。施工控制网点丢失或损坏的,承包人应及时修复。承包人应承担施工控制点的管理和修复费用,并在工程竣工后将施工控制网点移交发包人。

③承包人要求得到由监理人提供的测量资料时,应在 3d 前通知监理人。

④承包人应检查工程原测设的所有永久性标桩,并就遗失的标桩在接管工地 14d 之内通知监理人;然后承包人应根据监理人提供的工程测设资料和测量标志,在 28d 之内将复测结果提交监理人。上述测量标志经检查批准后,承包人应进行施工测量设计和补充测量,并在监理人批准后,在工地正确放样。

(2)施工测量。

①承包人应负责施工过程中的全部施工测量放线工作,并配置合格人员、仪器、设备和其他物品。

②监理人可以指示承包人进行抽样复测,当复测中发现错误或出现超过合同约定的误差时,承包人应按监理人指示进行修正或补测,并承担相应复测费用。

(3)基准资料错误的责任划分。

发包人应对其提供的测量基准点、基准线和水准点及其书面资料的真实性、准确性和完整性负责。由于发包人提供上述基准资料的错误导致承包人测量放线工作返工或造成工程损失的,发包人应当承担由此增加的费用和(或)工期延误,并向承包人支付合理利润。承包人发现发包人提供的上述基准资料存在明显错误或疏忽的,应及时通知监理人。

(4)应完成全部结构物现场放样并核对无误后方可进行施工。

在合同执行期间,承包人应对施工中所有的标桩,包括转角桩、中桩、桥涵结构物和隧道的起终点桩、控制点以及监理人认为对放样和检测有用的标桩等进行加固保护,并对水准点、三角网点等树立易于识别的标志。承包人应对永久性测量标志进行保护,直至工程竣工验收后完整地交给监理人。

承包人经过复测,对持有异议的原地面高程,应向监理人提交一份列出有误高程和相应修正高程的表单。在监理人和原设计单位及发包人确定正确高程之前,对有争议的高程的原地面不得扰动。承包人应根据批准的格式向监理人提供全部的测量标记资料。所有测量标记应涂上油漆,其颜色要征得监理人同意,易于辨别。承包人应按照上述测量标志资料完成全部恢复定线、施工测量设计和施工放样。承包人应对施工测量、设计和施工放样工作的质量负责到底。

(5)监理人使用施工控制网。

合同执行期间,当监理人需要时,承包人应为监理人提供所需的辅助测量员、司仪员和助手。

(6)各合同段衔接处的测量。

应在监理人的统一协调下由相邻两合同段承包人共同进行,将测量结果协调统一在允许的误差范围内。

7.分包管理

承包人不得将其承包的全部工程转包给第三人,或将其承包的全部工程肢解后以分包的名义转包给第三人。承包人不得将工程主体、关键性工作分包给第三人。除专用合同条款另有约定外,未经发包人同意,承包人不得将工程的其他部分或工作分包给第三人。

(二)项目开工管理

公路工程施工项目开工应满足《公路工程标准招标文件》有关规定和要求。

1. 项目开工

(1)开工通知。

监理人应在开工日期前7d向承包人发出开工通知,监理人在发出开工通知前应获得发包人同意。工期自监理人发出的开工通知中载明的开工日期起计算。

(2)工程开工审批表。

承包人应在开工日期后尽快施工。承包人应按合同进度计划约定的要求,向监理人提交工程开工报审表,经监理人审批后执行。开工报审表应详细说明按合同进度计划正常施工所需的施工道路、临时设施、材料设备、施工人员等施工组织措施的落实情况以及工程的进度安排。

2. 分部工程开工

承包人应在分部工程开工前14d向监理人提交分部工程开工审批表,若承包人的开工准备、工作计划和质量控制方法是可接受的,且已获得批准,则经监理人书面同意,分部工程才能开工。

3. 申请延期开工

由于下述原因之一而影响施工进度,承包人有权要求延长工期和(或)增加费用,并支付合理利润。

(1)增加合同工作内容。

(2)改变合同中任何一项工作的质量要求或其他特征。

(3)发包人迟延提供材料、工程设备或变更交货地点。

(4)因发包人原因导致的暂停施工。

(5)提供图纸延迟。

(6)未按合同约定及时支付预付款、进度款。

(7)发包人造成工期延误的其他原因。

案例2-13

某公路施工企业通过公开招投标形式确定了一条87km的高速公路施工建设任务,施工企业与建设单位签订了承包合同,并按照合同约定组织施工。施工企业欲将工程中某处大型挡土墙工程分包给一家专业施工队。

问题:

(1)《公路工程标准招标文件》对分包工程有何要求?

(2)分包合同有何特点? 主要内容有哪些?

解:

(1)《公路工程标准招标文件》对分包工程的要求如下。

　　承包人不得将其承包的全部工程转包给第三人,或将其承包的全部工程肢解后以分包的名义转包给第三人。承包人不得将工程主体、关键性工作分包给第三人。除专用合同条款另有约定外,未经发包人同意,承包人不得将工程的其他部分或工作分包给第三人。

　　按照合同中投标函附录约定分包工程的,承包人应向发包人和监理人提交分包合同副本。分包人的资格能力应与其分包工程的标准和规模相适应。承包人应与分包人就分包工程要求发包人承担连带责任。发包人对承包人与分包人之间的法律与经济纠纷不承担任何责任和义务。分包包括专业分包和劳务分包。

　　①在工程施工过程中,承包人进行专业分包必须遵守以下规定。

　　A. 允许专业分包的工程范围仅限于非关键性工程或适合专业化队伍施工的专项工程。未列入投标文件的专项工程,承包人不得分包。但因工程变更增加了特殊性技术要求、特殊工艺或者涉及专利保护等的专项工程,且按规定无须再进行招标的,由承包人提出书面申请,经发包人同意,可以分包。

　　B. 专业分包人的资格能力(含安全生产能力)应与其分包工程的标准和规模相适应,且应当具备如下条件:

　　a. 具有经工商登记的法人资格。

　　b. 具有从事过类似工程经验的管理与技术人员。

　　c. 具有(自有或租赁)分包工程所需的施工设备。

　　承包人应向监理人提交专业分包人的资格能力证明材料,经监理人审查并报发包人批准后,可以将相应专业工程分包给该专业分包人。

　　C. 专业分包人不得再次分包。

　　D. 承包人和专业分包人应当按照交通运输主管部门制定的统一格式依次签订专业分包合同,并履行合同约定义务。专业分包合同必须遵循承包合同的各项原则,满足承包合同中的质量、安全、进度、环保以及其他技术、经济要求。专业分包合同必须明确约定工程款支付条款、结算方式以及保证按期支付的相应措施,确保工程款的支付。承包人应在工程实施前,将经监理人审查同意的分包合同报发包人备案。

　　E. 专业分包人应当设立项目管理机构,对所分包工程的施工活动实施管理。项目管理机构应当具有与分包工程的规模、技术复杂程度相适应的技术、经济管理人员,其中项目负责人和技术、财务、计量、质量、安全等主要管理人员必须是专业分包人本单位人员。

　　F. 承包人应当建立健全相关分包管理制度和台账,对专业分包工程质量、安全、进度和专业分包人的行为等实施全过程管理,按照合同约定对专业分包工程的实施向发包人负责,并承担赔偿责任。专业分包合同不免除承包合同中规定的承包人的责任或者义务。

　　G. 专业分包应当依据专业分包合同的约定,组织分包工程施工,并对分包工程质量、安全和进度等实施有效控制。专业分包人对其分包的工程向承包人负责,并就所分包的工程向发包人承担连带责任。

　　H. 承包人对施工现场安全负总责,并对专业分包人的安全生产进行培训和管理。专业分包人应将其专业分包工程的施工组织设计和施工安全方案报承包人备案。专业分包人对分包施工现场安全负责,若发现事故隐患,应及时处理。

　　违反上述规定之一者属违规分包。

②在工程施工过程中,承包人进行劳务分包必须遵守以下规定:

A.劳务分包人应具有施工劳务资质。

B.劳务分包应当依法签订劳务分包合同,劳务分包合同必须由承包人的法定代表人或其委托代理人与劳务分包人直接签订,不得由他人代签。承包人项目部、项目经理、施工班组等不具备用工主体资格,不能与劳务分包人签订劳务分包合同。承包人应向发包人和监理人提交劳务分包合同副本并报项目所在地劳动保障部门备案。

C.承包人雇佣的劳务作业应加入到承包人的施工班组统一管理。有关施工质量、施工安全、施工进度、环境保护、技术方案、试验检测、材料保管与供应、机械设备等都必须由承包人管理与调配,不得分包代管。

D.承包人应当对劳务分包人员进行安全培训和管理,劳务分包人不得将其分包的劳务作业再次分包。

违反上述规定之一者属违规分包。

承包人对工程项目分包管理要求包括:工程项目的各项分包工作均应遵守《公路工程施工分包管理办法》的有关规定。承包人应加强现场施工人员(包括劳务人员)的岗位和技能教育,加强质量、安全知识的岗位培训,做到人人懂质量、人人抓安全、科学管理、文明施工。

(2)分包合同的特点如下:

①分包合同由承包人制定,由承包人挑选分包人。

②分包合同必须事先征得发包人的同意和监理人书面批准。

③对合同总体执行没有影响。

④承包人并不因将部分工程分包,而减少对其分包工程在承包合同中应承担的责任和义务。

分包合同的主要内容如下:

①工程范围和内容。分包合同应明确划分分包工作范围,工作内容要详细说明,另外应附工程量清单。

②工程变更。合同中注明工程变更的确认程序和变更价款的分配方法。

③支付条件。包括预付款的支付比例和扣还的方式,进度款支付方法和时间。

④保留金和缺陷责任期。包括保留金的扣除比例和返还时间、缺陷责任期的时间等。

⑤拖延工期违约损失偿款。

⑥双方的责任、权利和义务。总承包在分包合同中可以转移责任义务和风险给分包人。

⑦其他方面。诸如合同的变更、中止、解除、纠纷解决等条款,可以参考总承包合同的订立。

案例2-14

某建设单位(发包人)通过招投标形式确定由某施工单位(承包人)承担施工某公路工程项目:该公路工程施工项目第1标段为K0+00～K18+400,长约18.4km,公路等级为一级公路,设计速度为100km/h,沥青混凝土路面,有互通式立交1处,大中桥4座,计长580m以及其他构造物工程等。

问题：

（1）项目开工前，对施工单位（承包人）编制施工进度计划和施工方案说明的要求。

（2）工程永久占地和项目临时占地是否全部由发包人负责办理？办理依据和要求有哪些？

（3）施工单位（承包人）需要将所承包工程中机电项目分包给另一机电专业施工企业，项目管理对分包有哪些要求？

解：

（1）承包人应按照项目专用条款要求编制项目施工进度计划和施工方案说明；合同进度计划应按照关键线路网络图和工作横道图两种形式分别编绘，并应包括每月预计完成的工作量和形象进度。在双方签订合同协议书后28d内，承包人应向监理人报送施工进度计划和施工方案说明；监理人应在14d内对承包人施工进度计划和施工方案说明予以批复或提出修改意见。

（2）发包人根据合同协议要求做好场地、资金、材料、设备、技术资料等施工前的有关准备工作。发包人负责办理永久占地的征用及与之有关的拆迁赔偿手续并承担相关手续责任。发包人根据承包人提交并经监理人同意的合同进度计划的安排，分期（也可一次）对施工所需的其余永久占地办妥征用手续以及拆迁赔偿手续，通知承包人使用，以使承包人能够连续不间断施工。

承包人负责项目实施所需临时占地应向当地政府土地管理部门申请，并办理租用手续；承包人按有关规定直接支付其费用，发包人对此应予以协调。临时设施包括承包人驻地的办公室、食堂、宿舍、道路和机械设备停放场、材料堆放场地、弃土场、预制场、拌和场、仓库、进场临时道路、临时便道、便桥等。承包人应在"临时占地计划表"范围内按实际需要与先后次序提出具体计划，报监理人同意，并报发包人。临时占地面积和使用期应满足工程需要，费用包括临时占地数量、时间及因此而发生的协调、租用、复耕、地面附着物（电力、电信、房屋、坟墓除外）的拆迁补偿等有关费用，一般临时占地的租用费用实施总额包干，列入工程量清单第100章内由承包人按总额报价，包含在合同总价中。临时占地退还前，承包人应自费恢复到临时占地使用前的状况。

（3）承包人不得将工程主体、关键性工作分包给第三人。如果承包人对工程项目需要进行专业分包时，应该在其投标时，在投标文件的投标函附录中约定，如对专业机电工程进行分包，并要求分包人的资格能力与其分包工程的标准和规模相适应。项目实施时按照合同约定可以进行分包。承包人和专业分包人应当按照交通运输主管部门制定的统一格式依次签订专业分包合同，并履行合同约定义务。专业分包合同必须遵循承包合同的各项原则，满足承包合同中的质量、安全、进度、环保以及其他技术、经济要求。专业分包合同必须明确约定工程款支付条件、结算方式以及保证按期支付的相应措施，确保工程款的支付。承包人应在工程实施前，将经监理人审查同意的分包合同报发包人备案。

二、公路工程施工过程的合同管理

（一）工程质量管理

1.工程质量要求

（1）发包人和承包人应严格遵守《关于严格落实公路工程质量责任制的若干意见》的相关

规定,认真执行工程质量责任登记制度并按要求填写工程质量责任登记表。

《关于严格落实公路工程质量责任制的若干意见》

(2)承包人应保证其实施的工程质量达到约定的质量标准,质量标准的评定以《公路工程质量检验评定标准　第一册　土建工程》(JTG F80/1—2017)有关规定为依据。因承包人原因造成工程质量达不到合同约定验收标准的,监理人有权要求承包人返工直至符合合同要求为止,由此造成的费用增加和(或)工期延误由承包人承担。

(3)因发包人原因造成工程质量达不到合同约定验收标准的,发包人应承担由于承包人返工造成的费用增加和(或)工期延误,并支付承包人合理利润。

(4)项目严格执行质量责任追究制度。质量事故处理实行"四不放过"原则:事故原因调查不清楚不放过;事故责任者没有受到教育不放过;没有防范措施不放过;相关责任人没有受到处理不放过。

2.承包人的质量管理

(1)承包人应在签订合同协议书28d内,提交工程质量保证措施文件。公路工程实施质量责任终身制。承包人应当书面明确相应的项目负责人和质量负责人。承包人的相关人员按照国家法律法规和有关规定在工程合理使用年限内承担相应质量责任。

(2)承包人应当建立健全工程质量保证体系,制定质量管理制度,强化工程质量管理措施,完善工程质量目标保障机制;严格遵守国家有关法律、法规和规章,严格执行公路工程强制性技术标准、各类技术规范及规程,全面履行工程合同义务。

(3)承包人对工程施工质量负责,应当按合同约定设立现场质量管理机构、配备工程技术人员和质量管理人员,落实工程施工质量责任制。承包人应在施工场地设置专门的质量检查机构,配备专职质量检查人员,建立完善的质量检查制度。承包人应在合同约定的期限内,提交工程质量保证措施文件,包括质量检查机构的组织和岗位责任、质检人员的组成、质量检查程序和实施细则等,报监理人审批。

承包人应当按照合同约定设立工地临时试验室,配齐检测和试验仪器、仪表,及时校正以确保其精度;严格按照工程技术标准、检测规范和规程,在核定的试验检测参数范围内开展试验检测活动,并确保规范规定的检验、抽检频率得到落实。承包人应当对其设立的工地临时试验室所出具的试验检测数据和报告的真实性、客观性、准确性负责。

(4)承包人开工前,必须按《公路工程质量检验评定标准　第一册　土建工程》(JTG F80/1—2017)的规定,并结合工程特点进行分项、分部和单位工程划分,经发包人和监理人批准后执行。现场质量检查、质量验收资料按划分的分项、分部和单位工程归纳收集。现场质检原始资料必须真实、准确、可靠,不得追记,不得复印。接受质量检查时,必须出示原始资料。

(5)承包人应通过组织试验路、试验工程,总结工艺,指导规模生产。分项工程施工实行现场标示牌管理,标示牌上应注明分项工程作业内容、简要工艺和质量要求、施工及质量负责人姓名等。

(6)承包人应当严格按照工程设计图纸、施工技术标准和合同约定施工,对原材料、混合料、构配件、工程实体机电设备等进行检验;按规定施行班组自检、工序交接检、专职质检员检验的质量控制程序;对分项工程、分部工程和单位工程进行质量自评。检验或自评不合格的,不得进入下道工序或者投入使用。

（7）承包人应按规定随时将材料及工程质量的检验与试验报告报送监理人审查，还应采取质量动态管理方法，随时将检测结果、取样地点、试验项目、试验方法、试验员姓名、试验结果及合格与否的评定意见输入计算机，建立工程质量数据库，并就各项试验结果逐日绘制工程质量指标管理图，同时随施工进展分阶段绘制工程质量直方图和正态分布曲线，送监理人。承包人应按照合同约定对材料、工程设备以及工程的所有部位及其施工工艺进行全过程质量检查和检验，并做详细记录，编制工程质量报表，报送监理人审查。

（8）承包人应当加强施工过程质量控制，并形成完整、可追溯的施工质量管理资料，主体工程的隐蔽部位施工还应保留影像资料。对施工中出现的质量问题或者验收不合格的工程，应当负责返工处理；对在保修范围和保修期内发生质量问题的工程，应当履行保修义务。

（9）承包人应当依法规范分包行为，并对承担的工程质量负总责，分包单位对分包合同范围内的工程质量负责。

（10）承包人应加强对施工人员的质量教育和技术培训，定期考核施工人员的劳动技能，严格执行规范和操作规程。承包人驻工程现场机构应在现场驻地和重要的分部、分项工程施工现场，设置明显的工程质量责任等级表公示牌。

3. 监理人质量管理

（1）监理人有权对工程的所有部位及其施工工艺、材料和工程设备进行检查和检验。承包人应为监理人的检查和检验提供方便，包括监理人到施工场地，或制造、加工地点，或合同约定的其他地方进行察看和查阅施工原始记录。承包人还应按监理人指示，进行施工场地取样试验、工程复核测量和设备性能检测，提供试验样品、提交试验报告和测量成果以及监理人要求进行的其他工作。监理人的检查和试验，不免除承包人按合同约定应负的责任。

（2）监理人及其委派的检验人员，应能进入工程现场以及材料或工程设备的制造、加工或制配的车间和场所，包括不属于承包人的车间或场所进行检查，承包人应为此提供便利和协助。监理人可以将材料或工程设备的检查和检验委托给一家独立的有质量检验认证资格的检验单位。该独立检验单位的检验工作应视为由监理人完成的。监理人应将这种委托的通知书在检验前不少于 7d 交给承包人。

案例 2-15

某一桥梁工程施工项目已通过了施工公开招投标确定 A 施工单位承担项目施工任务，业主与 A 施工单位签订了该项目的施工合同，签约合同价金额为 1500 万元。该项目进入施工阶段。

问题：

（1）根据专用条款约定开工预付款金额为签约合同价 10%，业主应在项目开工前支付给 A 施工单位的开工预付款金额是多少？

（2）该项目开工 10d 后，项目监理人发现 A 施工单位安排在施工场地的主要管理人员和技术骨干与投标承诺不一致，监理人应怎么办？

（3）A 施工单位未经业主同意私自将项目中部分工作转让分包给 B 施工单位，并与 B 签订了转让合同。A 施工单位是否要承担违约责任？业主应如何追究责任？

（4）A 施工单位在组织基础施工时，发现其中有部分地段地质情况与设计不符，出现了软弱地基,而原设计并未指出,A施工单位是否可以提出索赔?

解:

(1)业主应该向A施工单位支付项目开工预付款金额,应根据项目专用条款约定进行支付。

业主应向施工单位A支付的预付款金额:

1500(万元)×10% =150(万元)

在A施工单位签订了合同协议书且承诺的主要设备进场后,监理人应在当月进度付款证书中向A施工单位支付开工预付款。承包人不得将该预付款用于与本工程无关的支出,监理人有权监督承包人对该项费用的使用,如经查实施工单位滥用开工预付款,发包人有权立即向银行索赔履约保证金,并解除合同。

(2)A施工单位应该按照合同约定指派项目经理、项目总工程师等主要管理人员,并在约定的期限内到职。当监理人发现A施工单位安排在施工场地的主要管理人员和技术骨干与投标承诺不一致的违约行为,监理人可向施工单位发出整改通知,要求其在指定期限内改正,A施工单位应承担其违约所引起的费用增加和(或)工期延误等责任。

(3)A施工单位未经业主同意,将其承包的部分工作转让分包给B施工单位,A施工单位违约。监理人应立即向A施工单位发出整改通知,整改通知发出28d后,若A施工单位不纠正违约行为,发包人可向施工单位发出解除合同通知。

(4)A施工单位在组织基础施工时,发现其中有部分地段地质情况与设计不符,应以书面形式通知业主和监理人,请求业主组织勘察、设计单位提出处理方案,并在28d内就延误的工期和因此发生的经济损失,向业主提出索赔意向通知,在随后的28d内提出索赔报告。业主应于28d内答复,逾期不作答复,视为默认。由于业主提供的勘察设计资料有误造成A施工单位停工、待工,业主应该按A施工单位实际消耗的工程量增付费用。

(二)材料、工程设备和工程设备质量管理

1.材料质量要求

(1)用于永久工程的材料(半成品、成品),都必须是符合规范的合格材料,并经监理人批准。承包人在材料的订购或自采加工前,应取得监理人的同意,必要时应附有材料的样品及其材质和使用的有关说明。用于永久工程的材料,均应对材料按规定进行抽检、试验。经检验不合格的材料严禁进入施工场地。

(2)监理人对料源送检材料质量认可,并不意味着这一料源的所有材料都合格,监理人有权拒绝使用料源不合格的材料。任何作业,凡使用了未经监理人批准的材料,不论作业正在进行或已完成,均应由承包人拆除并重建,并由承包人承担责任。

(3)材料的取样与试验频率应符合规范中各章节的规定。除非监理人另有准许,所有取样应在监理人在场的情况下进行。除非监理人另有规定,试验应在监理人在场的情况下由承包人在现场的试验室进行。试样取用的材料,其费用应已包括在有关工程项目的单价内。

2.材料搬运与储存

(1)各类材料的搬运方式,均应保证材料质量不受破坏、环境不受污染。车辆运送集料时应防止运送过程造成集料漏失和分离。

（2）材料堆放前，承包人应清理、整平、硬化、围砌全部堆存场地。材料采取分类堆放的储存方式，石灰、粉煤灰等粉质材料应有覆盖。

（3）应保证材料质量完好并适应工程进度的要求，同时应不污染环境，便于检查。除非监理人准许，材料不应储存于公路用地范围内。

（4）材料和工程设备专用于合同工程。

①运入施工场地的材料、工程设备，包括备品备件、安装专用工器具与随机资料，必须专用于合同工程，未经监理人同意，承包人不得运出施工场地或挪作他用。

②随同工程设备运入施工场地的备品备件、专用工器具与随机资料，应由承包人会同监理人按供货人的装箱单清点后封存，未经监理人同意不得启封。承包人因合同工作需要使用上述物品时，应向监理人提出申请。

3. 承包人提供的材料和工程设备管理

（1）除专用合同条款另有约定外，承包人提供的材料和工程设备均由承包人负责采购、运输和保管。承包人应对其采购的材料和工程设备负责。

（2）承包人应按照专用合同条款的约定，将材料和工程设备的供货人及品种、规格、数量和供货时间等报监理人审批。承包人应向监理人提交其负责提供的材料和工程设备的质量证明文件，并满足合同约定的质量标准。

（3）对承包人提供的材料和工程设备，承包人应会同监理人进行检验和交货验收，查验材料合格证明和产品合格证书，并按合同约定和监理人指示，进行材料的抽样检验和工程设备的检验测试，检测和试验测试结果应提交监理人，所需费用由承包人承担。

4. 发包人提供的材料和工程设备管理

（1）发包人提供的材料和工程设备，应在专用合同条款中写明材料和工程设备的名称、规格、数量、价格、交货方式、交货地点和计划交货日期等。

（2）承包人应根据合同进度计划的安排，向监理人报送要求发包人交货的日期计划。发包人应按照监理人与合同双方当事人商定的交货日期，向承包人提交材料和工程设备。

（3）发包人应在材料和工程设备到货前7d通知承包人，承包人应会同监理人在约定的时间内，赴交货地点共同进行验收。除专用条款另有约定外，发包人提供的材料和工程设备通过验收后，由承包人负责接收、运输和保管。

（4）发包人要求向承包人提前交货的，承包人不得拒绝，但发包人应承担承包人因此增加的费用。

（5）承包人要求更改交货日期或地点的，应事先报请监理人批准。由于承包人要求更改交货时间或地点所增加的费用和（或）工期延误由承包人承担。

（6）发包人提供的材料和工程设备的规格、数量或质量不符合合同要求，或由于发包人原因造成交货日期延误及交货地点变更等情况，发包人应承担由此增加的费用和（或）工期延误，并向承包人支付合理利润。

5. 试验和检验要求

（1）材料、工程设备和工程的试验和检验

①承包人应按合同约定进行材料、工程设备和工程的试验和检验，并为监理人对上述材

料、工程设备和工程的质量检查提供必要的试验资料和原始记录。按合同约定,应由监理人与承包人共同进行试验和检验的,由承包人负责提供必要的试验资料和原始记录。

②监理人未按合同约定派员参加试验和检验的,除监理人另有指示外,承包人可自行试验和检验,并应立即将试验和检验结果报送监理人,监理人应签字确认。

③监理人对承包人的试验和检验结果有疑问的,或为查清承包人试验和检验成果可靠性要求承包人重新试验和检验的,可按合同约定由监理人和承包人共同进行。重新试验和检验的结果证明该项材料、工程设备或工程的质量不符合合同要求的,由此增加的费用和(或)工期延误由承包人承担;重新试验和检验结果证明该项材料、工程设备或工程的质量符合合同要求的,由发包人承担由此增加的费用和(或)工期延误,并支付承包人合理利润。

(2)现场材料试验

承包人根据合同约定或监理人指示进行的现场材料试验,应由承包人提供试验场所、试验人员、试验设备器材以及其他必要的试验条件。监理人在必要时可以使用承包人的试验场所、试验设备器材以及其他试验条件,进行以工程质量检查为目的的复核性材料试验,承包人应予以协助。

(3)现场工艺试验

承包人应按合同约定或监理人指示进行现场工艺试验。对大型的现场工艺试验,监理人认为必要时,应由承包人根据监理人提出的工艺试验要求,编制工艺试验措施计划,报送监理人审批。

(4)试验和检验费用

①承包人应负责提供合同和技术规范规定的试验和检验所需的全部样品,并承担其费用。在合同中应明确规定试验和检验,包括无须在工程量清单中单独列项和已在工程量清单中单独列项的试验和检验,其试验和检验的费用由承包人承担。

②如果监理人所要求做的试验和检验为合同未规定的或是在该材料或工程设备的制造、加工、制配场地以外的场所进行的,得到检验结果后,如表明操作工艺或材料、工程设备未能符合合同规定,其费用应由承包人承担;否则,其费用应由发包人承担。

6.禁止使用不合格的材料和工程设备

(1)监理人有权拒绝承包人提供的不合格材料或工程设备,并要求承包人立即进行更换。监理人应在更换后再次进行检查或检验,由此增加的费用和(或)工期延误由承包人承担。

(2)监理人发现承包人使用了不合格的材料和工程设备,应即时发出指示要求承包人立即改正,并禁止在工程中继续使用不合格的材料和工程设备。

(3)发包人提供的材料或工程设备不符合合同要求的,承包人有权拒绝,并可要求发包人更换,由此增加的费用和(或)工期延误由发包人承担。

7.清理不合格材料、工程设备处理

(1)承包人使用不合格材料、工程设备,或采用不适当的施工工艺,或施工不当,造成工程不合格的,监理人可以随时发出指示,要求承包人立即采取措施进行补救,直至达到合同要求的质量标准,由此增加的费用和(或)工期延误由承包人承担。

(2)由于发包人提供的材料或工程设备不合格造成的工程不合格,需要承包人采取措施补救的,发包人应承担由此增加的费用和(或)工期延误,并支付承包人合理利润。

案例 2-16

某建筑施工企业承包了某公路工程项目施工任务,在组织施工期间出现以下情况:

(1)全线共有 18 座涵洞,其中 15 座采用盖板涵结构,3 座采用箱涵结构,承包人认为施工工艺一致便于施工组织、加快施工进度、保证质量,因此提出变更申请,要求将其中 3 座箱涵改为盖板涵。

(2)其中对一座桥梁进行基础施工时,由于设计地质资料与实际情况不符,造成其中有多根桩长与设计不同,原计划 10d 完成的工作 1 个月也没有完成,承包人要求索赔。

(3)桥梁上部施工时,在预制的 T 形梁中,监理人发现有一片梁外观不合格,究其原因是有一套 T 形梁模板变形较大。承包人认为梁外观问题不影响强度,建议使用。

问题:

承包人上述要求是否可以同意?

解:

(1)监理人接到变更申请后,及时报发包人,联系设计单位针对承包人提出的变更进行研究,应在 14d 内作出答复;设计单位提出采用箱涵是由于该位置三处地基软弱,为避免不均匀沉降影响通车,经研究,监理人答复承包人不同意变更。

(2)由于发包人提供的设计地质资料与实际情况不符,需要对桩基础进行重新设计,造成施工受阻,针对承包人提出的合理索赔要求,监理人应该予以同意。

(3)用于工程项目的材料或设备必须是全部合格的,不能存在任意一项不合格的问题,所以,监理人应要求将不合格梁砸掉,不合格的模板也要废弃。

(三)工程隐蔽部位覆盖前检查

1. 隐蔽工程验收

(1)经承包人自检确认的工程隐蔽部位具备覆盖条件后,承包人应通知监理人在约定的期限内检查。承包人的通知应附有自检记录和必要的检查材料。监理人应按时到场检查。经监理人检查确认质量符合隐蔽要求,并在检查记录上签字后,承包人才能进行覆盖。监理人检查确认质量不合格的,承包人应在监理人指示的时间内修整返工后,由监理人重新检查。

(2)监理人未按约定的时间进行到场检查的,除监理人另有指示外,承包人可自行完成覆盖工作,并做相应记录报送监理人,监理人应签字确认。

(3)监理人事后对检查记录有疑问的可约定重新检查。承包人未通知监理人到场检查,私自将工程隐蔽部位覆盖的,监理人有权指示承包人钻孔探测或揭开检查,由此增加的费用和(或)工期延误由承包人承担。

2. 监理人重新检查

承包人按照上述要求覆盖工程隐蔽部位后,监理人对质量有疑问的,可要求承包人对覆盖的部位进行钻孔探测或揭开重新检验,承包人应遵照执行,并在检验后重新覆盖,恢复原状。经检验证明工程质量符合合同要求的,由发包人承担由此增加的费用和(或)工期延误,并支付承包人合理利润;经检验证明工程质量不符合合同要求的,由此增加的费用和(或)工期延误由承包人承担。

3. 监理人要求拍摄或照相

当监理人有指令时,承包人应对重要的隐蔽工程进行拍摄并应保证监理人有充分的机会对将要覆盖或掩蔽的工程进行检查和量测,特别是在基础以上的任一部分工程修筑之前,对该基础进行检查时。

(四)工程记录与竣工文件

1. 工程记录

承包人应保管工程进度、隐蔽工程、试验报告、障碍物拆除以及所有影响工程的记录(包括资料、设备的来源),以备需要评定工程进度和工程质量时查阅。当分部工程完成时,承包人须按竣工文件编制要求,将上述原始记录、施工记录、进度照片、录像等资料编订成册,并复印 2 份,提交监理人。其中,发包人和监理人各保存一份,原始资料由承包人保存。

2. 竣工文件

承包人应按照《公路工程竣(交)工验收办法》以及《公路工程竣(交)工验收办法实施细则》的相关规定编制竣工资料,其中竣工图应包含经批准的施工图及设计变更实施的工程图、施工工艺图与数量表、临时工程设计与计算说明书等。全部工程完工后,在全部工程交工验收证书签发之前,承包人须按合同条款向发包人提交监理人认为完整、合格的竣工文件。在缺陷责任期内,承包人应补充竣工资料,并在签发缺陷责任期终止证书之前提交。

《公路工程竣(交)工验收办法》

《公路工程竣(交)工办法实施细则》

(五)工程进度管理

1. 合同进度计划概念

承包人应根据专用条款约定的内容和期限,编制详细的施工进度计划和施工方案说明,报送监理人。监理人应在专用合同条款约定的期限内批复或提出修改意见,否则该进度计划视为已得到批准。经监理人批准的施工进度计划称为合同进度计划,是控制合同工程进度的依据。

2. 合同进度计划修订

承包人还应根据合同进度计划,编制更为详细的分阶段或分项进度计划,报送监理人。不论何种原因造成工程的实际进度与合同进度计划不符时,承包人可以在专用合同条款约定的期限内向经理人提交修订合同进度计划的申请报告,并附有关措施和相关资料,报监理人审批;监理人也可以直接向承包人作出修订合同进度计划的指示,承包人应按该指示修订合同进度计划,报监理人审批。监理人应在专用合同条款约定的期限内批复。监理人在批复前应获得发包人同意。

3. 竣工及工期提前

承包人应在合同约定的工期期限内完成合同工程。实际竣工日期在接收证书中写明。

如果发包人要求承包人提前竣工,或承包人提出提前竣工的建议,能够给发包人带来效益的,应由监理人与承包人共同协商采取加快工程进度的措施和修订合同进度计划。发包人应承担承包人由此增加的费用,并向承包人支付专用合同条款约定的相应奖金。

4. 工期延误管理

(1)承包人的工期延误

由于承包人原因,未能按合同进度计划完成工作,或监理人认为承包人施工进度不能满足合同工期要求时,承包人应采取措施加快进度,并承担加快进度所增加的费用。由于承包人原因造成工期延误,承包人应支付逾期竣工违约金。逾期竣工违约金的计算方法在专用合同条款中约定。承包人支付逾期竣工违约金,不免除承包人完成工程及修补缺陷的义务。

承包人由于下列原因暂停施工:①承包人违约引起暂停施工;②由于承包人原因,为工程合理施工和安全保障所必需的暂停施工;③承包人擅自暂停施工;④由承包人其他原因引起的暂停施工;⑤专用条款约定由承包人承担的其他暂停施工,暂停施工增加的费用和(或)工期延误由承包人承担。

(2)发包人的工期延误

在履行合同的过程中,由于发包人的下列原因造成工期延误的,承包人有权要求发包人延长工期和(或)增加费用,并支付合理利润,并需要修订合同进度计划的按照合同计划修订条款约定办理。

发包人由于下列原因引起暂停施工:①增加合同工作内容;②改变合同中任何一项工作的质量要求或其他特性;③发包人延迟提供材料、设备或变更交货地点的;④因发包人原因导致暂停施工;⑤提供图纸延误;⑥未按合同约定及时支付预付款、进度款;⑦发包人造成工期延误的其他原因。承包人有权要求发包人延长工期和(或)增加费用,并支付合理利润。

(3)异常恶劣的气候条件

由于出现专用条款约定的异常恶劣气候的条件导致工期延误的,承包人有权要求发包人延长工期。

5. 施工暂停管理

(1)监理人暂停施工指示

①监理人认为有必要时,可向承包人作出暂停施工的指示,承包人应按监理人指示暂停施工。不论由于何种原因引起的暂停施工,暂停施工期间,承包人应负责妥善保护工程并提供安全保障。

②由于发包人的原因暂停施工的紧急情况,且监理人未及时下达暂停施工指示的,承包人可先暂停施工,并及时向监理人提出暂停施工的书面请求。监理人应在接到书面请求后的24h内予以答复,逾期未答复的,视为同意承包人的暂停施工请求。

(2)暂停施工后的复工

①暂停施工后,监理人应与发包人和承包人协商,采取有效措施积极消除暂停施工的影响。当工程具备复工条件时,监理人应立即向承包人发出复工通知。承包人收到复工通知后,应在监理人指定的期限内复工。

②承包人无故拖延和拒绝复工的,由此增加的费用和工期延误由承包人承担;因发包人原因无法按时复工的,承包人有权要求发包人延长工期和(或)增加费用,并支付合理利润。

(3)暂停施工持续56d以上

①监理人发出暂停施工指示后56d内未向承包人发出复工通知,除了该项停工属于承包人暂停施工责任外,承包人可向监理人提交书面通知,要求监理人在接到书面通知后28d内准许已暂停施工的工程或其中一部分工程继续施工。如监理人逾期不予批准,则承包人可以通知监理人,将工程受影响的部分视为可取消工作。如暂停施工影响到整个工程,可视为发包人违约,应按照发包人违约的条款约定办理。

②由承包人责任引起的暂停施工,如承包人在收到监理人暂停施工指示后56d内不认真采取有效的复工措施,造成工期延误,可视为承包人违约,应按照承包人违约的条款约定办理。

(六)工程变更管理

1. 变更的范围和内容

除专用合同条款另有约定外,在履行合同中发生以下情形之一,应按照规定进行变更:

(1)取消合同中任何一项工作,但被取消的工作不能转由发包人或其他人实施。

(2)改变合同中任何一项工作的质量或其特征。

(3)改变合同工程的基线、高程、位置和尺寸。

(4)改变合同中任何一项工作的施工时间或改变已批准的施工工艺或顺序。

(5)为完成工程需要追加的额外工作。

2. 变更权

在履行合同过程中,经发包人同意,监理人可按变更程序条款约定向承包人作出变更指示,承包人应遵照执行。没有监理人的变更指示,承包人不得擅自变更。

3. 变更提出的程序

(1)在合同履行过程中,可能发生变更的范围和内容约定的情形的,监理人可向承包人发出变更意向书。变更意向书应说明变更的具体内容和发包人对变更的时间要求,并附必要的图纸和资料。变更意向书应要求承包人提交包括拟实施变更工作计划、措施和竣工时间等内容的实施方案。发包人同意承包人基于变更意向书要求的变更实施方案的,由监理人按照约定发出变更指令。

(2)在合同履行过程中,发生变更的范围和内容约定的情形的,监理人应按照约定发出变更指令。

(3)若承包人收到监理人的变更意向书后认为难以实施此项变更,应立即通知监理人,说明原因并附详细依据。监理人与承包人和发包人协商后确定是否撤销、改变或不改变原变更意向书。

(4)承包人收到监理人按合同约定发出的图纸和文件,经检查认为其中存在发生变更的范围和内容约定的情形的,可向监理人提出书面变更建议。变更建议应阐明要求变更的依据,并附必要的图纸和说明。监理人收到承包人书面建议后,应与发包人共同研究,确认存在变更的,应在收到承包人书面建议后的14d内作出变更指示。经研究不同意作为变更的,应由监理人书面答复承包人。

4. 变更估价

(1)除专用合同条款对期限另有约定外,承包人应在收到变更指示或变更意向书后 14d 内,向监理人提交变更报价书,报价书内容应根据变更估价原则的约定,详细开列变更工作的价格组成及其依据,并附必要的施工方法说明和有关图纸。

(2)变更工作影响工期的,承包人应提出调整工期的具体细节。监理人认为有必要时,可要求承包人提交要求提前或延长工期的施工进度计划及相应施工措施等详细资料。除专用合同条款对期限另有约定外,监理人收到承包人变更报价书的 14d 内,根据变更估价原则条款约定商定或确定变更价格。

(3)变更的估价原则。除专用合同条款另有约定外,因变更引起的价格调整按照以下约定处理:

①已标价工程量清单中有适用于变更工作的子目的,采用该子目的单价。

②已标价工程量清单中无适用于变更工作的子目的,但有类似子目的,可在合理范围内参照类似子目的单价,由监理人按商定或确定条款约定确定变更工作的单价。

③已标价工程量清单中无适用或类似子目单价,可按照成本加利润的原则,由监理人按商定或确定条款约定确定变更工作的单价。

5. 变更指示

(1)变更指示应由监理人发出。

(2)变更指示应说明变更的目的、范围、变更内容以及变更的工程量及其进度和技术要求,并附有关图纸和文件。承包人收到变更指示后,应按变更指示进行变更工作。

6. 承包人的合理化建议

(1)在履行合同过程中,承包人对发包人提供的图纸、技术要求以及其他方面提出合理化建议,均应以书面形式提交监理人。合理化建议书的内容应包括建议工作的详细说明、进度计划和效益以及与其他工作的协调等,并附必要的设计文件。监理人应与发包人协商是否采纳建议。建议被采纳并构成变更的,应按照项目变更约定向承包人发出变更指示。

(2)承包人提出的合理化建议降低了合同价格、缩短了工期或者提高了工程经济效益的,发包人可按国家有关规定在专用调款中约定给予奖励。

(七)计量与支付管理

1. 计量管理

(1)一般要求

计量单位采用国家法定计量单位。工程量清单中的工程量计算规则按有关国家标准、交通行业标准的规定,并在合同中约定执行。除专用条款另有约定外,单价子目已完成工程量按月计量,总价子目的计量周期按批准的支付分解报告确定。

工程的计量应以净值为准,除非项目专用合同条款另有约定。工程量清单中各个子目的具体计量方法按合同文件工程量清单计量规则中的规定执行。

(2)单价子目的计量

①已标价工程量清单中的单价子目工程量为估算工程量,结算工程量是承包人实际完成

的,并按合同约定的计算方法进行计量的工程量。

②承包人对已完成的工程进行计量,向监理人提交进度付款申请单、已完成工程量报表和有关计量资料。

③监理人对承包人提交的工程量报表进行复核,以确定实际完成工程量。对数量有异议的,可要求承包人按施工测量约定进行共同复核和抽样复核。承包人应协助监理人进行复核并按监理人要求提供补充计量资料。承包人未按监理人要求参加复核,监理人复核或修正的工程量视为承包人实际完成工程量。

④监理人认为有必要时,可通知承包人进行联合测量、计量,承包人应遵照执行。

⑤承包人完成工程量清单中每个子目的工程量后,监理人应要求承包人派员共同对每个子目历次计量报表进行汇总,以核实最终结算工程数量。承包人未按监理人要求派员参加的,监理人最终核实的工程量视为承包人完成该子目的准确工程量。

⑥监理人应在收到承包人提交的工程量报表后的 7d 内进行复核,监理人未在约定时间内复核的,承包人提交的工程量报表中的工程量视为承包人实际完成的工程量,据此计算工程价款。

⑦承包人未在已标价工程量清单中填入单价或总额价的工程子目,将被认为其已包含在本合同的其他子目的单价或总额价中,发包人不再另行支付。

(3)总价子目计量

除专用合同条款另有约定外,总价子目的分解和计量按照下述约定进行。

①总价子目的计量和支付应以总价为基础,不因物价波动的因素而进行调整。承包人实际完成的工程量,是进行工程目标管理和控制进度支付的依据。

②承包人在合同约定的每个计量周期内,对已完成的工程进行计算,并向监理人提交进度付款申请表、专用合同条款约定的合同总价支付分解表所示的阶段性或分项计量的支持性资料,以及所达到工程形象目标或需分阶段完成的工程量和有关计量资料。

③监理人对承包人提交的上述资料进行复核,以确定分阶段实际完成的工程量和工程形象目标。对其有异议的,可要求承包人按施工测量条款约定进行共同复核和抽样复核。

④除按照变更条款约定的变更外,总价子目的工程量是承包人用于结算的最终工程量。

⑤项目工程量清单中要求承包人以"总额"方式报价的子目,各子目的支付原则和支付进度按项目专用合同条款的规定执行。

2.预付款

(1)预付款概念:预付款用于承包人为合同工程施工购置材料、工程设备、施工设备、修建临时设施以及组织施工队伍进场等。预付款的额度和预付办法在专用条款中约定。预付款必须专用于合同工程。

(2)预付款保函:除专用条款另有约定外,承包人应在收到预付款的同时向发包人提交预付款保函,预付款保函的担保金额应与预付款金额相同。保函的担保金额可根据预付款扣回的金额相应递减。

(3)预付款的扣回与还清:预付款在进度付款中扣回,扣回办法在专用合同条款中约定。在颁发工程接受证书前,由于不可抗力或其他原因解除合同时,预付款尚未扣清的,尚未扣清的预付款余额应作为承包人的到期应付款。

3. 工程进度付款

发包人按合同约定支付给承包人的各项价款应专用于合同工程。

(1) 付款周期：付款周期同计量周期。

(2) 进度付款申请单：承包人应在每个付款周期末，按监理人批准的格式和专用条款约定的份数，向监理人提交进度付款申请单，并附相应的支持证明文件。除专用合同条款另有约定外，进度付款申请应包括下列内容：截至本次付款周期末已实施工程的价款；根据变更条款应增加和扣减的变更金额；根据索赔条款应增加和扣减的变更金额；根据预付款约定的预付款和扣减的返还预付款；根据质量保证金款约定应扣减的质量保证金；根据合同应增加和扣减的其他金额。

(3) 进度付款证书和支付时间：监理人应在收到承包人进度付款申请单以及相应的支持性证明文件后的 14d 内完成核查，提出发包人到期应支付给承包人的金额以及相应的支持性材料，经发包人审查同意后，由监理人向承包人出具经发包人签认的进度付款证书。监理人有权扣发承包人未按合同要求履行任何工作或义务的相应金额。发包人应在监理人收到进度付款申请单后的 28d 内，将进度应付款支付给承包人。发包人不按期支付的，按专用合同条款的约定支付逾期付款违约金。监理人出具进度付款证书，不应视为监理人已同意、批准或接受承包人完成的该部分工作。进度付款涉及政府投资资金的，按照国库集中支付等国家相关规定和专用合同条款的约定办理。

(4) 工程进度款的修正：在对以往历次已签发的进度付款证书进行汇总和复核中发现错、漏或重复的，监理人有权予以修正，承包人也有权提出修正申请。若经双方复核同意修正，应在本次进度付款中支付或扣除。

4. 质量保证金

根据专用合同条款数据表的约定，应从承包人应付款金额中扣留质量保证金，累计扣留质量保证金额最高不超过合同价的 3%。

(1) 质量保证金扣留：监理人应从第一个付款周期开始，在发包人的进度付款中，按专用合同条款的约定扣留质量保证金，直至扣留的质量保证金总额达到专用条款约定的金额或比例为止。质量保证金的计算额度不包括预付款的支付、扣回以及价格调整的金额。

(2) 质量保证金返还：在缺陷责任期条款约定的缺陷责任期满时，承包人向发包人申请到期应返还承包人剩余的质量保证金金额，发包人应在 14d 内会同承包人按照合同约定的内容核实承包人是否完成缺陷责任。如无异议，发包人应当在核实后将剩余质量保证金返还承包人。

(3) 延期返还质量保证金：在缺陷责任期条款约定的缺陷责任期满时，承包人没有完成缺陷责任的，发包人有权扣留与未履行责任剩余工作所需金额相应的质量保证余额，并有权根据缺陷责任延长条款约定要求延长缺陷责任期，直至完成剩余工作为止。

5. 竣工决算

(1) 竣工付款申请单

① 工程接受证书颁发后，承包人应按专用合同条款约定的份数和期限向监理人提交竣工付款申请单，并提供相关证明材料。除专用条款另有约定外，竣工付款申请单应包括下列内

容:竣工决算合同总价、发包人已支付承包人的工程价款、应扣留的质量保证金、应支付的竣工付款金额。

②监理人对竣工付款申请单有异议的,有权要求承包人进行修正和补充资料。经监理人和承包人协商后,由承包人向监理人提交修正后的竣工付款申请单。

(2)竣工付款证书及支付时间

①监理人在收到承包人提交的竣工付款申请单后的14d内完成核查,提出发包人到期应支付给承包人的价款,送发包人审核并抄送承包人。发包人应在收到后的14d内审核完毕,由监理人向承包人出具经发包人签认的竣工付款证书。监理人未在约定时间内核查,又未提出具体意见的,视为承包人提交的竣工付款申请单已经监理人审查同意;发包人未在约定时间内审核又未提出具体意见的,监理人提出发包人到期应支付给承包人的价款视为已经发包人同意。

②发包人应在监理人出具竣工付款证书后的14d内,将应支付款支付给承包人。发包人不按期支付的,按专用合同约定支付逾期付款约定,将逾期付款违约金支付给承包人。

6.最终结清

(1)承包人向监理人提交最终结清申请单(包括相关证明材料)的份数在项目专用合同条款数据表中约定;期限为缺陷责任期终止证书签发后28d内。最终结清申请单中的总金额应认为是代表了根据合同规定应付给承包人的全部款项的最后结清。

(2)发包人应在监理人出具最终结清证书且承包人提交了合格的增值税专用发票后的14d内,将应支付款支付给承包人。发包人不按期支付的,按项目专用合同条款数据表中约定的利率向承包人支付逾期付款违约金。

(八)施工安全、治安保护和环境保护

1.发包人的施工安全责任

(1)发包人应按合同约定履行安全职责,授权监理人按照合同约定的安全工作内容监督、检查承包人安全工作的实施,组织承包人和有关单位进行安全检查。

(2)发包人应对其现场机构雇佣的全部人员的工伤事故承担责任,但由于承包人原因造成发包人人员工伤的,应由承包人承担责任。

(3)发包人应负责赔偿以下各种情况造成的第三者人身伤亡和财产损失:

①工程或工程的任何部分对土地的占用所造成的第三者财产损失。

②由于发包人原因在施工场地及其毗邻地带造成的第三者人身伤亡和财产损失。

2.承包人的施工安全责任

(1)承包人应按合同约定履行安全职责,执行监理人有关安全工作的指示,并在专用合同条款约定的期限内,按合同约定的安全工作内容,编制施工安全措施计划报送监理人审批。

(2)承包人应加强施工作业安全管理,特别应加强易燃、易爆材料、火工器材、有毒与腐蚀性材料和其他危险品的管理,以及对爆破作业和地下工程施工等危险作业的管理。

(3)承包人应严格按照国家安全标准制定施工安全操作规程,配备必要的安全生产和劳动保护设施,加强对承包人人员的安全教育,并发放安全工作手册和劳动保护用具。

（4）承包人应按监理人的指示制定应对灾害的紧急预案，报送监理人审批。承包人还应按预案做好安全检查，配备必要的救助物资和器材，切实保护好有关人员的人身和财产安全。

（5）合同约定的安全作业环境及安全施工措施所需费用应遵守有关规定，并包括在相关工作的合同价格中。因采取合同未约定的安全作业环境及安全施工措施增加的费用，由监理人按照商定或确定条款执行。

（6）承包人应对其履行合同所雇佣的全部人员，包括分包人人员的工伤事故承担责任，但由于发包人原因造成承包人人员工伤事故的，应由发包人承担责任。

（7）由于承包人原因在施工场地内及其毗邻地带造成的第三者人员伤亡和财产损失，由承包人负责赔偿。

3.治安保卫

（1）除合同另有约定外，发包人应与当地公安部门协商，在现场建立治安管理机构或联防组织，统一管理施工场地的治安保卫事项，履行合同工程的治安保卫责任。

（2）发包人和承包人除应协助现场治安管理机构或联防组织维护施工场地的社会治安外，还应做好包括生活区在内的各自管理辖区的治安保卫工作。

（3）除合同另有约定外，发包人和承包人应在工程开工后，共同编制施工场地治安管理计划，并制订应对突发治安事件的紧急预案。在工程施工过程中，发生暴乱、爆炸等恐怖事件，以及群殴、械斗等群体性突发治安事件的，发包人和承包人应立即向当地政府报告。发包人和承包人应积极协助当地有关部门采取措施平息事态，防止事态扩大，尽量减少财产损失和避免人员伤亡。

4.环境保护

（1）承包人在施工过程中，应遵守有关环境保护的法律，履行合同约定的环境保护义务，并对违反法律和合同约定义务所造成的环境破坏、人员伤害和财产损失负责。

（2）承包人应按合同约定的环保工作内容，编制施工环保措施计划，报送监理人审批。

（3）承包人应按照批准的施工环保措施计划有序地堆放和处理施工废弃物，避免对环境造成破坏。因承包人任意堆放或弃置施工废弃物造成妨碍公共交通、影响城镇居民生活、降低河流行洪能力、危及居民安全、破坏周边环境，或者影响其他承包人施工等后果的，承包人应承担责任。

（4）承包人应按合同约定采取有效措施，对施工开挖的边坡及时进行支护，维护排水设施，并进行水土保护，避免因施工造成地质灾害。

（5）承包人应按国家饮用水管理标准定期对饮用水源进行检测，防止施工活动污染饮用水。

（6）承包人应按合同约定，加强对噪声、粉尘、废气、废水和废油的控制，努力降低噪声，控制粉尘和废气浓度，做好废水和废油的治理和排放。

5.事故处理

工程施工过程中发生事故的，承包人应立即通知监理人，监理人应立即通知发包人。发包人和承包人应立即组织人员和设备进行紧急抢救和抢修，减少人员伤亡和财产损失，防止事故扩大,并保护事故现场。需要移动现场物品时,应做出标记和书面记录,妥善保管有关证据。发包人和承包人应按国家有关规定,及时如实地向有关部门报告事故发生的情况,以及正在采取的紧急措施等。

案例2-17

为了某项目建设,根据招投标程序,建设单位(发包人)与施工单位(承包人)根据《公路工程标准招标文件》签订工程施工合同。施工过程中承包人发现以下问题:

(1)路面垫层的工程量与工程量清单数量不足,要求增加工程量。

(2)工程施工期正处于雨季高峰期,受连续雨天影响,发生山体大面积山体滑坡,承包人投入了大量人力和机械清理,增加了工程成本并延误了一周的工期。

(3)施工过程中产生噪声和尘土,对沿线居民造成影响;由于居民提出意见影响了施工进度。

问题:

承包人就上述问题,按照程序要求提出费用增加和工期延长的索赔是否合适?

解:

(1)已标价工程量清单中的单价子目工程量为估算工程量,结算工程量是承包人实际完成的,并按合同约定的计算方法进行计量的工程量;对承包人提出的索赔建议不予确认。

(2)由于施工季节是合同中明确的,承包人在投标时应充分考虑其风险,并将风险控制或转移(如购买商业保险),将所需费用分摊至各项目中,不再额外支付,故对承包人提出的索赔建议不予确认。

(3)承包人在施工过程中,应遵守有关环境保护的法律,履行合同约定的环境保护义务,承包人应按合同约定,加强对噪声、粉尘、废气、废水和废油的控制,努力降低噪声,控制粉尘和废气浓度。故监理人对承包人工期延长申请不予批准。

(九)违约责任

1.承包人违约

(1)承包人违约的情形

在履行合同过程中发生的下列情况属承包人违约:

①承包人违反合同中转让或分包条款约定,私自将合同的全部或部分权利转让给其他人。

②承包人违反合同中材料和设备专用于合同工程或施工设备和临时设施专用于合同条款约定,未经监理人批准私自将已按合同约定进入工程地的施工设备、临时设施或材料撤离施工场地。

③承包人违反合同中禁止使用不合格的材料和工程设备条款约定,使用了不合格材料或工程设备,工程质量达不到标准要求,又拒绝清除不合格工程。

④承包人未能按合同进度计划及时完成合同约定的工作,已造成或预期造成工期延误。

⑤承包人在缺陷责任期内,未能对工程接收证书所列的缺陷清单的内容或缺陷责任期内发生的缺陷进行修复,而又拒绝按监理人指示再进行修补。

⑥承包人无法继续履行或明确表示不履行或实质上已停止履行合同。

⑦承包人不按合同履行义务的其他情况。

（2）对承包人违约的处理

①承包人发生上述违约情形时，发包人可通知承包人立即解除合同，并按有关法律处理。

②承包人发生上述违约情形以外的其他违约情况时，监理人可向承包人发出整改通知，要求其在规定的期限内改正。承包人应承担其违约所引起的费用增加和（或）工期延误。

③经检查证明承包人已采取了有效措施纠正违约行为，具备复工条件的，可由监理人签发复工通知。

（3）承包人违约解除合同

监理人发出整改通知28d后，承包人仍不纠正违约行为的，发包人可向承包人发出解除合同通知。合同解除后，发包人可派员进驻施工场地，另行组织人员或委托其他承包人施工。发包人因继续完成该工程的需要，有权扣留使用承包人在现场的材料、设备和临时设施。但发包人的这一行动不免除承包人应承担的违约责任，也不影响发包人根据合同约定享有的索赔权利。

（4）合同解除后的估价、付款和结清

①合同解除后，监理人按商定或确定条款约定的承包人实际完成工作的价值，以及承包人已提供的材料、施工设备、工程设备和临时工程等的价值。

②合同解除后，发包人应暂停对承包人的一切付款，查清各项付款和已扣金额，包括承包人应支付的违约金。

③合同解除后，发包人应按发包人的索赔条款约定向承包人索赔由于其解除合同给发包人造成的损失。

④合同双方确认上述往来款项后，出具最终结清付款证书，结清全部款项。

⑤发包人和承包人未能就解除合同后的结清达成一致而形成争议的，按合同中争议的解决条款约定办理。

（5）协议利益的转让

因承包人违约解除合同的，发包人有权要求承包人将其为实施合同而签订的材料和设备的订货协议或任何服务协议利益转让给发包人，并在合同解除后的14d内，依法办理转让手续。

（6）紧急情况下无能力或不愿进行抢救

在工程实施期间或缺陷责任期内发生危及工程安全的事件，监理人通知承包人进行抢救，承包人声明无能力或不愿立即执行的，发包人有权雇佣其他人员进行抢救。此类抢救按合同约定属于承包人义务的，由此发生的金额和（或）工期延误由承包人承担。

2. 发包人违约

（1）发包人违约情形

在履行合同过程中发生的下列情形，属发包人违约：

①发包人未能按照合同约定支付预付款或合同价款，或拖延、拒绝批准付款申请和支付凭证，导致付款延误的。

②发包人原因造成停工的。

③监理人无正当理由没有在约定期限内发出复工指示，导致承包人无法复工的。

④发包人无法继续履行或明确表示不履行或实质上已停止履行合同的。

⑤发包人不履行合同其他义务的。

(2)承包人有权暂停施工的情形

发包人发生除上述以外的违约情况时,承包人可向发包人发出通知,要求发包人采取有效措施纠正违约行为。若发包人收到承包人通知后的28d内仍不履行合同义务,承包人有权暂停施工,并通知监理人,发包人应承担由此增加的费用和(或)工期延误,并支付承包人合理利润。

(3)发包人违约解除合同

发包人发生违约情况时,承包人可向发包人发出解除合同通知。但承包人的这一行动不免除发包人承担的违约责任,也不影响承包人根据合同约定享有的索赔权利。

(4)解除合同后的付款

因发包人违约解除合同的,发包人应在解除合同后28d内向承包人支付下列金额,承包人应在此期间及时向发包人提交要求支付下列金额的有关资料和凭证:

①合同解除日前所完成工作的价款。

②承包人为该工程施工订购并已付款的材料、工程设备和其他物品的金额。发包人付款后,该材料、工程设备和其他物品归发包人所有。

③承包人为完成工程所发生的,而发包人未支付的金额。

④承包人撤离施工场地以及遣散承包人人员的金额。

⑤由于解除合同赔偿的承包人损失。

⑥按合同约定在合同解除日前支付给承包人的其他金额。

发包人应按本项约定支付上述金额并退还质量保证金和履约担保,但有权要求承包人支付应偿还给发包人的各项金额。

(5)解除合同后的承包人撤离

因发包人违约而解除合同后,承包人应妥善做好已竣工工程和已购材料、设备的保护和移交工作,按发包人要求将承包人设备和人员撤离施工场地。承包人撤出施工场地应遵守竣工清场的约定,发包人应为承包人撤出提供必要的条件。

3. 第三人造成的违约

在履行合同过程中,一方当事人因第三人的原因违约的,应当向对方当事人承担违约责任。一方当事人和第三方之间的纠纷,依照法律规定或者按照约定解决。

(十)索赔管理

1. 承包人索赔的提出

根据合同约定,承包人认为有权得到追加款和(或)延长工期的,应按以下程序向发包人提出索赔:

(1)承包人应在知道或应当知道索赔事件发生后28d内,向监理人递交索赔意向通知书,并说明发生索赔事件的事由。承包人未在前述事件28d内发出索赔意向通知书的,丧失要求追加付款和(或)延长工期的权利。

(2)承包人应在发出索赔意向通知书后28d内,向监理人正式递交索赔通知书。索赔通知书应详细说明索赔理由以及要求追加的付款金额和(或)延长的工期,并附必要的记录和证明材料。

(3)索赔事件具有连续影响的,承包人应按合理时间间隔继续递交延续索赔通知,说明连续影响的实际情况和记录,列出累计的追加付款金额和(或)工期延长天数。

(4)在索赔事件影响结束后的28d内,承包人应向监理人递交最终索赔通知书,说明最终要求索赔的追加付款金额和延长的工期,并附必要的记录和证明材料。

2.承包人索赔处理程序

(1)监理人收到承包人提交的索赔通知书后,应及时审查索赔通知书的内容、查验承包人的记录和证明材料,必要时,监理人可要求承包人提交全部原始记录副本。

(2)监理人应商定或确定条款追加的付款和(或)延长的工期,并在收到上述索赔通知书或有关索赔的进一步证明材料后的42d内,将索赔处理结果答复承包人。

(3)承包人接受索赔处理结果的,发包人应在作出索赔处理结果答复后28d内完成赔付。承包人不接受索赔处理的,按合同条款争议解决执行。

3.承包人提出索赔期限

(1)承包人按合同竣工结算条款约定接受了竣工付款证书后,应被认为已无权再提出在合同工程接收证书颁发前所发生的任何索赔。

(2)承包人按合同最终结清条款的约定提交的最终结清申请单中,只限于提出工程接收证书颁发后发生的索赔。提出索赔的期限以接受最终结清证书为止。

4.发包人索赔

(1)发生索赔事件后,监理人应及时书面通知承包人,详细说明发包人有权得到的索赔金额和(或)延长缺陷责任期的细节和依据。发包人提出索赔的期限和要求与承包人提出索赔的期限相同,延长缺陷责任期的通知应在缺陷责任期届满前发出。

(2)监理人按商定或确定条款约定发包人从承包人处得到赔付的金额和(或)缺陷责任期的延长期。承包人应付给发包人的金额可从拟支付给承包人的合同价款中扣除,或由承包人以其他方式支付给发包人。

三、公路工程竣工验收阶段的合同管理

(一)竣工验收

当承包人完成了全部合同工作后,发包人按合同要求组织竣工验收,竣工验收所采用的各项验收和评定标准应符合国家验收标准。国家验收是政府有关部门根据法律、规范、规程和政策要求,针对发包人组织实施的整个工程正式交付投运前的验收。需要进行国家验收的,竣工验收是国家验收的一部分。发包人和承包人为竣工验收提供的各项竣工验收资料应符合国家验收要求。承包人应按照《公路工程竣(交)工验收办法》的相关规定,在缺陷责任期内为竣工验收补充资料,并在签发缺陷责任期终止证书之前提交。

1.竣工验收申请报告

当工程具备以下条件时,承包人即可向监理人报送竣工验收申请报告:

（1）除监理人同意列入缺陷责任期内完成的尾工(甩工)工程和缺陷责任修补工作外，合同范围内的全部单位工程以及有关工作，包括合同要求的试验、试运行以及检验和验收均已完成，并符合合同要求。

（2）竣工资料的内容：承包人应按照《公路工程竣(交)工验收办法》的相关规定编制竣工资料，并按照项目专用合同条款数据表中的约定，备齐符合要求份数的竣工资料。

（3）已按监理人的要求编制了在缺陷责任期内完成的尾工(甩工)工程和缺陷责任修补工作清单以及相应施工计划。

（4）完成监理人要求在竣工验收前应完成的其他工作。

（5）已按监理人的要求提交了竣工验收资料清单。

2. 验收

监理人收到承包人按要求提交的竣工验收申请报告后，应审查申请报告的各项内容，并按以下不同情况进行处理。

（1）监理人审查后认为尚不具备竣工验收条件的，应在收到竣工验收申请报告的28d内通知承包人，指出在颁发接收证书前承包人还需要进行的工作内容，承包人完成监理人通知的全部工作内容后，应再次提交竣工验收申请报告，直至监理人同意为止。

（2）交工验收由发包人主持，由发包人、监理人、质检、设计、施工、运营、管理养护等有关部门代表组织交工验收小组，对本项目的工程质量进行评定，并写出交工验收报告，报交通运输主管部门备案。承包人应按发包人的要求提交竣工资料，完成交工验收的准备。

（3）发包人经过验收后同意接收工程的，应在监理人收到竣工验收申请报告后的56d内，由监理人向承包人出具经发包人签认的工程接收证书。发包人验收后同意接收工程但提出整修和完善要求，限期修好，并缓发工程接收证书的，整修和完善工作完成后，监理人复查达到要求的，经发包人同意后，再向承包人出具工程接收证书。

（4）发包人验收后不同意接收工程的，监理人应按照发包人的验收意见发出指示，要求承包人对不合格工程认真返工重做或进行补救处理，并承担由此产生的费用。承包人在完成不合格工程的返工重做或补救工作后，应重新提交竣工验收申请报告，按照合同约定的验收要求执行。

（5）除专用合同条款另有约定外，经验收合格工程的实际竣工日期，以提交竣工验收申请报告的日期为准，并在工程接收证书中写明。

（6）发包人在收到承包人竣工验收申请报告56d后未进行验收的，视为验收合格，实际竣工日期以提交竣工验收申请报告的日期为准，但发包人由于不可抗力不能进行验收的除外。

（7）组织办理交工验收和签发交工验收证书的费用由发包人承担，但按照要求验收达不到合格标准的交工验收费用由承包人承担。

3. 单位工程验收

（1）发包人根据合同进度计划安排，在全部工程竣工前需要使用已经竣工的单位工程时，或由承包人提出，经发包人同意时，可进行单位工程验收。验收的程序可参照竣工验收申请报告和验收条款约定执行。验收合格后由监理人向承包人出具经发包人签认的单位工程验收证书。已签发单位工程接收证书的单位工程由发包人负责照管。单位工程验收成果和结论作为全部工程竣工验收申请报告的附件。

(2)发包人在全部工程竣工前,使用已接收的单位工程导致承包人费用增加的,发包人应承担由此增加的费用和工期延误,并支付承包人合理利润。

4.施工期运行

(1)施工期运行指合同工程尚未全部竣工,其中某项或某几项单位工程或工程设备安装已竣工,根据专用条款约定,需要投入施工期运行的,经发包人按单位工程验收约定验收合格,证明能确保安全后,才能在施工期投入运行。

(2)在施工期运行中发现工程或工程设备损坏或存在缺陷的,由承包人按缺陷责任约定进行修复。

5.试运行

(1)除专用合同另有约定外,承包人应按专用合同条款约定进行工程及工程设备试运行,负责提供试运行所需人员、器材和必要的条件,并承担全部试运行费用。

(2)由于承包人的原因导致试运行失败的,承包人应采取措施保证试运行合格,并承担相应费用。由于发包人的原因导致试运行失败的,承包人应采取措施保证试运行合格,发包人应承担由此产生的费用,并支付承包人合理利润。

6.竣工清场

(1)除合同另有约定外,工程接收证书颁发后,承包人应按要求对施工场地进行清理,直至监理人检验合格为止,且竣工清场费用由承包人承担,检验合格要求如下:施工场地内残留的垃圾已全部清除出场;临时工程已拆除,场地已按合同要求进行清理、平整和复原;按合同条约定应撤离的承包人设备和剩余的材料,包括废弃的施工设备和材料,已按计划撤离施工场地;工程建筑物周边及其附近的道路、河道的施工堆积物,已按监理人指示全部清除;监理人指示的其他场地清理工作已全部完成。

(2)承包人未按监理人的要求恢复临时占地或者场地清理未达到合格约定的,发包人有权委托其他人恢复或清理,所发生的金额从拟支付给承包人的款项中扣除。

7.施工队伍的撤离

工程接收证书颁发后的56d内,除了监理人同意需在缺陷责任期内继续工作和使用的人员、施工设备和临时工程外,其余人员、施工设备和临时工程均应撤离施工场地或拆除。除合同另有约定外,缺陷责任期满时,承包人的人员和施工设备应全部撤离施工场地。

(二)缺陷责任与保修责任

1.缺陷责任期的计算时间

缺陷责任期自实际竣工日期起计算,在全部工程竣工验收前,发包人提前验收的单位工程,其缺陷责任期的计算日期相应提前。

2.缺陷责任

在缺陷责任期内,承包人应尽快完成在交工验收证书中写明的未完工作,并完成对本工程缺陷的修复或建立指令的修补工作。

(1)承包人应在缺陷责任期内对已交付使用的工程承担缺陷责任。

(2)缺陷责任期内,发包人负责对已接收使用的工程进行日常维护工作。发包人在使用过程中,发现已接收的工程存在新的缺陷或已修复的缺陷部位或部件又遭损坏的,承包人应负责修复,直至检验合格为止。

(3)监理人和承包人应共同查清缺陷和(或)损坏的原因。经查明属承包人原因造成的,应由承包人承担修复和查验的费用。经查验属发包人原因造成的,发包人应承担修复和查验的费用,并支付承包人合理利润。

(4)承包人不能在合理时间内修复缺陷的,发包人可自行修复或委托其他人修复,所需费用和承担的利润,按缺陷责任约定办理。

3. 缺陷责任期的延长

由于承包人原因造成某项缺陷或损坏,使某项工程或工程设备不能按原定目标使用而需要再次检查、检验和修复的,发包人有权要求承包人相应延长缺陷责任期,但缺陷责任期最长不超过2年。

4. 进一步试验和试运行

任何一项缺陷或损坏修复后,经检查证明其影响了工程或工程设备的使用性能,承包人应重新进行合同约定的试验和试运行,试验和试运行的全部费用应由责任方承担。

5. 承包人的进入权

缺陷责任期内承包人因缺陷修复工作需要,有权进入工程现场,但应遵守发包人的保安和保密规定。

6. 缺陷责任期终止证书

在约定的缺陷责任期内,包括根据约定延长的缺陷责任期期限终止后14d内,由监理人向承包人出具经发包人签认的缺陷责任期终止证书,并退还剩余的质量保证金。

7. 保修责任

保修期自实际交工日期起计算,具体期限在项目专用合同条款数据表中约定。保修期与缺陷责任期重叠期间,承包人的保修责任同缺陷责任。合同当事人根据有关法律规定,在专用条款中约定工程质量保修范围、期限和责任。保修期自实际竣工日期计算。在全部工程竣工验收前,已经发包人提前验收的单位工程,其保修期的起算日期相应提前。在缺陷责任期满后的保修期内,承包人可不在工地留有办事人员和机械设备,但必须随时与发包人保持联系,在保修期内承包人应对由于施工质量原因造成的损坏自费进行修复。

案例2-18

由于某公路工程施工项目工程规模不大,工期较短,且施工难度不大,建设单位合同期内不调价。某公路工程施工企业参加了该项目投标,领取了工程项目的招标文件和全套图纸,采用低价报价策略编制了投标文件并中标。该承包人于20××年3月12日与业主签订了施工承包合同,合同期为8个月。在工程进行一个月后,建设单位因资金紧缺,口头要求承包人暂停施工一个月。承包人亦口头答应。工程按照合同规定的期限验收时,建设单位发现部分工程质量有问题,要求返工。两个月后,返工完毕。结算时建设单位认为承包方延迟交工,应按合同的约定偿付逾期违约金。承包人认为停工是建设单位的要求,承包人为了加快施工进度才出现质量问题,因此不应该承担迟延交付的责任。建设单位认为临时停工和不延长工期是承包人同意的,承包人应该履行承诺,并承担违约责任。

项目运营期间某段路面出现严重沉陷,导致行车受阻,建设单位邀请质检部门进行检测,问题原因是该段地基软弱,承包人未严格按设计要求进行处理,且春天雨水较多、排水不畅等。建设单位认为项目时间虽然超过了缺陷责任期,但仍然在保修期间,要求承包人自费修复。承包人不承认这一责任认定方式。

问题:

(1)建设单位口头要求承包人暂停施工,承包人亦口头答应,这种施工变更形式是否妥当,应该如何正确处理此类变更?

(2)此合同争议依据合同法律规范应如何处理?

(3)项目运营期间出现的质量问题如何解决?

解:

(1)根据《公路工程标准招标文件》的有关规定,公路工程施工合同应当采用书面形式,合同变更也应采取书面的形式。若在紧急情况下,可采取口头形式,但事后必须予以书面确认,否则,在合同双方对合同变更内容有争议时,只能以书面协议为准。本案业主因资金问题要求临时停工,承包人答应,是双方的口头协议,且事后未以书面的形式确认,所以该合同变更形式不妥。

(2)施工期间,业主未能及时支付工程款,应对承包人停工一个月的实际损失承担责任,予以赔偿,工期应该顺延一个月。工程因质量问题返工,造成逾期交工的责任应该由承包人承担。所以承包人应当支付逾期一个月的违约金,并承担由于质量问题引起的返工费用。

(3)项目运营期间虽然缺陷责任期已满,但仍然在保修期内,承包人应对由于施工质量原因造成的损坏自费进行修复;该路段沉陷的主要原因是承包人未严格按设计要求对软弱地基进行处理,故承包人应立即自费修复。

模块四 公路工程施工风险管理

【工作任务4】 请依据本模块中的相关知识,结合项目背景资料,完成下列任务,详见表2-20。

项目二 模块四 任务单 表2-20

工作任务	结合项目建设背景资料,请分别总结建设单位(业主)和施工单位(承包人)涉及到哪些风险管理工作内容
任务要求	1.小组查阅《公路工程标准施工招标文件》并讨论,分析工程项目涉及哪些保险; 2.小组讨论总结建设单位风险管理的内容; 3.小组讨论总结施工单位风险管理的内容

任务准备	1. 知识准备: 了解工程保险的种类和内容; 了解不可抗力的定义和责任划分的原则; 掌握工程项目风险管理的内容 2. 工具准备: 借阅《公路工程标准施工招标文件》
工作步骤	1. 小组讨论分工; 2. 查阅《公路工程标准施工招标文件》中关于保险、不可以抗力和风险的内容,进行讨论; 3. 小组讨论,列出引导案例中工程项目应购买哪些工程保险; 4. 小组讨论,总结建设单位和施工单位风险管理的内容
自我评价 (优、良、中、差)	工作态度: 团队协作: 知识掌握:

一、工程保险的种类和内容

公路工程建设投资规模大,点多、线长、面广,施工技术复杂,面临风险因素众多,建设单位和承包人为了保证自身的利益,就要想方设法地转移或降低风险带来的损失。工程保险则是一种行之有效的方法,是建设单位和承包人转移重大风险事件的一项有效措施。保险公司根据大数定律对期望损失做出比较准确的判断,从而采取各种防范和应急措施来降低不确定性的影响。如向投保人提供有关安全、防灾的教育和培训,提供关于现场检查和其他方面的有益帮助等,从而降低风险发生的概率。另外,建设单位或承包人只要付出少量的保险费,便可在事故发生时获得保险范围内事故发生所造成的重大损失赔偿,从而可以最大限度地降低风险导致的损失。在施工期间及缺陷责任期内,承包人应按照合同条款要求办理保险,包括建筑工程一切险和第三者责任险。

(一) 工程保险种类

购买商业保险的方式,是采取有效的经济技术手段,转移施工过程中可能出现的自然风险和意外事故风险等,对风险加以控制和管理。根据《公路工程标准招标文件》要求,除专用条款另有约定外,承包人应以发包人和承包人的共同名义向双方同意的保险人投保建筑工程一切险、安装工程一切险和第三者责任险。其具体的投保内容、保险金额、保险费率、保险期限等在专用合同条款中约定。另外,发包人和承包人根据自身对项目风险的判断,可以为其人员购买工伤事故保险及人身意外伤害险。

(二) 工程保险内容

1. 工程一切险

工程一切险又称建筑工程一切险、安装工程一切险,是一种综合性的保险,所谓"工程一切险",是对该项投保工程从工程开始到竣工移交整个期间的已完成工程、在建工程、到达现场的材料、施工机具和物品、临时工程、现场的其他财产等任何损失进行保险,有时还包括缺陷责任期由于施工原因造成的已完工程损失保险。

建筑工程一切险的投保内容:为本合同工程的永久工程、临时工程和设备及已运至施工工地用于永久工程的材料和设备所投的保险。

(1)保险金额:工程量清单第100章(不含建筑工程一切险及第三者责任险的保险费)至第700章的合计金额。

(2)保险费率:在项目专用条款数据表中约定。

(3)保险期限:开工日起至本合同工程签发缺陷责任期终止证书止(即合同工期 + 缺陷责任期)。

承包人应以发包人和承包人的共同名义投保建筑工程一切险。建筑工程一切险的保险费由承包人报价时列入工程量清单第100章内。发包人在接到保险单后,将按照保险单的费用直接向承包人支付。工程一切险的保险额是按合同总价,即工程完成时的价值计算,而实际上,工程价值从零开始,到竣工时才达到保险额总值。

2. 第三者责任险

第三者责任系指在保险期内,对因工程意外事故造成的、依法应由被保险人负责的工地上及毗邻地区的第三者人身伤亡、疾病或财产损失(本工程除外)以及被保险人因此而支付的诉讼费用和事先经保险人书面同意支付的其他费用等的赔偿责任。

在缺陷责任期终止证书颁发前,承包人应以承包人和发包人的共同名义,投保第三者责任险项约定的第三者责任险,其保险费率、保险金额等有关内容在专用合同条款中约定。

第三者责任险的保险费由承包人报价时列入工程量清单第100章内,发包人在接到保险单后,将按照保险单的费用直接向承包人支付。

3. 人员工伤事故的保险及人身意外伤害险

(1)承包人员工伤事故保险:承包人依照有关法律规定参加工伤保险,为其履行合同所雇佣的全部人员缴纳工伤保险,并要求其分包人也投此项保险。

(2)承包人身意外伤害险:承包人应在整个施工期间为其现场机构雇佣的全部人员投保人身伤害险,缴纳保险金,并要求其分包人也投此项保险。

承包人应按照合同条款要求为其履行合同的所雇佣的全部人员缴纳工伤保险费,在整个施工期间为其现场机构雇佣的全部人员投保人身意外保险并为其施工设备办理保险。

承包人应为其施工设备等办理保险,其投保金额应足以进行现场重置。办理保险的一切费用均由承包人承担,并包括在工程量清单的单价及总额价中,发包人不单独支付。

(3)发包人员工伤事故保险:发包人应依照有关法律规定参加工伤保险,为其现场机构雇佣的全部人员缴纳工伤保险,并要求其监理人也投此项保险。

(4)发包人身意外伤害险:发包人应在整个施工期间为其现场机构雇佣的全部人员投保人身伤害险,缴纳保险金,并要求其监理人也投此项保险。

4. 保险要求

(1)保险凭证:承包人应在专用合同条款约定的期限内向发包人提交各项保险生效的证

据和保险单副本,保险单必须与专用合同条款约定的条件保持一致。

(2)保险合同条款的变动:承包人需要变动保险合同条款时,应事先征得发包人同意,并通知监理人,保险人做出变动的,承包人应在收到保险人通知后立即通知发包人和监理人。

(3)承包人应在办理有关保险后,尽快向发包人提供合同要求的各种保险的生效证明,并在开工后56d内提交保险单,同时向监理人提交副本。工程中涉及的含工程一切险和第三方责任保险等保险由承包人自行投保,保险费隐含在所报工程量清单的单价或合价中,不单独报价。

二、不可抗力管理

(一)不可抗力

1. 不可抗力的定义

不可抗力是指承包人和发包人在订立合同时不可预见、在工程施工过程中不可避免发生并且不能克服的自然灾害和社会性突发事件,如地震、海啸、瘟疫、水灾、骚乱、暴动、战争和专用条款约定的其他情形。

不可抗力包括但不限于:

(1)地震、海啸、火山爆发、泥石流、暴雨(雪)、台风、龙卷风、水灾等自然灾害。

(2)战争、骚乱、暴动,但承包人或其分包人派遣与雇佣的人员由于本合同工程施工原因引起的除外。

(3)核反应、辐射或放射性污染。

(4)空中飞行物体坠落或非发包人或承包人责任造成的爆炸、火灾。

(5)瘟疫。

(6)项目专用条款约定的其他情形。

2. 不可抗力的确认

当不可抗力发生后,发包人和承包人应及时认真统计所造成的损失,收集不可抗力造成损失的证据。合同双方对是否属于不可抗力或其损失的意见不一致的,由监理人按照商定或确定条款执行。发生争议的按照争议的解决方式友好解决。

3. 不可抗力的通知

合同一方当事人遇到不可抗力事件,使其履行合同义务受到阻碍时,应立即通知合同另一方当事人和监理人,书面说明不可抗力和受阻碍的详细情况,并提供必要的证明。如不可抗力持续发生,合同一方当事人应及时向合同另一方当事人和监理人提交中间报告,说明不可抗力和履行合同受阻的情况,并于不可抗力事件结束后28d内提交最终报告及有关资料。

(二)不可抗力的损失责任划分

1. 不可抗力造成的损害责任

除专用条款另有约定外,不可抗力导致的人员伤亡、财产损失、费用增加和(或)工期延误

等后果,由合同双方按照以下原则承担:

(1)永久性工程,包括已运至施工场地的材料和工程设备的损害,以及因工程损害造成的第三者人员伤亡和财产损失,由发包人承担。

(2)承包人设备的损坏由承包人承担。

(3)发包人和承包人各自承担其人员伤亡和其他财产损失以及相关费用。

(4)承包人的停工损失由承包人承担,但停工期间应监理人要求照管工程和清理、修复工程的金额由发包人承担。

(5)不能按期竣工的,应合理延长工期,承包人不需支付逾期竣工违约金。发包人要求赶工的,承包人应采取赶工措施,赶工费用由发包人承担。

2. 避免和减少不可抗力损失

不可抗力发生后,发包人和承包人均应采取措施尽量避免和减少损失的扩大,任何一方没有采取有效措施导致损失扩大的,应对扩大的损失承担责任。

(三)因不可抗力解除合同

合同一方当事人因不可抗力不能履行合同的,应及时通知对方解除合同。合同解除后,承包人应按照合同解除约定撤离施工场地。已经订货的材料和设备由订货方负责退货或解除订货合同,不能退还的贷款和因退货、解除订货合同发生的费用,由发包人承担,因未及时退货造成的损失由责任方承担。

案例 2-19

某公路工程基础挖方工程中,施工设计图纸中标明有松软石的地方没有遇到松软石,因此工期提前 10d。但在合同中另一未标明有坚硬岩石的地方遇到更多的坚硬岩石,开挖工作变得更加困难,工期因此拖延了一个月。由于工期拖延,使得施工不得不在雨季进行,造成实际生产率比原计划低得多,为此承包人提出索赔。

问题:

(1)该项施工索赔能否成立?为什么?

(2)在该索赔事件中,应提出的索赔内容包括哪两方面?

(3)在工程施工中,可以提供的索赔证据有哪些?

(4)承包人应提供的索赔文件有哪些?请协助承包人拟定一份索赔通知。

解:

(1)该项施工索赔能成立。施工中在设计图纸未标明有坚硬岩石的地方遇到更多的坚硬岩石,属于施工现场的条件与原勘察设计有很大差异,属于发包人的责任范围。

(2)本事件使承包人由于意外地质条件经历施工困难,导致工期延长,相应产生额外工程费用,因此,应该包括费用索赔和工期索赔。

(3)可以提供的索赔证据有:

①招标文件、工程合同及附件、业主认可的施工组织设计、工程图纸、技术规范。

②工程各项有关设计交底记录,变更图纸、变更施工指令等。

③工程各项经发包人或监理人签认的签证。

④工程各项往来信件、指令、信函、通知、答复等。

⑤工程各项会议纪要。

⑥施工计划及现场实施情况记录。

⑦施工日报及工作日志、备忘录。

⑧工程通电、通水、通路情况,交通封闭的情况。

⑨工程停水、停电和干扰事件影响的日期及恢复施工的日期。

⑩工程预付款、进度款拨付的数额及日期记录。

⑪工程图纸、图纸变更、交底记录。

⑫工程有关施工部位的相片及录像等。

⑬工程现场气候记录,有关天气的温度、风力、雨雪等。

⑭工程验收报告及各项技术鉴定报告等。

⑮工程材料采购、订货、运输、进场、验收、使用等方面的凭据。

⑯工程会计核算资料。

⑰国家、省、市有关影响工程造价、工期的文件、规定等。

(4)承包人应提供的索赔文件有:

①索赔信。

②索赔报告。

③索赔证据与详细计算书附件。

索赔通知的参考形式如下:

索 赔 通 知

致监理人(甲方代表):

我方希望你方对工程地质条件的变化问题引起重视。

第一,在合同文件标明××位置有松软石的地方未遇到松软石;

第二,在合同文件未标明有坚硬岩石的××位置地方遇到了坚硬岩石。

由于第一条,我方实际施工进度提前;

由于第二条,我方实际生产率降低,因此引起进度拖延,并不得不在雨季施工。

上述施工条件变化,造成我方施工现场实际情况与原设计图纸有很大不同,为此向你方提出工期索赔及费用索赔要求,具体工期索赔及费用索赔依据与计算书在随后的报告中。

承包人:××××年××月××日

三、工程项目风险管理

风险分析就是分析预测不确定性因素和随机因素对建设项目预期经济效果的影响程度,对建设项目带来的风险大小,并分析评价建设项目的抗风险能力。

(一)建设单位的风险管理

建设单位的工程项目风险管理主要包括:对工程项目的前期评估与可行性研究,认真编制招标文件与合同文件,加强对承包人的资质审查与评标择优工作,聘用优秀的监理人对施工过程进行监督与管理工作,注意施工过程与承包人的协调与配合工作,以及工程竣工后投入运营的养护管理和工程项目的总结后评价等。下面则详细讨论这些风险问题的具体管理工作。

1. 项目前期工作

进行工程项目的前期评估与可行性研究时,尽可能分析和研究各种不确定因素的风险,充分注意和分析各种风险发生的概率与可能性。强化项目施工前期管理,提高公路工程项目勘察、设计文件的质量,提前做好与项目所在地政府的沟通,落实征地拆迁、料场及临时设施等建设用地情况等,提前做好风险控制预案,确保项目经济、可靠地开展。

2. 招标文件和合同文件的编制

认真编制招标文件和合同文件,尽可能用明确的文件和合同条款来规范招标工作及合同管理工作。招标文件是对投标的承包人的约束和指导性文件,依法必须招标的公路工程项目应当使用《公路工程标准招标文件》范本格式编写,使编写的招标文件符合科学、合理、充分、严密的质量标准。要注意文件的前后一致性与协调性,在经济、技术、法律、商务等方面对招标文件都有严格的要求。与工程项目实施相关的工程特点与性质、工程的技术规范与试验检测方法、合同条件的变动、"七通一平"及与有关部门的协调、自然条件的影响等一系列因素都必须在着手编制招标文件时予以落实并充分了解,以免招标文件和合同条件考虑不周而埋下隐患,给工程项目的实施带来困难和风险。

3. 资格预审工作

强化资格预审工作,注意评标择优录取承包人。主要通过对承包人的资质财务能力、施工经验、人员素质及组成等几个方面进行书面文件及报表的审查,有些大型项目还要派人到承包人的其他项目工地去考察,或请承包人面谈,进行说明。在评标过程中,应该出以公心,严格把关评选,选择施工质量好、信誉高、报价合理的投标者。不可只片面追求报价最低而忽略了工程质量问题,以免给随后的工程实施造成质量低劣的风险,以及推诿索赔的风险。

4. 监理人的选择

优秀的监理人是对工程项目实施进行科学和严格的独立监督管理工作的关键。依照国际惯例,建设单位根据《招标投标法实施条例》和《招标投标管理办法》等相关要求,通过招标形式确定具有相应资质条件要求的监理咨询公司,对工程项目施工全过程的质量、进度、费用和安全及环境保护等方面进行严格细致的监督管理工作,以利工程顺利进展。

5. 协调管理工作

高度重视开工前及工程实施过程中的协调管理工作,及时和承包人、监理人一起召开三方面工作会议,对有关征地拆迁、工程变更、计量与付款以及承包人的重大施工技术问题等,随时研究讨论解决方法,以免使有关风险由小变大,尽量将工程中的风险事件数量减少到最低程度。业主和承包人之间应互相信任、互相理解、合作共事做好工程,只有团结合作,才能共同抵御和分担风险。

6. 保险工作

督促和检查承包人的工程保险工作。规定业主和承包人应联合办理工程一切险和第三者责任险,以使双方联合转移和减轻风险。若承包人未办足合同文件规定的保险额,业主可自行补办,而扣除支付给承包人的相应款项。

案例 2-20

某大桥工程项目承包人根据合同文件要求购买了工程一切险、第三者责任险及承包人机械装备保险及人身安全保险。项目实施期间,工程项目所在地区因连降暴雨成灾,发生严重的山洪,使正在施工的桥梁工程遭受如下损失:

(1)一大部分施工临时栈桥和脚手架被冲毁,估计损失为 300 万元。

(2)一座临时分仓库被狂风吹倒,使库存水泥等材料被暴雨淋坏和冲走,估计损失为 80 万元。

(3)洪水冲走和损坏一部分施工机械设备,其损失为 50 万元。

(4)临时房屋工程设施倒塌,造成人员伤亡损失为 15 万元。

(5)工程被迫停工 20d,造成人员和机械设备闲置损失达 60 万元。

问题:

根据合同条款,项目各方损失如何划分? 保险公司将怎样赔偿?

解:

该工程分别办理了工程一切险、承包人机械装备保险及人身安全保险。

业主应承担的风险责任应为上述(1)和(2)两项,属于工程一切险赔付范围;承包人应承担(3)、(4)和(5)项的有关风险。这些风险均可依据保险公司的规定,得到相应的经济赔偿。如业主应承担损失费用为 380 万元,若已办理了 3% 的保险,该项工程造价为 8000 万元,投保金额为分期办理,本期只办理了 6000 万元,则保险公司可以赔偿的金额为 $380 \times \frac{6000}{8000} = 285$(万元);业主花费的保险费为:$6000 \times 3\% = 18$(万元)。由此计算可知,业主只花费了 18 万元的保险费而避免了 285 万元的经济损失。承包人共损失了 125 万元的资产,与业主同理,也可以通过所办的保险向承保的保险公司索偿。由于山洪暴发造成工期的延误,业主应该同意工期延长。

(二)承包人的风险管理

承包人的风险管理与承包人的经济利益密不可分。因此,为了避开和减少风险,应该注意做好以下几方面工作。

1.加强工程现场调查,充分研究潜在的工程风险

应调查的主要项目如下:

(1)工程当地的材料及燃料供应情况如何? 附近地区能为工程提供什么服务? 当地的劳务素质情况如何?

(2)工地内外的交通运输条件如何? 能否承受工程所要运输的最大荷载? 有无收费规定?

(3)当地潜在的分包人情况如何? 当地有无租用的机械设备?

(4)对工程工地情况的调查了解,诸如地形地貌、水文地质、气候条件、供水供电情况、采料(如砂、石料)现场情况、修建临时设施、库房及食宿条件等。

(5)工地外部的相关情况与公共关系,如环境保护、安全保卫、邮电通信、许可证办理、法

律咨询、保险服务、纠纷的协调与仲裁等。

（6）如有可能，在现场考察与询价过程中，还应配合拍取一些现场照片，以供风险分析时参考。

2. 依据招标文件及合同计价方式，增加风险性报价

对于以固定总价合同计划的工程项目，可根据各种费用上浮的趋势与指数，适当增加价格上浮系数，以减轻风险。例如人工费、材料与货物设备费等，在工期较长的情况下，应适当提高其报价。对于不可预见的自然界与工程风险，可适当考虑不可预见系数。

3. 争取公平合理的合同条款，以减少相应风险

承包人对于合同条件应逐条认真分析研究，有些问题可以在投标时提出，有些可在议标和商签合同阶段进行充分讨论，应力争按公平对等的原则划分双方的风险分担，以及各自的权利和义务。对于计量与支付条款，更应认真商谈，明确其计量方法、付款时间、货币比例及币种、付款方式等。

4. 进行合理的工程分包以转移风险

作为总承包人的工程公司，一般都通过工程分包来转嫁风险。分包人通常要接受总承包人合同中的有关风险的合同条件，诸如履约担保、预付款保函、材料款保函、工程保险以及保留金等，使分包人承担一定的工程风险，并通过分包合同加以确定。

5. 合理成立联营体以共担风险

由于周期长，投资多、利润率低导致其具有高风险性。为了分担一定的风险，往往由几家工程公司联合，共同组成投标和工程承包的联营体，作为一个承包法人团体进行工程承包。这样既可以优势互补分担风险，又可以通过联营体间的优秀技术和管理去降低风险发生概率。在联营体内部，应树立"共担风险第一，同享利益第二"的联营观念，按投入多少及所冒风险的大小，进行经济利益的分配与均衡。

6. 向保险公司投保以转移风险

这是工程承包常用的转移风险方法，包含有关工程的保险和第三者责任险。承包人可再根据自己的具体情况，支付一定的保险费用，对施工机械设备、人身安全及货物运输等进行保险，当风险确实发生时，由此可获得相应的经济赔偿，以减轻自己的风险损失和危害。

7. 加强预防和控制风险事件以减轻风险

承包人应随时注意工程所在地区的经济和政治形势变化，观察业主的资信情况，以便提早预防和及时采用措施控制风险。比如及时中止材料和设备供应以防止和应对战争风险；暂停或减缓进度以应对业主拖欠工程款等。另外还要注意加强工程成本控制和索赔的运用，以减少相应的经济损失。

案例2-21

为了实施某项目的建设，根据招投标程序，发包人与承包人(施工单位)根据《公路工程标准招标文件》签订工程施工合同。该项目在施工过程中，由于暴风雨袭击，产生了相应损失，施工单位及时向监理工程师提出补偿要求，并附有相关详细资料和证据。

施工单位认为遭受暴风雨袭击是因非施工单位原因(属于不可抗力)造成的损失,故应由业主承担赔偿责任,主要补偿要求包括:

(1)对已建部分路基工程造成破坏,损失计20万元,应由业主承担修复产生的经济损失,施工单位不承担修复的经济责任。

(2)施工单位人员因灾害,数人受伤,处理伤病医疗费用和补偿金总计5万元,业主应给予赔偿。

(3)施工单位进场的正在使用的机械设备受到损坏,造成损失8万元,由于现场停工造成台班损失6万元,业主应负担赔偿和修复的经济责任。

(4)工人窝工费4万元,业主予以支付。

(5)因暴风雨造成现场停工10d,要求合同工期顺延10d。

(6)由于工程损坏,清理现场需要费用2.5万元,业主应予以支付。

问题:

(1)承包人对风险控制应采取哪些措施?

(2)因不可抗力事件导致的费用损失与延误工期,双方按什么原则分别承担?

(3)对施工单位提出的补偿要求如何处理?

解:

(1)承包人应根据我国相关税法的规定和地方政府的规定缴纳有关税费;在施工期间及缺陷责任期内,承包人应按照合同条款要求办理保险,包括建筑工程一切险和第三者责任险。承包人应以发包人和承包人的共同名义向双方同意的保险人投保建筑工程一切险、安装工程一切险和第三者责任险,其具体的投保内容、保险金额、保险费率、保险期限等有关内容在专用合同条款中约定。其相关费用应列入工程量清单第100章。

(2)不可抗力造成的损害责任:除专用条款另有约定外,不可抗力导致的人员伤亡、财产损失、费用增加和(或)工期延误等后果,由合同双方按照以下原则承担:

①永久性工程,包括已运至施工场地的材料和工程设备的损害,以及因工程损害造成第三者人员伤亡和财产损失,由发包人承担。

②承包人设备的损坏由承包人承担。

③发包人和承包人各自承担其人员伤亡和其他财产损失以及相关费用。

④承包人的停工损失由承包人承担,但停工期间应监理人要求照管工程和清理、修复工程的金额由发包人承担。

⑤不能按期竣工的,应合理延长工期,承包人不需支付逾期竣工违约金。发包人要求赶工的,承包人应采取赶工措施,赶工费用由发包人承担。

(3)根据合同约定,属于不可抗的暴风雨袭击对工程所造成的损坏,应由业主和施工单位按照上述原则分别承担,对施工单位提出的补偿要求应做出如下处理:

①对于已建部分工程造成的破坏的修复损失所需20万元,应由业主承担。

②对于施工单位人员因灾害数人受伤,处理伤病医疗费用和补偿金总计5万元,应由施工单位自行承担。

③施工单位进场的正在使用的机械设备受到损坏,造成损失8万元,由于现场停工造成台班损失6万元,应由施工单位自行承担。

④施工单位人员窝工费 4 万元,应由施工单位自行承担。

⑤因暴风雨造成现场停工 10d 应予以认可,合同工期顺延 10d。

⑥清理现场需要费用 2.5 万元,业主应予以承担。

复习思考题

1. 某一级公路施工建设项目采取公开招标双信封形式,评标采取合理低价法中标。投标限价5000 万元,工期 24 个月,有 6 家企业进行了投标。招标人根据招标文件中规定的投标截止时间(开标时间)和投标人须知前附表规定的时间和地点组织投标文件第一个信封(商务及技术文件)开标;通过形式评审、资格评审和响应性评审,6 家企业均通过了一阶段评审。招标人在规定的时间内对通过一阶段评审的 6 家企业组织进行第二个信封(投标报价和工程量清单)开标,6 家企业均为有效标,详见表 2-21。现场投标人代表抽取的下浮系数为 3%(评标价每高于评标基准价 1 个百分点的扣 2 分;评标价每低于评标基准价 1 个百分点的扣 1 分)。

投标企业报价 表 2-21

单位名称	一阶段评审情况	投标报价(万元)
A 企业		4620
B 企业		4580
C 企业	均通过形式评审、资格评审和响应性评审	4880
D 企业		4720
E 企业		4560
F 企业		4720

问题:

(1)确定评标基准价。

(2)计算各家企业评标价偏差率及评标价得分。

(3)推荐中标候选人。

2. 某大型隧道工程,由于技术难度大,对施工单位的施工设备和同类工程施工经验要求较高,而且对工期要求也紧迫。业主对有关单位在建工程进行了考察,仅邀请了 3 家国家一级施工单位参加投标。评标采取综合评估法确定中标人。投标限价 35000 万元,工期 50 个月,3 家企业投标报价均未超过投标限价,详见表 2-22。企业投标价为评标价,按照评标价的平均值下浮 2% 作为评标基准价。评标价每高于评标基准价 1 个百分点的扣 2 分;评标价每低于评标基准价 1 个百分点的扣 1 分。

投标企业报价 表 2-22

投标单位	报价(万元)
A 企业	35642
B 企业	34364
C 企业	33867

招标文件规定：施工组织设计15分、项目管理机构10分、财务能力5分、业绩5分、履约信誉5分、评标价60分。

经过评标委员会评审打分，3家企业在施工组织设计、项目管理机构、财务能力、业绩及履约信誉得分见表2-23。

企业技术和商务得分　　　　　表2-23

投标单位	施工组织设计	项目管理机构	财务能力	业绩	履约信誉
A企业	12	8	5	5	5
B企业	13	9	5	5	5
C企业	13	8	5	5	5

问题：

(1)该工程采用邀请招标的方式且仅邀请3家施工单位投标，是否违反有关规定？

(2)请按综合得分最高者中标的原则确定中标单位。

3.某工程发包人(业主)通过招投标的方式确定了承包人(施工单位)，按照《公路工程标准招标文件》签订了施工合同。发包人委托了一监理单位承担施工期间和缺陷责任期的监理工作。在基坑支护中，项目的监理机构认为本工程使用该项新技术存在安全隐患，总监理工程师下达了工程暂停令，及时报告了发包人。承包人认为该项新技术通过了有关部门的鉴定，不会发生安全事故，继续施工，于是项目监理机构上报了建设行政主管部门，施工单位在建设单位行政部门的干预下才暂停施工。

承包人复工后，就此事引起的损失向项目监理机构提出索赔，发包人认为项目监理机构"小题大做"，致使工程延期，要求监理单位对此事承担相应责任。

该工程施工完成后，承包人按竣工验收的规定，向发包人提交竣工验收报告。发包人未能及时组织验收，到承包人提交竣工验收报告后第45d发生台风，致使已完成的部分工程损坏，发包人要求承包人对其损坏部分进行无偿修复，承包人不同意无偿修复。

问题：

(1)在施工期间，承包人的哪些做法不妥？说明理由。

(2)发包人的哪些做法不妥？

(3)对承包人采取的新的基坑支护施工方案，项目监理机构还应做哪些工作？

(4)承包人不同意无偿修复是否正确？为什么？

4.某二级公路工程项目，发包人与承包人签订了施工承包合同，合同中规定钢材由发包人指定厂家供应，承包人负责采购。在有发包人口头担保的情况下，承包人项目部随即与厂家签订了材料供应合同，合同约定生产厂家负责将材料运输到工地。

　　承包人根据施工承包合同的要求建立了工地试验室,并配备了相应的仪器设备和试验检测人员,在工程开工前报监理工程师审批。

　　当第一批钢材运至工地时,承包人在检查了产品合格证、质量保证书后即用于工程项目。在施工过程中,经监理抽检,发现这批钢筋存在质量问题,要求局部停工,在施工中凡是用该批次钢筋的部分要求全部返工;由此造成经济损失80万元,局部停工10d。

　　问题:

　　(1)承包人在仅有发包人口头担保情况下就与钢材生产厂家签订材料供应合同的做法是否正确? 说明理由。

　　(2)承包人项目部在建立工地试验室时向监理工程师报告的材料应包括哪些内容?

　　(3)第一批钢筋用于工程施工所造成的质量责任应由谁承担? 说明理由。承包人就此事件向发包人索赔80万元,请问索赔成立吗?

　　5.某公路工程项目,经过招投标确定了一家施工企业承担项目施工,双方签订了项目施工协议。按照合同约定,施工企业组织施工。承包人为了加强施工物资采购管理,采取了公开招标方式选择供应商,经过招投标过程,确定了一家供应商,双方签订了施工物资采购合同。

　　问题:

　　(1)加强施工物资采购合同管理的意义何在?

　　(2)公路工程项目施工物资采购合同的主要条款有哪些?

　　(3)采购的物资到达施工现场后,施工承包人将如何管理?

　　6.某项目的建设,建设单位(发包人)根据招投标程序,与承包人(施工单位)按《公路工程标准招标文件》签订工程施工合同。该项目在施工过程中发生了以下事项:

　　(1)由于发包人征地拆迁的原因,未能及时提供施工场地,造成承包人延迟开工15d,承包人要求索赔。

　　(2)某涵洞基础施工完成后,承包人自检确认合格,直接进行了覆盖,并组织继续施工,监理人怀疑质量有问题,提出揭开覆盖重新检验。

　　(3)在大梁预制中,承包人采用了不合格的钢筋。

　　(4)在4月期间连降暴雨,导致施工暂停10d,部分项目遭到破坏,造成了20万元损失;运到工地的水泥等材料遭到雨水浸泡,影响使用,造成损失5万元。

　　问题:

　　(1)由于征地拆迁的原因,承包人是否可以提出索赔? 如是,索赔程序有哪些?

　　(2)工程隐蔽在合同中有哪些要求? 承包人将如何处理?

　　(3)当发现在施工中使用了不合格材料,监理人发现后应采取哪些措施?

（4）工程项目如何规避不可抗力发生的风险？发包人和承包人如何划分责任？

7.某公路工程项目，建设单位根据项目招投标相关规定确定了监理人和项目承包人，分别根据要求签订了合同。

问题：

（1）监理人的职责和权利有哪些？

（2）承包人必须履行的义务有哪些？项目经理的职责有哪些？

（3）当施工现场发生质量、安全事故，承包人、监理人、建设单位各自应履行哪些职责？三方应采取哪些措施避免和减少事故风险？

项目三
ITEM THREE
公路工程施工进度管理

知识点

1. 工程施工项目进度管理的基本原理。
2. 施工项目进度的影响因素。
3. 工程施工进度的控制方法和措施。
4. 工期延误的处理方法。

技能点

1. 根据逻辑关系编制施工进度横道图。
2. 根据逻辑关系编制双代号施工网络进度计划。
3. 能够计算时间参数,绘制时标网络计划。
4. 能够进行施工进度控制,编制前锋线。

引导案例

项目背景:某二级公路建设工程是国道 G30 的连接线,它的建成将大大改善沿线的交通和投资环境,对区域经济发展发挥了巨大作用,充分落实了交通强国建设战略。合同段起点为 K60 + 300,终点为 K64 + 700,路线全长 4.4km。本段原设计分别在 K64 + 600 和 K64 + 630 两处设置两道圆管涵,施工单位涵洞施工队对该工程制定的进度计划为:于 4 月 4 日开工,并计划于 4 月 25 日完工。但在项目实施过程中发生设计变更,在 K64 + 656 处增设一道圆管涵。因为设计变更增设一道涵洞,造成了工程项目工期的拖延,工期拖延 7 天,该工作的总时差是 3 天。

三道涵洞的主要工程数量如表 3-1 所示。

涵洞工程数量表

表 3-1

序号	桩号	涵洞类型	跨径	涵长(m)	帽石	管节			涵洞基础	洞身砂砾石垫层	墙身(一字墙)	基础(一字墙)
					C25混凝土(m³)	C30混凝土(m³)	R235k(g)	钢筋小计(kg)	C20混凝土(m³)		C25混凝土(m³)	C20混凝土(m³)
1	K64+600	圆管涵	1-D1.0	15	0.3	10.5	1202	1202	13.6	12.8	4.0	3.9
					墙身(八字墙)	基础(八字墙)	排水沟	截水墙	洞口换填砂砾石垫层	涵侧回填砂砾石垫层	防护	挖基
					C25混凝土(m³)	C20混凝土(m³)	C20混凝土(m³)	C20混凝土(m³)			沥青麻絮沉降缝(m) / 防腐沥青(m²)	
					6.4	5.2	1.4	2.4	8.8	126.8	0.4 / 60.4	292
					帽石	管节			涵洞基础	洞身砂砾石垫层	墙身(一字墙)	基础(一字墙)
					C25混凝土(m³)	C30混凝土(m³)	R235k(g)	钢筋小计(kg)	C20混凝土(m³)		C25混凝土(m³)	C20混凝土(m³)
2	K64+630	圆管涵	1-D1.0	14.5	0.3	10.2	1162	1162	13.1	12.3	4.0	3.9
					墙身(八字墙)	基础(八字墙)	排水沟	截水墙	洞口换填砂砾石垫层	涵侧回填砂砾石垫层	防护	挖基
					C25混凝土(m³)	C20混凝土(m³)	C20混凝土(m³)	C20混凝土(m³)			沥青麻絮沉降缝(m) / 防腐沥青(m²)	
					6.4	5.2	1.4	2.4	8.8	122.6	0.4 / 59.0	286
					帽石	管节			涵洞基础	洞身砂砾石垫层	墙身(一字墙)	基础(一字墙)
					C25混凝土(m³)	C30混凝土(m³)	R235k(g)	钢筋小计(kg)	C20混凝土(m³)		C25混凝土(m³)	C20混凝土(m³)
3	K64+656	圆管涵	1-D1.0	15	0.3	10.5	1202	1202	13.6	12.8	4.0	3.9
					墙身(八字墙)	基础(八字墙)	排水沟	截水墙	洞口换填砂砾石垫层	涵侧回填砂砾石垫层	防护	挖基
					C25混凝土(m³)	C20混凝土(m³)	C20混凝土(m³)	C20混凝土(m³)			沥青麻絮沉降缝(m) / 防腐沥青(m²)	
					6.4	5.2	1.4	2.4	8.8	126.6	0.4 / 60.6	295

请依据模块一至模块六的相关知识,完成 6 个工作任务,任务单详见表 3-2 ~ 表 3-4、表 3-7、表 3-11 和表 3-12。

模块一 公路工程施工进度控制的体系

【工作任务 1】 请依据本模块中的相关知识,结合给定的项目背景资料,完成下列任务, 详见表 3-2。

项目三 模块一 任务单 表 3-2

工作任务	对引导案例中的工程项目分析,描述可能影响该工程进度的情形
任务要求	1. 小组通过网络搜集得到的工程进度延误的案例,整理工程进度延误的不同情形; 2. 小组协作完成对引导案例中工程项目的分析,描述可能影响该工程进度的情形
任务准备	1. 知识准备:了解施工进度控制的基本概念; 掌握影响公路工程进度因素的分析; 2. 工具准备:网上浏览工程进度延误案例
工作步骤	1. 小组分工协作搜集工程进度延误案例; 2. 小组对工程进度延误不同案例讨论分析并按影响因素进行归类; 3. 小组合作完成对引导案例中工程项目分析,描述可能影响该工程进度的情形
自我评价 (优、良、中、差)	工作态度: 团队协作: 知识掌握:

一、公路工程施工进度控制基本概念

1. 施工合同进度计划

(1)工期:指承包人在投标函中承诺的完成合同工程所需要的期限,包括由于发包人原因产生的工期延误和异常恶劣气候条件条款约定所做出的工期延长。

(2)合同进度计划:承包人应按专用合同条款约定的内容和期限,编制详细的施工进度计划和施工方案说明,报监理人。监理人应在专用合同条款约定的期限内批复或提出修改意见,否则该进度计划视为已得到批准。经监理人批准的施工进度计划成为合同进度计划,是控制合同工程进度的依据。承包人还应根据合同进度计划,编制更为详细的分阶段或分项进度计划,报监理人审批。承包人向监理人报送施工进度计划和施工方案说明的期限是签订合同协议书后的 28d 内。监理人应在 14d 内对承包人施工进度计划和施工方案说明予以批复或提出修改意见。

(3)合同进度计划绘制要求:合同进度计划应按照关键线路网络图和主要工作横道图两种形式分别绘制,并应包括每月预计完成的工作量和形象进度。

2.合同进度计划的审批

不论何种原因造成工程的实际进度与合同进度计划不符时,承包人可以在专用合同条款的约定期限内向监理人提交修订合同进度计划的申请报告,并附有关措施和相关资料,报监理人审批;监理人也可以直接向承包人作出修订合同进度计划的指示,承包人应按该指示修订合同季度计划,报监理人审批。监理人应在专用合同条款约定的期限内批复,监理人在批复前应获得发包人同意。

承包人提交合同进度计划修订申请报告,并附有关措施和相关资料的期限为实际进度发生滞后的当月 25 日前。监理人批复修订合同进度计划的期限为收到修订合同进度计划后14d 内。

3.项目年度施工进度计划

承包人应在每年 12 月底前,根据已同意的合同进度计划或其修订的计划,向监理人提交2 份格式和内容符合监理人合理规定的下一年度的施工进度计划,以供审查。该进度计划应包括本年度估计完成的和下一年度预计完成的分项工程数量和工作量,以及为实施此计划将采取的措施。

4.公路工程施工进度控制

公路工程施工进度控制指对公路工程建设中的工作内容、工作顺序、持续时间及工作之间的相互搭接关系等进行计划并付诸实施。在计划实施过程中,需不断检查实际进度是否按计划进行。一旦发现实际进度与计划进度存在偏差,应在分析偏差产生原因的基础上采取有效措施排除障碍或调整、修改原进度计划,然后再付诸实施。如此循环,直至工程项目竣工验收、交付使用。进度控制的最终目的是确保项目进度目标的实现,其中,建设项目进度控制的总目标是在预定的建设工期内完成施工。施工进度计划管理流程见图 3-1。

公路工程施工进度控制是工程项目建设中与质量控制、投资控制并列的三大目标之一,它们之间有着相互依赖和相互制约的关系。如加快工程进度往往需要增加投资,然而工程能够提前投入使用,那么它可以更早地产生经济效益,从而提高投资回报率;加快工程进度可能会对工程质量产生一定的影响,因为匆忙的施工可能导致质量控制措施得不到充分执行。然

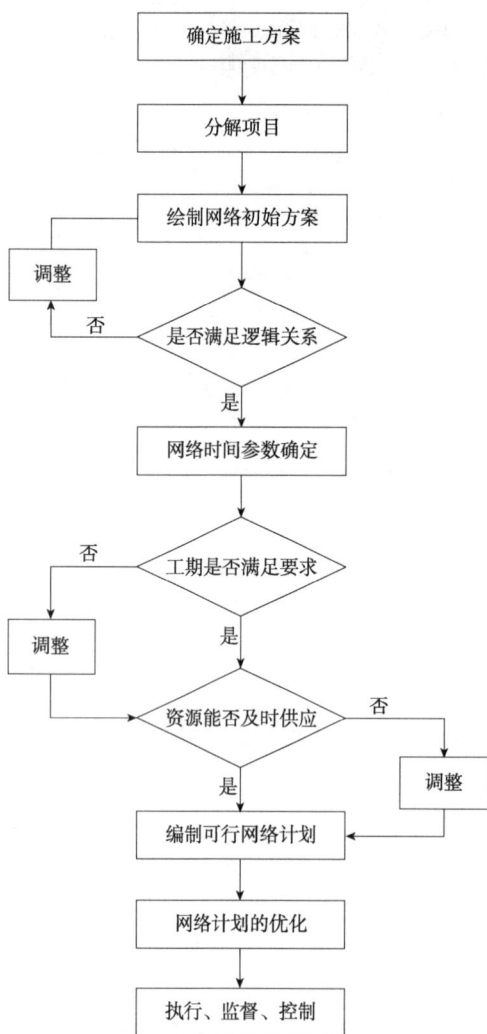

图 3-1　施工进度计划管理流程

而,如果质量控制措施得当且严格,虽然可能在短期内对进度产生一定压力,但长期来看,由于避免了可能的返工和修复工作,反而会促进施工的顺利进行。

因此,在进行公路工程项目管理及进度控制时,需要综合考虑进度、质量和投资三者之间的关系,找到它们之间的平衡点,以实现项目的整体优化。

公路工程施工进度控制的总目标是确保工程项目在既定的目标工期内完成,或者在确保施工质量和不额外增加施工实际成本的条件下,通过优化资源配置和施工管理,力争实现合理缩短施工工期。

二、公路工程项目建设进度控制的原理

1. 动态控制原理

公路工程项目建设进度控制是一个不断进行的动态控制,也是一个循环进行的过程。从项目立项开始,项目进度计划便进入了执行的动态阶段。在项目实施过程中不断检查进度进展情况,对实际进度与计划进度进行比较,若出现偏差,分析偏差出现的原因,采取相应的措施,调整原来计划,继续按其实施,在新的干扰因素下,又会出现新的偏差。工程项目进度计划的控制就是采用这种动态循环的控制方法。

2. 系统控制原理

为了实现项目建设进度控制目标,参与工程建设的各有关单位都要编制进度计划,并且控制和实现这些进度计划。建设单位要做好工程建设前期进度计划、总进度计划及年度进度计划。项目设计阶段,对设计单位编制的进度计划,监理单位应进行审查并监督执行。在项目施工准备阶段,监理单位须协助建设单位组织项目招投标工作,确定施工单位,审查施工单位编制的施工准备工作计划、施工总进度计划、单位工程进度计划及分部分项工程进度计划。在项目施工阶段,监理单位必须对施工进度计划进行动态的控制,对进度计划进行跟踪,掌握施工动态,协调各单位关系,预防控制好工期索赔事件。

3. 信息反馈原理

信息反馈是项目进度控制的主要环节,项目建设的实际进度通过信息反馈给基层的进度控制人员,在分工的职责范围内,经过对其加工,将信息逐级向上反馈,直到主控制室,主控制室整理统计各方面的信息,经比较分析做出决策,调整进度计划,使其符合预定工期目标。项目在建设实施阶段这个过程中不断进行循环往复直至竣工。

4. 弹性原理

由于公路工程建设项目工期长、影响因素多,其中有的因素是可以预料到的,在编制进度计划时,编制者根据统计资料和经验,可以估计影响进度因素出现的可能性和程度,并在确定进度目标时,为实现目标进行分析,为编制的进度计划留有余地,使项目进度计划具有一定的弹性。在项目实施阶段,实际进度与计划进度出现偏差时,可以利用这些弹性,缩短工期,或者改变它们之间的逻辑关系,对计划进行调整,以实现预期计划目标。

5. 封闭循环原理

项目建设进度计划控制的全过程是计划、实施、检查、比较分析、确定调整措施、再计划。

从编制项目建设进度计划开始,经过在实施阶段的跟踪检查,收集有关实际进度的信息,比较和分析实际进度与计划进度之间的偏差,找出产生原因和解决的办法,确定调整措施,再修改原进度计划,形成一个封闭的循环系统。

6. 网络计划技术的原理

在公路工程项目建设进度控制中,利用网络计划技术原理编制进度计划。在项目实施阶段,根据收集的实际进度信息,比较和分析进度计划,又利用网络计划工期优化、工期与成本优化和资源优化的理论,对原网络计划进行调整。网络计划技术的原理是项目建设进度控制完整的计划管理和分析计算的理论基础。

三、影响公路工程进度因素的分析

工程项目的进度受许多因素的影响,建设者需事先对影响进度的各种因素进行调查,预测它们对进度可能产生的影响,编制可行的进度计划,指导、监视工作,使其按计划进行。

(一) 影响公路工程建设项目进度的因素

影响公路工程建设项目进度的因素可归纳为人的因素、技术因素、建筑材料因素、设备与构配件因素、施工机具因素、资金因素、水文地质与气象因素、其他环境和社会以及难以预料的因素等,现归纳为以下几个方面:

(1) 建设单位使用要求改变或因设计不当而进行更改。

(2) 建设单位应提供的场地条件不能及时或不能正常满足工程需要,如施工临时占地申请手续未及时办妥等。

(3) 勘察资料不准确,特别是因地质资料错误或遗漏而引起的未能预料的技术故障。

(4) 设计、施工中采用不成熟的工艺、技术方案失当。

(5) 图纸供应不及时、不配套或出现差错。

(6) 外界配合条件有问题,如交通运输受阻,水、电供应条件不具备等。

(7) 计划不周,导致停工待料和相关作业脱节,工程无法正常进行。

(8) 各单位、各专业、各工序间交换、配合上的矛盾,打乱计划安排。

(9) 材料、构配件、机具、设备供应环节的差错,品种、规格、数量、时间不能满足工程需要。

(10) 受地下埋藏文物需保护、处理的影响。

(11) 社会干扰,如外单位临近工程施工的干扰,节假日交通、市容整顿的限制等。

(12) 安全、质量事故的调查、分析、处理及争执的调解、仲裁等。

(13) 向有关部门提出各种申请审批手续的延误。

(14) 建设单位资金方面的问题,如未及时向施工单位或供货商拨款。

(15) 突发事件影响,如恶劣天气、地震、临时停水、停电、交通中断等。

(16) 建设单位越过监理职权无端干涉,造成指挥混乱。

(二) 公路工程建设项目进度目标延长的原因

1. 发包人的工期延误

在履行合同过程中,由于发包人的下列原因造成工期延误的,承包人有权要求发包人延长工期和(或)增加费用,并支付合理利润。需要修订合同进度计划的,按照合同约定办理。

(1)增加合同工作内容。

(2)改变合同中任何一项工作的质量要求或其他特征。

(3)发包人延迟提供材料、工程设备或变更交货地点的。

(4)因发包人原因导致暂停施工。

(5)提供图纸延误。

(6)未按合同约定及时支付预付款、进度款。

(7)发包人造成工期延误的其他原因。

2.异常恶劣的气候条件

由于出现项目工程所在地30年及以上一遇的罕见气候现象(包括与温度、降水、降雪、风等相关的异常恶劣气候条件)导致工期延误的,承包人有权要求发包人延长工期。

3.承包人的工期延误

(1)承包人施工进度控制:承包人应严格执行监理人批准的合同进度计划,对工作量计划和形象进度计划分别控制。除了发包人的工期延误规定外,承包人的实际工程进度曲线应在合同进度管理曲线规定的安全区域之内。

(2)对承包人的工期延误要求:由于承包人原因,未能按合同进度计划完成工作,或监理人认为承包人施工进度不能满足合同工期要求的,若承包人的实际工程进度曲线处在合同进度管理曲线规定的安全区域的下限时,则监理人有权认为项目合同的进度过慢,并通知承包人应采取必要的措施,以便加快工程进度,确保工程能在预定的工期内交工。承包人应采取措施加快进度,并承担加快进度所增加的费用。

(3)承包人逾期完工的责任:由于承包人原因造成工期延误,承包人应支付逾期交工违约金。逾期交工违约金计算方法在项目专用合同条款数据表中约定,时间自预定的交工日期起到交工验收证书写明的实际交工日期止(扣除已批准的延长工期),按天加算。逾期交工违约金累计金额最高不超过项目专用合同条款数据表中写明的限额。发包人可以从应付或到期应付给承包人的任何款项中或采取其他方法扣除此违约金。承包人支付逾期交工违约金,不能免除承包人完成工程及修补缺陷的义务。

四、公路工程进度控制的方法、措施

(一)进度控制的方法

1.进度控制的行政方法

用行政方法控制进度,是指上级单位及上级领导、本单位的领导,利用其行政地位和权力,通过发布进度指令,进行指导、协调、考核。利用激励手段,监督、督促等方式进行进度控制。

使用行政方法进行进度控制,优点是直接、迅速、有效,但易出现主观、武断、片面的盲目指挥。

2.进度控制的经济方法

进度控制的经济方法,是指有关部门和单位用经济类手段对进度控制进行影响和制约,主要有以下几种:银行通过投资的投放速度控制工程项目的实际进度;在承发包合同中有关于工期和进度的条款;建设单位通过招标的进度优惠条件鼓励施工单位加快进度,建设单位通过工期提前则给予奖励和延期则进行惩罚的手段来控制实际进度;通过物资的供应进行控制等。

3.进度控制的管理技术方法

进度控制的管理技术方法主要是运用规划、控制和协调的管理方法对公路工程项目进度进行控制。

(二)进度控制措施

进度控制的措施包括组织措施、技术措施、合同措施、经济措施和信息管理措施等。

1.组织措施

(1)由项目班子中进度控制部门的人员具体控制任务和管理责任分工。

(2)进行项目分解,如按项目结构分解、按项目进展阶段分解、按合同结构分解,并建立编码体系。

(3)确定进度协调工作制度,包括协调会议举行的时间、参加人员等。

(4)对影响进度目标实现的干扰和风险因素进行分析。风险分析要有依据,主要是根据许多统计资料的积累,对各种影响进度因素的概率及进度拖延的损失值进行计算和预测。

2.技术措施

通过对工程进度采用编制横道图或网络图的方法进行计划,并在实施过程中根据实际情况对进度计划进行调整。

3.合同措施

在公路工程建设承包合同中制定关于工期或进度的条款,对承包人进度进行控制。

4.经济措施

建设单位通过招标的进度优惠条件鼓励施工单位加快进度,在合同中采用对工期提前则给予奖励和工期延期则进行惩罚的方法,对实际进度进行控制。

5.信息管理措施

通过对计划进度与实际进度的动态比较,分析偏差的原因,定期地向建设单位提供比较报告等。

五、公路工程项目实施阶段进度控制系统

项目实施阶段进度控制的主要任务有设计前准备阶段进度控制的任务、设计阶段进度控制的任务及施工阶段进度控制的任务。

1.施工阶段进度控制的任务

根据《公路工程标准招标文件》的要求,承包人在与建设单位签订施工承包协议的28d内,向监理人报送施工进度计划和施工方案说明。监理人在收到施工进度计划和施工方案说明的14d内对承包人施工进度计划和施工方案说明予以批复或提出修改意见。

承包人编制的合同的进度计划应按照关键线路网络图和主要工作横道图两种形式分别编绘,并应包括每月预计完成的工程量和形象进度。

(1)编制施工总进度计划并控制执行。

(2)编制施工年、季、月实施进度控制计划并控制执行。

2.公路工程建设项目进度控制实施

公路工程建设项目进度计划控制程序,是指在项目实施前事先制订项目建设计划,将计划所需人力、材料、设备、机具、方法等资源和信息进行投入,按照计划组织项目实施。随着工程项目的实施和计划的运行,不断输出实际工程进度情况,控制人员将收集到的工程实际情况进行加工、整理,提出工程状态报告,控制部门根据工程实际状态报告,将实际进度状况与计划进度目标进行比较,确定是否出现偏差。若未出现偏差,按原进度计划继续进行,若出现偏差,分析产生偏差的原因,对后续工作及总工期的影响,采取纠正措施,调整计划,重新实施,如图 3-2 所示。

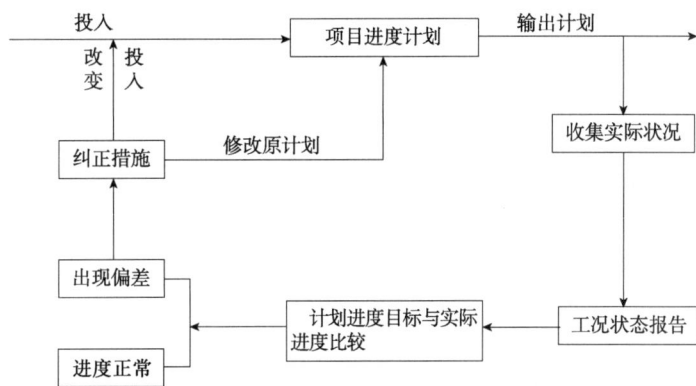

图 3-2　进度控制程序

模块二　公路工程建设施工进度控制原理

【工作任务 2】　请依据本模块中的相关知识,结合给定的项目背景资料,完成下列任务,详见表 3-3。

项目三　模块二　任务单　　　　　　　　　　　　　　表 3-3

工作任务	计算给定的工程项目劳动量
任务要求	1.小组制作展示盖板涵施工工艺的 PPT; 2.小组协作完成对引导案例中工程项目的劳动量计算
任务准备	1.知识准备:了解施工总进度计划的编制方法和步骤; 掌握施工过程劳动量、生产周期、劳动力需要量及机械台班数量的计算方法; 2.工具准备:查阅《公路工程预算定额(上、下册)》(JTG/T 3832—2018)等有关定额

工作步骤	1.小组熟悉涵洞施工工艺; 2.小组熟悉有关预算定额内容和查阅方法; 3.小组合作完成对引导案例中工程项目的劳动量计算
自我评价 (优、良、中、差)	工作态度: 团队协作: 知识掌握:

一、编制施工进度计划所需的基础资料

施工单位中标后需编制施工总进度计划、单位工程施工进度计划及年度、季度、月进度计划。

(一)编制施工总进度计划

1.施工总进度计划的编制依据

(1)施工图设计等技术资料。

(2)施工合同文件,建筑工程项目施工的开工、竣工日期,即合同工期或指令工期。

(3)有关的定额、预算定额或施工定额。

(4)各单位工程的施工方案、方法和工期。

(5)施工中可能配备的人力、机具设备以及施工准备工作中所取得的有关工程所在地的自然条件和技术经济资料,如有关的气象、水文、资源供应等。

2.编制施工总进度计划的原则

(1)保证拟建工程在合同规定的期限内完成。

(2)保证施工的连续性和均衡性。

(3)保证投资分配的合理性。

(4)尽可能避开不利自然条件的影响。

3.施工总进度计划的编制方法和步骤

(1)计算各单位工程的工程量。一般情况下,施工图设计图上均有各单位工程的工程量,在编制进度计划前需根据设计图纸对工程数量进行校核。

(2)确定单位工程的施工期限、开工竣工时间和相互衔接关系。

单位工程的施工期限、开工竣工时间的确定一般考虑以下两方面问题:

①考虑根据施工单位所能提供的资源、机械设备等的实际生产能力来确定单位工程施工期限。

②考虑受自然条件影响较大的工程,尽可能避开不利季节施工,从而确定其开竣工日期。

(3)安排工程总进度计划,可以采用横道图、网络计划。

(二)单位工程施工进度的编制

单位工程进度计划是指一个公路工程项目中某一个单位工程,如临时工程、路基工程、路

面工程、桥梁涵洞工程、交叉工程等的进度计划。单位工程进度必须服从工程的总进度计划，其具体编制方法和步骤如下。

1.划分施工过程

编制施工进度计划时，首先将拟建的单位工程分解为分部或分项工程。例如路基工程可分解为场地清理、路基挖方、路基填方、结构物台背回填、特殊路基处理、排水工程、路基防护与加固工程、路基其他工程等;将每个分部工程再分解成若干分项工程,例如路基填方可分解为利用土方填筑、借土方填筑、利用石方填筑,填砂路基、粉煤灰路基、石灰土路基等。

2.施工过程劳动量、生产周期、劳动力需要量及机械台班数量计算

劳动量就是施工过程的工程量与相应的时间定额的乘积,或者劳动力人数与生产周期的乘积,机械台班数与生产周期的乘积,见式(3-1)。

$$P = \frac{Q}{C} \quad 或 \quad P = QS \tag{3-1}$$

式中:P——劳动量、工日、台班;

Q——工程数量;

C——产量定额;

S——时间定额。

计算劳动量应根据现行的相应定额计算,即施工定额或预算定额。

案例 3-1

某水泥稳定砂砾基层,其工程数量为100000m²,拖拉机带铧犁拌和水泥砂砾基层水泥含量为5%,压实厚度为20cm,试确定其工作的持续时间。

解:

(1)查《公路工程预算定额(上、下册)》(JTG/T 3832—2018)为:

人工:8.9 工日/1000m²;

120kW 以内自行式平地机:0.13 台班/1000m²;

75kW 以内履带式拖拉机:0.24 台班/1000m²;

12～15t 光轮压轮机:0.25 台班/1000m²;

18～21t 光轮压轮机:0.8 台班/1000m²;

10000L 以内洒水汽车:0.27 台班/1000m²。

(2)计算劳动量:人工数量为:100000÷1000×8.9=890(工日);

120kW 以内自行式平地机数量为:100000÷1000×0.13=13(台班);

75kW 以内履带式拖拉机数量为:100000÷1000×0.24=24(台班);

12～15t 光轮压轮机数量为:100000÷1000×0.25=25(台班);

18～21t 光轮压轮机数量为:100000÷1000×0.8=80(台班);

6000L 洒水汽车数量为:100000÷1000×0.27=27(台班)。

(3)生产周期、劳动力数量和机械台班的计算:

①已知人员、机械数量计算确定工作持续时间。

以施工单位的人力、机械的实际生产能力以及工作面的大小来确定完成该劳动量所需的持续时间:

$$t = \frac{P}{Rn} \qquad (3\text{-}2)$$

式中:t——生产周期,即持续时间,d;

R——劳动量、作业量,工日或台班;

n——生产工作班制,$n = 1, 2, 3$。

若施工队伍有技工和普工 40 人,拥有 120kN 平地机 1 台,75kN 内履带式拖拉机 1 台,12t 光轮压路机 1 台,18t 光轮压路机 4 台;6000L 洒水汽车 2 辆,采用一班制,则人员和机械数量如下:

人工:$890 \div 40 = 22.25$(d);

120kW 平地机:$13 \div 1 = 13$(d);

75kW 履带式拖拉机:$24 \div 1 = 24$(d);

12t 光轮压路机:$25 \div 1 = 25$(d);

18t 光轮压路机:$80 \div 4 = 20$(d);

6000L 洒水汽车:$27 \div 2 = 13.5$(d)。

②限定工作持续时间计算确定人员、机械数量。

在某种情况下,限定了完成一定工作量的工期,确定采用的班次和所需作业队伍人数及机械台班数量为:

$$R = \frac{P}{tn} \qquad (3\text{-}3)$$

式中符号意义同前。

若上例路基工程要求工期时间为 20d,作业队伍采用一班制,则人员和机械数量如下:

劳动力数量:$890 \div 20 = 44$(人);

120kW 平地机数量:$13 \div 20 = 0.65$(台);

75kW 内履带式拖拉机数量:$24 \div 20 = 1.2$(台);

12t 光轮压路机数量:$25 \div 20 = 1.25$(台);

18t 光轮压路机数量:$80 \div 20 = 4$(台);

6000L 洒水汽车数量:$27 \div 20 = 1.35$(台)。

某高速公路总体施工进度计划

3. 单位工程进度计划的编制

可以采用横道图、网络计划方法编制单位工程进度计划。

二、公路工程建设施工阶段的进度控制内容

(一)项目进度控制目标的确定

1. 公路项目施工进度控制目标体系

为了有效控制公路工程建设施工进度,首先要从不同角度对施工进度总目标进行层层分

解,形成施工进度控制目标体系,从而作为实施进度控制的依据。

公路项目施工进度控制目标体系如图 3-3 所示,公路建设不但要有项目建成交付使用的确切日期这个总目标,还要有各单项工程交工的目标以及按承包人、施工阶段和不同计划期划分的分目标。各目标之间相互联系,共同构成公路建设施工进度控制目标体系。其中,下级目标受上级目标的制约,下级目标保证上级目标实现,最终保证施工进度总目标的实现。

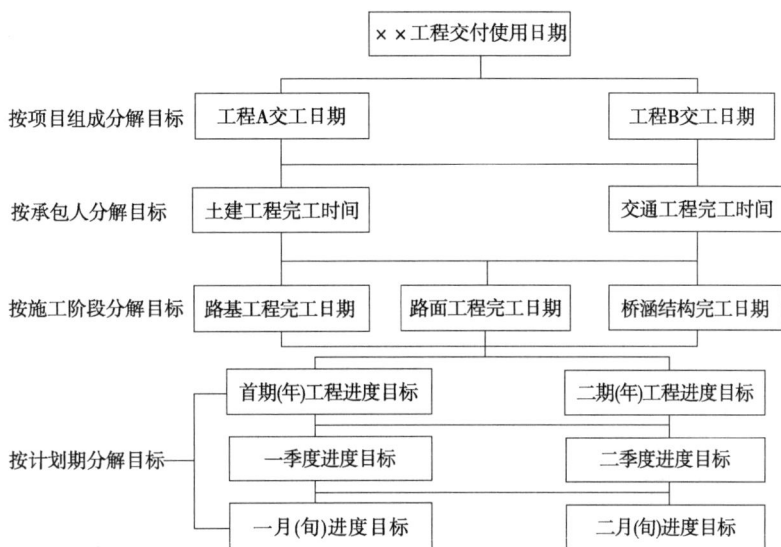

图 3-3 公路项目施工进度控制目标分解图

(1)按项目组成分解,确定各单项工程开工及交工日期。各单位工程的进度目标在公路项目建设总进度计划及年度建设计划中都有体现。在施工阶段应进一步明确各单项工程的开工和交工日期,以确保施工总进度目标的实现。

(2)按承包人分解,明确分工条件和承包责任。在一个单项工程中有多个承包人参加施工时,应按承包人将单项工程的进度目标分解,确定各分包单位的进度目标,列入分包合同,以便落实分包责任,并根据各专业工程交叉施工方案和前后衔接条件,明确不同承包人工作面交接的条件和时间。

(3)按施工阶段分解,划定进度控制分界点。根据项目的特点,将施工分成几个阶段,如路基、路面和结构物施工等阶段。每一阶段的起止时间都要有明确的标志。特别是不同单位承包的不同施工段之间,更要明确划定时间分界点,以这些作为形象进度的控制标志,从而使单项工程时间交工目标具体化。

(4)按计划期分解,组织综合施工。将施工进度控制目标按年度、季度、月(旬)进行分解,并用实物工程量、货币工作量及形象进度表示,以明确项目管理者对各承包人的进度要求。同时,还可以据此监督其实施,检查其完成情况。计划期越短,进度目标越细,进度跟踪就越及时,发生进度偏差时也就更能有效地采取措施予以纠正。这样,就形成有计划、有步骤的协调施工。长期目标对短期目标自上而下逐级控制,短期目标对长期目标自下而上逐级保证,逐步趋近进度总目标的局面,最终达到公路项目按期交付使用的目的。

确定施工进度控制目标的主要依据有:公路建设总进度目标对施工工期的要求;工期定

额、类似工程项目的实际进度;工程难易程度和工程条件的落实情况等。

2.确定施工进度分解目标

在确定施工进度分解目标时,还要考虑以下几个方面:

(1)对于大型工程建设项目,应根据尽早提供可动用的原则,集中力量分期、分批建设,以便尽早投入使用,尽快发挥投资效益。

(2)按照施工合同关于工期的要求,根据工程的特点,合理安排,保证工序之间相互衔接、交叉或平行作业,并根据经验确定每个工序的施工时间,确定每个分项工程、分部工程的施工时间和每个单项工程的开工、竣工时间。

(3)做好资金供应,施工力量配备、物资材料、构配件、设备供应能力与施工进度需要的平衡工作,满足工程进度目标的要求。

(4)考虑外部协作条件的配合情况。包括施工过程中及项目竣工所需的水、电、气、通信、道路及其他社会服务项目的满足时间。

(5)考虑工程项目所在地区地形、地质、水文、气象等方面的限制。

(二)公路工程项目建设施工进度计划的要求

1.进度计划编制的原则

承包人制订进度计划及监理人在审批进度计划时,必须掌握以下原则:

(1)必须贯彻合同条件及技术规范。

(2)保证基础资料真实、可靠并符合实际,清楚、明了并便于管理。

(3)编制的工程建设施工进度计划应表达施工中的全部活动及其相关联系,反映施工组织及施工方法。

(4)编制的工程建设施工进度计划应充分使用人力和设备,并预料可能的施工障碍及变化。

2.进度计划编制的依据

(1)公路工程建设施工合同中规定的合同工期、开工日期及竣工日期。

(2)施工单位投标书中确定的工程进度计划及施工方案。

(3)主要材料和设备的采购合同及供应计划。

(4)工程现场的特殊环境及气候条件。

(5)施工人员的技术素质及设备能力,各类有关定额。

(6)已建成的同类工程的实际进度及经济指标等。

(三)施工进度计划的阶段划分及主要内容

工程项目施工进度计划是根据工程项目实施的不同阶段,分别编制施工总体进度计划及年、月施工进度计划。对于某些起控制作用的关键工程项目(如桥梁、隧道、立体交叉等),还应单独编制工程施工进度计划。具体介绍如下。

1.项目施工总体进度计划

工程项目的施工总体进度计划是用于指导工程全局的,它是工程从开工一直到竣工为止,各个主要环节的总的进度计划,起着控制构成工程总体的各个单位工程或各个施工阶段工期的作用。承包人在签订合同协议书后28d之内,向监理人提交施工进度计划和施工方案说明。合同的进度计划应按照关键线路网络图和主要工作横道图两种形式分别编绘。

在承包人提交的工程项目施工总体进度计划中,应当反映以下主要内容:

（1）工程项目的总工期,即合同工期或指令工期。

（2）完成各单位工程及各施工阶段所需要的工期、最早开始和最迟结束的时间。

（3）各单位工程及施工阶段需要完成的工程量及现金流动估算。

（4）各单位工程及施工阶段所需配备的人力和机械数量。

（5）各单位工程或分部工程的施工方案和施工方法。

（6）施工组织机构设置及质量保证体系等。

施工总体进度计划的编制可以采用横道图、斜条图、进度曲线或网络计划图,但无论采用什么方法,都应反映出上述内容。现金流动估算表即总体进度计划相应的进度曲线,通过现金流动估算表可以得到每月完成的工程费用额及已完成工程费用的累计。施工方案及方法则可通过施工组织设计来反映。

2.年、月(季)进度计划

对于一个公路工程项目来说,要进行工程的进度控制,仅有工程项目的施工总体进度计划是不够的,尤其是当工程项目比较大时,还需要编制施工年度和月(季)进度计划。施工年度进度计划要受工程项目施工总体进度计划的控制,而月(季)施工进度计划又受年度施工进度计划的控制。月(季)施工进度计划是年度施工进度计划实现的保证,而年度施工进度计划的实现,又保证了施工总体进度计划的实现。

（1）施工年度进度计划

①年度进度计划的主要作用。统一安排全年内正在施工或将要开工工程的施工,确定年度施工任务;确定各项年度生产指标,即在年度内要完成哪些单位工程、分部分项工程或部分完成哪些工程项目;根据年度季节、气候的不同,合理安排施工进度。

②施工年度进度计划的编制。在年度施工进度计划的安排过程中,应重点突出组织顺序上的联系,如大型机械的转移、主要施工队伍的转移顺序等。首先安排重点、大型、复杂、周期长、占劳动力和施工机械多的工程,优先安排主要工种或经常处于短线状态的工种的施工任务,并使其连续作业。在年度进度计划中应反映出本年计划完成的单位工程及施工阶段的工程项目内容、工程数量及投资指标;施工队伍和主要施工设备的数量及调配顺序;不同季节及气温条件下各项工程的时间安排;在总体进度计划下对各项工程进行局部调整或修改的详细说明等。

根据《公路工程标准招标文件》的要求,承包人应在每年11月前,根据已同意的合同进度计划或修订的计划,向监理人提交两份格式和内容符合监理人规定的下一年度的施工计划,以供审查。各计划应包括本年度估计完成的和下一年度预计完成的分项工程数量和工程量,以及为实施此计划将采取的措施。

（2）月(季)施工进度计划

①月(季)进度计划的主要作用是确定月(季)施工任务,例如,本月(季)施工的工程项目,每项工程包括哪些内容,预计要完成到什么部位,工程量是多少,由谁来完成,相互间如何

配合等。指导施工作业,即施工顺序、相关的施工专业队组如何实现流水作业等。进行月(季)施工各项指标的平衡、汇总,以便综合衡量完成的工程数量和工程投资,作为考核月(季)施工进度情况的依据。

②施工月(季)进度计划的编制。在月(季)施工进度计划中应反映出本月计划完成的分项工程内容及顺序安排;完成本月(季)及各分项工程的工程数量及投资额;完成各分项工程的施工队伍及人力和主要设备的配额;在年度进度计划下完成对各单位工程或分项工程进行局部调整或修改的详细说明等。

(3)关键工程施工进度计划

关键工程施工进度计划,是指一个公路工程项目中起控制作用的关键工程,如某一桥梁工程、隧道工程或立体交叉工程的进度计划。由于关键工程的施工工期常常关系到整个工程项目施工总工期的长短,因此,在施工进度计划的编制过程中将单独编制关键工程进度计划。

关键工程施工进度计划应反映的内容有:

①具体施工方案和施工方法。

②总体进度计划及各道工序的控制日期。

③现金流动估算。

④各施工阶段的人力和设备的配额及运转安排。

⑤施工准备及结束清场的时间安排。

⑥对总体进度计划及其他相关工程的控制、依赖关系和说明等。

(四)资源供应计划的编制

资源供应计划是对建设工程施工及安装所需人力、材料、设备的预测和安排,是指导和组织建设工程人力、材料、设备的采购、加工、储备、供货和使用的依据。其根本作用是保障建设工程的物资需要,保证建设工程按施工进度计划组织施工。

1.材料、设备供应计划的分类

编制材料、设备供应计划一般包括两个阶段,即准备阶段和编制阶段。准备阶段主要是调查研究,收集有关资料,进行需求预测和购买决策。编制阶段主要是核算需要、确定储备、优化平衡,审查评价,上报或交付使用。

在编制材料、设备供应计划的准备阶段,监理人必须明确其供应方式。一般情况下,材料、设备的供应有建设单位采购供应、专门采购部门供应、施工单位自行采购和共同协作分头采购供应等几种方式。

材料、设备供应计划按其内容和用途,主要可分为三类,即材料、设备需求计划,材料、设备储备计划和材料、设备供应计划。

2.公路工程建设资源供应计划的编制

公路工程建设资源供应计划的编制包括劳动力、材料和设备的需求量编制。

(1)编制材料、设备供应计划的依据

①公路工程建设项目施工图纸。

②公路工程建设项目施工图预算。

③公路工程建设项目施工合同。

④公路工程建设项目总进度计划。

⑤分包工程提交的材料需求计划。

(2)根据施工总进度计划,编制材料、设备的资源需求量计划

①劳动力需要量计划。根据已确定的施工进度计划,可计算出各施工项目每天所需的人数,将同时间内所有施工项目的人工数进行累加,就可以确定每日工人数随时间变化的劳动力需求量。将确定的劳动力需求计划附在进度计划之后,为劳动部门提供劳动力进退场时间,保证及时调配,以满足施工的需求。劳动力需要量计划主要是作为安排劳动力的平衡、调配和衡量劳动力耗用指标、安排生活福利设施的依据。

②主要材料计划。材料的需要量,可按照工程量和定额规定进行计算,然后根据施工项目的施工进度编制年、季、月主要材料计划表。主要材料包括施工需求的国家调拨、统筹分配、地方供应和特殊的材料,如钢材、水泥、木材、沥青、石灰、砂、石料、爆破器材等公路施工中用量大的材料,特殊工程使用的土工织物、各种加筋带、外掺剂等,以及有关临时设施和拟采取的各种施工技术措施用料,预制构件及其他半成品。材料计划是组织备料、确定仓库与堆场面积以及组织运输等的依据。

③主要施工机具、设备计划。在确定施工方案和施工进度计划时,已经考虑了各个施工项目应选择何种施工机具或设备。为了做好机具、设备的供应工作,根据已确定的施工进度计划,以及每个项目的施工机械种类,设备的品种、型号、规格、数量以及来源和运输方式等内容,编制主要施工机具、设备计划,一般按年度和季度编制。

(3)材料、设备储备计划的编制

储备计划是用来反映建设工程施工过程中所需各类材料储备时间和储备量的计划。它的编制依据是需求计划、储备定额、储备方式、供应方式和场地条件等。它的作用是保证施工所需材料的连续供应,确定材料的合理储备。

(五)施工进度计划具体编制程序

1.确定施工方法

劳动量及工期计算

确定施工方法时,首先应考虑工程特点、现有机具的性能、施工环境等因素。以下为某施工单位根据工程特点和本单位所拥有的机械设备、技术力量等,确定的路基、路面施工方法。

(1)石方挖方

本合同路基施工的主要特点是:石方开挖量大,约占总挖方的70%,其中又以弱风化花岗岩为多。

施工方法采用进口大型凿岩机打岩,采取松动爆破方法,严格控制装药量,精心计算,确保施工安全。

(2)土方挖方

采用挖掘机配合自卸汽车或推土机、装卸机配合自卸汽车运土。对地势平坦、土量集中的路段,使用大型运输机械。

(3)填方路基

按技术规范要求清理场地后,当地面横坡不大于1∶10时,直接填筑路堤;采用推土机配

合平地机摊土、石,严格掌握虚铺厚度,按工艺要求充分碾压,土、石材料分层填筑、分段使用。对填石路堤采用大吨位振动式压路机;土方适用于光轮压路机,配合振动压路机碾压。对于地面横坡大于1:10的路段,分部采取翻松或挖土质台阶的方法。

(4)路面基层施工

采用路拌法和集中厂拌法进行基层材料的拌和,下承层检查合格后,用摊铺机配合平地机摊平。

(5)路面面层施工

第一步,首先做好沥青混凝土的配合比试验,在准备好的基层上喷洒透层油,将合格的热拌混合料用自卸车运到摊铺路段,采用摊铺机整幅摊铺。第二步,碾压,用8t轻型压路机初压两遍,用12~15t压路机压四遍,用6~8t压路机压实。

2.选择施工组织方法

根据具体的施工条件选择最先进、最合理、最经济的施工组织方法,是编制工程进度图的关键。流水作业法是公路工程施工较好的组织方法,还可以考虑采用平行流水作业法、立体交叉流水作业法、网络计划法等。有些工程量小、工作面窄、工期要求不紧的项目,可以采用顺序作业法。

3.划分施工项目

施工方法确定后,就可以划分施工项目。每项工程都是由若干个相互关联的施工项目所组成,如:桥梁工程由基础工程、下部构造、上部构造、桥面铺装、桥梁附属结构、其他工程等施工项目组成。施工项目划分的粗细程度,与工程进度图的阶段即用途有关(施工项目可以是单位工程、分部工程、工序等)。一般按所采用的定额的细目或子目来划分,便于查阅定额。

划分施工项目时,必须明确哪一项是关键施工项目。一般情况下,关键施工项目就是施工难度大、耗用资源多或施工技术复杂、需要使用专门的机械设备的工序或单位工程。关键施工项目常常控制着施工总进度。因此,首先应安排好关键施工项目的施工进度,其次要与施工项目的进度密切配合。在公路工程中,高级路面、集中土石方、特殊路基、大中桥等一般都是关键施工项目。

4.排序

排序即列项,按照客观的施工规律和合理的施工顺序,将所划分的施工项目进行排序,如:场地清理、路基挖方、路基填方、特殊路基处理、涵洞、排水工程、路基防护与加固工程、路面垫层、路面基层、透层、黏层、封层、沥青混凝土面层等,路面基层施工项目必须放在路基填筑、涵洞施工项目的后面。注意不要漏项、重项。工程进度图的实质就是科学合理地确定这些施工项目的排列次序。

5.划分施工段,并找出最优施工次序

为了更好地安排施工进度,保证施工工期要求,应该合理划分施工段,并尽可能找出最优或较优施工次序。通常使用以下三种方法安排各个工程项目或工作(序)。

(1)顺行法。按照施工顺序,首先确定临时工程等最先开始的工作的开工日期,然后根据工程量计算出工程持续时间,这样就可确定最先开始工作的完成日期。

(2)逆行法。与顺行法相反,从完工之日开始,按同样的方法决定各个项目或工作(序)的开始和完成日期。

（3）重点法。按照季节、工程现场条件与工程要求,重点做出某些关键工程项目或关键工作(序)的开工和完成日期,将这些时间在全工期内固定起来,再将前后或平行的各个项目或工作(序)的开工和完成时间确定下来。

6.计算劳动量、生产周期、劳动力需要量及机械台班数量

当划分完施工项目排好序后,即可根据施工图纸及有关工程数量的计算规则,计算各个施工项目的工程数量,并填入相应表格中。工程数量的单位,应与所采用的定额单位一致。当划分施工段组织流水作业时,必须分段计算工程数量,此时,还应考虑为保证施工质量和安全的附加工程数量。

计算劳动量时,要注意施工现场的具体情况和施工的难易程度,例如相同的工程数量,都是挖基坑,挖普通土和挖硬土的劳动量不同;同样工程数量的砌筑工程,搬运材料的运距不同,劳动量也不同。

劳动量的计算:所谓劳动量,就是施工项目的工程量与相应的时间定额的乘积,也就是实际投入的人数与施工项目作业持续时间的乘积。人工操作时称为劳动量,机械操作时称为作业量。计算劳动量时,应根据现行的相应定额(施工定额或预算定额)计算。

7.计算各施工项目的作业持续时间

具体的计算方法如前文所述,计算过程中应结合实际的施工条件认真考虑以下几点:

（1）各施工项目均按一定技术操作程序进行。

（2）保证工作面和劳动人数的最佳施工组合。

（3）相邻施工项目之间应有良好的衔接和配合,不影响工程进度。

（4）必须保证施工安全和工程质量。

（5）确定技术间歇时间(如混凝土的养生、油漆的干燥等),确定组织间歇时间(如施工人员或机械的转移及施工中的检查、校正等属于流水步距以外增加的间歇时间)。

8.施工段排序

按照客观的施工规律和合理的施工顺序,采用前面确定的施工组织方法、施工段间最优或较优施工项目的作业持续时间就可以拟定工程进度。在拟订时应考虑施工项目之间的相互配合。拟订工程进度时,应特别注意人力的均衡使用。施工开始后,人工数目应逐渐增加,然后在较长时间内保持稳定,接近完工时则应逐渐减少。另外,还要力求材料、机械及其他物资的均衡使用。初拟方案若不能满足规定工期要求或超过物资供应量,应对工程进度进行调整。

9.检查和调整施工进度计划

初步拟订工程进度后需进一步优化调整,最后得到工程进度图。在优化过程中重点检查的内容如下:

（1）施工工期。施工进度计划的工期应符合上级或合同规定的工期。

（2）施工顺序。检查施工项目的施工顺序是否科学、合理,相邻施工项目之间衔接、配合是否良好。

（3）劳动力等资源的消耗是否均衡。劳动力需要量图反映了施工期间劳动力的动态变化,它是衡量施工组织设计合理性的重要判断依据。不同的工程进度安排,劳动力需要量图呈现不同的形状,一般可归纳为图3-4所示的三种典型图示。图3-4a)说明出现短暂的劳动力高峰,图3-4b)显示劳动力需要量为锯齿波动形,这两种情况都不便于施工管理,并将会增大临时生活设施的规模,应尽量避免。图3-4c)显示在一个较长时间内劳动力保持均衡,符合施工规律,是最理想的状况。

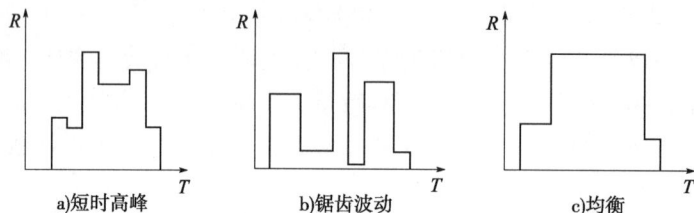

图 3-4   劳动力的动态变化

劳动力消耗的均衡性,用劳动力不均衡系数 K 表示。劳动力不均衡系数越接近于1越合理,一般不允许超过1.5。其值按式(3-4)计算。

$$K = \frac{R_{\max}}{R_{平均}} \tag{3-4}$$

式中:$R_{\max}$——施工期间人数最高峰值;

$R_{平均}$——施工期间加权平均人数,即总劳动量/计划总工期。

模块三   公路工程建设施工计划横道图的绘制

【工作任务3】   请依据本模块中的相关知识,结合给定的项目背景资料,完成下列任务,详见表3-4。

项目三   模块三   任务单   表3-4

任务任务	在完成工作任务2的基础上,制定初始进度计划,绘制横道图
任务要求	1. 小组在完成工作任务2的基础上,制定初始进度计划; 2. 小组协作完成横道图绘制
任务准备	1. 知识准备:了解横道图的基本原理; 掌握公路工程建设施工横道图绘制方法; 2. 工具准备:计算机或手工绘图工具
工作步骤	1. 小组依据任务2的劳动量确定工序持续时间、人数和机械台数; 2. 小组分析完成初始进度计划的制定; 3. 小组按照初始进度计划完成横道图的绘制
自我评价 (优、良、中、差)	工作态度: 团队协作: 知识掌握:

一、横道图的基本原理

(一) 基本概念

横道图又称甘特图或条线图,早在 20 世纪初就开始应用和流行,它是项目计划和施工进度图的常用表示形式之一。

横道图是一个二维平面图,横维表示施工进度,纵维表示施工段或工序。施工进度用横道线条形象地表示,横道线的长短表示施工期限;横道线所在的位置表示施工的内容,线上可以用数字标出所需劳动力或其他资源的数量;线的不同符号表示作业队或施工段别,表现出各施工阶段的工期和总工期。

横道图一般包括两种形式,即横线工序式和横线工段式,分别如图 3-5、图 3-6 所示。

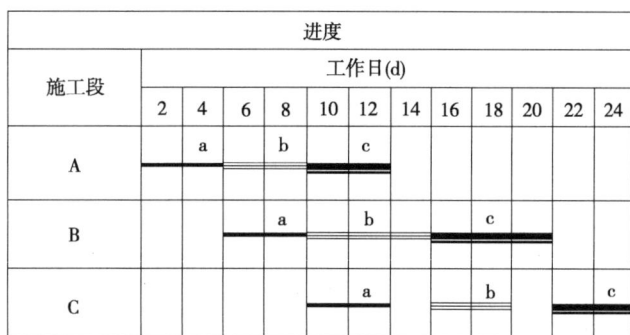

进度												
施工段	工作日(d)											
	2	4	6	8	10	12	14	16	18	20	22	24
A		a		b		c						
B				a		b			c			
C						a			b			c

图 3-5 横线工序式横道图

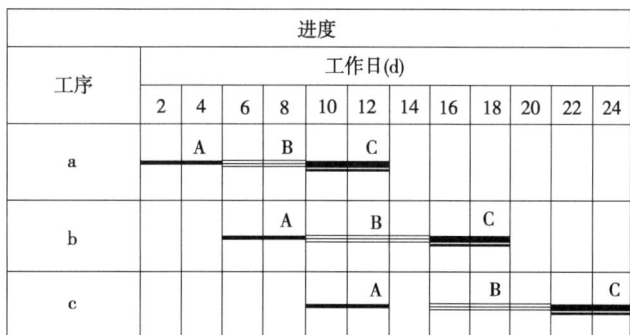

进度												
工序	工作日(d)											
	2	4	6	8	10	12	14	16	18	20	22	24
a		A		B		C						
b				A		B			C			
c						A			B			C

图 3-6 横线工段式横道图

(二) 横道图的特点及适用范围

1. 横道图的特点

横道图的优点是简单、直观、容易制作、便于理解,在资源优化过程中,一般都借助横道图。横道图的缺点是:不能系统地表达各工程项目之间的衔接情况及施工队之间的相互配合关系;施工日期和施工地点的关系不明确;难以进行定量计算和分析;难以进行计划的优化。

2. 横道图的适用范围

横道图是进度计划与进度控制的主要形式之一,也是资源优化的主要方式,但由于自身存在的缺点使其应用受到一定的限制,一般只适用于中、小型项目,对于大型项目和重点项目,一般要求用网络图来表示。

二、公路工程建设施工横道图绘制

(一)横道图绘制的方法

公路建设流水施工的组织意图和内容,一般通过横道图的形式来表达,其总工期一般也是通过横道图来确定的。流水施工横道图的绘制通常有两种方法,即工序紧凑法和潘特考夫斯基法。

(二)横道图绘制的要点

1. 开工要素

任何一道工序的开工,都必须具备工作面和生产力(工人、机械、材料等资源)两个开工要素,二者缺一不可。

2. 工序衔接原则

(1)相邻工序之间及工序本身,应尽可能衔接,以取得最短施工总工期。

(2)工序衔接必须满足工艺要求和自然过程(如混凝土的硬化等)的需要。

(3)尽量使得同工序在各施工段上能连续作业,并尽量使得相邻不同工序在同一施工段上能连续作业。

(4)图中的首工序和末工序,均可按需要尽可能采取连续作业或间歇作业。

3. 工序紧凑法绘制横道图

用工序紧凑法绘制横道图可取得最短总工期,其核心是只要具备开工要素就可开工,不考虑施工队的连续作业实际情况。在作图时,各相邻工序之间,尽量紧凑衔接,即尽量使所排工序向作业开始方向靠拢(一般向图的左端)。这种方法由于各施工队不能实现连续作业,有"停工待面"和"干干停停"的现象,虽总工期最短,但经济性较差。

案例 3-2

根据下列工序工期表(表 3-5),绘制横道图并确定其最短工期。

工序工期表(单位:d)　　　　　　　　　　　　　　　　表3-5

工序	施工段				
	A	B	C	D	E
a	4	2	4	10	10
b	6	2	4	4	4
c	6	6	8	10	8

解：

（1）要确定最短工期，必须对施工段进行合理排序，施工段的最优施工次序为：B、C、A、D、E。

（2）列出最优施工次序的工序工期表（表 3-6）。

最优施工次序的工序工期表（单位：d）　　　　　　　　　表 3-6

工序	施工段				
	B	C	A	D	E
a	2	4	4	10	10
b	2	4	6	4	4
c	6	8	6	10	8

（3）根据表 3-5 按工序紧凑法绘制横道图（图 3-7）。从图 3-7 可知其总工期为 42d。

图 3-7　紧凑法绘制的横线工段式横道图

4.潘特考夫斯基法绘制横道图

在流水施工组织中，可使各个专业队在各施工段间连续作业，以避免"停工待面"和"干干停停"的现象，这样尽管不能保证工期最短，但能提高经济效益。

为了使在总工期尽可能短的条件下，各施工专业队能在各个施工段间进行连续作业，必须确定相邻各专业队（相邻工序）间的最小流水步距 $K_{\min}$，常用的方法是潘特考夫斯基法。

潘特考夫斯基法确定 $K_{\min}$ 的基本步骤为：累加数列、错位相减、取大差（最大正数）。下面以具体示例介绍潘特考夫斯基法绘制横道图的具体步骤。

案例3-3

根据给定的工序工期表（表 3-5），用潘特考夫斯基法绘制横道图并确定其工期。

解：

（1）确定各施工段的最优施工次序为：B、C、A、D、E。

（2）列出最优施工次序的工序工期表（表 3-6）。

（3）用潘特考夫斯基法确定 $K_{\min}$。

①求 K_{ab}^{B}：

将 a 工序的 t_a 依次累计叠加，可得到数列：2　6　10　20　30；

将 b 工序的 t_b 依次累计叠加,可得到数列:2 6 12 16 20。

将后一工序的数列向右错一位,进行两数列相减,即:

$$a: \quad 2 \quad 6 \quad 10 \quad 20 \quad 30$$
$$b: \quad -) \quad 2 \quad 6 \quad 12 \quad 16 \quad 20$$
$$\overline{\quad 2 \quad 4 \quad 4 \quad 14 \quad -20}$$

则所得数列中的最大正数为 14,即为 a、b 两工序的最小流水步距,$K_{ab}^B = 14$。

②同理可求 K_{bc}^B:

$$a: \quad 2 \quad 6 \quad 12 \quad 26 \quad 20$$
$$c: \quad -) \quad 6 \quad 14 \quad 20 \quad 30 \quad 38$$
$$\overline{\quad 2 \quad 0 \quad -2 \quad -4 \quad -10 \quad -38}$$

则所得数列中的最大正数 2 即为 b、c 两工序的最小流水步距,$K_{bc}^B = 2$。

(4)根据确定的 K_{min} 绘制横道图(图 3-8)。

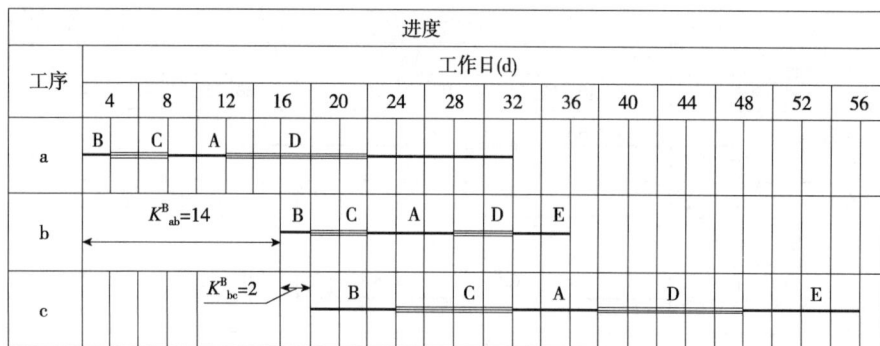

图 3-8 潘特考夫斯基法绘制的横线工段式横道图

(5)从图 3-8 可知,其总工期为 54d。比紧凑法求得的工期 42d 长 12d。

从以上案例可明显看出,专业队实现连续作业,不等于总工期最短;但总工期最短,并不等于一定不能实现连续作业。当流水参数确定得合理时,连续作业也可以获得最短工期。

用横道图表示的进度计划具有简单、明了、容易掌握,便于检查和计算资源需求状况等优点,所以至今仍然广泛使用。但其与网络计划法相比,则具有很多缺点。如:不能全面而准确地反映各项工作之间相互制约、相互依赖、相互影响的关系,不能反映整个计划(或工程)中的主次部分,即关键工作,难以对计划做出准确的评价,更不能应用现代化的计算工具——计算机进行计算。

模块四 公路工程建设施工进度计划时标网络图的绘制

【工作任务 4】 请依据本模块中的相关知识,结合给定的项目背景资料,完成下列任务,详见表 3-7。

项目三　模块四　任务单　　　　　　　　　　　　　　表 3-7

工作任务	对引导案例中的工程项目依据初始进度计划,绘制成时标网络图,同时进行网络计划的优化
任务要求	1. 小组协作完成引导案例中工程项目的时标网络图的绘制; 2. 小组协作完成引导案例中工程项目的网络计划的优化,主要进行工期优化
任务准备	1. 知识准备:掌握双代号网络图的绘制及时间参数计算方法; 掌握时标网络图的绘制方法; 2. 工具准备:运用软件绘制时标网络图
工作步骤	1. 小组协作完成双代号网络图的绘制; 2. 小组协作完成双代号网络图时间参数计算; 3. 小组合作完成时标网络图的绘制; 4. 小组合作完成网络图的工期优化
自我评价 (优、良、中、差)	工作态度: 团队协作: 知识掌握:

一、网络图的概念及特点

(一) 网络图进度计划的特点

公路工程项目建设进度可以用网络图表示。网络图是由箭线和节点组成,是用来表示工作流程的有向、有序的网状图形。用网络图形可表示建设工程项目进度计划中各项工作的开展顺序及其相互之间的关系,通过对网络图中各工作时间参数的计算,在网络图上加注工作的时间参数,能找出进度计划中的关键工作和关键线路。还可以利用计算机对网络图进行改进,在一定的条件下,寻求最优方案。网络计划在执行过程中对其进行有效的控制与监督,可保证合理地使用人力、物力和财力,以最小的消耗取得最大的经济效益。用网络计划对任务的工作进度进行安排和控制,可以保证实现预定目标的科学的计划管理技术。

(二) 网络图的种类

1. 按网络图的结构分类

按网络图结构的不同,可分为双代号网络图、单代号网络图。

(1) 双代号网络图:箭线表示工作,节点表示工作的开始和结束。

(2) 单代号网络图:节点表示工作,箭线表示工作之间的逻辑关系。

以箭线或其两端节点的编号表示工作的网络图称为双代号网络图。本模块只介绍双代号网络图。

2. 按时间表示方法分类

按时间表示方法的不同,可将网络图分为一般双代号网络计划和时标网络计划。

（1）一般双代号网络计划：箭线长短与工序作业的持续时间无关的双代号网络计划，称为一般双代号网络计划。

（2）时标网络计划：用时间作为横坐标，用箭线在横坐标上的投影长度表示工序作业持续时间的双代号网络计划，称为时间坐标网络计划，简称时标网络计划。

3.按网络计划编制的范围分类

按网络计划编制的范围，可将网络图分为局部网络计划、单位工程网络计划、总项目网络计划三种。

（1）局部网络计划：可以是一座小桥涵网络计划、一个通道的网络计划或一个收费站的网络计划等。

（2）单位工程网络计划：可以是大(中)桥施工网络计划或路面工程的网络计划等。

（3）总项目网络计划：包括整个建设项目，如整条公路工程项目施工网络计划。

（三）网络计划编制的基础资料

1.网络计划的工作

（1）工作。公路工程建设项目建设进度计划任务，按需要或粗细程度划分而成的若干个消耗时间或也消耗资源的子项目或子任务称为工作。如果网络图表示一个公路工程建设项目，则一个单项工程可以是它的一项工作，一个单位工程也可以是它的一项工作，甚至可细分到一个分部工程、一个分项工程、一个施工过程、一个工序来作为它的一项工作。

（2）虚工作。双代号网络图中，只表示相邻前后工作的先后顺序关系，既不耗时间，也不耗用资源的虚拟的工作称为虚工作。虚工作用虚箭头表示。当虚工作的箭线很短、不易用虚箭头表示时，则可用实线箭头表示，但其持续时间应用零标出。虚工作一般起着联系、区分、断路三个作用。

2.工作之间的逻辑关系

完成一项任务，要进行若干工作。各工作之间存在的先后顺序关系称为逻辑关系。逻辑关系包括工艺关系和组织关系。

（1）工艺关系。生产性工作之间由工艺过程决定，非生产性工作之间由工作程序决定的先后顺序关系称为工序关系。如支模—绑扎钢筋—浇筑混凝土工序，符合施工工艺的要求。

（2）组织关系。工作之间由于组织安排的需要或资源调配的需要而规定的先后顺序关系称为组织关系。

3.紧前工作、紧后工作和平行工作

（1）紧前工作。相对于某工作而言，紧排在该工作之前的工作称为该工作的紧前工作。如大梁的预制工作中，绑扎钢筋的紧前工作是支模板。

（2）紧后工作。相对于某工作而言，紧排在该工作之后的工作称为该工作的紧后工作。如大梁的预制工作中，绑扎钢筋的紧后工作是浇筑混凝土。

（3）平行工作。相对于某工作而言，可以与该工作同时进行的工作称为该工作的平行工作。如大梁的预制工作中,绑扎钢筋 1 的平行工作为支模板 2。

4. 工作的持续时间和工期

1)工作持续时间

(1)概念。工作持续时间是对一项工作规定的从开始到完成的时间。工作 $i\text{-}j$ 的持续时间用 $D_{i\text{-}j}$ 表示。对于一般肯定型网络计划的持续时间,其主要计算方法如下所述。

(2)工作持续时间的确定方法。

①参照以往实际经验估算。类似的工作常常有类似的工作持续时间,可以用经验类比法进行估计。

②经过试验推算。有些工作可以利用试验进行测定,推算工作的持续时间。

③有标准可查,按定额计算。根据粗细程度和适用范围不同,有概算定额、预算定额和施工定额。在施工企业内部,按内容可分为劳动消耗定额、机械消耗定额和材料消耗定额。根据每项工程任务量和施工组织设计方案及相应定额数量,即可确定每个工作的持续时间。

2)工期

(1)计算工期。根据网络计划时间参数计算而得到的工期,用 T_c 表示。

(2)要求工期。任务委托人所要求的工期,用 T_r 表示。

(3)计划工期。在要求工期和计算工期的基础上综合考虑施工需要而确定的工期,用 T_p 表示。

当已规定了要求工期时:

$$T_p \leqslant T_r$$

当未规定要求工期时,可令计划工期等于计算工期,即:

$$T_p \leqslant T_c$$

5. 线路、线路段和关键线路

(1)线路。网络图中从起点节点开始,顺箭头方向经过一系列箭线与节点,最后到达终点节点所经过的通路称为线路。

(2)线路段。网络图中线路的一部分称为线路段。

(3)关键线路。网络图中线路长度(该线路上所有工作的持续时间总和)最长的线路称为关键线路。

位于关键线路上的工作称为关键工作。在网络计划的实施过程中,关键工作的实际进度提前或拖后,均会对总工期产生影响。因此,关键工作的实际进度是进度控制中的重点。

6. 先前工作和后续工作

(1)工作的先前工作。相对于某工作而言,自网络图起点节点至该工作之前各条线路段上的所有工作,称为该工作的先前工作。

(2)工作的后续工作。相对于某工作而言,自该工作之后至终点节点为止各条线路段上的所有工作,称为该工作的后续工作。

二、时标网络图的绘制

(一)绘制双代号网络图

1.绘制双代号网络图的程序

绘制双代号网络图一般按照以下程序进行：

(1)将工程任务分解。首先应清楚地显示计划内容,将工程任务分为若干单项工作。

(2)确定各个单项工作的相互关系。即明确各工作在开始之前有哪些紧前工作,或者工作结束后有哪些紧后工作。

(3)确定各个工作的持续时间。工作持续时间的可靠性直接影响计划的质量,所以工作持续时间的确定应慎重。

施工进度计划——
流水施工组织原理

(4)将上述资料列表。通常工作关系表的基本内容有工作代号、工作名称、紧前工作(或紧后工作)、持续时间等。

(5)绘制双代号网络计划草图。绘制草图时,根据给定的紧前工作关系,可以按后退法绘制,即从最终节点到最始节点的方法;如果给定的是紧后工作关系,则按前进法绘制,即从最开始节点到最终节点的方法。

(6)整理成图。检查草图各工作之间的逻辑关系,调整节点位置,尽量去掉箭线交叉,检查是否符合绘图规则,最后给出各节点编号。

2.绘制网络图的步骤

(1)绘制没有紧前工作的工作,使它们具有相同的开始节点,以保证网络图只有一个起点节点。

(2)依次绘制其他各工作。

①当所要绘制的工作只有一个紧前工作时,则将这个工作箭线直接画在其紧前工作之后。

②当所要绘制的工作有多个紧前工作时,则有以下四种情况应分别考虑。

a.对所要绘制的工作而言,如果在其紧前工作之中存在一项只作为本工作的紧前工作的工作,则应将本工作箭线直接画在该紧前工作之后,然后用虚箭线将其他紧前工作的箭头节点与本工作箭线的箭尾节点分别相连,以表达它们的逻辑关系。

b.对所要绘制的工作而言,如果在其紧前工作之中存在多项只作为本工作的紧前工作的工作,应先将这些紧前工作箭线的箭头节点合并,再从合并后的节点开始,画出本工作箭线,最后用虚箭线将其他紧前工作箭线的箭头节点与本工作箭线的箭尾节点分别相连,以表达它们的逻辑关系。

c.对所要绘制的工作而言,如果不存在上述情况 a 和情况 b 时,应判断本工作的所有紧前工作是否都同时作为其他工作的紧前工作。如果上述条件成立,应先将这些紧前工作箭线的箭头合并,再从合并后的节点开始画出本工作箭线。

d.对所要绘制的工作而言,如果不存在上述情况 a 和情况 b,也不存在情况 c 时,则将本工作箭线单独画在其紧前工作箭线之后的中部,然后用虚箭线将其各紧前工作箭线的箭头节点与本工作箭线的箭尾节点分别相连,以表达它们之间的逻辑关系。

当各项工作箭线都绘制出来之后,应合并那些没有紧后工作的工作箭线的箭头节点,以保证网络图只有一个终点节点(多目标网络计划例外)。

3.网络计划图的检查

根据已知的逻辑关系,先检查每个工作的紧前工作是否正确;根据每个工作的紧前工作检查其紧后工作有无问题;检查节点编号和逻辑关系与已知条件有无错误。如果不符,可考虑用竖向虚工作或横向虚工作进行改正。重复检查修改,直至满足条件。

案例3-4

已知工作之间的逻辑关系如表3-8所示,绘制其双代号网络图。

工作之间的逻辑关系   表3-8

工作	A	B	C	D	E	G	H
紧前工作	—	—	—	B	B、C	D	D、E
持续时间(d)	9	4	2	5	6	4	5

解:

(1)分析表3-8各工作的逻辑关系,直接绘制双代号网络图草图(图3-9)。

(2)对照检查图3-9,看是否符合表3-8各工作的逻辑关系。

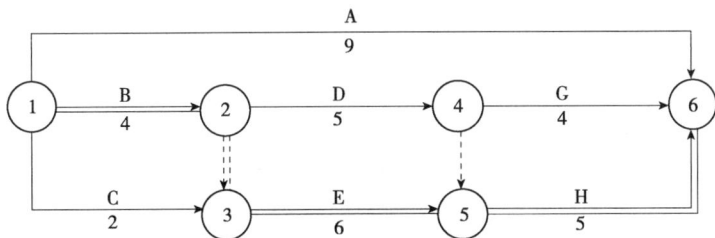

图3-9　双代号网络图

(3)当确认所绘制的网络计划图正确后,即可进行节点编号。网络图的节点编号在满足前述要求外,可采用连续编号,也可采用不连续编号。

以上所述是已知每项工作的紧前工作时的绘图方法,当已知每项工作的紧后工作时,也可按类似的方法进行网络图的绘制,只是其绘图顺序由前述从左向右改为从右向左。

案例3-5

已知工作之间的逻辑关系如表3-9所示,绘制其双代号网络图。

工作之间的逻辑关系   表3-9

工作项目	A	B	C	D	E	F	G	H	I	J	K
紧前工作	—	—	—	C	B、D	A	E	G、F	E	I	H、J
持续时间(d)	10	12	6	5	12	16	12	8	5	12	2

解:

(1)分析表3-9各工作的逻辑关系,直接绘制双代号网络图草图(图3-10)。

（2）对照检查图3-10，看是否符合表3-9各工作的逻辑关系。

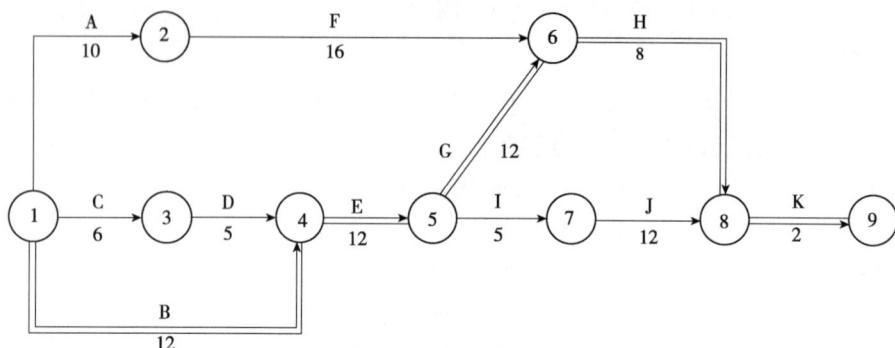

图3-10 双代号网络图

（二）网络计划的时间参数

1. 时间参数分类及其计算假定

（1）时间参数计算目的

①确定完成整个计划的总工期、各项工作的最早可能开始时间和最早可能完成时间。

②确定各工作的最迟必须开始时间和最迟必须完成时间，各项工作的各种机动时间与计划中的关键工作及关键线路。

③时间参数是绘制时标网络图的基础。网络图经过时间参数计算后，才能绘制时标网络图，以便为网络计划的下达和执行提供依据。

④时间参数是网络计划调整与优化的前提条件。时间参数计算后，发现工期超过合同工期，工程费用消耗过高，必须对原网络计划图进行必要的调整与优化，以达到既定的计划管理目标。

（2）网络计划时间参数的概念

①最早开始时间 $ES_{i\text{-}j}$。指在其所有紧前工作全部完成后，本工作最早可能开始的时刻。工作 $i\text{-}j$ 的最早开始时间用 $ES_{i\text{-}j}$ 表示。

②最早完成时间 $EF_{i\text{-}j}$。指本工作最早开始时间与该工作持续时间之和。工作 $i\text{-}j$ 的最早完成时间用 $EF_{i\text{-}j}$ 表示。

③最迟完成时间 $LF_{i\text{-}j}$。指在不影响整个任务按期完成的前提下，本工作最迟必须完成的时间。工作 $i\text{-}j$ 的最迟完成时间用 $LF_{i\text{-}j}$ 表示。

④最迟开始时间 $LS_{i\text{-}j}$。指在不影响整个任务按期完成的条件下，本工作必须开始的时间。工作 $i\text{-}j$ 的最迟开始时间用 $LS_{i\text{-}j}$ 表示。

⑤总时差 $TF_{i\text{-}j}$。指在不影响工期的前提下，本工作可以利用的机动时间。工作 $i\text{-}j$ 的总时差用 $TF_{i\text{-}j}$ 表示。

⑥自由时差 $FF_{i\text{-}j}$。指在不影响紧后工作最早开始时间的前提下，本工作可以利用的时间。工作 $i\text{-}j$ 的总时差用 $FF_{i\text{-}j}$ 表示。

2. 时间参数的计算

网络计划中工作的六个时间参数如下。

（1）最早开始时间 $ES_{i\text{-}j}$：

$$ES_{i\text{-}j} = \max\left[ES_{h\text{-}i} + D_{h\text{-}i} \right] = \max\left[EF_{h\text{-}i} \right] \qquad (3\text{-}5)$$

（2）最早完成时间 $EF_{i\text{-}j}$：

$$EF_{i\text{-}j} = ES_{i\text{-}j} + D_{i\text{-}j} \qquad (3\text{-}6)$$

（3）最迟完成时间 $LF_{i\text{-}j}$：

$$LF_{i\text{-}j} = \min\left[LF_{j\text{-}k} - D_{j\text{-}k} \right] = \min\left[LS_{j\text{-}k} \right] \qquad (3\text{-}7)$$

（4）最迟开始时间 $LS_{i\text{-}j}$：

$$LS_{i\text{-}j} = LF_{i\text{-}j} - D_{i\text{-}j} \qquad (3\text{-}8)$$

（5）总时差 $TF_{i\text{-}j}$：

$$TF_{i\text{-}j} = LF_{i\text{-}j} - EF_{i\text{-}j} = LS_{i\text{-}j} - ES_{i\text{-}j} \qquad (3\text{-}9)$$

（6）自由时差 $FF_{i\text{-}j}$：

$$FF_{i\text{-}j} = \min\left[ES_{j\text{-}k} \right] - EF_{i\text{-}j} \qquad (3\text{-}10)$$

式中：$ES_{h\text{-}i}$——紧前工作最早开始时间；

$\quad D_{h\text{-}i}$——紧前工作持续时间；

$\quad EF_{h\text{-}i}$——紧前工作最早完成时间；

$\quad LS_{j\text{-}k}$——紧后工作最迟开始时间；

$\quad LF_{j\text{-}k}$——紧后工作最迟完成时间；

$\quad D_{j\text{-}k}$——紧后工作持续时间；

$\quad ES_{j\text{-}k}$——紧后工作最早开始时间。

工作的最早开始时间和工作的最早完成时间是从左向右逐项工作进行计算。先定计划开始时间，取相对时间为第 0 天，则第一项工作的最早开始时间为第 0 天，将它与第一项工作的持续时间相加，即为该工作的最早完成时间。逐项进行计算，一直算到最后一项工作，其最早完成时间即为该计划的计算工期。注意：当该工作的紧前工作不止一项时，该工作的最早开始时间为该工作所有紧前工作最早完成时间的最大值。如果项目的总工期没有特殊规定，一般取项目的计划工期为计算工期。

工作的最迟完成时间和工作的最迟开始时间是从右向左逐项工作进行计算。先确定计划工期，一般最后一项工作的最早完成时间即为所定的计划工期时间，该值即为最后一项工作的最迟完成时间，将它与其持续时间相减，即为最后一项工作的最迟开始时间。逆方向逐项进行计算，一直算到第一项工作。注意：当该工作的紧后工作不止一项时，该工作的最迟完成时间为该工作所有紧后工作最迟开始时间的最小值。

每一项工作的最迟开始时间与该工作的最早开始时间之差，即为该工作的总时差。

某一项工作的自由时差为其紧后工作的最早开始时间的最小值减去本工作的最早完成时间。

网络计划技术的认知

(三)双代号网络计划图关键线路的确定

1. 关键线路

在网络计划中,总时差最小的工作称为关键工作。

当网络计划的计划工期等于计算工期时,总时差为零的工作为关键工作。

2. 关键线路的特征

(1)没有机动时间的工序,即总时差最小的工作称关键工作。计划工期等于计算工期且总时差为零的工作称为关键工作。

(2)全部由关键工作组成的线路称为关键线路。

(3)关键线路是从网络计划起点到终点之间持续时间最长的线路。

(4)关键线路在网络计划中不一定只有一条,有时存在多条。

(5)关键工作两端的节点必为关键节点。

(6)以关键节点为完成节点的工作总时差和自由时差相等。

3. 网络图中关键线路的确定方法

已经计算了时间参数的网络图,其关键线路的确定方法有以下两种。

(1)利用关键工作确定关键线路

总时差最小的工作为关键工作。将这些关键工作首尾相连(必要时经过一些虚工作),便构成关键线路。

(2)利用关键节点确定关键线路

在网络计划中,如果节点最迟开始时间与最早开始时间的差值最小,则该节点就是关键节点。当网络图中的计划工期与计算工期相等时,凡是最迟开始时间与最早开始时间的差值为零的节点就是关键节点。

案例 3-6

根据表 3-8 工作之间的逻辑关系及图 3-9 所示的双代号网络图,试计算各个工作的六个时间参数,标注在网络图上,用双线箭显示出关键线路。

解:

(1)以网络计划的起点节点为开始节点的各工作最早开始时间、最早完成时间的计算。

$$ES_{1\text{-}6} = ES_{1\text{-}2} = ES_{1\text{-}3} = 0$$

$$EF_{1\text{-}6} = ES_{1\text{-}6} + D_{1\text{-}6} = 0 + 9 = 9$$

$$EF_{1\text{-}2} = ES_{1\text{-}2} + D_{1\text{-}2} = 0 + 4 = 4$$

$$EF_{1\text{-}3} = ES_{1\text{-}3} + D_{1\text{-}3} = 0 + 2 = 2$$

$$ES_{2\text{-}4} = EF_{1\text{-}2} = 4; \quad EF_{2\text{-}4} = ES_{2\text{-}4} + D_{2\text{-}4} = 4 + 5 = 9$$

$$ES_{3\text{-}5} = \max\left[EF_{1\text{-}2}, EF_{1\text{-}3}\right] = \max\left[4, 2\right] = 4$$

$$EF_{3\text{-}5} = ES_{3\text{-}5} + D_{3\text{-}5} = 4 + 6 = 10; \quad ES_{4\text{-}6} = EF_{2\text{-}4} = 9$$

$$EF_{4\text{-}6} = ES_{4\text{-}6} + D_{4\text{-}6} = 9 + 4 = 13$$

$$ES_{5\text{-}6} = \max\left[EF_{2\text{-}4}, EF_{3\text{-}5}\right] = \max\left[9, 10\right] = 10$$

$EF_{5\text{-}6} = ES_{5\text{-}6} + D_{5\text{-}6} = 10 + 5 = 15$

（2）确定计划工期。

已知计划工期等于计算工期，即：

$T_{\mathrm{p}} = T_{\mathrm{c}} = \max\left[EF_{1\text{-}6}, EF_{4\text{-}6}, EF_{5\text{-}6}\right] = \max\left[9, 13, 15\right] = 15$

（3）计算各工作的最迟开始时间和最迟完成时间。

以网络计划图终点节点为完成节点的工作最迟完成时间等于计划工期，则：

$LF_{1\text{-}6} = LF_{4\text{-}6} = LF_{5\text{-}6} = T_{\mathrm{p}} = 15$

$LS_{1\text{-}6} = LF_{1\text{-}6} - D_{1\text{-}6} = 15 - 9 = 6$

$LS_{4\text{-}6} = LF_{4\text{-}6} - D_{4\text{-}6} = 15 - 4 = 11$

$LS_{5\text{-}6} = LF_{5\text{-}6} - D_{5\text{-}6} = 15 - 5 = 10$

$LF_{3\text{-}5} = LS_{5\text{-}6} = 10$ ；　　$LS_{3\text{-}5} = LF_{3\text{-}5} - D_{3\text{-}5} = 10 - 6 = 4$

$LF_{2\text{-}4} = \min\left[LS_{4\text{-}6}, LS_{5\text{-}6}\right] = \min\left[11, 10\right] = 10$

$LS_{2\text{-}4} = LF_{2\text{-}4} - D_{2\text{-}4} = 10 - 5 = 5$

$LF_{1\text{-}3} = LS_{3\text{-}5} = 4$ ；　　$LS_{1\text{-}3} = LF_{1\text{-}3} - D_{1\text{-}3} = 4 - 2 = 2$

$LF_{1\text{-}2} = \min\left[LS_{2\text{-}4}, LS_{3\text{-}5}\right] = \min\left[5, 4\right] = 4$

$LS_{1\text{-}2} = LF_{1\text{-}2} - D_{1\text{-}2} = 4 - 4 = 0$

（4）计算各工作的总时差。

$TF_{1\text{-}2} = LS_{1\text{-}2} - ES_{1\text{-}2} = 0 - 0 = 0$

$TF_{1\text{-}3} = LS_{1\text{-}3} - ES_{1\text{-}3} = 2 - 0 = 2$

$TF_{2\text{-}4} = LS_{2\text{-}4} - ES_{2\text{-}4} = 5 - 4 = 1$

$TF_{3\text{-}5} = LS_{3\text{-}5} - ES_{3\text{-}5} = 4 - 4 = 0$

$TF_{1\text{-}6} = LS_{1\text{-}6} - ES_{1\text{-}6} = 6 - 0 = 6$

$TF_{4\text{-}6} = LS_{4\text{-}6} - ES_{4\text{-}6} = 11 - 9 = 2$

$TF_{5\text{-}6} = LS_{5\text{-}6} - ES_{5\text{-}6} = 10 - 10 = 0$

（5）计算各工作的自由时差。

$FF_{5\text{-}6} = T_{\mathrm{p}} - EF_{5\text{-}6} = 15 - 15 = 0$

$FF_{4\text{-}6} = T_{\mathrm{p}} - EF_{4\text{-}6} = 15 - 13 = 2$

$FF_{1\text{-}6} = T_{\mathrm{p}} - EF_{1\text{-}6} = 15 - 9 = 6$

$FF_{3\text{-}5} = ES_{5\text{-}6} - EF_{3\text{-}5} = 10 - 10 = 0$

$FF_{2\text{-}4} = \min\left[ES_{5\text{-}6}, ES_{4\text{-}6}\right] - EF_{2\text{-}4} = \min\left[10, 9\right] - 4 = 5$

$FF_{1\text{-}3} = ES_{3\text{-}5} - EF_{1\text{-}3} = 4 - 2 = 2$

$FF_{1\text{-}2} = \min\left[ES_{2\text{-}4}, ES_{3\text{-}5}\right] - EF_{1\text{-}2} = \min\left[4, 4\right] - 4 = 0$

（6）将时间参数标注在图3-9上，用双线箭线示出关键线路，如图3-11所示。

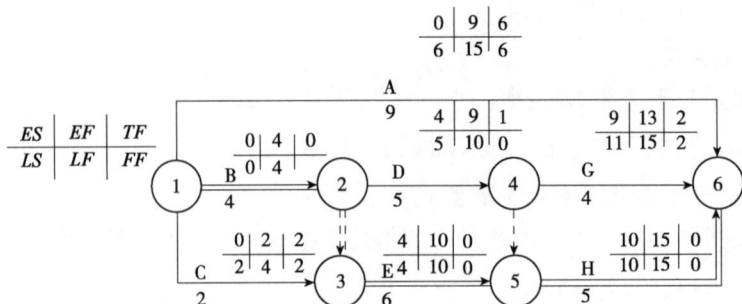

图 3-11　双代号网络图

案例 3-7

根据表 3-10 所示工作逻辑关系,分别绘制双代号网络计划图。

工作逻辑关系　　　　　　　　　表 3-10

工作名称	A	B	C	D	E	F	G	H	I	J
紧后工作	B、C	D、E、F	E、F	E	G	H	I、J	J	—	—
持续时间(d)	5	7	12	6	8	7	10	4	6	5

解:

将时间参数标注在网络图上,用双线箭线示出关键线路,如图 3-12 所示。

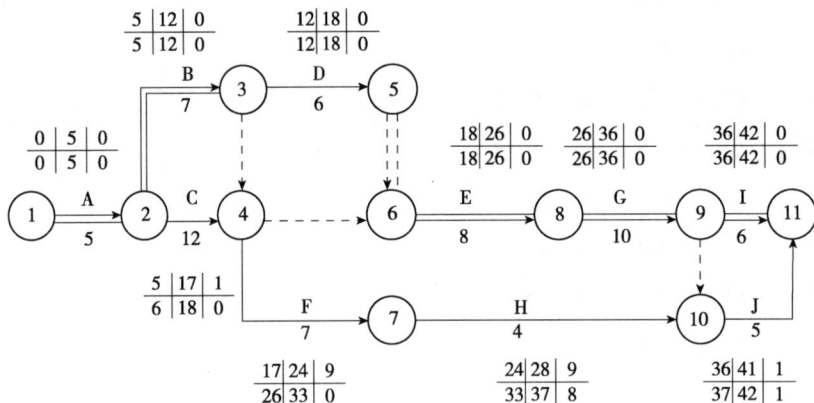

双代号网络计划图
绘制

图 3-12　双代号网络计划图

三、时标网络图的概念

(一)定义

在一般网络计划中,工作的持续时间由箭线下方标注的时间来表示,但没有时间坐标,看起来不直观,不能清楚地在网络计划图上直接看出各工作的开始时间和结束时间。为了克服这些缺点和不足,就产生了时间坐标网络计划,它是在一般的网络计划的上方或下方增加一个时间坐标,箭线的长短即表示该工作持续时间的长短。这样,就更能够表达进度计划中各项工作之间的时间关系,使网络计划易于理解、方便应用。

时间坐标网络图是指在时间坐标上绘制的双代号网络图,简称时标网络图。时标的时间单位应根据实际需要在编制网络计划之前确定,可以是小时、天、周、旬、月或季等。

(二)绘制要求

(1)实箭线表示工作,实箭线在水平轴上的投影长度表示工作的持续时间。

(2)虚箭线表示虚工作,虚工作持续时间为零,所以虚箭线只能垂直绘制。

(3)波形线表示工作与其紧后工作之间的时间间隔。

(4)时标网络计划中的箭线用水平箭线或由水平段和垂直段组成的箭线,不能用斜向箭线。

(5)时标网络计划中,时间坐标可以标注在网络计划的上方,也可以标注在网络计划的下方。

(6)时标网络计划宜按各工作的最早开始时间绘制。为此在绘制时标网络计划时应使每一个节点、每一项工作(包括虚工作)尽量靠左,直至不出现从右向左的逆向箭线为止。

(三)绘制方法

时标网络图有两种绘制方法,即间接法和直接法。

1.间接绘制法

(1)先根据各项工作之间的逻辑关系绘制普通的时标网络计划图,确定关键线路。

(2)绘制时标,先绘出关键线路上的关键工作,然后再绘制非关键工作。

(3)当某些工作箭线长度不足以到达该工作的完成节点时,需用波形线补足,箭头画在波形线与节点的连接处。

2.直接绘制法

直接绘制法是不需要绘出普通的时标网络图而直接绘制时标网络图。绘制步骤如下:

(1)将起点节点定位在时标表的起始刻度线上。

(2)按工作持续时间在时标表上绘制以网络计划起点节点为开始节点的工作箭线。

(3)其他工作的开始节点必须在该工作的全部紧前工作绘出后,定位在这些紧前工作最晚完成的时间刻度上,某些工作的箭线的长度不足以达到该节点时,用波形线补足,箭头画在波形线与节点之间的连接处。

(4)用上述方法自左至右依次确定其他节点位置,直至网络计划终点节点定位绘制完成。网络计划的终点节点是在无紧后工作的工作全部绘出后,定位在最晚完成的时间刻度上。

时标网络计划的关键线路可自终点节点逆箭线方向朝起点节点逐次进行判定。自始至终都不出现波形线的线路即为关键线路。

案例 3-8

如图 3-11 所示,用间接法绘制时标网络图。

解:

（1）根据工作之间的逻辑关系绘制普通网络图，确定计算工期和关键线路，其关键线路为①—②—③—⑤—⑥，如图3-13所示。

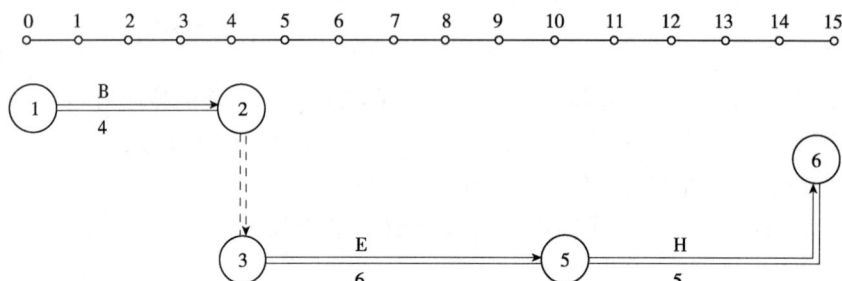

图3-13　关键线路时标网络图

（2）按时间坐标绘制关键线路上的工作，如图3-14所示。

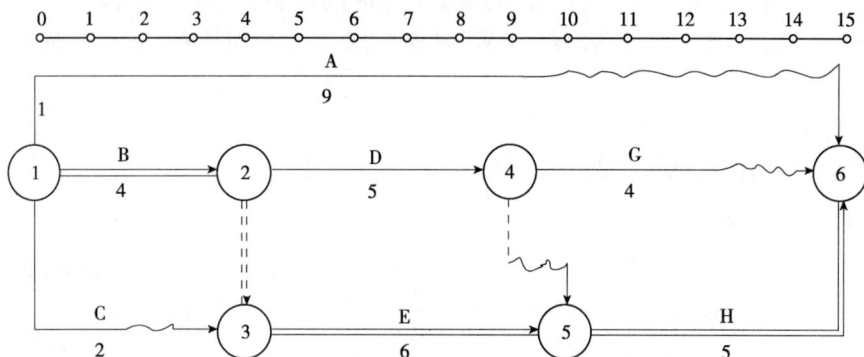

时标网络计划图

图3-14　时标网络图

（3）绘制非关键线路，用波形线表示本工作与其紧后工作之间的时间间隔，如图3-14所示。

模块五　公路工程建设施工进度计划的审批程序

【**工作任务5**】　请依据本模块中的相关知识，结合给定的项目背景资料，完成下列任务，详见表3-11。

项目三　模块五　任务单　　　表3-11

工作任务	完成引导案例工程项目的进度计划制定后，同学之间进行进度计划的审查并写出审查意见
任务要求	1. 小组间认真审查各自对引导案例中工程项目编制的进度计划； 2. 小组协作完成对其他小组为引导案例中工程项目所编制进度计划的审查意见
任务准备	1. 知识准备：了解施工进度计划的审查步骤； 2. 掌握审查计划的内容； 3. 工具准备：《公路工程标准招标文件》

续上表

工作步骤	1. 小组间互相审查所编制的进度计划； 2. 小组讨论计划目标与施工能力的适应性； 3. 小组合作完成对引导案例中工程项目进度计划的审查意见编写
自我评价 （优、良、中、差）	工作态度： 团队协作： 知识掌握：

一、施工进度计划审批

监理人在接到承包人的工程施工进度计划之后，应对进度计划进行认真的审核。审核的目的是为了检查承包人所制订的工程施工进度计划是否合理，有无可能实现，以及是否适合工程的实际条件和现场情况，从而避免采用以空洞、不切实际的工程进度计划来指导施工。工程项目施工进度控制流程见图3-15。

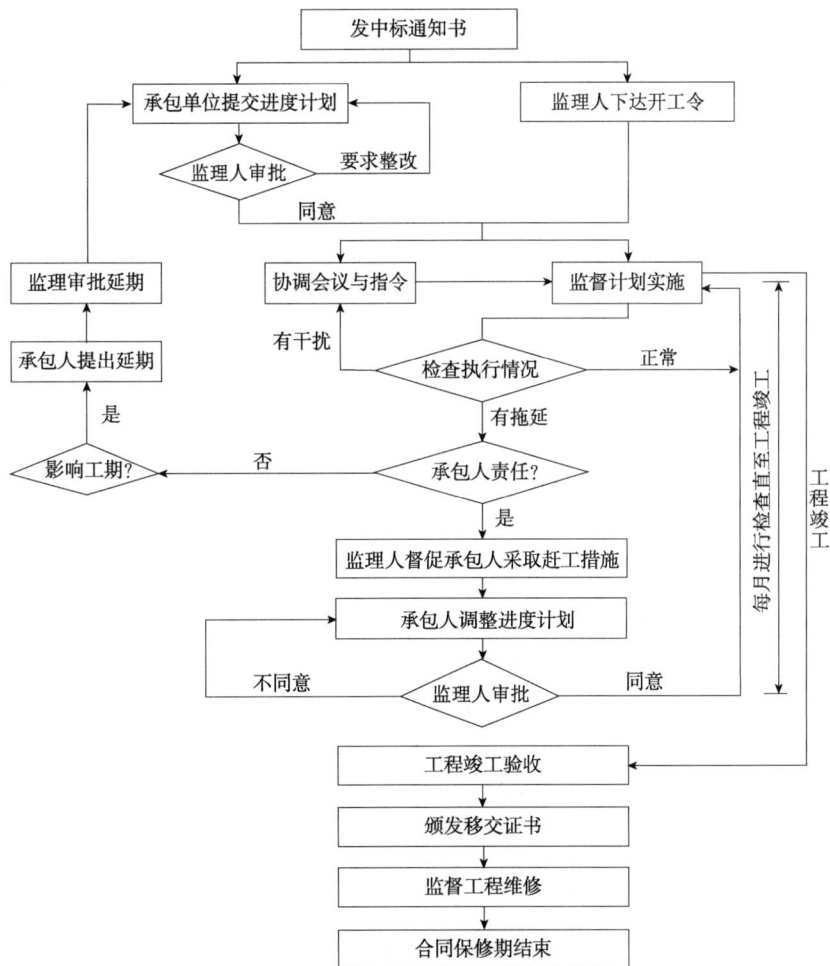

图3-15　工程项目施工进度控制流程

(一)施工进度计划的审查步骤

监理人应组织有关人员对承包人提交的各项施工进度计划进行审查,并在合同规定或满足施工需要的合理时间内审查完毕。审查工作应按以下程序进行:

(1)阅读文件、列出问题、进行调查了解。

(2)提出问题,与承包人进行讨论或澄清。

(3)对有问题的部分进行分析,向承包人提出修改意见。

(4)审查批准承包人修改后的进度计划。

(二)审查计划的内容

监理人在审查承包人的工程施工进度计划时应注意下列事项。

1.工期和时间安排的合理性

(1)承包人提交的工程总计划的总工期必须符合工程项目的合同工期,即计划总工期应少于或等于合同工期。

(2)各施工阶段或单位工程(包括分部、分项工程)的施工顺序和时间安排应与材料和设备的进场计划相协调,施工的开始时间和结束时间应合理,尽可能使施工对资源的要求趋于均衡。

(3)易受冰冻、低温、炎热、雨季等气候影响的工程应安排在适宜的时间,并应采取有效的预防和保护措施。

(4)对动员、清场、假日及天气影响的时间,应有充分的考虑并留有余地。

2.施工准备的可靠性

(1)所需主要材料和设备的运送日期是否已有保证。

(2)主要骨干人员及施工队伍的进场日期是否已经落实。

(3)施工测量、材料检查及标准试验的工作是否已经安排。

(4)驻地建设、进场道路及供电、供水等是否已经解决或已有可靠的解决方案。

3.计划目标与施工能力的适应性

(1)各施工阶段或单位工程计划完成的工程量及投资额应与承包人的设备和人力实际状况相适应。

(2)各项施工方案和施工方法应与承包人的施工经验和技术水平相适应。

(3)关键线路上的施工力量安排应与非关键线路上的施工力量安排相适应。

当监理人通过调查了解,落实了上述对工程进度计划有关的条件和因素并经过评价后,如确认承包人为完成工程而提供的工程进度计划是合理的,而且计划切实可行,则应在合理的时间内同意承包人的进度计划并通知承包人可以按照计划安排施工。

(三)监理人审批计划的权限

根据《公路工程标准招标文件》,监理人审批进度计划权限主要规定可归纳为以下几点:

(1)根据合同相关要求,发布开工通知、暂停施工指示或复工通知。

（2）发包人原因影响工期，且受影响的工程处在施工进度网络计划关键线路上，决定工期延长。

（3）异常气候条件影响工期，决定工期延长。

（4）承包人原因造成工期延误，监理人有权要求承包人采取措施加快工程进度，承包人采用的加快工程进度的措施，必须经监理人同意，并承担加快进度所增加的费用。

根据上述有关进度的条款规定，监理人可以要求承包人按照合同条件所规定的内容，在进度缓慢或严重缓慢时采取相应的措施，以加快工程进度。倘若承包人未能按照合同条件的规定执行监理人的指示，监理人有权采取公正的措施，保证承包人按进度计划中预定的竣工日期完成工程。

在工程开工以后，驻地监理人应建立单项工程的月、旬进度报表及进度控制图表，以便对分项施工的工程月、旬进度进行控制。其图表宜采用能直观反映工程实际进度的形式，如形象进度图等，以便随时掌握各专业分项施工的实际进度与计划进度间的差距。如果承包人实际施工进度确实影响到整个工程的完工日期，则应要求承包人尽快调整工程进度计划。

二、施工进度计划评审实例

案例 3-9

关于××段××合同施工计划的审查意见。

审查日期：××年 3 月 5 日

审查成员：（略）

审 查 意 见

（1）承包人所作进度计划是按合同工期推迟 4～5 个月编制的，但时间延期未得到任何批准。

（2）需提交全部中、英文进度计划文件。

（3）承包人需补充一份报告，对编制计划时不可预知的几方面问题予以说明：

①承包人如何完成路堤土方工程。

②恢复支付时间及其他有关财务问题。

③提供变更设计图纸的时间问题。

④主要机械设备到货日期。

（4）前一年年底已完成 21% 的工程量。并未全部支付，但承包人和监理人重新核对，一致同意这一数字，进度计划中应予以说明。

（5）路面计划开工日期过早，比较切合实际的最早开工日期应如下：

①5 月份底基层第二层开始施工（承包人预计 4 月份两台拌和设备可以到场，第三台拌和机何时到场不可预知）。

②6 月份基层开始施工。

③8月份沥青底面层开始施工。一台拌合机(拌和能力120t/h)已到场,安装调试3个月,试用1个月,另一台拌和设备何时到场不详。

承包人应根据路面施工所需人、料、机数量,补做一份详细的路面施工计划安排。

(6)要求承包人:

①根据工程进展情况,补做机械设备、人力、材料的详细计划安排。

②补做反映路面层和结构施工桩号、时间安排的工序流程图。

③补做桥梁工程和互通立交施工的详细分部进度计划图表。

④补做关键线路网络图。

(7)应注明进度计划的修改、批准日期,并附有关人员的签字。

(8)承包人应安排1名工程师专门负责计划工作。

结 论

(1)除路面开工日期安排过早外,进度计划施工安排较紧,但还是可能完成的。

(2)为了能更准确地评估承包人所作进度计划,要求承包人必须补做更详细的有关图表和计算资料。

承包人应根据以上意见,在××年3月25日提交新的全套施工进度计划。

××年3月6日

案例 3-10

关于××号合同××段施工组织计划的审查意见。

审查日期:××年4月5日

审查成员:(略)

审 查 意 见

(1)施工进度计划应反映从工程实际开工之日至竣工期的全部计划安排。

(2)施工组织计划的所有文件必须由中、英文两种文字书写。

(3)承包人和高级驻地监理人需签注计划的调整与批准日期。

(4)路面试验段各层施工计划安排较紧。

(5)沥青路面开工日期过早。考虑拌和设备尚未安装调试,配合比设计尚未进行,建议路面工程向后推迟一个月,即安排在5月份开工为宜。

(6)机械设备所需数量计划安排是否充足,需附详细计算予以说明。

(7)需补做人工、材料、机械设备的详细计划安排图表,以便说明施工过程不同时间所需的具体数量。

(8)对桥梁工程需逐个做出详细分部施工计划安排。

(9)需补做关键线路网络图。

(10)要求承包人提交一份简单的文字报告,说明影响施工进度的因素和可能产生的结果(如设计图纸延误),此报告应连同进度计划一起呈报。

结　论

(1)除路面开工日期安排过早外,进度计划施工安排基本上是合理的。

(2)希望承包人按上述审查意见补充有关计划图表,进一步完善施工组织计划。

(3)对人工、材料和设备计划安排数量,需要提供一份详细的辅助计算说明。

根据以上所提建议,要求承包人在××年4月25日前提交新的调整计划。

××年4月6日

模块六　公路工程建设施工进度计划实施

【工作任务6】　请依据本模块中的相关知识,结合给定的项目背景资料完成下列工作任务,详见表3-12。

项目三　模块六　任务单　　　　　　　　　表3-12

工作任务	对引导案例中的工程项目施工过程中发生延误事件处理
任务要求	1.小组协作完成对引导案例中工程项目施工过程中所发生延误事件的责任划分; 2.小组协作完成对引导案例中工程项目施工过程中所发生延误事件的处理方法制定
任务准备	1.知识准备:了解施工进度记录的内容; 掌握施工进度计划的进度检查与调整方法; 2.工具准备:《公路工程标准招标文件》
工作步骤	1.小组分工完成对引导案例中工程项目施工过程中所发生延误事件的责任划分; 2.小组协作完成对引导案例中工程项目施工过程中所发生延误事件的处理方法制定
自我评价 (优、良、中、差)	工作态度: 团队协作: 知识掌握:

一、施工进度计划实施的保证系统

施工进度计划实施的保证从内容上可概括为:组织保证、技术保证、合同保证、经济保证。根据工程项目建设的参与方划分,有承包人、监理单位和建设单位的保证。在工程项目施工管理中,主要是要抓紧承包人和监理单位保证系统的落实。

1.进度计划实施的保证系统

承包人的项目经理部是进度计划实施的重要保证,是保证系统中的组织保证。从项目经理到项目经理部的职能部门,为确保工程进度目标,要齐心协力,各尽其职,加强内部管理,尤其应注重人、机、料三大要素的优化配置与协调工作。项目经理应将整个工程逐项分解,由粗到细,最后形成月生产计划和周工作计划,下达或上报监理人,以便实施和监督。

承包人应在项目合同约定的合同进度计划内,向监理人提交工程开工报审表,经监理人审批后执行。开工审批表应详细说明按合同进度计划正常施工所需的施工道路、临时设施、材料设备、施工人员等施工组织措施的落实情况以及工程的进度安排。

承包人应在分部工程开工前14d向监理人提交分部工程开工报审表,若承包人的开工准备、工作计划和质量控制方法是可接受的,且已获得批准,经监理人书面同意,分部工程才能开工。

在工程施工进程中,承包人应派专人记录进度的实际情况,收集反映进度的数据,统计、整理、汇总实际进度的数据(如开、完工时间,完成的工程数量等),形成实际进度报表,并将其与计划进度比较和分析,以利于后续工程施工。不同层次人员有不同的进度控制职责,做到分工协作,共同组成一个纵横连接的承包人进度控制保证系统。

2.监理单位的进度计划实施保证系统

项目监理机构是整个施工监理的组织保证,也是施工监理进度计划实施保证系统中的组织保证。合同保证方面,应加强对承包人分包工作的管理,分项工程与主承包人工程的衔接也直接影响工程进度。经济保证方面,应及时验收计量和签认支付。

二、施工进度计划实施过程管理

为保证工程进度计划的正常实施,监理人应配备专门人员对承包人的工程进度进行监理,并要求所有监理人员随时收集和记录影响工程进度的因素并进行监理;随时收集和记录影响工程进度的有关资料并列出有关事项;随时掌握承包人和施工过程中存在的问题,并及时向监理人汇报,以便及时协调和解决影响进度的种种矛盾和不利因素。

(一)影响施工进度的有关内容

(1)实际到达现场的施工机械数量、型号、日期,并与计划相比,明确两者是否一致。
(2)承包人的专业人员和职员到达现场的情况。
(3)当地劳务、材料是否已按时解决。
(4)建设单位提供场地、通道的时间对工程施工有无影响。
(5)各分项工程开工、完工时间、进展情况。
(6)施工机械运转的实际效率如何,是否满足计划指标。
(7)延误的情况和原因。
(8)有关进度的口头或书面指令的情况。
(9)与修订进度计划有直接关系的资料。
(10)施工现场发生的与进度有关的其他事件。

(二)每日进度检查记录

承包人需按单位工程、分项工程或工点对实际进度进行记录,专业监理人予以检查,以此作为掌握工程进度和进行决策的依据。每日进度检查记录应包括以下内容:
(1)当日实际完成以及累计完成的工程数量。

（2）当日实际参加施工的人力、机械数量及生产效率。

（3）当日施工停滞的人力、机械数量及其原因。

（4）当日承包人的主管及技术人员到达现场的情况。

（5）当日产生的影响工程进度的特殊事件或原因。

（6）当日的天气情况等。

（三）每月工程进度报告

高级驻地监理人除了要求承包人提供每月进度报告外，还应在审查承包人每月进度报告的基础上写出监理月报。其内容除了对承包人的每月报告中的主要内容予以评述外，还应反映自身在进度监理方面的工作情况。

（四）承包人提交的月进度报告的内容

（1）概况或总说明。应以记事方式对计划进度执行情况提出分析。

（2）工程进度。应以工程数量清单所列细目为单位，编制工程进度累计曲线和完成投资额的进度累计曲线。

（3）工程图片。应显示关键线路上（或主要工程项目）的一些施工活动及进展情况。

（4）财务状况。应主要反映承包人的现金流动、工程变更、价格调整、索赔工程支付及其他财务支出情况。

（5）其他特殊事项。应主要记述影响工程进度或造成延误的因素及解决措施。

三、工程施工中的施工进度检查控制

（一）施工进度计划偏差

1.施工进度偏差概念

施工进度计划检查就是将工程实际施工进度与计划进度作对比，找出偏差。

施工进度偏差不外乎有三种可能，实际进度与计划进度相比，有可能提前、按时（正常）或拖延（延误）。

在工程施工进度计划检查时发现进度出现偏离往往仅针对正要检查的内容即工作（或分项工程），因此，还应分析这些偏差对工程项目或合同段工期整体有何影响，即工程总体进度状况发展的趋势。

2.施工进度偏差表示方法

为了更加形象地表达工程施工过程中计划进度与实际进度偏差，目前多采用图表的方法，工程进度表是反映每个月工程实际进度与计划进度的图表，它是横道图与 S 曲线的结合。用横道图反映每月相应各分项的计划量与实际量以及开、完工时间，用 S 曲线表示本月整个工程量实际值（实线表示）与计划值（虚线表示）的累加值对比。横道图中横线下方数值为计划完成数量百分数（或累加百分数），上方为实际完成数量百分数（或累加百分数）。

(二)网络计划进度检查的计算方法

1.网络图中工作的延误

在网络计划中,计划时间有最早和最迟两种,所以严格地说,延误都是工作的实际时间与计划最早时间相比的拖延或耽误。

2.延误工期(工期拖延)

延误工期即工程项目工期的拖延或耽误,简称为误期。在网络计划中就是工作的实际时间与计划最迟时间相比的拖延或耽误,也等于工作延误减去其总时差。这是网络计划图的最显著优点,使计划管理人员能从局部的工作预计未来的工程全局。

(三)时标网络图进度检查的前锋线法

1.时标网络图绘制

时标网络图一般采用最早时间形式绘制。时标网络图很直观地表示工程各工作的最早开、完工时间和各工作的自由时差(局部时差),但各工作的总时差必须通过自由时差反向逐个计算或从该工作往后看线路上各工作的自由时差之和的最小值来求得。

2.实际进度前锋线

实际进度前锋线是网络计划技术中用时标图的形式动态反映工程实际进度的一种形式,是工程施工动态管理的科学方法。实际进度前锋线形象地表示出某个时刻工程实际进度所到达的"前锋",反映出工程实际执行状态以及与其计划的目标差(即偏差)。通过对前锋线形态变化的分析,可发现计划执行中的问题,预测未来的进度状况和发展趋势。

3.实际进度前锋线对工程进度描述的预测和评价

实际进度前锋线的功能之一就是对工程进度的描述。以检查时的日期线作为基线,若前锋线与工作的交点在日期线之前(右方),则表示该工作比计划提前;若交点正好在检查日期线上,则表示该工作与计划相比是按时的正常情况;若交点在日期线之后(左边),则表示该工作与计划相比延误。偏差值就是交点与日期线的差值。前锋线反映了正在施工的各工作实际进度与计划进度的偏差。处于前锋线波峰的工作比相邻的工作进度快;处于前锋线波谷的工作比相邻的工作进度慢。但不能认为波峰的工作一定是提前,波谷的工作一定是延误,波峰和波谷是相对于相邻工作而言,而提前和延误是相对于检查日期线而言。

案例3-11

图3-16中,从第5天晚上检查情况分析,E工作延误2d,F工作延误1d,B工作按时,I工作按时,K工作提前1d。分析此时的进度发展趋势,虽然关键工作B按时完成,但E工作延误2d,扣除其1d总时差后,E将造成工期拖延1d(2-1=1),即误期1d。

问题:

工作的总时差在时标图中如何计算?

解:

参见时标网络图部分或按下列公式计算。

$$TF_{i\text{-}j} = FF_{i\text{-}j} + \text{后续线路中工作的自由时差之和的最小值}$$

$$\text{工作的误期值} = \text{工作的延误值} - \text{工作总时差}$$

$$\text{工期影响} = \max\{\text{工作误期值}\}\begin{cases} <0\text{工期提前} \\ =0\text{按期} \\ >0\text{延误工期} \end{cases}$$

根据前锋线提供的信息,就可以对后续的施工做出合理调整,加快引起误期的工作或其后续工作,即图 3-16 中的 E 或 G 工作。而对有较多机动时间的延误工作,如 F 工作,可暂时不作处理。可调用有较多机动时间工作的资源支持关键的工作,此时的 B 工作已经不再是关键工作,而 E 工作却变成关键工作。

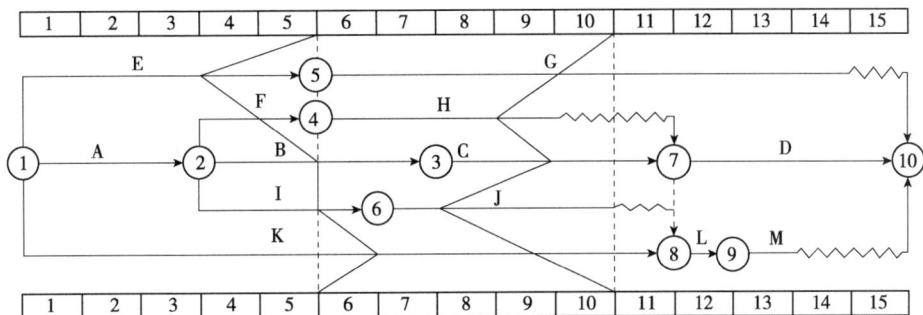

图 3-16　进度前锋线

第 10 天晚上的检查结果见图 3-16,G 工作延误 1d,H 工作延误 2d,C 工作延误 1d,J 工作延误 3d,K 工作延误 1d。因该网络计划关键线路为:①→②→③→⑦→⑩,故 A 工作、B 工作、C 工作、D 工作是关键工作。C 工作延误 1d,对总工期有影响;J 工作因为不是关键工作,总时差 3d 对总工期没有影响。所以,总工期将由于 C 工作拖延 1d。因此,要加强对 C 工作的管理,使工期尽快达到进度目标要求。上述例子也反映出工程进度控制是一个动态过程,网络计划技术最适合于动态管理。

在计划实施过程中,不仅可通过前锋线预测工程项目总进度目标的情况,还可按照一定的时间间隔对计划的执行情况进行检查,通过依次画出不同时刻的实际进度前锋线进行进度预测。例如图 3-16 中,①—⑤—⑩ 这条线路的工程在加快进度,①—②—⑥—⑦—⑩ 这条线路的进度过于缓慢。可以用进度比指标来衡量工程进度情况。

$$\text{进度比} = \frac{\text{线路上两前锋线的时间差}}{\text{日期线差}}$$

进度比值大表示进度快;比值小表示进度慢;比值为 1 是基准,说明不快也不慢。通过对现在时刻和过去时刻两条前锋线的比较分析,可得出过去和现在计划的执行情况,在一定范围内对计划未来的进度和变化趋势做出预测。

四、施工进度计划的调整

公路施工过程通常工期长,涉及面广,受外界干扰较大,不可避免地会出现偏差。如果偏差不大,基本上与计划相符,特别是关键线路上的实际进度与计划基本相符时,仍应及时掌握影响和妨碍工程进展的不利因素,促进工程按计划进行。如发现工程现场的组织安排、施工顺序或人力和设备妨碍工程进展,则应对进度计划及现金流动计划予以调整,调整后的工程进度计划应符合工程现场实际,并应保证满足合同工期的要求。

调整工程施工进度计划,主要是调整关键线路上的施工安排。对于非关键工作,当实际进度与计划进度的差距并不对工程的工期造成不利影响时,可不必对整个工程进度计划进行调整。

(一)调整施工进度计划的原因

承包人对施工进度计划进行调整,主要是由于下面两种情况引起的。

1. 施工进度计划的延期

由于非承包人的责任使工程进度延误,如果受到影响的工程并非处在工程施工进度网络计划的关键线路上,则承包人无权要求延长工期。经审查,如果受到影响的工程处在工程施工进度网络计划的关键线路上,承包人应根据要求提出申请,获得监理人批准延期后,承包人对原来的工程进度计划以适合的合同工期予以调整,并按调整后的进度计划实施工程。例如前面工程变更批准延期后应调整进度计划。

2. 施工进度计划的拖延

承包人应严格执行监理人批准的合同进度计划,对工作量计划和形象进度计划分别控制。由于承包人自身原因造成工程进度延误,承包人应支付逾期交工违约金。

若承包人的实际工程进度曲线处在合同进度管理曲线规定的安全区域下限以外时,则监理人有权认为本合同工程的进度过慢,并通知承包人应采取必要措施,以便加快工程进度,确保能在预定的工期内交工。承包人应采取措施加快进度,并承担加快进度所增加的费用。

(二)施工进度计划调整的方法

施工进度计划的调整,根据调整的原因分为两种,一是延期后应按新合同工期调整计划;二是延误了工期却又无权获得延期,因此,需要调整计划使合同计划的工作内容改变或缩短时间以符合合同工期。前一种相当于在给定的工期内,以原来计划为参考重新编制符合新合同工期的计划;后一种是在原计划的基础上压缩工期,使计划的计算工期符合合同工期。

1. 压缩工期的两种主要途径

(1)改变原计划中关键工作之间的逻辑关系

工作之间的逻辑关系有工艺关系和组织关系两种,一般情况下,工作之间的工艺关系不能随意改变,而组织关系可根据组织者的意图和资源情况调整和改变,例如:

①将顺序施工关系改为平行施工关系。

②将顺序施工关系改为搭接施工关系。

(2)压缩关键工作的持续时间

压缩关键工作的持续时间能使关键线路缩短,但要注意压缩过程中关键线路会随着压缩工作而改变条数。通过网络图直接进行压缩工期很方便,在压缩时首先要考虑的是要选择哪个关键工作进行压缩并且考虑应压缩多少才合适,可以从以下几个方面考虑:

①选择有利于尽快缩短工期的关键工作。

②选择因加快进度使工程费用增加较少的关键工作。

③选择技术上容易加快的关键工作。

④选择原持续时间相对较长的容易压缩的关键工作。

⑤选择可允许压缩时间较多的关键工作。

2.压缩关键工作持续时间的措施

(1)增加工作面,组织更多的施工队伍。

(2)增加每天的施工时间(多班制或加班)。

(3)增加关键工作的资源投入(劳力、设备等)。

3.技术措施

(1)改进施工工艺和技术,缩短工艺技术间歇时间(如混凝土的早强剂等)。

(2)采用更先进的施工方法以缩短施工过程的时间(如现浇方案改为预制装配)。

(3)采用先进的施工机械。

4.经济措施或行政措施

(1)用物质刺激及其他激励方法提高效率。

(2)对所采取的技术措施给予相应经济补偿。

5.其他配套措施

(1)改善外部配套条件。

(2)改善劳动条件。

(3)实施强有力的调度等。

一般来说,采用加快措施都会增加工程费用,因此,在调整施工进度计划时可利用工期—费用优化的原理来选择要压缩的关键工作,尽可能使工程费用增加最少。

(三)调整计划压缩工期的步骤

(1)用进度检查的方法计算出工期延期拖延量,以确定压缩天数。

(2)简化网络图。去掉已执行的部分,以进度检查日期作为新起始节点起算时间,并将尚需日期的实际数据代入正施工的工作的持续时间,保留计划后续部分。

(3)以简化的网络图及以代入尚需日为基础的网络图计算各工作最早开始时间。

(4)以计算工期值反向计算各工作最迟结束时间。

(5)计算各工作的总时差和自由时差,以便计算线路的长短。线路与关键线路长度之差称为该线路时间差,其数值在双代号网络图中等于该线路上各工作的所有自由时差的和。

(6)借助自由时差来比较线路的方法。多次压缩关键工作的持续时间,保证做到关键工作每压缩一定值,工期也随之缩短一定值,一直压缩到符合合同工期为止。

五、工程施工延误处理

(一)承包人自身原因或责任引起误期影响的处理

1.工期拖延影响不大的处理

承包人自身原因引起的延误,对工期拖延不大,没有超过一定百分比时,承包人一般可通过加强内部管理来自身消化此类延误。监理人应及时提醒、告诫承包人延误工期将受到的处罚,促使承包人自觉强内部管理、优化资源调配,在后续的施工中抢回失去的时间。图3-17为工期延误检查程序图。

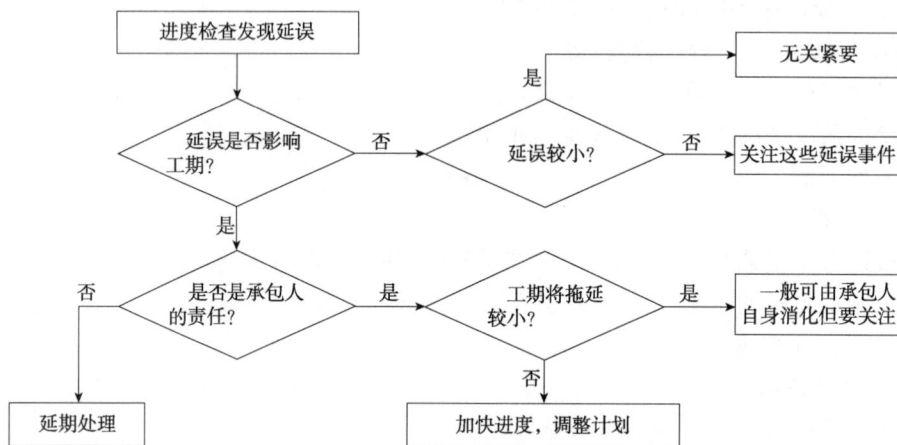

图3-17　工程延误检查程序

2. 工期影响较大的处理

由进度计划的检查,发现承包人自身原因所引起的延误对工期拖延的影响较大,达到或超过危险的百分比时,可根据合同规定的程序和权利采用以下两种处理方法。

(1)加快工程进度调整进度计划

在无权取得任何延期的情况下,监理人认为实际工程进度过于缓慢,将不能按照进度计划预定的竣工期完成工程时,指示或通知承包人采取加快措施,以赶上工程进度中的阶段目标和总体目标。承包人提出和采取的加快工程进度的措施必须经过监理人批准。监理人应从工程中掌握第一手资料,以便对承包人提供的加快进度的措施进行审批。批准时应注意以下事项:

①只要承包人提出的加快工程进度的措施符合施工程序并能确保工程质量,监理人就应予以批准。

②因采取加快工程进度措施而增加的施工费用由承包人自负。

③因增加夜间施工或法定节假日施工而涉及建设单位的附加监督管理(包括监理)费用,应由承包人负担,费用数额及支付方式由建设单位、监理人及承包人协商确定。

(2)监理人对承包人采用制约手段以控制进度

①整改通知。承包人应严格执行监理人批准的合同进度计划,对工作量计划和形象进度计划分表控制。除发包人的原因引起工期延误外,承包人的实际工程进度曲线应在合同进度管理曲线规定的安全区域之内。若承包人的实际工程进度曲线处在合同进度管理曲线规定的安全区域之外时,则监理人有权认为本合同工程的进度过慢,并通知承包人应采取必要措施,以加快工程进度,确保工程能在预定的工期内交工。承包人在收到监理人通知后的14d内,如未能采取加快施工进度措施,监理人应立即通知建设单位,建设单位向承包人发出书面警告通知14d后,按照承包人违约认定相应责任。

②预期交工违约金。由于承包人原因,未能按合同进度计划完成工作,或监理人认为承包人施工进度不能满足合同工期要求的,承包人应采取措施加快进度,并承担加快进度所增加的费用。由于承包人原因造成工期延误,承包人应支付逾期违约金。逾期交工违约金的计算方法在合同条款数据表中约定,时间自预定的交工日期起到交工验收证书中写明的实际交工日期止(扣除已批准的延长工期),按天计算。逾期交工违约金累计金额最高不超过合同条款数据表中写明的限额。但不免除承包人完成工程及修补缺陷的义务。

③终止对承包人的合同。承包人接到监理人发出整改通知14d内,未能采取加快工程进度措施,致使实际工程进度进一步滞后,后承包人虽采取了一些措施,仍无法按预计工期交工时,监理人立即通知建设单位,建设单位在向承包人发出书面警告通知14d后,建设单位可以按照索赔条款终止对承包人的雇佣,也可将本合同工程中的一部分工作交由其他承包人或其他分包人完成。在不解除本合同规定的承包人责任和义务的同时,承包人应承担因此所增加的费用。建设单位因继续完成该工程的需要,有权扣留使用承包人在现场的材料、设备和临时设施。但建设单位的这一行动不免除承包人应承担的违约责任,也不影响建设单位根据合同约定享有的索赔权利。

(二)非承包人原因或责任引起误期影响的延期处理

1.延期

延期是指工程实施期间,监理人根据合同规定对工程期限的延长,即工程合同工期的顺延。它是建设单位给承包人的时间赔偿或补偿。

2.延期的审批原则

延期直接影响建设单位的投资效益,使建设单位多承担了投资所付出的利息,推迟了项目运行的资金回收。但是对于非承包人责任所引起的工期拖延,即工程不能按原定工期完工的情况,合同规定在申请手续齐备并符合合同的条件下,由建设单位承担这部分损失,给予承包人竣工时间的顺延。延期是对承包人正当利益的维护,监理人应该公正地处理工程延期。延期审批应遵循以下原则。

(1)符合合同规定

①非承包人的原因和责任。

②符合合同规定的手续。

合同中规定,在申请延期之前,承包人必须提交意向通知书和详情资料。这体现了公平合理的原则,既考虑到承包人的利益,也考虑到建设单位的利益,这道手续使建设单位多了一个避免损失扩大的机会。定期提交事件发生的详情报告是确定延期天数的依据,同时便于监理人了解事情的经过,以利于采取措施减少损失。

(2)延误的事件应发生在关键线路上,即延误造成误期

对于非承包人责任的延误事件要给予延期补偿的主要理由是,当非承包人原因的延误造成将来承包不能按原定工期完工时,如果不顺延竣工期限,就将视为承包人违约,承包人因此将受到误期赔偿费的处罚。在这种情况下对承包人进行这样的处罚是缺乏根据的,因此应给予承包人竣工期限的顺延。所以,是否给予延期,必须判断延误有无造成工期拖延(即误期),

只有造成工期拖延的非承包人责任的延误才能延期,否则不必给予延期。延误发生在关键线路上是延期的重要条件。如果延误的事件是非关键工作并且延误未超过其总时差,即使符合合同规定也不能批准延期。

(3)符合实际情况

批准延期必须符合实际情况,为此,承包人应对可获延期事件发生后的各类有关细节进行详细记载,并及时向监理人提交详情报告。与此同时,监理人也应对施工现场进行详细考察和分析,并做好有关记录,从而为合理确定延期天数提供可靠依据。

(三)延期的审批程序

审批延期应遵循延期审批程序,包括受理延期的条件、受理延期的程序。

1.受理延期的条件

(1)由于非承包人的责任,工程不能按原定工期完工。

(2)可获延期的情况发生后,承包人在合同规定期限内向监理人提交工程延期的意向通知书。

(3)承包人承诺继续按合同规定向监理人提交有关造成工期拖延的详细资料,并根据监理人需求随时提供有关证明。

在获延期的事件终止后28d内,承包人向监理人提交正式的延期申请报告,说明索赔追加付款金额和延长的工期,并附必要的记录和证明材料。

2.受理延期的程序

(1)收集资料,做好记录

监理人应在收到承包人工程延期意向通知书后,做好工地实际情况调查和日常记录,收集来自现场以外的各种文件资料与信息。

(2)审查承包人的延期申请

①延期申请格式应满足监理人的要求。

②延期申请应列明延期的细目及编号;阐明事件发生、发展的原因以及申请延期所依据的合同条款;附有延期测算方法及测算细节和延期应涉及的有关证明、文件、资料、图纸等。

审查通过后,可开始下一步的评估,否则监理人将申请退回承包人。

(3)延期评估

延期评估应主要从以下几个方面进行:

①承包人提交的申请资料必须真实、完整,满足评审需要。

②申请延期的合同依据必须准确。

③申请延期的理由必须正确与充分,申请延期天数的计算原则与方法应恰当。

监理人应根据现场记录和有关资料对申请进行修订并将修订的结果与建设单位和承包人进行协商。

(4)审查报告

审查报告主要由以下文件组成:

①正文。其内容包括受理承包人延期申请的工作日期;工程简况;确认的延期理由及合同

依据;经调查、讨论、协商、确认的延期测算方法及由此确认的延期天数、结论等。

②附件。其内容包括监理人员对延期的评论;承包人的延期申请,包括涉及的文件、资料、证明等。

(5)确定延期

监理人应在确认延期结论之后,签发《索赔时间/金额审批表》,主要是对时间部分的审批。可获延期的事件是指因非承包人的责任使工程不能按原定工期完工的事件。延期审批程序的其他内容详见《合同管理》有关内容。

案例 3-12

某公路工程的合同工期为 24 个月,由于降雨天数过多,使承包人的工程进度出现延误,承包人提出延期申请并提交了降雨记录资料和当地气候部门 20 年的雨量记录。经统计计算并按 5 年一遇频率计算出每月异常恶劣的天数,汇总资料如表 3-13 所示。

某工程项目降雨天气记录资料 表 3-13

年份	月份	实际 5mm 降雨天数 (d)	20 年统计的 5 年一遇的天数 (d)	意外降雨天数 (d)	年份	月份	实际 5mm 降雨天数 (d)	20 年统计的 5 年一遇的天数 (d)	意外降雨天数 (d)
2018	1	—	—		2019	1	—	—	
	2	—	—			2	—	—	
	3	3	3	0		3	4	3	1
	4	5	5	0		4	6	5	1
	5	6	5	1		5	8	6	2
	6	10	9	1		6	11	9	2
	7	15	14	1		7	16	14	2
	8	16	13	3		8	17	13	4
	9	18	16	2		9	19	16	3
	10	7	8	0		10	9	8	1
	11	2	3	0		11	4	3	1
	12	—				12	—	—	
总计		82	76	8	总计		84	77	25

解:

考虑到实际施工中下雨后需晾晒的情况(下雨一天,晾晒半天),

总计延期天数 $= 25 + 12.5 = 37.5(d)$

监理人评定了承包人提交的资料后批准延期 38d。

3. 工程变更引起工程延期的审批

京津塘高速公路××合同段工程变更引起工程延期的审批过程,突出反映了这类延期的难点在于确定延期时间。一方面要确定变更后的工程开工时间,另一方面要确定变更工程的工期值,最终综合分析算出延期天数。

1. 编制公路工程施工进度计划需要哪些基础资料?

2. 劳动消耗定额编制的前提是什么? 劳动消耗定额时间包括哪些?

3. 某级配砾石基层,平地机拌和,其工程数量为100000m²,压实厚度为15cm,若施工队伍拥有技工和普工6人,拥有120kW平地机1台,1台2t光轮压路机,1台18t光轮压路机,1辆1000L洒水汽车,采用一班制工作组织方式,试结合《公路工程预算定额(上、下册)》(JTG/T 3832—2018)确定其工作的持续时间。

4. 拟建三个结构形式和规模完全一样的钢结构人行天桥,施工过程主要包括:挖基槽、浇筑混凝土基础、下部结构施工、上部结构施工、附属设施施工。根据工艺要求,浇筑混凝土基础7d后才能进行天桥下部施工,各施工过程持续时间见表3-14组织四个专业工作队按照流水作业组织施工。

问题:

请绘制组织四个专业工作队流水施工进度计划,并计算工期。

各施工过程持续时间

表3-14

施工过程	持续时间(d)	施工过程	持续时间(d)
挖基础	2	上部结构施工	10
浇筑基础	2	附属设施施工	12
下部结构施工	7		

5. 试确定表3-15最优施工次序,并分别用紧凑法和潘特考夫斯基法绘制横道图,确定总工期。

工序工期表(单位:d)

表3-15

工序	施工段				
	A	B	C	D	E
a	4	2	6	5	2
b	5	1	4	6	3

6. 已知工作之间的逻辑关系如表3-16～表3-18所示,分别绘制双代号网络图。

工序工期表(一)(单位:d)

表3-16

工作名称	A	B	C	D	E	F	G	H	I	J	K
紧前工作	—	—	—	C	B、D	A	E	G、F	E	I	H、J
持续时间	10	12	6	5	12	16	12	8	5	12	2

工序工期表(二)(单位:d)

表3-17

工作名称	A	B	C	D	E	F	G	H	I	J
紧后工作	B、C	D、E、F	E、F	E	G	H	I、J	J	—	—
持续时间	5	7	12	6	8	7	10	4	6	5

工序工期表（三）（单位：d）　　　　表 3-18

工作代号	A	B	C	D	E	F	G	H
工作名称	测量	土方施工	路基施工	安装排水设施	清理杂物	路面施工	路肩施工	清理场地
紧前工作	—	A	B	B	B	C、D	C、E	F、G
持续时间	1	10	2	5	1	3	2	1

7.已知网络图资料如表 3-19、表 3-20 所示，试计算网络计划各工作的六个时间参数，并标注在网络计划图中。用双实线在网络图中将关键线路表示出来。

工序工期表（一）（单位：d）　　　　表 3-19

工作名称	A	B	C	D	E	F	G	H	I	J	K
持续时间	22	10	13	8	15	17	15	6	11	12	20
紧前工作	—	—	B、E	A、C、H	—	B、E	E	F、G	F、G	A、C、I、H	F、G

工序工期表（二）（单位：d）　　　　表 3-20

工作名称	A	B	C	D	E	F	G	H	I	J	K
持续时间	2	3	4	5	6	5	3	4	7	2	3
紧前工作	—	A	A	A	B	C、B	C、D	D	B	E、H、G	G

8.已知网络计划如图 3-18 所示，在工程进行到第 9 周结束时，对过程进行检查，检查发现，A、B、C、E、G 工作均全部完成，D 实际完成全部，F 实际完成 2 周，H 实际完成 1 周。请绘制前锋线，并分析对施工总工期的影响。

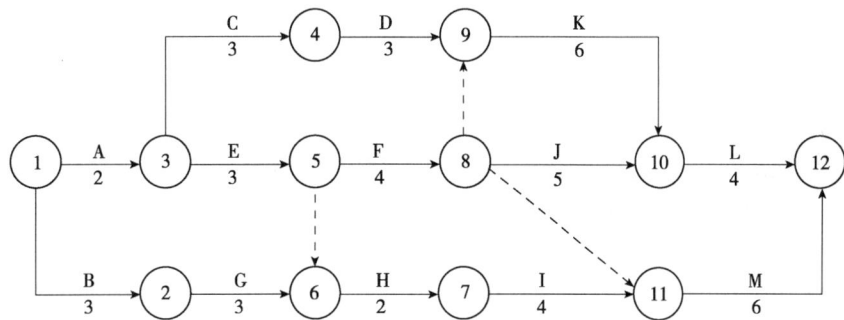

图 3-18　网络计划图

项目四
ITEM FOUR

公路工程项目施工质量管理

知识点

1. ISO 9000 系列标准质量管理体系。
2. 公路工程项目施工质量管理相关要求。
3. 公路工程项目施工质量管理体系。
4. 公路工程施工质量控制程序。

技能点

1. 掌握公路工程项目施工质量管理方法。
2. 熟悉公路工程项目施工质量控制标准。
3. 能够进行工程建设项目质量等级评定。
4. 能够进行质量问题分析与处理。

引导案例

QES 三体系认证

项目背景:某公路工程项目第一标段(K0 + 000 ~ K40 + 800)由某路桥集团公司总承包。主要工程内容包括:路基工程、路面工程、桥梁涵洞工程、交叉工程、交通安全设施。全线经过多个区市,跨越 8 处城市主干道,跨越 2 处铁路主线,穿越多处居民区、公墓、垃圾场等,施工条件复杂。公司进场前进行了 QES❶ 三体系认证,其中质量体系认证采用 ISO 9000 系列标准质量管理体系认证。为进一步确保公司能持续满足建设单位、公路工程质量和适用法律法规的要求,规范公司的质量管理行为,促进公司提高质量管理水平,为社会提供优质建筑工程,公司在 GB/T 19001/ISO 9001《质量管理体系要求》

---

❶ QES 三体系认证又叫三标体系认证或三标一体,包含 ISO 9000 质量管理体系、ISO 14000 环境管理体系、OH-SAS18000 职业安全健康管理体系。三体系是以国家相关产品质量法、标准法和计量法等法规和产品标准为依据,通过组织构架的建立、岗位的设定、岗位职责的划分、岗位制度和流程的制定从人员、工作场所、设备设施、经营品项和环境影响等方面进行有效运行和管控,以达到人员安全、质量保证、环境保护、顾客满意和企业受益的一种宏观的管理理念。

及《工程建设施工企业质量管理规范》(GB/T 50430—2017)基础上,结合公司自身管理水平及施工工程的特点,建立质量管理体系,编制了《管理手册》。

请依据模块一至模块五的相关知识,完成 5 个工作任务,任务单详见表 4-1、表 4-3、表 4-10、表 4-13、表 4-23。

模块一　质量管理体系

【工作任务 1】 请依据本模块中的相关知识,结合给定的项目建设背景资料,完成下列任务,详见表 4-1。

项目四　模块一　任务单　　　　　　　　　　　　　表 4-1

工作任务	结合引入任务中所提到的项目背景及所学的知识,说明编制的管理手册的内容包括那些?并说明管理手册在质量管理中起到的作用。讨论:《交通强国建设纲要》中对于公路工程质量管理的新要求
任务要求	1. 每组 2~3 人,完成管理手册主要内容的总结,并说明管理手册在质量管理中起到的作用; 2. 小组查阅《质量管理体系要求》(GB/T 19001—2016)《工程建设施工企业质量管理规范》(GB/T 50430—2017)中结合案例背景的特点,建立质量管理体系,完成对总结; 3. 小组完成对引导案例中管理手册主要内容编撰
任务准备	1. 知识准备:了解质量管理体系的概念; 掌握工程建设施工企业质量管理要求; 2. 工具准备:借阅《工程建设施工企业质量管理规范》(GB/T 50430—2017)、查阅电子资料《质量管理体系要求》(GB/T 19001—2016);查阅《交通强国建设纲要》及相关资料
工作步骤	1. 小组讨论分工; 2. 小组合作完成对资料的查阅总结; 3. 小组完成引导案例中管理手册主要内容的编撰
自我评价 (优、良、中、差)	工作态度: 团队协作: 知识掌握:

一、ISO 9000 系列标准质量管理体系

(一)ISO 9000 系列标准质量管理体系基本概念

1. 质量管理概念

狭义的质量指的是产品质量,广义的质量除产品质量外,还包括过程质量和工作质量。因此,可以说质量就是产品、过程或服务满足规定要求的优劣程度。质量管理是在质量方面指挥和控制组织的协调活动,通常包括制定质量方针、目标以及质量策划、质量控制、质量保证和质量改进等活动。

2. 质量管理体系的基本概念

质量管理体系指在质量方面指挥和控制组织的管理体系。质量管理体系是组织内部建立的、为实现质量目标所必需的、系统的质量管理模式，是组织的一项战略决策。它是将资源与过程结合，以过程管理方法进行的系统管理，根据企业特点选用若干体系要素加以组合，一般包括与管理活动、资源提供、产品实现以及测量、分析与改进活动相关的过程，可以理解为涵盖了确定顾客需求、设计研制、生产、检验、销售、交付之前全过程的策划、实施、监控、纠正与改进活动的要求，一般以文件化的方式呈现，是组织内部质量管理工作的要求。

3. ISO 9000 系列标准质量管理原则

2008 年版质量管理原则：八项质量管理原则是企业最高领导者用于领导组织进行业绩改进的指导原则，是构成 ISO 9000 系列国际标准的基础，其主要包含 8 个方面。

（1）以顾客为关注焦点。

（2）领导作用。

（3）全员参与。

（4）过程方法。

（5）管理的系统方法。

（6）持续改进。

（7）基于事实的决策方法。

（8）与供方互利的关系。

2015 年版质量管理体系中，质量管理原则包含以下 7 个方面。

（1）以顾客为关注焦点。

（2）领导作用。

（3）全员参与。

（4）过程方法。

（5）改进。

（6）循证决策。

（7）关系管理。

4. ISO 9000 系列标准体系特点

质量管理是在质量方面指挥和控制组织的协调活动，通常包括制定质量方针、目标以及质量策划、质量控制、质量保证和质量改进等活动。实现质量管理的方针目标，有效地开展各项质量管理活动，必须建立相应的管理体系，这个体系就叫质量管理体系。它可以有效进行质量改进。ISO 9000 是国际上通用的质量管理体系。

ISO 9000 系列标准体系特点包括以下几个方面：

（1）它代表现代企业或政府机构思考如何真正发挥质量的作用和如何最优地做出质量决策的一种观点。

（2）它是深入细致的质量文件的基础。

（3）质量体系是使公司内更为广泛的质量活动能够得到切实管理的基础。

（4）质量体系是有计划、有步骤地把整个公司主要质量活动按重要性顺序进行改善的基础。

5.ISO 9000 系列标准体系特性

（1）符合性。组织的最高管理者对依据 ISO 9001 国际标准设计、建立、实施和保持质量管理体系的决策负责，对建立合理的组织结构和提供适宜的资源负责；管理者代表和质量职能部门对形成文件的程序的制定和实施、过程的建立和运行负直接责任。

（2）唯一性。质量管理体系的设计和建立，应结合组织的质量目标、产品类别、过程特点和实践经验。因此不同组织的质量管理体系有不同的特点。

（3）系统性。质量管理体系是相互关联和作用的组合体，包括：

①组织结构。合理的组织机构和明确的职责、权限及其协调的关系。

②程序。规定到位的形成文件的程序和作业指导书，是过程运行和进行活动的依据。

③过程。质量管理体系的有效实施，是通过其所需过程的有效运行来实现的。

④资源。必须、充分且适宜的资源包括人员、资金、设施、设备、料件、能源、技术和方法。

（4）全面有效性。质量管理体系的运行应是全面有效的，既能满足组织内部质量管理的要求，又能满足组织与顾客的合同要求，还能满足第二方认定、第三方认证和注册的要求。

（5）预防性。质量管理体系应能采用适当的预防措施，有一定的防止重要质量问题发生的能力。

（6）动态性。最高管理者定期批准进行内部质量管理体系审核，定期进行管理评审，以改进质量管理体系；还要支持质量职能部门（含车间）采用纠正措施和预防措施改进过程，从而完善体系。

（7）持续受控。质量管理体系所需过程及其活动应持续受控。质量管理体系应最佳化，组织应综合考虑利益、成本和风险，通过质量管理体系持续有效运行使其最佳化。

（二）ISO 9000 系列标准组成

1.ISO 9001:2015 标准

ISO 9001:2015 标准更加强调最高管理者（以及各级领导者）在质量管理体系中的"核心"作用，对领导者有效履行职责和承诺提出了明确要求，并要求领导者为有效履行职责和承诺提供证据。

领导者的作用和承诺包括：对体系的有效性负责；确保实现体系的预期结果；对体系的建立、运行、保持（有效应对变更管理）、改进（PDCA）发挥核心作用；建立方针目标并与组织的战略相一致；提供资源；确保将标准要求融入企业自身的各项工作过程；确定组织机构和职责；确保有效沟通；推动改进；促使、指导和支持员工和其他管理者有效履行自身职责；进行管理评审等要求。

2.ISO 9000 系列标准组成

GB/T 19000/ISO 9000　《质量管理和质量保证—选择和使用指南》

GB/T 19001/ISO 9001　《质量体系—设计/开发、生产、安装和服务的质量保证模式》

GB/T 19002/ISO 9002　《质量体系—生产和安装的质量保证模式》

GB/T 19003/ISO 9003　《质量体系—最终检验和试验的质量保证模式》

GB/T 19004/ISO 9004 《质量管理和质量体系要素—指南》

3. ISO 9000 系列标准分类

《质量管理和质量保证》系列标准分三类:指导性标准、质量保证模式标准、企业质量体系基础标准。

ISO 9000 标准为指导性标准,阐述了五个关键质量术语的概念及概念之间的相互关系,规定了使用和选择质量体系标准的原理、原则、程序和方法。该标准在系列标准中起着指导作用,国际标准化组织称它为系列标准中具有交通指南性质的标准。

ISO 9001、ISO 9002、ISO 9003 为质量保证标准。这类标准适用于合同环境下的外部质量保证,为供需双方签订含有质量保证要求的合同提供了三种质量保证模式,选定的模式标准既可作为生产方质量保证工作的依据,也可作为需方对供方进行质量体系评价的依据,以及企业申请质量体系认证的标准。

ISO 9004 标准为企业质量体系的基础标准。该标准从市场经济需求出发,提出并阐述了企业质量体系的原理、原则和一般应包括的质量要素。标准具有高度的普遍性和指导性。对工业等不同经济行业的生产企业给予指导,是企业质量管理和质量体系的通用参考模式。

《质量管理体系国家标准》

这五个标准构成了《质量管理和质量保证》系列标准。五个标准互为关系、互相支持,形成有机整体。

4. GB/T 19000—2016 族标准八项质量管理原则

质量管理和质量保证系列标准既有理论又有实践背景,具有很强的实用性和指导性作用(表4-2)。

GB/T 19000—2016 族标准八项质量管理原则　　　　　　　　　表 4-2

序号	原则	理解要点
1	以顾客为关注焦点	(1)组织依存于顾客,组织应该理解顾客当前和未来的需求,满足顾客的要求,并争取超越顾客的期望; (2)组织贯彻实施以顾客为中心的质量管理原则,有助于掌握市场动向,提高市场占有率,提高企业的经济效益。以顾客为中心不仅可以保留老顾客,而且可以吸引新顾客
2	领导作用	强调领导作用的原则,是因为: (1)质量管理体系是最高管理者推动的; (2)质量方针和质量目标是领导组织策划的; (3)组织机构和职能分配是领导确定的; (4)资源配置和管理是领导决策安排的; (5)顾客和相关方要求是领导确认的; (6)企业环境和技术进步、质量体系改进和提高是领导决策的。 所以,领导者应该将本组织的宗旨、方向和内部环境统一起来,并创造使员工能够充分参与实现组织目标的环境
3	全员参与	(1)质量管理是一个系统工程,关系到过程中的每一个岗位和个人; (2)实施全员参与者质量管理原则,将会调动全体员工的积极性和创造性,努力工作、勇于负责、持续改进,这对提高质量管理体系的有效性和效率具有极其重要的作用

续上表

序号	原则	理解要点
4	过程方法	（1）过程方法是将相关的资料和活动作为过程进行管理,因为过程概念反映了从输入到输出具有完整的质量概念,过程管理强调活动与资源结合,具有投入产出的概念; （2）过程概念体现了用 PDCA 循环改进质量活动的思想。过程管理有利于适时进行测量保证上下工序的质量。通过过程管理可以降低成本、缩短周期,从而可更高效地获得预期效果
5	管理体系方法	（1）系统方法是从系统整体出发,从系统和要素之间、要素和要素之间,以及系统和环境的相互联系、相互作用中考察对象,以达到最佳的处理问题为目的的科学方法; （2）管理的系统方法就是针对设定的目标,识别、理解并管理一个由互相关联的过程所组成的体系,有助于提高组织有效性和效率; （3）管理的系统方法体现全面质量管理的思想,反映了过程与过程的关系,有助于部门与要素的结合,追求各管理体系间的融合和保持与组织战略一致性
6	持续改进	持续改进是组织的永恒的追求目标,为了满足顾客对质量更高期望的要求,赢得竞争的优势,必须不断地改进和提高产品服务的质量
7	基于事实的决策	（1）以事实为依据进行决策,可避免决策失误; （2）基于事实的决策,首先应明确规定收集信息的种类、渠道和职责,保证资料能够为使用者得到,通过对得到的资料和信息分析,以保证其准确、可靠。通过对事实分析、判断,结合过去的经验做出决策并采取行动
8	与供方互利的关系	（1）供方是产品和服务供应链上的第一环节,供方的过程是质量形成过程的组成部分; （2）供方的质量影响产品和服务的质量,在组织的质量效益中包含有供方的贡献; （3）供方应按组织的要求也建立质量管理体系; （4）通过互利关系,可以增强组织及供方创造价值的能力,也有利于降低成本和优化资源配置,并增强对付风险的能力

5. 系列标准内容简介

（1）GB/T 19000/ISO 9000 质量管理和质量保证—选择和使用指南

此标准阐述了质量方针、质量管理、质量体系、质量控制和质量保证五个重要质量术语的概念及其相互关系;阐述了企业应力求达到的质量目标及质量环境特点和质量体系标准的类型;规定了标准的应用范围、标准的应用程序;规定了证实文件应包括的内容以及供需双方签订合同之前应做的准备。

（2）质量保证模式的不同水平标准

①GB/T 19003/ISO 9003 质量体系—最终检验和试验的质量保证模式。该标准适用于产品相对简单或比较成熟的产品。标准明确了产品形成过程检验程序工作、成品检验和试验的质量体系的要求。该标准明确规定此范围的 12 条质量体系要素的主要构成内容,是三个模式标准中质量要素内容和数量相对较少的模式标准。ISO 9003 标准涉及试验和检验,所以适用于试验室、质检站和监理公司等单位。

②GB/T 19002/ISO 9002 质量体系—生产和安装的质量保证模式。该标准适用于设计已定型、生产过程复杂或产品价格昂贵的生产条件,阐述了从原材料采购至产品交付使用全过程的质量体系要求,是三个模式中应用率较高的模式。这一模式要求生产企业质量体系提供能严格控制生产过程质量的证据,保证生产和安装阶段各环节符合规定的要求,及时解决生产过

程中发现的问题,防止、避免不合格的生产重复出现。标准强调预防控制与检验相结合,并依次规定了18项质量体系要素的内容和工作程序。市政、施工(土建、安装、机械化施工、装饰、防腐、防水)等企业可选择ISO 9002标准。

③GB/T 19001/ISO 9001质量体系——设计/开发、生产、安装和服务的质量保证模式。该标准是三个质量保证模式中质量水平最高、覆盖环节(过程)最多,而且质量体系要素最多的质量保证模式标准。阐述了从产品设计、产品开发到售后服务全过程的质量体系要素的要求。遵照标准,企业建立的产品质量保证体系必须从合同评审、设计、生产和安装过程及售后服务各个阶段(环节)都严格控制,防止出现不合格产品。该标准比较其他两个标准增加了对设计质量控制条款和售后服务条款的质量体系要素。设计、科研、房地产开发、总承包(集团)公司等单位可选择ISO 9001标准。

(3)GB/T 19004/ISO 9004质量管理和质量体系要素——指南

企业从自身发展与提高出发,需要建立一个比较完整的,用以控制企业内部各项工作(环节)的质量体系,使企业质量管理最优化,也可以使各项产品质量控制能力达到或接近产品的质量要求。

GB/T 19004标准是企业建立质量体系指导标准。标准是在总结了不同行业、不同企业的基本要求后,提出了企业建立质量体系一般应包括的基本要素。标准对基本质量要素的含义、要素的目标、要素间的关系以及各项工作的内容、要求、方法、人员和所要求的文件、记录都有明确的要求。

此标准从建立质量体系的组织机构、责任、程序、过程和资源五个方面构成对人、技术、管理要素提出要求,明确企业质量体系的基本出发点是:应设计出有效的质量体系,以满足顾客的需求和期望,并保护公司的利益。完善的质量体系应是在考虑风险、成本和利益的基础上使质量最佳化,以及对质量加以控制。

我国的建筑业所涉及的设计、科研、房地产开发、市政、施工、试验、建设监理、质量监督等企业、事业单位,在建立企业内部质量管理体系时,都应该选择ISO 9004标准。由于这些单位又各有自己的特点,因此在这些企业、单位依照ISO 9004标准建立质量体系标准的基础上,可以根据用户的要求和企业产品的特点,选择ISO 9001或ISO 9002或ISO 9003标准。

二、建立质量管理体系的主要工作

(一)质量管理PDCA循环

(1)P——plan,计划阶段,根据顾客的要求和组织的方针,为提供结果建立必要的目标和过程。判断哪些问题需要改进,逐项列出,并找出最需要改进的问题。

(2)D——do,执行阶段,实施过程,不断改进,并收集相应的数据。

(3)C——check,检查阶段,根据方针、目标和产品要求对过程和产品进行监视和测量,并报告结果。对改进的效果进行评价,以数据为主要依据,判断实际结果与原定目标是否吻合。

(4)A——act,处理阶段,采取措施,持续改进过程业绩,进行下一个循环。

(二)质量管理体系的建立

要建立质量管理体系,首先应该先确定质量管理体系框架,编制质量管理体系文件,其次才能使质量管理体系实施运行。各部分都由若干主要工作组成,建立、健全质量管理体系工作流程图见图4-1。

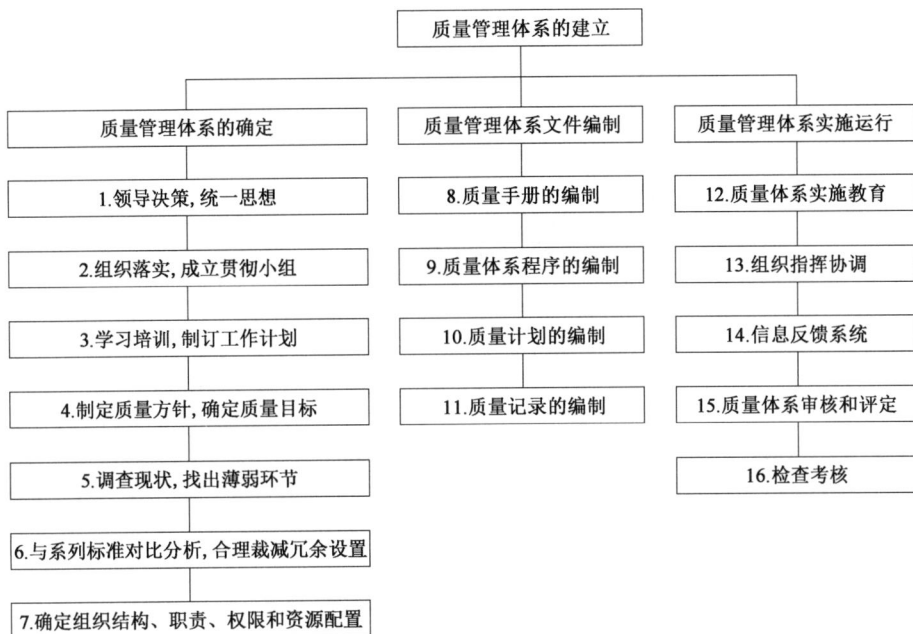

图 4-1 质量管理体系工作流程图

(三) 质量保证体系

质量保证活动涉及企业内部各个部门和各个环节。从产品设计开始到销售服务后的质量信息反馈为止,企业内形成一个以保证产品质量为目标的职责和方法的管理体系,称为质量保证体系,是现代质量管理的一个重要手段。建立这种体系的目的在于确保用户对质量的要求得到满足和保障消费者的利益,保证产品本身性能的可靠性、耐用性、可维修性和外观样式等。

质量保证模式标准包含了总体性要素、基本过程控制要素、辅助过程控制要素和基础性要素四个质量体系要素层,质量保证模式标准包含质量体系要素的层次关系见图4-2。

(四) 质量控制体系

1. 质量控制程序

质量控制是为保证产品的生产过程和出厂质量达到质量标准而采取的一系列作业技术检查和有关活动,是质量保证的基础。质量控制应该对活动过程加以控制。

施工项目质量控制程序:根据合同条件要求首先确定项目质量目标,再根据项目质量目标的要求制订实施项目质量的保证计划,建立质量管理责任制和质量保证体系;明确施工前、施工阶段、竣工验收质量控制要点;加强过程质量检查,验证质量保证计划,不断持续改进以保证质量目标的实现,以及对于工程质量事故的预防和处理,最终兑现合同承诺。公路工程施工项目质量控制程序见图4-3。

管理职能

总体性
要素

质量体系　　　　　　　内部质量审核

基本过程
控制要素

| 合同评审 | 设计控制 | 采购 | 向顾客提供产品的控制 | 过程控制 | 检测预试验 | 搬运储存、包装防护和交付 | 服务 |

辅助过程
控制要素

| 产品的标识和产品可追溯性 | 检验测量和试验设备的控制 | 检验和试验状态的控制 | 不合格品的控制 | 纠正和预防措施 |

基础性
要素

| 文件和资料和控制 | 质量记录的控制 | 培训 | 统计技术 |

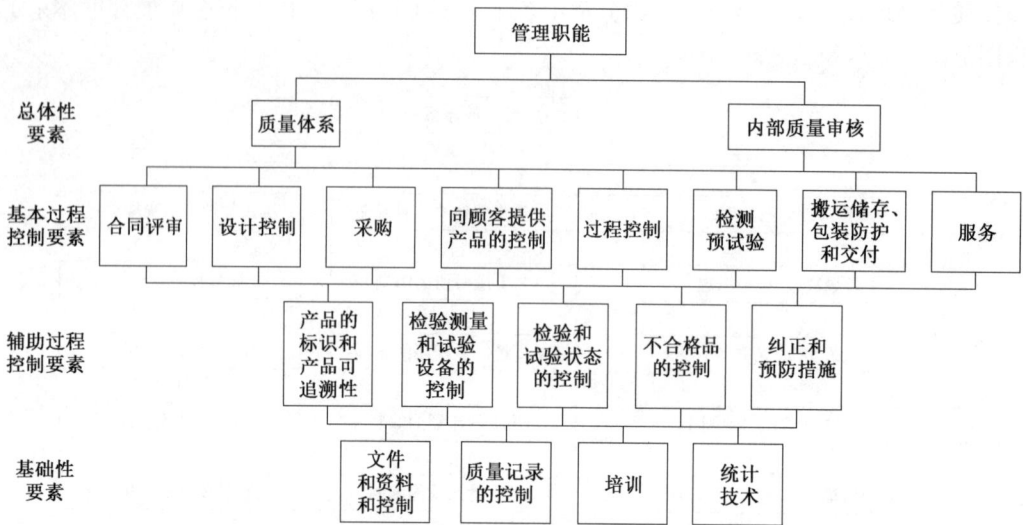

图 4-2　质量体系要素的层次关系

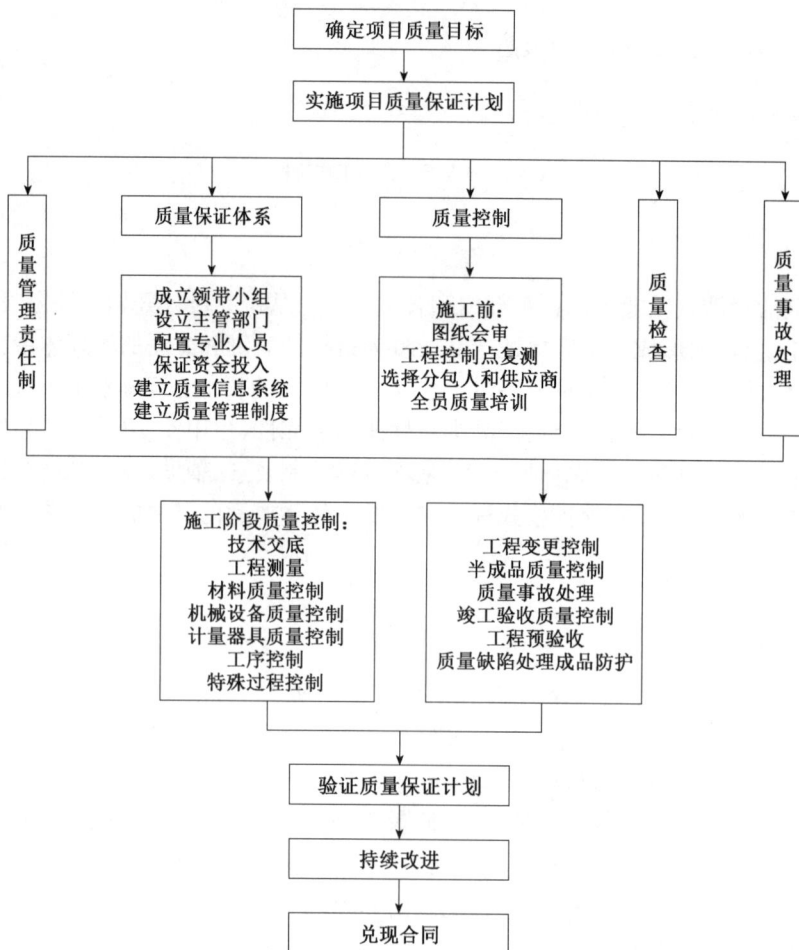

确定项目质量目标

实施项目质量保证计划

质量管理责任制

质量保证体系

成立领带小组
设立主管部门
配置专业人员
保证资金投入
建立质量信息系统
建立质量管理制度

质量控制

施工前：
图纸会审
工程控制点复测
选择分包人和供应商
全员质量培训

质量检查

质量事故处理

施工阶段质量控制：
技术交底
工程测量
材料质量控制
机械设备质量控制
计量器具质量控制
工序控制
特殊过程控制

工程变更控制
半成品质量控制
质量事故处理
竣工验收质量控制
工程预验收
质量缺陷处理成品防护

验证质量保证计划

持续改进

兑现合同

图 4-3　公路工程施工项目质量控制程序

2. 质量控制环

质量控制环是 ISO 9001 标准的一部分,其最终是通过成功实施 ISO 9001 质量体系来实现的。质量体系应能对质量控制环中所有影响质量的活动进行适宜而持续的控制,具体应做好以下工作:

(1)建立质量体系结构。根据质量环分析的结果,组织策划并确定质量体系的具体结构,内容至少包括:组织结构;职责、权限及其相互关系;资源。

(2)建立质量体系文件。质量体系结构确定之后,应制订质量体系文件。这是一项重要的基础工作,组织应力求做好。

(3)质量体系运行。组织应组织员工认真学习质量体系文件,使其在自身岗位上能自觉地贯彻文件中的有关规定,从而使影响质量的各个因素始终处于受控状态,以保证产品质量的持续稳定。

(4)内部质量审核。对质量体系的运行效果,组织应实行内部质量审核。

(5)管理评审。它是由组织负有执行职责的最高管理者就质量方针和目标及质量体系对外部环境和内部情况的适宜性和有效性所进行的定期评审。在非常情况下,还应进行随机性评审。

(6)质量改进。当实施质量体系时,组织最高管理者应确保质量体系能推动和促进持续的质量改进。实现质量改进应是组织对质量体系所追求的永恒目的,只有持续的质量改进才能保证质量环持续地上升。

施工项目质量控制环的组成:工程调研和任务承接—施工准备—材料采购—施工生产—试验与检测—结构物功能检测—竣工交验—回访与保修。施工项目质量控制环见图4-4。

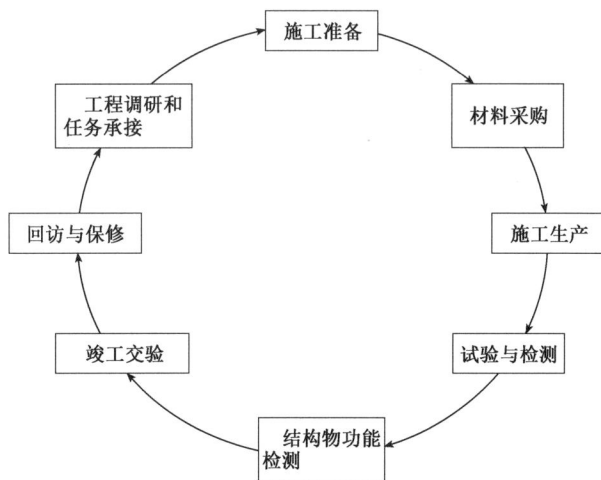

图4-4 施工项目质量控制环

案例4-1

某路桥工程有限公司为了进一步使公司提供持续满足建设单位、公路工程质量和适用法律法规的要求,规范公司的质量管理行为,促进公司提高质量管理水平,为社会提供优质建筑工程,在 GB/T 19001/ISO 9001《质量管理体系　要求》质量管理和质量体系要素基础上,满足《工程建设施工企业质量管理规范》(GB/T 50430—2017)的要求,结合公司自身管理水平及施工工程的特点,建立质量管理体系,编制了《管理手册》,该手册规定了公司质量管理体系的组织结构、职责,并对管理职责、资源管理、投标及合同管理、分包管理、产品实现及测量、分析和改进的各个过程进行控制与持续改进。于 2019 年 12 月 1 日实施。公司所有部门和全体员工遵照执行手册中各项规定,有效实施和持续改进质量管理体系,增强了顾客满意度,获得了较好的社会信誉,企业得到了较好的发展。

模块二　公路工程质量管理制度

【工作任务 2】　请依据本模块中的相关知识,结合给定的项目建设背景资料,完成下列任务,详见表 4-3。

项目四　模块二　任务单　　　　　　　　　　　　　　　　表 4-3

工作任务	根据项目建设背景情况,结合《公路工程质量检验评定标准　第一册　土建工程》(JTG F80/1—2017)公路质量等级评定标准,判断 K0 +000 ~ K3 +000 段路基施工质量控制情况,并给出下道工序建设施工要求
任务要求	1. 每组 2 ~ 3 人; 2. 小组查阅《公路工程质量检验评定标准　第一册　土建工程》(JTG/T F80/1—2017)中有关路基施工质量评定内容和检查依据,完成下道工序建设施工要求; 3. 小组完成对引导案例中 K0 +000 ~ K3 +000 段路基施工质量控制情况,并给出下道工序建设施工要求
任务准备	1. 知识准备:了解公路工程建设单位、分部、分项工程划分的概念;掌握有关单位、分部、分项工程划分的原则以及质量控制方法; 2. 工具准备:借阅《公路工程质量检验评定标准　第一册　土建工程》(JTG/T F80/1—2017)
工作步骤	1. 小组讨论分工; 2. 小组完成对引导案例中 K0 +000 ~ K3 +000 段路基施工质量控制情况分析; 3. 小组完成给出引导案例中 K0 +000 ~ K3 +000 段路基施工下道工序建设施工要求
自我评价 (优、良、中、差)	工作态度: 团队协作: 知识掌握:

《中华人民共和国建筑法》　　　　　《建设工程安全生产管理条例》

一、建筑工程质量管理的四项基本原则

《中华人民共和国建筑法》和《建设工程安全生产管理条例》(中华人民共和国国务院令第393号)规定了建筑工程质量管理的四项基本原则:工程质量监督管理制度,工程竣工验收备案制度,工程质量事故报告制度,工程质量检举、控告、投诉制度,详见表4-4。

建筑工程质量管理的基本制度 表4-4

文件名称	主要规定和要求
工程质量监督管理制度	(1)建筑工程质量必须实行政府监督管理; (2)政府监督管理的目的是工程使用安全和保证环境质量; (3)政府监督管理的依据是相关的法律、法规和强制性标准; (4)政府监督管理的主要内容是地基基础、主体结构、环境质量和与此相关的工程建设各方主体的质量行为; (5)政府监督管理的主要方式是施工许可制度和竣工验收制度
工程竣工验收备案制度	(1)工程竣工验收备案制度是指建设单位在工程竣工验收合格后应向相关部门备案; (2)工程竣工验收备案制度的目的是加强政府监督管理,防止不合格的工程流向社会; (3)《建设工程质量管理条例》规定,建设单位应当自建设工程竣工验收合格之日起15d内,将建设工程竣工验收报告和规划、公安消防、环保等部门出具的认可文件或者准许使用文件报建设行政主管部门或其他有关部门备案; (4)建设单位办理工程竣工验收备案时,应当提交下列文件: ①工程竣工验收备案表; ②工程竣工验收报告,竣工验收报告应当包括工程报建日期,施工许可证号,施工图文件审查意见,勘察、设计、施工、工程监理等单位分别签署的质量合格文件及验收人员签署的竣工验收原始文件,市政基础设施的有关质量检测和功能性试验资料以及备案机关认为需要提供的有关资料; ③法律、行政法规规定应当由规划、公安消防、环保等部门出具的认可文件或者准许使用文件; ④施工单位签署的工程质量保修书; ⑤法律、法规规定必须提交的其他文件; ⑥建设工程竣工验收机关收到建设单位报送的竣工验收备案文件,验证文件齐全后,应当在工程竣工验收备案表上签署文件收讫; ⑦工程竣工验收备案表一式两份,一份由建设单位保存,一份留备机关存档
工程质量事故报告制度	(1)工程质量事故报告制度是指建设单位发生质量事故后,有关单位应当在24h内向当地建设行政主管部门和其他有关部门报告; (2)对重大质量事故,事故发生地建设主管部门和其他有关部门应当按照事故类别和等级向当地人民政府和上级建设主管部门和其他有关部门报告
工程质量检举、控告、投诉制度	(1)工程质量检举、控告、投诉制度是指任何单位和个人对建设工程的质量事故、质量缺陷都有权检举、控告、投诉; (2)工程质量检举、控告、投诉制度可以更好地发挥群众和社会舆论的监督作用,从而有效地保证了建设工程的质量

二、公路工程质量管理要求

根据《中华人民共和国公路法》和《公路工程质量管理办法》要求公路工程建设项目必须建立"政府监督、社会监理、企业自检"三级质量保证体系,建立年度工程质量检查制度。明确公路工程建设相关单位的质量管理职责。

(一)公路工程质量管理主体

依据《中华人民共和国公路法》的要求,公路工程质量实行建设单位或项目法人全面负责,监理单位控制,设计、施工单位保证和政府监督相结合的质量管理体制。公路工程建设各方必须按有关规定向质监机构报告公路工程质量情况,提供有关资料,任何单位和个人对公路工程的质量事故、质量缺陷和影响工程质量的行为有权向交通运输主管部门或质监机构进行检举、控告和投诉。

《中华人民共和国公路法》

《公路工程质量管理办法》

公路工程建设项目的主管部门、建设、设计、施工、监理单位负责人,对本单位的质量工作负领导责任;各单位的工程项目负责人,对本单位工程项目现场的质量工作负直接领导责任;各单位的工程技术负责人,对质量工作负工程技术方面责任;具体工作人员为直接责任人。公路工程在设计使用年限内实行质量终身负责制。

(二)公路工程建设项目建设、设计、施工、监理等单位的质量管理

1.建设单位质量管理

(1)建设单位应根据国家和交通运输主管部门的有关规定设立,并应当按照国家规定建立、健全质量保证体系,建立质量管理制度,落实质量岗位责任制。

(2)建设单位应严格履行基本建设程序,根据公路工程的特点和技术要求,确定合理标段、合理工期、合理造价,并按国务院交通运输主管部门的规定,通过项目招投标选择具有相应资格的勘察设计、施工和监理单位,并分别签订合同,实行合同管理。

(3)公路工程的合同文件,必须有工程质量条款,明确各项工程和材料的质量标准和合同双方的质量责任。

(4)承担工程项目同一合同段的施工和监理单位不得隶属于同一管理单位,设计单位不得承担本单位设计工程项目的监理任务,招标代理机构不得参加工程投标。

(5)建设单位应主动接受质监机构对其质量保证体系的监督检查。工程开工前,应按规定向质监机构办理工程质量监督手续;工程施工过程中,应主动接受质监机构对工程质量的监督检查;工程完工后,应由质监机构对工程质量进行鉴定。

(6)建设单位应依照有关公路工程建设的法律、法规、规章、技术标准、规范和合同文件,组织进行设计、施工和监理。开工前应组织施工图设计审查和设计交底;施工中应对工程质量进行检查;工程完工后应及时组织交工验收,并做好竣工验收的准备工作。

2.设计单位质量管理

(1)设计单位必须按资质等级及业务范围承担相应的勘察设计(含优化设计)任务,主动接受质监机构对其承担设计工作的资格和质量保证体系的监督检查。

(2)设计单位必须建立、健全设计质量保证体系,加强设计全过程的质量控制,建立完整的设计文件的编制、复核、审核、会签和批准制度,明确各阶段的责任人,并对公路工程设计质量负责。

(3)设计文件必须符合下列要求:

①设计文件的编制应该符合有关公路工程建设法律、法规、规章、技术标准、规程和合同的要求。

②设计依据的基本资料应完整、准确、可靠,设计方案论证充分,计算成果可靠,并符合结构安全的要求。

③设计文件的深度应满足相应设计阶段的有关规定要求,并符合相关规范的要求。

④设计文件必须保证公路工程质量和安全的要求,符合安全、适用、经济、美观的综合要求。

⑤设计文件选用的材料、配件和设备,应当注明其性能及技术标准,其质量要求必须符合国家规定的标准,但不得指定生产厂、供应商。

(4)设计单位应按合同规定及时提供设计文件及施工图纸,开工前做好设计文件的交底工作。属于大中型和有特殊要求的公路工程项目,设计单位应在施工现场设立代表处或派驻设计代表,随时掌握施工现场情况,解决设计的有关问题。

3. 施工单位质量管理

(1)施工单位必须按资质、资信等级确定的业务范围参加投标,承揽工程施工任务,并接受质监机构对其资质和质量保证体系的监督检查。

(2)施工单位必须依据有关公路工程建设的法律、法规、规章、技术标准和规范的规定,按照设计文件、施工合同和施工工艺要求组织施工,并对其施工的工程质量负责。

(3)施工单位必须建立施工质量保证体系,推行全面质量管理,制定和完善岗位质量规范、质量责任及考核办法。建立工地试验室,加强施工过程中的自检、互检和交接检工作。要落实质量责任制。

(4)工程发生质量事故,施工单位必须按规定向监理单位、建设单位及有关部门报告,并保护现场接受调查,认真进行事故处理。

(5)竣工的公路工程项目必须符合有关公路工程标准及设计文件要求,并按规定向建设单位提交完整的技术档案、试验成果及有关资料。

根据《中华人民共和国建筑法》规定:建筑施工企业对工程的施工质量负责,必须按照工程设计图纸和施工技术标准施工,不得偷工减料。工程设计的修改应由原设计单位负责,建筑施工企业不得擅自修改工程设计。建筑施工企业必须按照工程设计要求、施工技术标准和合同的约定,对建筑材料、建筑构配件和设备进行检验,不合格者不得使用。

4. 监理单位质量管理

(1)监理单位必须是经工商注册并持有交通运输主管部门核发的资质证书或资信登记的专职监理业务。监理单位必须接受质监机构对其监理资格、监理质量控制体系及监理工作质量的监督检查。

(2)监理单位必须严格执行有关公路工程建设的法律、法规、规章、技术标准和规范,严格履行监理合同,监督工程施工承包合同的实施。

(3)监理单位应根据所承担监理任务和监理合同的要求,向工程施工现场派驻相应的监理机构、人员和设备。

监理人上岗必须持有交通运输主管部门核发的监理人证书,其他监理人员上岗,必须经过岗前培训,具有公正、有效开展监理业务的能力和责任。

(4)监理单位应认真审查施工组织设计和技术措施;审查试验工程施工工艺,批准特殊技术措施和特殊工艺;监督合同中有关质量标准、要求的实施;纠正不符合工程设计要求、施工技术标准和承包合同的工程和施工行为;提出或审查设计变更;进行工程质量检测,参加工程质量事故处理和工程验收。工程施工现场质量检验的要求见表4-5。

工程施工现场质量检验的要求   表4-5

现场质量要求项目	质量检验规定和要求
工程现场检查工作要求	(1)明确某种质量特性标准; (2)量度工程产品或材料的质量特征数值或状况; (3)记录与整理有关的检验数据; (4)将量度的结果与标准进行比较; (5)对质量进行判断与估价; (6)对符合质量要求的做出安排; (7)对不符合质量要求的进行处理
工程施工现场质量检验的要求	(1)开工前检查,检查是否具备开工条件,开工后能否连续正常施工,能否保证工程质量; (2)工序交接检查,对于重要的工序或对工程质量有重大影响的工序,在自检、互检的基础上,还要组织专职人员进行工序交接检查; (3)隐蔽工程检查,凡隐蔽工程均应检查认证后方能掩盖; (4)停工后复工前检查,凡因处理质量问题或某种原因停工后需复工时,均应经检查认可后方能复工; (5)分项、分部工程完工后,应经检查认可,签署验收记录后,才可进行下一个工程项目施工; (6)成品保护检查,检查成品有无保护措施,或保护措施是否可靠; (7)对施工操作质量进行巡视检查,还应进行跟班或追踪检查
隐蔽工程质量验收要求与内容	(1)隐蔽工程在一道工序施工前,施工项目质量管理人员应及时请现场监理人按照设计要求和施工规范,采用必要的检查工具,对其进行检查与验收: ①符合设计要求及施工规范,监理人应及时签署隐蔽工程记录手册,以便施工单位继续下一道工序的施工,同时,施工单位应将隐蔽工程记录按技术资料归档; ②不符合有关规定,监理人应以书面形式通知施工单位,按期处理,处理结果符合要求后,再由监理人进行隐蔽工程验收与签证; ③隐蔽工程验收通常是结合质量控制中技术复核、质量检查工作来进行的,重要部位改变时可摄影,以备考查。 (2)隐蔽工程验收项目及内容: ①基础工程验收内容:地质、土质情况,高程,基础断面尺寸,基础的位置和数量; ②钢筋混凝土工程验收内容:钢筋品种、规格、数量、位置、形状、焊接尺寸、接头位置、预埋件、钢材代用情况
工程质量不符合要求的处理规定	一般情况下,不合格现象应在检验批时就发现并及时处理,否则将影响后续检验批和相关的分项工程、分部工程的验收。因此,所有质量隐患必须尽快消灭在萌芽状态。 (1)经返工重做或更换器具、设备的检验批,应重新进行验收; (2)经有资质的检测单位检测鉴定达到设计要求的检验批,应予以验收; (3)经有资质的检测单位检测鉴定达不到设计要求,但经设计单位核算认可能够满足结构安全和使用功能的检验批,可予以验收; (4)经返工或加固处理的分项、分部工程,虽然改变外形尺寸但仍能满足安全使用要求的,可按技术处理方案和协商文件进行验收; (5)通过返工或加固处理的分项,仍不能满足安全使用要求的分项、分部工程,应严禁验收

5. 材料、设备采购单位质量管理

(1)材料和设备的采购单位,承担相应的材料和设备质量责任,其所采购的材料和设备,必须符合有关公路工程现行技术标准的规定,并全部符合设计对材料、设备的要求。凡用于公路工程项目的材料和设备,均应按规定进行检查。经检验不合格的产品,不得进入施工现场。

(2)工程材料和设备的采购单位,具有按合同规定自主采购的权利,任何单位和个人不得干预正常采购工作。

(3)由建设单位按合同规定指定采购的材料和设备,施工单位和监理单位应按规定进行检查。对检验不合格的产品,施工单位有权拒绝使用。检验意见不一致时,由质监机构仲裁。

(4)在材料、设备的采购和使用过程中,应严格计量标准,按照有关施工技术规范进行。

6. 工程质量监督机构管理

(1)公路工程质量实行政府监督管理制度。凡新建、改建的公路工程项目,均应由质监机构实施质量监督管理。

(2)质监机构必须建立健全质量监督工作机制,完善监督手段,增强质量监督的公正性、权威性和有效性。

(3)质监机构负责检查、监督建设、设计。施工、监理单位建立健全质量保证体系;负责对建设项目的招投标活动进行监督检查;负责监督设计、施工和监理单位在资质允许范围内从事的公路工程建设的质量工作;负责对施工现场影响工程质量的行为进行监督检查。

(4)质监机构实施以抽查为主的监督方式,并运用法律和行政手段,制止和纠正影响公路工程质量的建设行为。

公路工程交移工验收,质监机构应按公路工程检验评定标准对工程质量等级进行鉴定。未经鉴定或鉴定不合格的工程,不得组织验收和交付使用。

(5)质监机构应具有相应的监督、检测条件和能力。根据需要,可以委托具备相应资质的试验检测单位,对公路工程项目进行检测。

国务院交通主管部门质监机构出具的检测数据,是全国最终检测数据;各省级质监机构出具的检测数据,是本行政区域内公路行业的最终检测数据。

三、公路工程质量检验评定

(一)一般工程项目划分组成

公路工程建设项目的工程,一般一个工程建设项目由几个(一个)单项工程组成,每个单项工程又由若干个单位工程构成,每个单位工程是由几个分部工程组成,每个分部工程又是由几个分项工程构成。根据建设任务、施工管理和质量检验评定的需要,应在施工准备阶段按照《公路工程质量检验评定标准 第一册 土建工程》(JTG F80/1—2017)要求将建设项目划分为单位工程、分部工程、分项工程。施工单位、工程监理单位和建设单位按相同的工程项目划分进行工程质量的监控和管理。

1. 单位工程

在合同段中,具有独立施工条件和结构功能的工程为单位工程,如一个高速公路建设项目可以包括路基工程、路面工程、桥梁工程、隧道工程、交通安全设施、交通机电工程和绿化工程及房屋建筑工程等单位工程。

2. 分部工程

在单位工程中,按路段长度、结构部位及施工特点等划分的工程为分部工程;小桥及符合小桥标准的通道、人行天桥、渡槽,大型挡土墙、组合挡土墙按座或处划分分部工程。

3. 分项工程

在分部工程中,按施工工序、工艺或材料等划分的工程为分项工程,如路面工程(分部工程)可以按不同施工方法、材料分为垫层、底基层、基层、联结层、面层、路缘石、人行道、路肩、路面边缘排水系统等分项工程。

(二)工程质量等级评定

1. 公路工程质量检验评定程序

工程质量等级应分为合格与不合格。根据《公路工程质量检验评定标准 第一册 土建工程》(JTG F80/1—2017),工程质量评定应按分项工程、分部工程、单位工程逐级进行。

2. 公路工程质量检验评定的规定

(1)分项工程完工后,应根据《公路工程质量检验评定标准 第一册 土建工程》(JTG F80/1—2017)进行检验,对工程质量进行评定;隐蔽工程在隐蔽前应检查合格。

(2)分部工程、单位工程完工后,应汇总评定所属分项工程、分部工程质量资料,检查外观质量,对工程质量进行评定。

3. 工程质量检验

工程检验是对被检查项目的特征和性能进行检查、检测、试验等,并将结果与标准规定的要求进行比较,以判定其是否合格所进行的活动。

(1)分项工程应按基本要求、实测项目、外观质量和质量保证资料等检验项目分别检查。

(2)分项工程质量应在所用的原材料、半成品、成品及施工控制要点等符合基本要求规定,无外观质量限制缺陷且质量保证资料真实齐全时,方可进行检验评定。

(3)基本要求检验应符合下列规定:

①分项工程应对所列基本要求逐项检查,经检查不符合规定时,不得进行工程质量检验评定。

②分项工程所用各种原材料的品种、规格、质量及混合料配合比和半成品、成品应符合有关技术标准规定并满足设计要求。

(4)实测项目检验应符合下列规定:

①对检查项目按照规定的检查方法和频率进行随机抽样检验并计算合格率。

②《公路工程质量检验评定标准 第一册 土建工程》(JTG F80/1—2017)指定的方法为标准方法,采用其他高效检测方法应经比对确认。

③以路段长度规定的检查频率为双车道路段的最低检查频率,对多车道应按车道数与双

车道之比相应增加检查数量。计算检查项目合格率：

$$检查项目合格率 = \frac{合格点(组)数}{检查项目全部点(组)数} \times 100\%$$

4. 检查项目合格判定规定

(1)关键项目的合格率不低于 95%(机电工程 100%)，否则该检查项目为不合格。

(2)一般项目的合格率不低于 80%，否则该检查项目为不合格。

(3)有规定极值的检查项目，任一单个检测值不应突破规定极值，否则该检查项目为不合格。

(4)按照《公路工程质量检验评定标准　第一册　土建工程》(JTG F80/1—2017)附录所列方法进行检验评定的检查项目，不满足要求时，该检查项目为不合格。

(5)对外观质量应进行全面检查，并满足规定要求，否则该检查项目为不合格。

检验项目评为不合格的，应进行整修或返工处理直至合格。

5. 质量保证资料

工程应有真实、准确、齐全、完整的施工原始记录、试验检测数据、质量检验结果等质量保证资料；施工单位应进行整理分析，负责提交齐全、真实和系统的施工资料和图表。工程监理单位负责提交齐全、真实和系统的监理资料。质量保证资料应包括以下六个方面：

(1)所用原材料、半成品、成品质量检验结果。

(2)材料配合比、拌和加工控制检验和试验数据。

(3)地基处理、隐蔽工程施工记录和桥梁隧道施工监控资料。

(4)质量控制指数的试验记录和质量检验汇总图表。

(5)施工过程遇到非正常情况的记录及其对工程质量影响评价资料。

(6)施工过程中发生质量事故，经处理补救后达到设计要求的认可证明文件。

6. 工程质量评定

(1)工程质量等级应分为合格与不合格。

在分项工程评定的基础上，逐级计算各相应分部工程、单位工程、合同段和建设项目评定。施工单位应对各分项工程按该标准所列基本要求、实测项目和外观鉴定进行自检，根据"分项工程质量检验评定表"及相关施工技术规范提交真实、完整的自检资料，对工程质量进行自我评定。工程监理单位应按规定要求对工程质量进行独立抽检，对施工单位检评资料进行签认，对工程质量进行评定。建设单位根据对工程质量的检查及平时掌握的情况，对工程监理单位所做的工程质量评分及等级进行审定。质量监督部门、质量检测机构可依据标准对工程质量进行检测评定。

(2)分项工程、分部工程、单位工程质量评定，应有符合《公路工程质量检验评定标准　第一册　土建工程》(JTG F80/1—2017)附录 K 规定的资料。按分项工程、分部工程和单位工程制定检验评定用表。

(3)分项工程质量评定合格应符合下列规定：

①检验记录应完整。

②实测项目应合格。

③外观质量应满足要求。

分项工程质量检验评定用表见表4-6。

分项工程质量检验评定用表 表4-6

分项工程名称：　　　　　　所属分部工程名称：　　　　　　所属建设单位：

基本要求															
实测项目	项次	检查项目	规定值或允许偏差	实测项目或实测偏差值										质量评定		
				1	2	3	4	5	6	7	8	9	10	平均值代表值	合格率（%）	合格判定
	合计															

外观鉴定		监理意见	
质量保证资料			
工程质量等级评定		质量等级：	

工程部位：　　　　　　　施工单位：　　　　　　　　　　　监理单位：

检验负责人：　　　检测：　　　记录：　　　复核：　　　年　月　日

（4）分部工程质量评定合格应符合下列规定：

①评定资料应完整。

②所含分项工程及实测项目应合格。

③外观质量应满足要求。

（5）单位工程质量评定合格应符合下列规定：

①评定资料应完整。

②所含分部工程应合格。

③外观质量应满足要求。

（6）评定为不合格的分项工程、分部工程，经返工加固补强或调测，满足设计要求后，可重新进行检验评定。

（7）所含单位工程合格，该合同段评定为合格；所含合同段合格，该建设项目评定为合格。

公路工程质量检验评定的流程详见图4-7。

检验批、分项、分部和单位工程质量验收的内容见表4-7。

检验批、分项、分部和单位工程质量验收的内容 表4-7

序号	层次	质量验收的内容（合格条件）
1	检验批的质量验收	（1）主控项目和一般项目的质量经抽样检验合格； （2）具有完整的施工操作依据、质量检查记录

续上表

序号	层次	质量验收的内容(合格条件)
2	分项工程质量验收	(1)分项工程所含的检验批均应符合合格质量规定; (2)分项工程所含的检验批的质量验收记录应完整
3	分部(子分部)工程质量验收	(1)分部(子分部)工程所含的分项工程的质量均应验收合格; (2)质量控制资料应完整; (3)地基基础、主体结构和设备安装等分部工程有关安全及功能的检验和抽样检测结果应符合有关规定; (4)观感质量验收应符合要求
4	单位(子单位)工程质量验收	(1)单位(子单位)工程所含分部(子分部)工程的质量应验收合格; (2)质量控制资料应完整; (3)单位(子单位)工程所含分部工程的有关安全及功能的检验资料应完整; (4)主要功能项目的抽查结果应符合相关专业质量验收规范的规定; (5)观感质量验收应符合要求

案例 4-2

某公路工程施工项目,施工企业按照要求完成了土质路基施工,在进入路面基层施工前,需要对路基施工质量进行检测和评定,只有检测评定合格后才能进行路面基层施工。

问题:

依据《公路工程质量检验评定标准　第一册　土建工程》(JTG F80/1—2017)对路基土方工程的施工质量要求有哪些?

解:

根据《公路工程质量检验评定标准　第一册　土建工程》(JTG F80/1—2017)要求,分项工程土方路基工程应按基本要求、实测项目、外观质量和质量保证资料等检验项目分别检验。

1. 一般规定

(1)土方路基的实测项目的规定值和允许偏差按高速公路、一级公路和其他公路(二级以下公路)两档确定,其中土方路基压实度按照高速公路或一级公路、二级公路、三级公路或四级公路三档确定。

(2)路基压实度应分层检测,上路床检测应按《公路工程质量检验评定标准　第一册　土建工程》(JTG F80/1—2017)附录 B 规定进行评定,路基工程其他检查项目应在上路床进行检查测定。

(3)土质路肩工程可作为路面工程一个分项工程进行检查评定。

(4)收费广场及服务区道路、停车场的土方路基压实标准可按土方路基要求进行检测。

2. 土方路基

(1)土方路基应符合下列基本要求:

①在路基用地和取土坑范围内,应清除地表植被、杂物、积水、淤泥和表土,处理坑塘,并按施工技术规范和设计要求进行基地压实,表土应充分利用。

②填方路基应分层填筑压实,每层表面平整,路拱合适,排水良好,不得有明显碾压痕迹,

不得亏坡。

③应设置施工临时排水系统,避免冲刷边坡,路床顶面不得积水。

④在设定取土区内合理取土,不得滥开滥挖。完工后应按要求对取土坑和弃土场进行修整。

(2)土方路基实测实测项目应符合表 4-8 的要求。

土方路基实测项目 表 4-8

项次	检查项目			规定值或允许偏侧			检查方法和频率
				高速公路或一级公路	其他公路		
					二级公路	三、四级公路	
1	压实度(%)	上路床		0~0.3m	≥96	≥95	≥94	按《公路工程质量检验评定标准 第一册 土建工程》(JTG F80/1—2017)附录 B 检查; 密实度:每200m 每压实层测 2 处
		下路床	轻、中、重交通荷载等级	0.3~0.8m	≥96	≥95	≥94	
			特种、级重交通荷载等级	0.3~1.2m	≥96	≥95	—	
		上路堤	轻、中、重交通荷载等级	0.8~1.5m	≥94	≥94	≥93	
			特种、级重交通荷载等级	1.2~1.9m	≥94	≥94	—	
		下路堤	轻、中、重交通荷载等级	>1.5m	≥93	≥92	≥90	
			特种、级重交通荷载等级	>1.9m				
2	弯沉(0.01mm)			不大于设计验收弯沉值			按《公路工程质量检验评定标准 第一册 土建工程》(JTG F80/1—2017)附录 J 检查
3	纵断高程(mm)			+10,-15	+10,-20		水准仪:中线位置每200m测 2 处
4	中线偏位(mm)			≤50	≤100		全站仪:每200m测 2 点,弯道加 HY、YH 两点
5	宽度(mm)			满足设计要求			尺量:每200m测 4 点
6	平整度(mm)			15	20		3m 直尺,每200m测2处×5尺
7	横坡(%)			±0.5	±0.8		水准仪:每200m测2断面
8	边坡			满足设计要求			尺量:每200m测 2 点

(3)土方路基外观质量应符合下列规定:

①路基边线与边坡不应出现单项累计长度超过50mm的弯折。

②路基边坡、护坡道、碎落台不得有滑坡、塌方或深度超过100mm的冲沟。

案例 4-3

该项目 K0+000~K3+000 段工程土方路基施工完成后,进入路面基层施工前,项目组织现场技术人员、检测人员并邀请了监理参加的对路基施工质量进行检测和评定。路基用地范围和取土坑范围内,清除地表植被、杂物、积水、淤泥和表土,并按施工技术规范和设计要求,对基底进行了压实;填土路基分层填筑压实,每层表面平整、路拱合适,排水良好,没有明显的碾压痕迹,无亏坡现象;设置了施工临时排水系统,要求根据《公路工程质量检验评定标准 第一册 土建工程》(JTG F80/1—2017)按照基本要求、实测项目、外观质量和质量保证资料四部分进行检验,实测项目及合格率详见表4-9检查方法和频率符合要求;外观鉴定符合土方路基外观质量规定;在设置取土区内合理取土,完工后按照要求对取土坑和弃土堆进行了修整;按照要求施工企业提供了相关质量保证资料。

路基实测项目得分

表4-9

序号	检查项目	合格率(%)
1	压实度(%)	92
2	弯沉(0.01mm)	90
3	纵断面高程(mm)	86
4	中线偏位(mm)	89
5	宽度(mm)	90
6	平整度(mm)	85
7	横坡(%)	85
8	边坡	84

问题:

该标段路基施工质量是否合格? 是否可以进行路面基层施工?

解:

根据《公路工程质量检验评定标准 第一册 土建工程》(JTG F80/1—2017)要求,分项工程土方路基工程应按基本要求、实测项目、外观质量和质量保证资料等检验项目分别检验。

(1)路基用地范围和取土坑范围内,清除地表植被、杂物、积水、淤泥和表土,并按施工技术规范和设计要求,对基底进行了压实;填土路基分层填筑压实,每层表面平整、路拱合适、排水良好,没有明显的碾压痕迹,无亏坡现象;设置了施工临时排水系统;在设置取土区内合理取土,完工后按照要求对取土坑和弃土堆进行了修整;符合基本要求。

(2)外观鉴定符合土方路基外观质量规定。

(3)实测项目:检查方法和频率符合要求。

根据《公路工程质量检验评定标准 第一册 土建工程》(JTG F80/1—2017)要求,关键项目的合格率不低于95%(机电工程100%),否则该检查项目为不合格;一般项目的合格率不低于80%,否则该检查项目为不合格;有规定极值的检查项目,任一单个检测值不应突破规定极值,否则该检查项目为不合格。该标段土方路基所有实测项目合格率均高于80%,但因压实度、弯沉为关键实测项目,该项目压实度检验评定合格率为92%、弯沉合格率为90%,所以该标段路基施工质量不合格,不能直接进行路面基层施工。

(4)质量保证资料检查:

根据《公路工程质量检验评定标准 第一册 土建工程》(JTG F80/1—2017)要求,应有真实、准确、齐全、完整的施工原始记录、试验检测数据、质量检验结果等质量保证资料;施工企业提供了路基施工质量保证资料,但对地基处理记录资料不全。

该标段路基施工质量不合格,需要对压实度、弯沉不合格的路段进行返工并完善施工记录。达到要求后,重新进行检测评定。

模块三   公路工程施工质量管理

【工作任务3】 请依据本模块中的相关知识,结合给定的项目建设背景资料,完成下列任务,详见表4-10。

项目四 模块三 任务单 表4-10

工作任务	该项目周边环境复杂,施工干扰较大,项目部根据有关文件和项目具体的特点对工程质量控制设置了关键点。结合项目背景确定公路工程质量控制关键点设置依据;确定技术文件、报告、报表进行审核和分析的负责人;确定施工人员对关键工序自检合格后进入下一道工序的标准;确定公路工程现场质量检查控制的主要内容
任务要求	1. 每组2~3人; 2. 小组认真领会项目周边环境复杂,施工干扰较大,项目部根据有关文件和项目具体的特点对工程质量控制设置了关键点; 3. 小组完成确定公路工程质量控制关键点设置依据; 4. 小组完成确定技术文件、报告、报表进行审核和分析的负责人; 5. 小组完成确定施工人员对关键工序自检合格后进入下一道工序的标准; 6. 小组完成确定公路工程现场质量检查控制的主要内容
任务准备	1. 知识准备:了解公路工程质量管理基础知识; 掌握施工各阶段质量影响因素、质量管理依据及质量管理各阶段要求; 2. 工具准备:借阅《公路工程质量检验评定标准 第一册 土建工程》(JTG/T F80/1—2017)
工作步骤	1. 小组讨论分工; 2. 小组完成公路工程质量控制关键点设置依据查阅; 3. 小组完成技术文件、报告、报表进行审核和分析的负责人的确定; 4. 小组完成施工人员对关键工序自检合格后进入下一道工序的标准总结; 5. 小组完成公路工程现场质量检查控制的主要内容总结
自我评价 (优、良、中、差)	工作态度: 团队协作: 知识掌握:

一、公路工程项目施工质量管理概述

(一)公路工程项目施工质量管理要求

1. 公路工程质量概念

公路工程质量是指有关公路工程建设的法律、法规、规章、技术标准以及批准的设计文件和工程合同对建设公路工程的安全、适用、经济、美观等特性的综合要求。

2.《公路工程质量管理办法》的要求

凡在中华人民共和国境内从事由各级人民政府财政拨款、国家投资、中央和地方合资、地方投资、国内外经济组织投资、贷款以及其他投资方式建设的公路,包括路基、路面、公路桥涵和隧道,公路渡口及公路防护、排水和附属设施等公路工程建设活动的建设、设计、施工、建设单位和个人都必须遵守《公路工程质量管理办法》。

《公路工程质量管理办法》

3.《公路工程质量监督规定》的要求

公路工程从业单位包括从事公路工程建设的建设单位、勘察、设计单位、施工单位、监理单位、试验检测单位以及相关设备、材料的供应单位,依法承担公路工程质量责任,接受、配合交通主管部门和其所属的质量监督机构的监督检查,不得拒绝或者阻碍。依据《公路工程质量监督规定》建设单位或者

《公路工程质量监督规定》

项目法人在完成开工前各项准备工作之后,应当在办理施工许可证前三十日,按照交通运输部的有关规定到质监机构办理公路工程施工质量监督手续。

(二)公路工程项目施工质量管理

公路工程项目施工质量管理包括:项目质量保证体系建立和运行,项目施工组织设计,关键过程和特殊过程质量控制,质量事故应急处理,质量隐患、质量通病及预防措施,技术攻关及技术创新管理。

1.公路工程项目施工质量管理体系

公路工程施工项目欲有效开展质量管理,必须设计、建立、实施和保持质量管理体系。质量管理体系是相互关联和作用的组合体,具体包括如下内容:

(1)建立组织结构。建立合理的组织机构和明确的职责、权限及其协调的关系。

(2)编制质量控制依据。根据合同条款的要求,严格按照设计图纸和技术规范要求编制规定到位的形成文件的程序和作业指导书,是过程运行和活动进行的依据。

(3)过程控制。按照质量控制程序文件的要求,在项目实施过程中通过有效运行,保证质量管理体系的有效实施。

(4)保证资源。在项目实施过程中,必需、充分且适宜的资源包括人员、资金、设施、设备、料件、能源、技术和方法。项目部质量职能分配见表4-11。

项目部质量职能分配 表4-11

质量职能	项目部经理	项目部书记	总工程师	商务经理	生产助理	技术助理	材料供应部	计划财务部	工程技术部	安监部	综合办公室
质量管理手册	●		○			○			○		○
项目部质量体系	●	○	○	○	○	○	○	○	○	○	○
项目部职责管理	●	○	○	○	○	○	○	○	○	○	○
职能分配表	●	○	○	○	○	○	○	○	○	○	○
行政技术文件控制程序	○	○							○	○	●
合同管理程序	○		●	●				●	○		○
项目工程成本控制程序	○		●	●	○		○	●	○		○

续上表

质量职能	项目部经理	项目部书记	总工程师	商务经理	生产助理	技术助理	材料供应部	计划财务部	工程技术部	安监部	综合办公室
施工质量控制程序	○		●	○	○	●	○		○	○	
工程竣工结算程序	○		○	●	○	○		●	○	○	
安全生产管理程序	○		○		○	○		○	○	●	

注：●-主控；○-相关。

2.公路工程施工质量控制系统

公路工程施工质量控制系统包括事前控制、事中控制和事后控制,对于三个阶段的质量控制应该各有不同的工作重点,但必须加强事前控制,重视施工前的质量控制。加强对质量保证体系的管理,严把开工关,对整个工程项目质量控制起着至关重要的作用。公路工程施工阶段质量控制系统如图4-5所示。

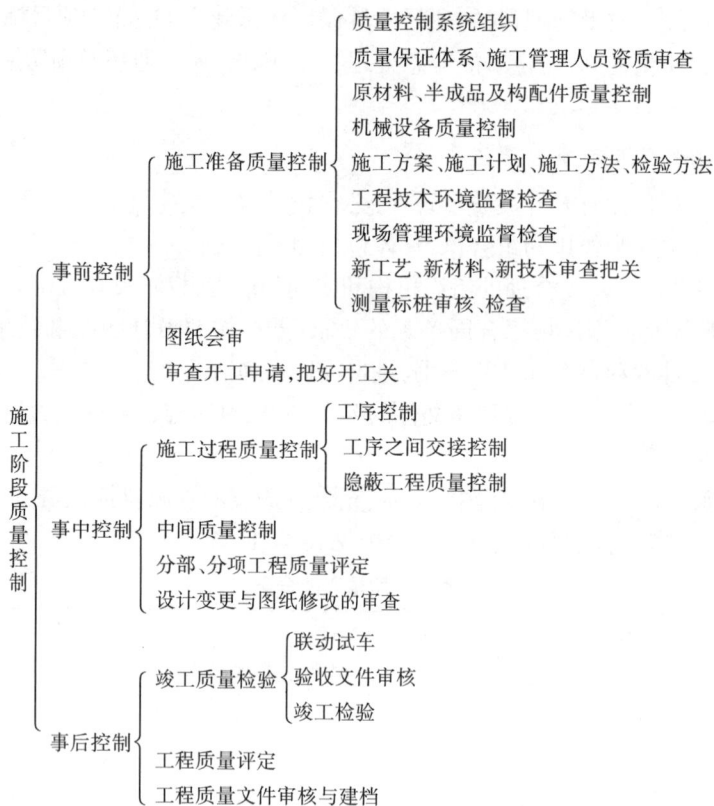

图4-5　公路工程施工阶段质量控制系统

3.工程项目质量形成的影响因素

对可能引发工程项目质量不合格的因素(人、机、料、法、环、测)要规定约束条件(体系文件、标准等),以确保这些因素的波动不超出约束条件的范围,这是预防质量不合格的基本要求。在项目实施中对纠正和预防措施进行跟踪检查,实施闭环归零管理,从而使生产过程的质量得到提高。影响工程项目质量的因素主要有:

(1)人的质量意识和质量能力。

(2)决策因素。

(3)勘察设计因素。

(4)建筑材料、构配件及相关工程用品的质量。

(5)施工方案。

(6)施工环境。

项目质量控制因素见图4-6。

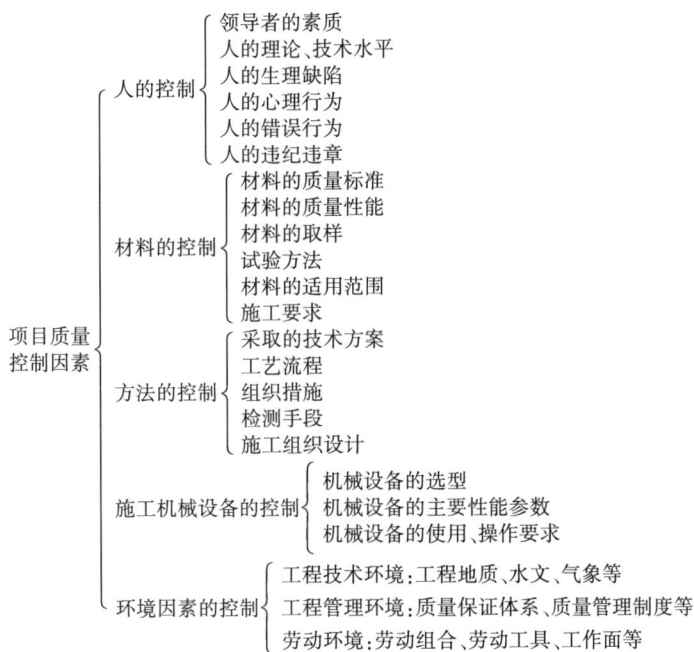

图4-6 项目质量控制因素

二、施工准备阶段的质量管理

1.施工质量管理的依据

(1)工程项目施工合同文件。

(2)工程项目施工图设计文件。

(3)国家有关部门颁发的有关技术法规性文件。

(4)有关质量检验与控制的专门技术法规性文件。

①工程项目质量检验评定标准。

②有关工程材料、半成品和构配件质量控制的专门技术法规依据。

③控制施工工序质量等方面的技术法规性依据。

④凡采用新工艺、新技术、新方法的工程,应事先进行试验,并应有权威性的技术部门的技术鉴定书及有关的质量数据、指标,在此基础上制定有关的质量标准和施工工艺规程,以此作

为判断与控制质量的依据。

2.项目施工准备阶段施工单位的质量管理

(1)制订分部分项工程施工工艺方案。

(2)制订施工质量保证措施,如组织措施、技术措施、经济措施、合同措施等。

(3)制订施工组织设计、施工进度计划等。

(4)人员准备、机械准备、材料准备和资金准备等。

(5)熟悉图纸及技术规范,做好开工的准备。

施工前施工单位应对工程地质、测量定位、高程等资料进行复核检查,包括:构配件放样图有无差错的复核检查,对原材料、半成品、成品和配件等进场的质量检查,新产品的试制和新技术、新工艺的推广等的事先试验检查。

3.制订工程施工质量管理制度

(1)制订施工质量控制体系。

(2)制订工序能力的验证体系。

(3)制订材料的质量控制体系。

(4)施工现场管理和环境质量控制体系。

(5)施工工艺文件的质量控制。

4.项目施工准备阶段监理单位的质量管理

施工前,监理人的质量控制工作主要从两方面入手:一方面,是对承包人所做施工准备工作的质量进行全面检查与控制;另一方面,应组织好有关质量保证工作,如工程图纸会审、技术交底等方面的工作。主要进行以下方面的质量管理:

(1)施工承包人资质审查。

(2)现场施工准备的质量控制。

(3)工序开工前准备状态的控制。

(4)施工测量及计量器具性能、精度的控制。

(5)施工现场劳动组织及作业人员上岗资格控制。

三、施工过程的质量管理

(一)公路工程标准化施工

1.一般要求

(1)对于高等级公路路基、路面、桥涵、隧道工程的施工,承包人应充分发挥工厂化、集约化施工的优势,按标准化、规范化、精细化的要求组织施工。对于一级及一级以下公路路基、路面、桥涵、隧道工程的施工,承包人按照《公路工程标准施工招标文件(2018年版)》(交通运输部公告2017年第51号)技术规范的标准化要求执行。

(2)施工标准化应贯穿于整个施工周期,承包人应加强对设施的维护与管理,确保各种设施始终保持良好状况。

（3）各种标志标牌、展板及图表应统一设计制作,规范布置。

（4）标准化设施应符合合同约定。

2．施工标准化

（1）承包人应按照规范要求,优化施工工艺,严格工艺管理,提高施工效率和实体工程质量。

（2）规范质量检验与控制,强化各类验证试验和标准试验,做到检测项目完整齐全,检测频率符合要求,检测数据真实可靠。

（3）加强对隐蔽工程、关键工序的过程控制和验收,确保工程各项指标抽检合格率达到规范要求。

（4）施工过程中,施工原始记录应与施工工序同步,工程现场验收应与施工资料签认同步,对隐蔽工程应保留相关影像资料。

（5）严格执行试验路、试验段及首件工程验收制,未经验收总结,不得进行规模生产。

3．管理标准化

承包人应严格执行公路建设法律法规和强制性标准,在工程管理中查找薄弱环节,健全管理制度,优化管理流程,把技术标准、管理标准、作业标准落实到施工全场,实现工程进度合理均衡,安全措施落实,节能环保措施到位,档案资料收集齐全、整理规范。加强从业人员管理培训,统一从业人员持证和着装。

（二）公路工程施工质量控制程序

1．开工报告的审批

在各单位工程、分部工程或分项工程开工前,承包人应向驻地监理人提交工程开工报告,监理人应对承包人的工程实施计划和施工方案和材料、设备、劳力等现场准备情况及本项工程质量控制保证进行审批,并对放样测量、标准试验等进行必要的复核。

施工前,监理人根据合同条件对承包人开工前的准备工作进行检查,重点检查施工方案、人员、材料、机械设备和自检系统及施工测量准备工作。具体内容如下:

（1）施工现场的检查和施工放样的校核。

（2）施工机械的检查和审批。

（3）施工方案的审批。

（4）施工自检系统的检查。

（5）批准开工申请的检查。

2．工序施工质量管理

（1）工序自检报告。承包人应根据批准的施工方案和施工工艺流程精心组织施工,在每道工序完工后首先进行自检,自检合格后,提交自检报告,申请专业监理人进行检查认可。

（2）工序检查认可。专业监理人接到自检报告后,应尽快进行检查认可,或在承包人自检的同时对每道工序完工后进行检查验收并签认。对于不合格的工序,则应指示承包人进行缺陷修补或返工。若前一道工序未检查合格,则后一道工序不得进行施工。

3．中间交工质量管理

（1）中间交工质量报告。当工程的单位、分部或分项工程完工后,承包人应进行一次系统自检,汇总各道工序的检查记录及测量抽样试验结果,然后提交中间交工报告。对于自检资料不全的交工报告,专业监理人应拒绝签收。分部工程中所属分项工程全部合格,则该分部工程合格;单位工程中所属分部工程全部合格,则该单位工程合格。

(2)中间交工证书。专业监理人接到中间交工质量报告后,应对承包人按工程量清单分项完工的每个单项工程进行一次系统检查,必要时还应进行测量和抽样试验。当检查合格后,再提请驻地监理人签发《中间交工证书》。未经中间交工检查或检验不合格的工程,不得进行下一工程的施工。

(3)中间计量。对于签发了《中间交工证书》的工程,应进行工程计量,并由驻地监理人签发《中间计量表》。

(三)公路工程施工质量控制系统

(1)对外购材料质量的控制。

(2)加强公路工程施工工艺管理,严格执行施工工艺规程。

(3)严把工序质量关、工序之间交接检查质量关、隐蔽工程检查质量关,强化施工过程中的质量检验工作。

(4)坚持文明施工和均衡生产管理。

(5)掌握工程施工质量动态管理,进行质量的统计分析。

(6)加强施工过程中不合格项目的控制与纠正。

(7)加强工程质量验证状态的控制、测量和试验设备的控制。

(8)建立、健全工序和质量控制点。

(9)灵活运用工序质量控制方法。

(10)进行施工过程质量经济分析。

(四)项目施工阶段质量管理

(1)发包人和承包人应严格遵守国家有关公路工程质量责任制和质量问题责任追究的相关规定,制定相关质量保证措施,严格执行质量责任追究制度,质量事故处理实行"四不放过"原则。

(2)承包人应在施工场地设置专门的质量检查机构,配备专职质量检查人员,建立完善的质量检查制度。承包人应在合同约定的期限内,提交工程质量保证措施文件,包括质量检查机构的组织和岗位责任、质检人员的组成、质量检查程序和实施细则等,报送监理人审批。

(3)用于工程的材料和设备进场以前,承包人必须向监理人提交生产厂商出具的质量合格证书和承包人检验合格证书,证明材料、设备质量符合技术规范的规定。

(4)承包人应随时按监理人的指令在制造、加工或施工现场对材料和设备进行检验。承包人应为监理人对材料或设备的检验提供一切必要的协助,在材料用于工程之前,应按监理人的要求提供材料样品以供检验。

(5)承包人应加强质量监控,确保规范规定的检验、抽检频率,现场质检的原始资料必须真实、准确、可靠,不得追记,接受质量检查时必须出示原始资料。

(6)承包人必须完善检验手段,根据技术规范的规定配齐检测和试验仪器、仪表,并应及时校正确保其精度;根据合同要求加强工地试验室的管理;加强标准计量基础工作和材料检验工作,不得违规计量,不合格材料严禁用于工程。

(7)所有施工操作工艺应符合本合同的规定以及监理人的指令。

(8)对工程质量有争议,监理人可委托独立的工程质量检测机构鉴定,所需费用及因此造成的损失,由责任方承担。双方均有责任的,由双方根据其责任大小分别承担。

(9)承包人应合理安排施工计划,合理安排工期,尽量避免工程越冬施工。如必须越冬,要采取必要的措施,保证工程质量;所发生的费用,承包人在报价中要充分考虑,发包人不单独支付。

(10)监理人根据检查或检验结果可以拒收有缺陷或不符合合同要求的材料或设备,并通知承包人说明拒收的理由。承包人应立即修复所述缺陷或替换被拒收材料或设备使其符合合同规定。如果监理人要求在相同条件下进行被拒收材料或设备的检验,其检验所发生的费用由承包人承担。

(五)公路工程施工项目技术管理制度

根据合同协议质量目标的要求,建立施工现场的技术管理制度,认真组织实施。

1.图纸会审制度

图纸会审包括初审、内部会审和综合会审。在各阶段会审工作中,抓住施工图的主要内容,审查与现行的国家技术标准及经济政策是否相符,设计图纸是否符合现场要求,图纸在标注的尺寸、坐标、高程及地上地下工程和公路交会点有无遗漏和矛盾等。图纸未通过会审不得用于施工。

2.施工技术交底

工程施工前必须进行技术交底,交底记录作为施工管理的原始技术资料。交底的内容包括承包合同有关条款、设计图、设计文件规定的技术标准、施工技术规范和质量要求、施工进度和工期要求、采用的施工工艺方法和材料要求、技术安全措施等。对于重点工程、重点部位、特殊工程,以及采用新结构、新工艺、新材料的工程,更要做详细的技术交底。

(1)单位工程、分部工程和分项工程开工前,由项目总工主持,向项目部有关人员和施工作业队负责人进行书面技术交底,由作业队负责人、现场技术员再向现场具体操作人员进行技术交底。技术交底的材料应办理签字手续并归档。

(2)在施工过程中,项目总工程师对业主或监理人提出的有关施工方案、技术措施及设计变更要求,应在执行前向执行人员进行书面技术交底。

3.测量管理制度

(1)测量工作必须严格执行测量复核签认制,保证测量工作质量,防止错误,提高工作效率。项目经理部总工程师和技术部门负责人要对测量队、组执行测量复核签认制的情况进行检查,并做好记录。测量队对测量组执行测量复核签认制的情况进行检查,并做好记录。

(2)控制测量、每单项工程施工必须分别使用单项测量记录本。一切原始观测值和记录项目在现场记录清楚,不得涂改,不得凭记忆补记、补绘。测量记录应按照要求归档保存。

(3)测量仪器应做到专人使用,专人保管,不得私自外借他人使用。

4. 材料、构(配)件试验管理制度

(1)工地试验室建设。根据合同协议的要求,承包人建立满足现场工程质量控制要求的工地试验室,并按照要求配备试验检测人员。

(2)材料质量控制。试验室对进场的主要原材料按照施工技术规范规定的批量和项目进行检测试验。未经检验和检验为不合格的材料、半成品、构配件和工程设备等不得投入使用。项目部应在公司确定的合格材料供应商名录中按计划招标采购材料、半成品和构配件。项目部应对材料、半成品、构配件进行标识。材料的搬运和储存应按搬运储存规定进行,并应建立材料台账。

对业主提供的材料、半成品、构配件、工程设备和检验设备等,必须按照规定进行检验、验收和妥善保管,发现不适用、不合格或丢失等情况,应立即报告业主。

(3)中间产品的质量控制。包括拌和原材料的质量管理,材料配合比审查,现场制备料质量管理,预制厂及自行预制构件的质量管理。

(4)成品保护。成品保护是施工生产过程中的重要环节,是对施工工程的符合性提供有效的保护,以防止成品损坏。项目部应对施工半成品和成品,采取有效措施妥善保护。成品保护的期限为从施工开始直至工程交付责任期满为止的项目施工全过程。成品保护的主要范围为:工程设备、施工过程中的工序成品、完工后交工前的成品、工程完工至交付业主前的成品。

5. 隐蔽工程验收制度

隐蔽工程是指下道工序施工所隐蔽的工程项目,隐蔽前必须进行质量检查和验收。

(1)没有监理人的批准,任何隐蔽工程均不得覆盖或掩蔽。当任何一部分工程或基础已经或即将为检查做好准备时,承包人应事先通知监理人,并约定检查的时间,监理人则应按时派人员参加上述工程或基础的检查和量测。如果监理人认为没有必要参与检查,应就此通知承包人。如果上述约定时间后的 6h 内,监理人或其代表未能到场对上述工程或基础进行检查和量测,承包人即可自行检查,并如实作出自检报告后覆盖或掩蔽,监理人事后应予以认可。

(2)重新检验。承包人应按监理人发出的指示,剥开工程的任何一部分或开孔,并负责使该部分恢复原状。如检验符合合同规定,监理人在同发包人和承包人适当协商后,应确定剥开或开孔及恢复原状的费用,加到合同价格上,然后通知承包人并抄送发包人。如检验不符合合同规定,所发生的相关费用由承包人承担。

(3)承包人未通知监理人到场检查,私自将工程隐蔽部位覆盖的,监理人有权指示承包人钻孔探测或揭开检查,由此增加的费用和(或)工期延误由承包人承担。

6. 变更设计制度

发包人或监理人如认为有必要时,可根据规定对本合同工程中任何部分的结构形式、质量、等级或数量做出变更,包括以下几个方面:

(1)增加或减少合同中的任何工程的数量。

(2)取消合同中的任何单项工程,但被取消的工程不能转由发包人或其他人实施。

(3)改变合同中的任何一项工作的质量或其他特性。

(4)改变工程任何部分的高程、基线、位置和尺寸。

(5)改变合同中任何一项工作的施工时间或改变已批准的施工工艺或顺序。

(6)完成工程需要追加的额外工作。

没有监理人指令,承包人不得擅自变更。未经设计单位及项目设计负责人允许,施工单位无权修改设计文件。

监理人变更指令应说明变更的目的、范围、变更内容以及变更的工程量及其进度和技术要求,并附有关图纸和文件。承包人收到变更指令后,应按变更指令进行变更工作。

7. 工程质量验收评定制度

(1)工序控制:施工过程均按照要求进行工序"三检"(自检、互检和交接检)。隐蔽工程、指定部位和分项工程未经检验或已经检验不合格的,严禁转入下一道工序。对查出的质量缺陷应按不合格控制程序及时处理。过程质量控制应由每道工序和岗位的责任人负责。施工管理人员及作业人员应按操作规程、作业指导书和技术交底文件进行施工,施工管理人员应记录工序施工情况。

(2)质量评定:工程质量等级应分为合格与不合格。按照《公路工程质量检验评定标准 第一册 土建工程》(JTG F80/1—2017)要求进行质量评定,公路工程质量检验评定应符合下列规定:

①分项工程完工后,应根据检评标准进行检验,对工程质量进行评定,隐蔽工程在隐蔽前应检查合格。

②分部工程、单位工程完工后,应汇总评定所属分项工程、分部工程质量资料,检查外观质量,对工程质量进行评定。

③分项工程质量评定合格应符合下列规定:检验记录应完整、实测项目应合格、外观质量应满足要求。

④分部工程质量评定合格应符合下列规定:评定资料应完整、所含分项工程及实测项目应合格、外观质量应满足要求。

⑤单位工程质量评定合格应符合下列规定:评定资料应完整、所含分部工程应合格、外观质量应满足要求。

8. 技术总结制度

工程项目施工完工后,项目经理部要及时组织有关人员编写工程技术总结,包括对"新技术、新材料、新工艺、新设备"的推广应用情况,施工中关键技术的研究和技术难题的解决实施情况,在工程施工组织和施工技术管理方面的体会等。

9. 技术档案制度

按照交通运输部《公路工程竣(交)工验收办法与实施细则》(交公路发〔2010〕65号)相关要求,系统地收集记述工程建设全过程中具有保存价值的技术文件,并按照归档制度要求整理,建立项目技术档案。

项目施工过程中以分项工程为单元分开工前和开工后两部分分别进行技术资料汇总整理。

(1)开工前:主要包括原材料试验、配合比等标准试验、开工报告等,要求以分部工程为单元进行整理汇总。

(2)开工后:主要包括原材料和混合料试验,施工检测及质量评定,有试验表、施工检测表、质量评定表等,以分项工程为单元进行整理汇总。在分部工程中,应按不同的施工方法、材料、工序及路段长度等划分为若干个分项工程。

(六)施工阶段监理人质量监督控制手段

(1)监理人质量监督采取的手段。

①旁站监督。在施工过程中在现场观察、监督与检查。

②测量。是对结构物几何尺寸、方位等控制的重要手段。

③试验。试验数据是监理人判断和确认各种材料和工程部位内在品质的主要依据。

④指令文件。是运用监理人指令控制权的具体形式。

⑤规定的质量监控工作程序。规定双方必须遵守的质量监控工作程序。

⑥利用支付控制手段。是建设单位或承包合同赋予监理人的支付控制权。

⑦工地例会、专题会议的管理。

⑧停、复工令的实施。

(2)监理人有权随时就下述事项发出指令:

①责成承包人在规定的时间内,一次或分次将不符合合同规定的材料或设备从现场运走,并用合格、适用的材料或设备取代。

②不管先前是否已经检验或中期付款,如果监理人认为工程的任何部分由于材料、设备或操作工艺或承包人设计的局部工程不符合合同规定时,由承包人将这些工程拆除并彻底重做。

③承包人使用不合格材料、工程设备,或采用不适当的施工工艺,或施工不当,造成工程不合格的,监理人可以随时发出指示,要求承包人立即采取措施进行替换、补救或拆除重建,直至达到合同要求的质量标准,由此增加的费用和(或)工期延误由承包人承担。

④如果承包人未在规定时间内执行监理人的指示,发包人有权雇用他人执行,由此增加的费用和(或)工期延误由承包人承担。

案例 4-4

某预应力钢筋混凝土梁式桥,由 A 路桥公司承包施工,B 监理单位进行工程监理,施工过程中,箱梁钢筋绑扎后,工地技术人员向混凝土班组下达了混凝土浇筑令。

问题:

(1)该工地技术人员的做法存在哪些不当之处?请写出正确的做法。

(2)箱梁钢筋绑扎后混凝土浇筑之前,应对钢筋工程进行哪些方面的检查?

解:

(1)该工地技术人员的做法不当。首先,箱梁钢筋绑扎后混凝土浇筑属于隐蔽工程,隐蔽前必须进行隐蔽工程的质量检查,项目负责人应组织施工人员、质检人员,并请监理单位和建设单位的代表参加,必要时还要请设计单位的代表参加。其次工地技术人员无权下达混凝土浇筑令,只有监理人在检查合格后,才有权下达混凝土浇筑令。

(2)对钢筋工程检查包括:钢筋品种、规格、数量间距、接头情况及除锈,预应力筋预留孔道的直径、位置、坡度、接头处理、孔道绑扎是否牢固等情况。

四、项目竣工阶段质量管理

(一)竣(交)工验收质量控制的要求

依据《公路工程竣(交)工验收办法》(交通部令 2004 年第 3 号)和《公路工程竣(交)工验收办法实施细则》(交公路发〔2010〕65 号)要求,交工验收阶段,其主要工作是:检查施工合同的执行情况,评价工程质量,对各参建单位工作进行初步评价。竣工验收阶段,其主要工作是:对工程质量、参建单位和建设项目进行综合评价,并对工程建设项目作出整体性综合评价。

《公路工程竣(交)工
验收办法》

《公路工程竣(交)工
验收办法实施细则》

1.公路工程竣(交)工验收的依据

公路工程竣(交)工验收的依据是:

(1)批准的项目建议书、工程可行性研究报告。

(2)批准的工程初步设计、施工图设计及设计变更文件。

(3)施工许可。

(4)招标文件及合同文本。

(5)行政主管部门的有关批复、批示文件。

(6)公路工程技术标准、规范、规程及国家有关部门的相关规定。

2.公路工程交工验收的要求

工程项目施工完工,承包人通过自检达到交工验收质量要求,并已按规定编制了竣工图表和竣工资料后,承包人可就此向监理人申请交工验收,同时抄送发包人。监理人在收到该申请后,应在 7d 内审核并报发包人,发包人在收到申请后 14d 内应组织交工验收,并写出交工验收报告报上级主管部门备案。同时,发包人在交工验收合格后 14d 内,向承包人签发交工证书,并办理合同工程移交管养工作,工程进入缺陷责任期。各合同段交工验收工作所需费用由施工单位承担。

3.公路工程竣工验收的要求

全部工程完工后,在全部工程交工证书签发之前,承包人须向发包人提交 3 套完整、合格的竣工文件与施工文件。在缺陷责任期内应补充的竣工资料应在签发缺陷责任证书之前提交。在承包人实施和完成本合同工程及其缺陷修复的义务后,应由监理人根据合同规定核查缺陷责任修复完成后,填写缺陷责任终止证书,报发包人同意后,由发包人在缺陷责任期终止后 21d 内发出。

4.公路工程竣(交)工阶段承包人的工作

(1)单位工程竣工后,必须进行最终检验和试验,项目技术负责人应按编制竣工资料的要求收集、整理质量记录。

(2)项目技术负责人应组织有关专业技术人员按最终检验和试验规定,根据合同要求进行全面验证。

(3)对查出的施工质量缺陷,应按不合格控制程序进行处理。

(4)项目经理应组织有关专业技术人员按照合同要求编制工程竣工文件,并应做好移交准备。

(5)在最终检验和试验合格后,应对工程产品采取保护措施。

(6)工程交工后,项目经理部应编制符合文明施工和环境保护要求的撤场计划。

(二)竣(交)工自检或竣工预检

在正式竣工验收前,由项目经理组织生产、技术、质量、合同、预算以及有关的施工工长或施工员共同参加的对工程建设项目进行的自检。

1.自检的标准

(1)工程是否符合国家规定的竣工验收条件。

(2)工程完成情况是否符合施工图纸和设计的使用情况。

(3)工程质量是否符合国家和地方政府规定的标准要求。

(4)工程是否达到合同规定的要求和标准。

2.自检的方式

(1)分层分段地进行检查,并在检查中做好记录。

(2)对不符合要求的部位和项目,确定修补措施和标准,并指定专人负责,定期修理完毕。对查处的问题全部修补完毕之后,应进行复检,通过复检要解决全部遗留问题,为正式验收做好准备。

(三)交工验收控制

各合同段的设计、施工、监理等单位参加交工验收工作,由项目法人负责组织。路基工程作为单独合同段进行交工验收时,应邀请路面施工单位参加。拟交付使用的工程,应邀请运营、养护管理等相关单位参加。交通运输主管部门、公路管理机构、质量监督机构视情况参加交工验收。

1.公路工程交工验收条件

公路工程交工验收工作一般按合同段进行,并应具备以下条件:

(1)合同约定的各项内容已全部完成。各方就合同变更的内容达成书面一致意见。

(2)施工单位按《公路工程质量检验评定标准 第一册 土建工程》(JTG F80/1—2017)及相关规定对工程质量自检合格。

(3)监理单位对工程质量评定合格。

(4)质量监督机构按"公路工程质量鉴定办法"对工程质量进行检测,并出具检测意见。检测意见中需整改的问题已经处理完毕。

(5)竣工文件按公路工程档案管理的有关要求,完成"公路工程项目文件归档范围"第三、

四、五部分(不含缺陷责任期资料)内容的收集、整理及归档工作。

(6)施工单位、监理单位完成本合同段的工作总结报告。

2.交工验收程序

(1)施工单位完成合同约定的全部工程内容,且经施工自检和监理检验评定均合格后,提出合同段交工验收申请报监理单位审查。交工验收申请应附自检评定资料和施工总结报告。

(2)监理单位根据工程实际情况、抽检资料以及对合同段工程质量评定结果,对施工单位交工验收申请及其所附资料进行审查并签署意见。监理单位审查同意后,应同时向项目法人提交独立抽检资料、质量评定资料和监理工作报告。

(3)项目法人对施工单位的交工验收申请、监理单位的质量评定资料进行核查,必要时可委托有相应资质的检测机构进行重点抽查检测,认为合同段满足交工验收条件时应及时组织交工验收。

(4)对若干合同段完工时间相近的,项目法人可合并组织交工验收。对分段通车的项目,项目法人可按合同约定分段组织交工验收。

(5)通过交工验收的合同段,项目法人应及时颁发"公路工程交工验收证书"。

(6)各合同段全部验收合格后,项目法人应及时完成"公路工程交工验收报告"。

3.交工验收的主要工作内容

(1)检查合同执行情况。

(2)检查施工自检报告、施工总结报告及施工资料。

(3)检查监理单位独立抽检资料、监理工作报告及质量评定资料。

(4)检查工程实体,审查有关资料,包括主要产品的质量抽(检)测报告。

(5)核查工程完工数量是否与批准的设计文件相符,是否与工程计量数量一致。

(6)对合同是否全面执行、工程质量是否合格做出结论。

(7)按合同段分别对设计、监理、施工等单位进行初步评价。

交工验收不合格的工程应返工整改,直至合格。交工验收提出的工程质量缺陷等遗留问题,由项目法人责成施工单位限期完成整改。

(四)工程竣工验收

按照公路工程管理权限,各级交通运输主管部门应于年初制订年度竣工验收计划,并按计划组织竣工验收工作。列入竣工验收计划的项目,建设单位应提前完成竣工验收前的准备工作。

1.公路工程竣工验收应具备的条件

(1)通车试运营2年以上。

(2)交工验收提出的工程质量缺陷等遗留问题已全部处理完毕,并经建设单位验收合格。

(3)工程决算编制完成,竣工决算已经审计,并经交通运输主管部门或其授权单位认定。

(4)竣工文件已完成"公路工程项目文件归档范围"的全部内容。

(5)档案、环保等单项验收合格,土地使用手续已办理。

(6)各参建单位完成工作总结报告。

(7)质量监督机构对工程质量检测鉴定合格,并形成工程质量鉴定报告。

2.竣工验收准备工作程序

(1)公路工程符合竣工验收条件后,建设单位应按照公路工程管理权限及时向相关交通运输主管部门提出验收申请,其主要内容包括:

①交工验收报告。

②项目执行报告、设计工作报告、施工总结报告和监理工作报告。

③项目基本建设程序的有关批复文件。

④档案、环保等单项验收意见。

⑤土地使用证或建设用地批复文件。

⑥竣工决算的核备意见、审计报告及认定意见。

(2)相关交通运输主管部门对验收申请进行审查,必要时可组织现场核查,审查同意后报负责竣工验收的交通运输主管部门。

(3)以上文件齐全且符合条件的项目,由负责竣工验收的交通运输主管部门通知所属的质量监督机构开展质量鉴定工作。

(4)质量监督机构按要求完成质量鉴定工作,出具工程质量鉴定报告,并审核交工验收对设计、施工、监理的初步评价结果,报送交通运输主管部门。

(5)工程质量鉴定等级为合格及以上的项目,负责竣工验收的交通运输主管部门及时组织竣工验收。

3.竣工验收主要工作内容

(1)成立竣工验收委员会。

(2)听取公路工程项目执行报告、设计工作报告、施工总结报告、监理工作报告及接管养护单位项目使用情况报告。

(3)听取公路工程质量监督报告及工程质量鉴定报告。

(4)竣工验收委员会成立专业检查组检查工程实体质量,审阅有关资料,形成书面检查意见。

(5)对建设单位建设管理工作进行综合评价,审定交工验收对设计单位、施工单位、监理单位的初步评价。

(6)对工程质量进行评分,确定工程质量等级,并综合评价建设项目。

(7)形成并通过《公路工程竣工验收鉴定书》。

(8)负责竣工验收的交通运输主管部门印发《公路工程竣工验收鉴定书》。

(9)质量监督机构依据竣工验收结论,对各参建单位签发"公路工程参建单位工作综合评价等级证书"。

竣工验收委员会由交通运输主管部门、公路管理机构、质量监督机构、造价管理机构等单位代表组成。国防公路应邀请军队代表参加。大中型项目及技术复杂工程,应邀请有关专家参加。建设单位、设计、施工、监理、接管养护等单位代表参加竣工验收工作,但不作为竣工验收委员会成员。

4. 参加竣工验收工作各方的主要职责

竣工验收委员会负责对工程实体质量及建设情况进行全面检查。对工程质量进行评分,对各参建单位及建设项目进行综合评价,确定工程质量和建设项目等级,形成工程竣工验收鉴定书。

建设单位负责提交项目执行报告及验收工作所需资料,协助竣工验收委员会开展工作。设计单位负责提交设计工作报告,配合竣工验收检查工作。施工单位负责提交施工总结报告,提供各种资料,配合竣工验收检查工作。监理单位负责提交监理工作报告,提供工程监理资料,配合竣工验收检查工作。接管养护单位负责提交项目使用情况报告,配合竣工验收检查工作。公路建设项目设计、施工、监理、接管养护等有多家单位的,建设单位应组织汇总设计工作报告、施工总结报告、监理工作报告、项目使用情况报告。竣工验收时选派代表向竣工验收委员会汇报。

工程全部完工并通过交工验收后,建设单位应向上级主管部门申请进行竣工验收。组织办理竣工验收的费用,由建设单位承担。在自检的基础上,确认工程全部符合竣工验收标准,即可开始正式验收工作。施工单位应于正式竣工验收之日前10d,向建设单位提交工程竣工报告;工程验收工作由建设单位组织,邀请设计单位、监理单位、施工等单位一起进行检查验收。对工程质量进行竣工检查评定,全部工程合格后,办理工程档案资料移交和办理工程移交手续。承包人应按要求对施工场地进行清理,直至监理人检验合格为止。竣工清场费用由承包人承担。工程项目竣工资料见表4-12。

工程项目竣工资料   表4-12

竣工资料整理应符合的要求	(1)工程施工技术资料的整理应始于工程开工、终于工程竣工,真实记录施工全过程,可按形成规律收集,采用表格或分类组卷; (2)工程质量保证资料的整理,应按专业并根据工程的内在要求,进行分类组卷; (3)工程检验评定资料的整理,应按单位工程、分部工程、分项工程划分顺序进行分类组卷; (4)竣工图的整理应区分情况按竣工验收的要求组卷
工程技术档案资料	(1)开工报告、竣工报告; (2)经理、技术人员聘任文件; (3)施工组织设计、图纸会审记录; (4)技术交底记录、设计变更通知; (5)技术核定订单、地质勘查报告; (6)定位测量记录、基础处理记录; (7)沉降观测记录、防水工程防渗试验记录; (8)混凝土浇筑记录、商品混凝土供应记录; (9)工程复核记录、质量事故处理记录; (10)施工日志、建筑工程施工合同、补充协议; (11)工程保修书、工程预(结)算书; (12)工程项目竣工一览表、施工项目总结

案例 4-5

某单位承担了公路工程项目的施工任务。由于该项目周边环境复杂,施工干扰较大,为了

保证项目的施工质量,项目部根据有关文件和项目具体的特点对工程质量控制设置了关键点。该工程在实施中发生了如下事件:

事件1:该工程技术总负责人负责对技术文件、报告、报表进行审核和分析。

事件2:由于第三方原因,该工程被迫停工,停工时项目经理组织有关人员对项目质量进行了检查,均合格,该项目停工20d后复工,项目经理在未经检查的情况下指示继续施工。

事件3:在某关键工序施工完毕后,由施工人员对其质量进行自检,达到合格后标准后,紧接着便开始下一道工序的施工。

问题:

(1)公路工程质量控制关键点要根据哪些文件和资料的要求设置?

(2)工程技术总负责人负责对技术文件、报告、报表进行审核和分析是否妥当?如不妥,应由谁负责?

(3)施工人员对关键工序自检合格后,开始下一道工序施工是否妥当?若不妥,应该怎样才能进入下一道工序?

(4)公路工程现场质量检查控制的主要内容有哪些?

解:

(1)公路工程质量控制关键点要根据设计文件、项目专用技术规范和施工质量控制计划的要求设置。

(2)不妥当,应该由项目经理负责对技术文件、报告、报表进行审核和分析。

(3)不妥当,因为不管由于何种原因停工后再复工时,均应检查合格后方可组织复工。

(4)公路工程现场质量检查控制的主要内容包括:开工前检查,工序检查与工序交接检查,隐蔽工程检查,停工复工前的检查,分项、分部工程完成后检查,成品、材料、机械设备等的检查以及巡视检查等。

模块四 项目施工质量管理方法

【工作任务4】 请依据本模块中的相关知识,结合给定的项目建设背景资料,完成下列任务,详见表4-13。

项目四 模块四 任务单   表4-13

工作任务	该项目K3+305(10~30m大桥)的钻孔灌注桩基础施工任务分包给了B公司,建设单位委托了监理人。监理人要求B公司在施工前复核了该工程的原始基准点、基准线和测量控制点,在经B公司技术人员审核签认后,B公司进行该桩基础施工。该桥1号桥墩桩基础施工完毕后发现整体桩位(桩中心线)沿桥梁中线偏移,偏移量超出了规范允许偏差。经检查发现,造成桩位偏差的原因是桩位施工尺寸与总平面尺寸不一致。 根据上述情景请你选择运用统计方法进行质量问题原因分析并找出影响质量的主要因素

续上表

任务要求	1. 每组 2~3 人； 2. 小组认真领会给定场景内容并进行分析查阅相关资料； 3. 小组运用统计方法进行质量问题原因分析并找出影响质量的主要因素
任务准备	1. 知识准备：掌握常用的统计方法：排列图法、因果分析法、频数分布直方图法、分层分析法、管理图法等； 2. 工具准备：教材
工作步骤	1. 小组讨论分工； 2. 小组完成统计方法的选择； 3. 小组利用统计方法完成质量问题原因分析并找出影响质量的主要因素； 4. 小组完成施工人员对关键工序自检合格后进入下一道工序的标准总结； 5. 小组完成公路工程现场质量检查控制的主要内容总结
自我评价 (优、良、中、差)	工作态度： 团队协作： 知识掌握：

在施工过程中出现质量问题有时是不可避免的，但是质量问题的出现总有一定的原因，只有把这些原因弄清楚，才能有针对性地制订改进措施，进而提高工程质量。在全面质量管理中，应用的统计方法有很多，常用的有效方法主要有：排列图法、因果分析法、频数分布直方图法、分层分析法、管理图法等。

一、排列图法

排列图法也称帕累托图法或主次因素排列图法，是找出影响产品质量主要问题的有效方法该法用一种简单的图表工具，统计和显示一定时间内各种类型缺陷或问题的数目，其结果在图上用不同长度的条形表示。所依据的原理是 19 世纪意大利经济学家维尔弗雷多·帕累托（Vilfredo Pareto）的研究，即各种可能原因中的 20% 造成 80% 左右的问题，其余 80% 的原因只造成 20% 的问题和缺陷。

1. 排列图法质量问题分析原理

为了使改进措施最有效，必须首先抓住造成大部分质量问题的少数关键原因。帕累托图有助于确定造成大多数问题的小数关键原因。该图也可以用于查明生产过程中最可能产生某些缺陷的部位。

把影响工程（产品）质量缺陷、特性或要因（简称项目）的因素，用宽度相等、高度为该项目频数的直方，按照由高到矮的原则，由左向右排列到直角坐标中并对应画出各项目累积比率变化曲线。

排列图一般有两个纵坐标，用左侧纵坐标表示频数，即为不合格品件数；右侧纵坐标表示累计频数，即为不合格的累计百分数。横坐标表示影响质量的各个因素，按照因素影响程度的大小，即按照造成不合格品的多少，从左到右排列。

通常按累计频率划分为三类：0~80% 为 A 类影响因素，是影响产品质量的主要因素；

80% ~90% 为 B 类影响因素,是影响产品质量的次要因素;90% ~100% 为 C 类影响因素,是影响产品质量的一般因素。

2.排列图作图方法

(1)决定调查对象,收集数据。

应确定调查对象、调查范围、调查内容、提取数据的方法、应用工具、施工单位、采取的操作方法、材料来源、材料质量、规格等,然后通过实测收集一批数据,并按内容和原因进行分层。

(2)排列项目,进行计算。

把经过整理的数据,按照频数的大小重新排列项目,计算各自的频数、累计百分率。

(3)在坐标纸上画出纵、横坐标,并画出各项目的直方。

在横坐标上从频数大的项目起自左到右依次写入项目的名称。纵坐标表示累计百分率和频数。纵坐标和横坐标的长度比,一般为 1:1 ~2:1。按照这个比例来确定刻度的间隔,使直方宽度相等,直方之间不留空隙。

(4)画出累计百分率曲线。

根据累计百分率在各直方图相应部位点上点,连接这些点,便得到一条曲线,称为"累计百分率曲线"。曲线的起点为 0,终点为 100%,将 0 ~100% 分为 5 个等分,标出刻度,写出数字 0、20%、40%、60%、80%。

(5)写出必要事项。

写出标题、期间、数字合计、工序名称、制作者。

(6)分析主要因素。

习惯上把主次因素排列图的累计百分率分为 3 类。在 80% 和 90% 处绘出两条横线,把图分成 3 个区域。0 ~80% 为 A 类,80% ~90% 为 B 类,90% ~100% 为 C 类。累计在 80% 以内的因素,称为 A 类因素,是主要因素。

案例 4-6

在对某工程项目制作的水泥预制板进行的现场质量检查中,抽查了 500 块,存在表 4-14 所列质量问题,试用排列图作图方法分析影响质量的主要问题。

水泥预制板质量调查

表 4-14

序号	存在问题	数量	频数	累计频率(%)
1	蜂窝麻面	23	23	57.5
2	局部漏筋	10	33	82.5
3	强度不足	4	37	92.5
4	横向裂缝	2	39	97.5
5	纵向裂缝	1	40	100
合计		40		

解:

用排列图法分析影响质量的主要因素,其结果如图 4-7 所示。

可见,影响水泥预制板质量的主要问题是蜂窝麻面、局部漏筋(0 ~82.5%)。

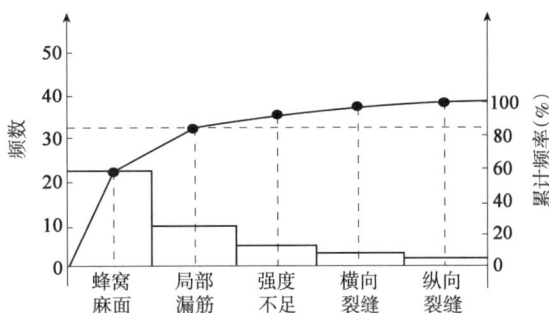

图 4-7　排列图分析影响质量主要因素

二、鱼骨图(因果分析法)

影响工程质量的原因很多,但从大的方面,主要从人、施工材料、施工设备、施工方法、检测仪器和施工环境六个方面分析。每一个大原因各有许多具体的小原因。如图 4-8 所示,它看上去有些像鱼骨,问题或缺陷(即后果)标在"鱼头"处。在鱼骨上长出鱼刺,上面按出现机会多寡列出产生生产问题的可能原因。鱼骨图有助于说明各个原因之间是如何相互影响的,它也能表现出各个可能的原因是如何随时间而依次出现的,这有助于着手解决问题。

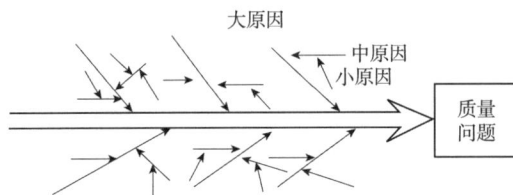

图 4-8　因果分析法

1.鱼骨图的作图方法

(1)决定特征,即确定制作什么质量特征的因果分析图。

(2)画上干线。从左向右画出粗箭头,并将质量特征写在箭头上。

(3)画出大原因。一般可按照影响质量的六大原因,作为大原因,画出主箭头,如图 4-9 所示。

(4)画出中原因、小原因。分析影响质量的大原因的特征,以此作为中原因,画出箭头;分析影响质量的中原因的特征,以此作为小原因,画出箭头……依次分析下去。

(5)检查有无漏画。画完全部大、中、小原因,以及更小的原因后,要检查有无漏画原因。

(6)对影响大的原因进行标记。对画入图中的各种原因,选影响最大的原因若干个,画出红圈。

案例 4-7

某工程中发现一涵洞工程混凝土强度不足,试用因果分析法分析混凝土强度不足的原因。

解:

原因分析结果见图4-9。

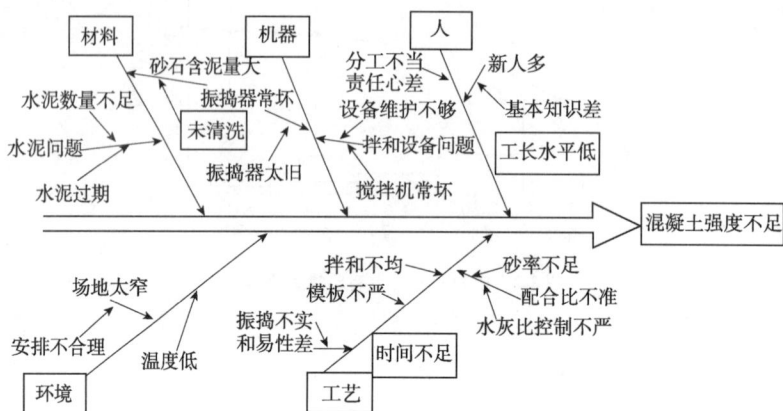

图4-9 混凝土强度不足因果分析法

2.因果分析图的绘制和使用注意事项

在绘制因果分析图时,要广泛听取各方面的意见,同时在作图时应注意以下事项:

(1)质量特性(结果)的提出要具体并简单明确。

(2)一个质量特性(结果)要做一张图。

(3)主干箭头方向要从左向右,以便看图方便。

(4)要因的分析尽可能深入细致,要因的表达要具体、简练。

(5)一次讨论的时间不要太长,必要时可先画草图。

(6)对于重要的原因应附有特殊标志。

(7)要特别注意听取现场人员的意见。

三、频数分布直方图(线条图)

质量分布分析图又称直方图(频数分布直方图),它是将质量检测数据按一定的要求加工整理,然后画成长方形的统计图。每个长方形的高度代表一定范围内数据所出现的频数,从而由频数的分布情况来分析质量问题,通过它可以了解质量状况是否正常。正常的图形应该近似钟形。

直方图给出的是测量结果的实际分布图。数据不能太少,太少误差太大,准确度不够,一般取50~200个。将收集到的质量数据进行分组整理,绘制成频数分布直方图,有孤岛形、双峰形、偏向形、平顶形、陡壁形、锯齿形等几种形式。图形可以表现分布是否正常,即形状是否近似为钟形。

1.频数分布直方图绘制

案例4-8

某公路实测弯沉的记录见表4-15,共计100个数据,即 $N=100$。实测数据如图4-15所示。试用绘制频数直方图形式进行质量分析。

路基实测弯沉值（单位:0.01mm）　　　　　　　　　　表 4-15

数据										X_{max}	X_{min}
256	248	241	255	248	259	240	238	252	241	259	238
246	256	237	252	248	263	254	250	238	245	263	237
248	250	237	244	232	259	246	256	240	234	259	232
250	252	249	250	240	247	251	250	245	244	252	240
242	247	245	245	252	238	248	252	246	247	252	238
243	248	244	244	234	252	250	246	254	247	254	234
252	246	250	248	246	245	268	248	254	241	268	241
249	250	249	246	243	248	260	246	248	248	260	243
244	256	246	252	230	231	246	250	249	254	256	230
250	238	246	246	246	246	252	256	241	247	256	238

（1）求出数据中的最大值 X_{max} 和最小值 X_{min}。

全体数据中的最大值与最小值之差,称为极差 R,用以描述数据分布范围。

例如上表中, $R = 268 - 230 = 38$。

（2）确定组距和分组。

分组要适当,一般以分成10组为宜,组数为 K,组距用 h 表示。一般先定组数,再定组距。有关组数 K 有经验公式: $K = 1.87(N-1)^{0.4}$,或按照下述情况确定: $N < 50$, $K = 5 \sim 7$; $N = 50 \sim 100$, $K = 6 \sim 10$; $N = 100 \sim 250$, $K = 7 \sim 12$; $N > 250$, $K = 10 \sim 20$。

关于组距 h 的公式:
$$h = \frac{R}{K}$$

例如上表中, $N = 100$,取 $K = 8$, $h = \frac{R}{K} = \frac{38}{8} = 4.75$,取 $h = 5$。

（3）确定分组区间值。

为了避免数据刚好落在组界上,组界值的数据要比原数据的精度高一位。

第一区的上下界限值可以按下式计算:

$$\left(X_{min} - \frac{h}{2}\right) \sim \left(X_{min} + \frac{h}{2}\right) = \left(230 - \frac{5}{2}\right) \sim \left(230 + \frac{5}{2}\right) = 227.5 \sim 232.5$$

第二个区的上界值:第一区的上界值 $+ h$; $232.5 + 5 = 237.5$;

第二个区上下界限值:232.5 ~ 237.5;

第三个区的上界值:第二区的上界值 $+ h$; $237.5 + 5 = 242.5$;

第三个区上下界限值:237.5 ~ 242.5;

……

（4）编制频数分布调查表。

分组区间确定后,就可以填写频数分布调查表,详见表4-16。

在质量检测数据中,某个数据出现次数即为频数。

某路面弯沉值频数分布调查表 表4-16

序号	分组区间界限组	组中值	频数统计	频数
1	227.5~232.5	230	3	0.03
2	232.5~237.5	235	3	0.03
3	237.5~242.5	240	9	0.09
4	242.5~247.5	245	32	0.32
5	247.5~252.5	250	38	0.38
6	252.5~257.5	255	10	0.10
7	257.5~262.5	260	3	0.03
8	262.5~267.5	265	1	0.01
9	267.5~272.5	270	1	0.01

(5)画出频数分布直方图。

从频数分布调查表中已经可以了解数据的分布情况,但为了进一步了解质量情况,必须画出频数分布直方图,该图的横坐标表示分组区间,纵坐标表示各组间数据发生变化的频数,根据表4-16,可以画出频数分布直方图,如图4-10所示。

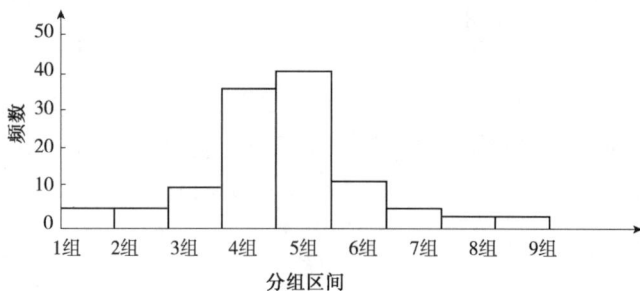

图4-10 频数分布直方图

2.频数分布直方图用途

频数分布直方图在质量管理中的用途主要有以下两个方面:

(1)直接估算次品率

根据统计数据首先计算两个特征值,即平均值 X 和标准均方差 σ。

(2)判断质量分布情况

通过观察频数分布直方图的形状,来判断产品质量是否稳定,预测生产过程中的不合格品率。方法是用直方图与公差(或规范)进行对比,看直方图是否都在公差要求的范围内。具体如图4-11所示。图中 B 是实际尺寸分布范围,T 是公差范围。

①如图4-11a)所示,B 在 T 中间,平均值也正好与公差中心重合,实际分布范围两边还有一定的余地,这样的工序质量是很理想的。

②如图4-11b)所示,B 虽然落在 T 内,但平均值与公差中心不重合,偏向一侧,实际分布范围一边没有余地,需采取措施把分布移到中间来。

③如图4-11c)所示,B 虽然落在 T 内,平均值与公差中心也重合,但实际分布范围与公差之间没有余地,稍有不慎就会超出,需加强质量管理,缩小分布范围。

④如图4-11d)所示,*B*落在*T*内,公差范围远大于实际分布范围,此时可考虑适当放宽精度,降低成本。

⑤如图4-11e)所示,*B*一侧已经超出了*T*的范围,实际分布范围一侧已经超过了公差要求,另一侧还有余地,需采取措施把分布移到中间来。

⑥如图4-11f)所示,*B*两侧均已经超出了*T*的范围,虽然平均值与公差中心也重合,但实际分布范围两侧均超出了公差要求,需加强质量管理,缩小分布范围,提高精度要求。

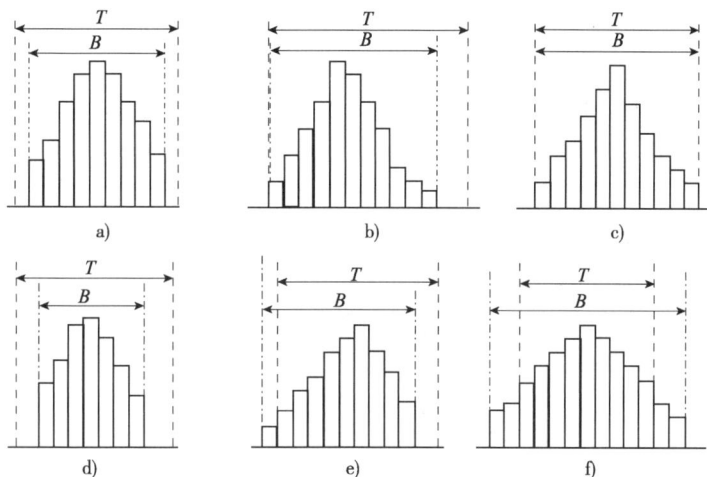

图4-11　直方图与公差对比图

注:*X*轴方向上,*B*是实际尺寸分布范围,*T*是公差范围;*Y*轴代表给定间隔内的数据值

四、分层分析法

分层分析法也称分类法,是将调查的原始数据,根据不同目的和要求进行分组、整理使之系统化,从中找出产生质量问题的原因。分层的目的是通过分层把性质不同的数据和错综复杂的影响因素分析清楚,找出问题的症结,以便解决。

将数据分层时,不能随意地分,而是根据分析的目的,按照一定的标志加以区分,把性质相同、在同一条件下收集的数据归纳在一起。分层时,应使同一层内的数据波动幅度尽可能小,而层间差别尽可能大。根据需要,可按班次、日期分类;按操作者、操作方法、检测方法分类;按设备型号、施工方法分类;按使用材料规格、型号、供料单位分类等。

案例4-9

某公司公路工程施工项目在施工过程中出现一些质量问题,试就某月因工程质量问题造成的损失按照分层分析法分析项目施工质量问题原因。

第一步,列出总的工程质量损失调查表,见表4-17。

工程质量损失调查 　　　　表4-17

序号	工程名称	损失金额(万元)	所占比率(%)	累计比率(%)
1	土方路基工程	8	40	40
2	软土地基处置	0.5	2.5	42.5

续上表

序号	工程名称	损失金额(万元)	所占比率(%)	累计比率(%)
3	排水工程	1.5	7.5	50
4	砌体挡土墙	9	45	95
5	挖方边坡喷锚防护	1	5	100

从表中可以看出,土方路基工程和砌体挡土墙的质量问题所造成的损失占的比例最大共85%。

所以,将这两项损失再进行分层分析。

第二步,将土方路基工程和砌体挡土墙的质量问题进行分层分析。

第三步,由土方路基工程质量损失调查(表4-18)和砌体挡土墙工程质量损失调查(表4-19)可以看出,造成土方路基工程质量的主要问题是路基压实不足;造成砌体挡土墙工程质量的主要问题是砂浆的强度不足和垂直缝贯通。

土方路基工程质量损失调查 表4-18

序号	工程名称	损失金额(万元)	所占比率(%)	累计比率(%)
1	路基压实不足	5	62.5	62.5
2	路基表面不平整	1.5	18.75	81.25
3	路基高程不符	1	12.5	93.75
4	路基边面亏坡	0.5	6.25	100

砌体挡土墙工程质量损失调查 表4-19

序号	工程名称	损失金额(万元)	所占比率(%)	累计比率(%)
1	砂浆的强度不足	4	44.44	44.44
2	垂直缝贯通	3	33.33	77.77
3	泄水孔有堵塞现象	1	11.11	88.88
4	砌体表面有开裂	1	11.12	100

根据分析结果,若针对性地采取改善措施,质量事故就会降低。

案例4-10

对钢筋焊接质量调查分析,调查了钢筋焊接点50个,其中不合格的19个,不合格率为38%。为了查清不合格原因,将收集的数据分层分析。这批钢筋焊接是由三个师傅操作的,而焊条是由两个厂家提供的,因此,可以按操作者分层和按焊条供应厂家进行分层。试用分层分析法分析钢筋焊接质量问题。

解:

按操作者进行分层,则对钢筋焊接质量问题的分析见表4-20 按焊条供应厂家进行分层,则对钢筋焊接质量问题的分析见表4-21 合分层分析钢筋焊接质量问题,其结果见表4-22。

按操作者分层 表 4-20

操作者	不合格	合格	不合格率(%)
A	6	13	32
B	3	9	25
C	10	9	53
合计	19	31	38

按焊条供应厂家分层 表 4-21

工厂	不合格	合格	不合格率(%)
甲	9	14	39
乙	10	17	37
合计	19	31	38

综合分层分析焊接质量 表 4-22

操作者		甲厂	乙厂	合计
A	不合格	6	0	6
	合格	2	11	13
B	不合格	0	3	3
	合格	5	4	9
C	不合格	3	7	10
	合格	7	2	9
合计	不合格	9	10	19
	合格	14	17	31

解决质量问题的措施是：

(1)在使用甲厂焊条时,应采用操作者 B 的操作方法。

(2)在使用乙厂焊条时,应采用操作者 A 的操作方法。

五、管理图法(控制图法)

从管理角度考虑,最好能在施工过程中,对产品质量加以严格控制,这就要求在产品生产过程中及时了解质量随时间变化的状况。管理图法能够用图形显示某项重要产品或过程参数的测量数据,从而判断其随时间的变化是否处于正常变化状况。

1.管理图的概念

管理图也称为控制图,产品的质量情况是由工序状态决定的,一定状态的工序,所制造的产品就形成了一定的质量波动。管理图法就是利用生产过程处于稳定状态的产品质量特征值分布服从正态分布这一统计规律,来识别生产过程的异常因素,控制生产过程由于系统原因造成的质量波动,保证工序处于控制状态。

2.管理图的基本形式

为了区别由不可避免的原因引起的工序变动和异常原因引起的工序变动,在管理图上画出控制界限。控制界限是根据统计学原理,采取3倍的标准偏差法(3σ)计算确定。将中心线定在控制对象的平均值,以中心线为基准线向上、向下各量3倍的标准偏差即为控制上限和下限。管理图的中心线记为CL,上控界线记为UCL,下控界线记为LCL。在生产过程中,按照规定取样,测定其特征值,将其统计量作为一个点画在管理图上,然后连接各点成一条折线,表示质量波动状况。

3.管理图应用分析

上限称为"控制上限",下限称为"控制下限"。如果图上的测量值高于控制上限或低于控制下限,说明过程失控。这样就得仔细调查研究,以查明问题所在,找出并非以随机方式变动的因素。利用上、下控制界限,将产品质量特征控制在正常质量波动范围之内。控制界限内的点子的排列无下述情况时,认为生产过程正常。管理图如图4-12所示。

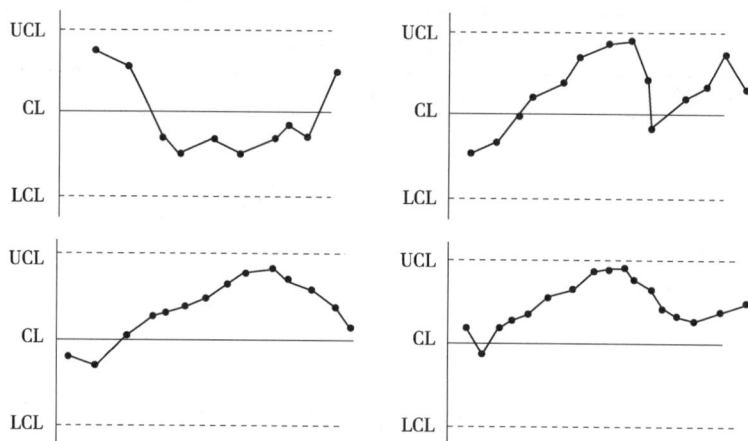

图4-12　管理图

(1)连续7点或更多点在中心线一侧。

(2)连续7点或更多点呈上升或下降趋势。

(3)连续11点中至少有10个点在中心线一侧。

(4)连续14点中至少有12个点在中心线一侧。

(5)连续17点中至少有14个点在中心线一侧。

(6)连续20点中至少有16个点在中心线一侧。

(7)点子呈周期性变化。

随着生产过程的进展及观察点的变化,一旦有点子落在控制界限外或界限上,即判断生产过程出现异常,应检查原因,加强管理。若点子落在控制界限内,要随时观察点子走向,若连续5个点上升、下降或在中心线同一则则要引起注意;若连续6个点上升、下降或在中心线同一侧则要着手调查,生产过程很有可能发生了异常;若连续7个点上升、下降或在中心线同一侧,则可判断生产过程发生了异常。生产过程若不满足质量要求时,应调整生产过程的有关因素,直至满足要求。

模块五　施工项目质量问题分析与处理

【工作任务5】　请依据本模块中的相关知识,结合给定的项目建设背景资料,完成下列任务,详见表4-23。

项目四　模块五　任务单　　　　　　　　　　　　　表4-23

任务名称	该项目K3+305(10~30m大桥),下部结构施工任务分包给了C公司,C公司在组织G39号墩施工时,50t履带式起重机在吊装作业中倾翻,吊杆砸向正在桥墩上进行钢筋施工作业的3名工人,致其从高空坠落,造成1死2伤的事故;桥墩上作业面也造成破坏,直接损失达到300万元
任务要求	1.每组2~3人; 2.小组认真领会给定场景内容并进行分析查阅相关资料。 3.小组按照施工公路工程质量事故分类确定该事故等级并分析事故发生原因及处理方法和具体措施
任务准备	1.知识准备:了解质量事故分类,掌握公路工程施工质量事故管理相关知识。 2.工具准备:教材、《公路水运建设工程质量事故等级划分和报告制度》(交办安监〔2016〕146号)
工作步骤	1.小组讨论分工; 2.小组完成给定场景内容分析查阅相关资料; 3.小组完成给定场景施工公路工程质量事故分类确定该事故等级并分析事故发生原因及处理方法和具体措施
自我评价 (优、良、中、差)	工作态度: 团队协作: 知识掌握:

一、公路工程质量事故分类

1.基本概念

依据《公路水运建设工程质量事故等级划分和报告制度》(交办安监〔2016〕146号),所称公路水运建设工程质量事故,是指公路水运建设工程项目在缺陷责任期结束前,由于施工或勘察设计等原因使工程不满足技术标准及设计要求,并造成结构损毁或一定直接经济损失的事故。

2.公路工程质量事故分类

按照直接经济损失或工程结构损毁情况(自然灾害所致除外),公路水运建设工程质量事故分为特别重大质量事故、重大质量事故、较大质量事故和一般质量事故四个等级;直接经济损失在一般质量事故以下的为质量问题。

(1)特别重大质量事故,是指造成直接经济损失1亿元以上的事故。

(2)重大质量事故,是指造成直接经济损失5000万元以上1亿元以下,

《公路水运建设工程质量事故等级划分和报告制度》

或者特大桥主体结构垮塌、特长隧道结构坍塌,或者大型水运工程主体结构垮塌、报废的事故。

(3)较大质量事故,是指造成直接经济损失1000万元以上5000万元以下,或者高速公路项目中桥或大桥主体结构垮塌、中隧道或长隧道结构坍塌、路基(行车道宽度)整体滑移,或者中型水运工程主体结构垮塌、报废的事故。

(4)一般质量事故,是指造成直接经济损失100万元以上1000万元以下,或者除高速公路以外的公路项目中桥或大桥主体结构垮塌、中隧道或长隧道结构坍塌,或者小型水运工程主体结构垮塌、报废的事故。

3.其他分类方法

还可以根据事故的性质及严重程度划分、按事故造成的后果划分、按事故责任划分、按事故产生的原因划分,详见表4-24。

质量事故分类　　　　　　　　　　　　　　　　　　表4-24

事故分类		事故的影响程度
按事故的性质及严重程度划分	一般质量事故	(1)直接经济损失在5000元(含5000元)以上,不满50000元; (2)影响使用功能和工程结构安全,造成永久质量缺陷
	严重质量事故	(1)直接经济损失在50000元(含50000元)以上,不满10万元; (2)严重影响使用功能和工程结构安全,存在重大质量隐患; (3)事故性质恶劣或造成2人以下重伤
	重大质量事故	(1)工程倒塌或报废; (2)由于质量事故,造成人员伤亡或重伤3人以上; (3)直接经济损失10万元以上
按事故造成的后果划分	未遂事件	发现了质量问题,经及时采取措施,未造成经济损失、延误工期或未造成其他不良后果者,均属未遂事件
	已遂事件	凡出现不符合质量标准或设计要求,造成经济损失,工期延误或其他不良后果的,均构成已遂事件
按事故责任划分	指导责任事故	指由于工程实施中指导或领导失误造成的质量事故
	操作责任事故	指在施工过程中,由于实施操作者不按规则或标准实施操作,而造成的质量事故
按事故产生的原因划分	技术原因引发的质量事故	指在工程项目实施中由于设计、施工技术上的失误而造成的质量事故。主要包括: (1)结构设计计算错误; (2)地质情况估计错误; (3)盲目采用技术未成熟、实际应用中未得到充分的实践检验并证实其可靠的新技术; (4)采用不适宜的施工方法或工艺
	管理原因引起的质量事故	主要是由于管理不完善或失误而引发的质量事故。主要包括: (1)施工单位或监理单位的质量体系不完善; (2)检验制度不严格,质量控制不严格; (3)质量管理措施落实不到位; (4)检验仪器设备管理不善而失准; (5)进料检验不严格; (6)隐蔽工程检验、工序质量交验制度控制不严

事故分类		事故的影响程度
按事故产生的原因划分	社会、经济原因引发的质量事故	（1）主要指由于社会因素、经济因素引起建设中的错误行为而导致的质量事故； （2）因盲目追求利润，而不顾工程质量，降低投标价，中标后依靠违法手段或修改设计方案追加工程款，或偷工减料、层层分包等

二、工程质量问题特点

由于工程质量不合格和质量缺陷，而造成或引起经济损失、工期延误或危及人的生命和社会正常秩序的事件为工程质量问题。由于影响工程质量的因素众多而且复杂，常常难以避免出现某种质量事故或不同程度的质量问题。因此，要处理好质量事故，就要认真分析原因，总结经验教训，改进质量管理与质量保证体系。

（一）工程质量事故的特点

1. 复杂性

由于公路工程施工生产与工业生产不同，其产品固定，生产流动，产品多样，结构类型复杂，露天作业，自然条件复杂多变，材料品种、规格多，材质性能各异；多工种、多专业交叉施工，相互干扰大，工艺要求不同，施工方法各异，因此，造成影响工程质量、引发质量问题的因素繁多，造成质量事故的原因错综复杂。

2. 严重性

工程项目一旦出现质量事故，其影响较大。轻者影响施工顺利进行、拖延工期、增加工程费用，重者则会出现危险的建筑，影响使用功能或不能使用，更为严重的还会引起结构失稳、倒塌，造成人民生命、财产的损失。

3. 可变性

工程质量问题出现后，其质量状态并非稳定于发现的初始状态，有可能随时间和工程进展而发生变化。例如，地基基础或桥墩的超量沉降可能随上部荷载的不断增加而继续发展；混凝土结构出现裂缝可能随环境温度的变化而变化，随荷载及持荷时间的变化而变化。所以，在分析处理工程质量事故时，一定要注意质量事故的可变性，及时采取可靠的措施，防止事故进一步恶化；或加强观测与试验，预测事故未来发展趋势。

4. 多发性

工程中有些质量问题是质量通病，例如预制构件裂缝、路基压实度不够、路面平整度不足等，在工程施工过程中经常会发生。因此，必须总结经验、吸取教训、分析原因，采取有效措施进行预防。

（二）公路工程施工质量事故管理

1. 质量事故管理主体

根据《公路水运建设工程质量事故等级划分和报告制度》（交办安监〔2016〕146号）规定，

交通运输部指导全国公路水运建设工程质量事故报告工作,地方各级交通运输主管部门负责管理本行政区域内公路水运建设工程质量事故报告工作,各级交通运输主管部门可委托所属的工程质量监督机构负责具体实施。

工程项目交工验收前,施工单位为工程质量事故报告的责任单位;自通过交工验收至缺陷责任期结束,由负责项目交工验收管理的交通运输主管部门明确项目建设单位或管养单位作为工程质量事故报告的责任单位。

2. 质量事故报告要求

(1)质量问题和质量事故发生后,承包人现场有关人员应立即向承包人负责人报告。承包人应在接到事故报告后 1h 内报发包人,在接到事故报告后 2h 内,核实、汇总并向负责项目监管的省级交通运输主管部门及其工程质量监督机构报告。

(2)一般及以上工程质量事故均应报告。事故报告责任单位应在应急预案或有关制度中明确事故报告责任人。事故报告应及时、准确,任何单位和个人不得迟报、漏报、谎报或瞒报。

(3)质量事故书面报告内容:

①工程项目名称,事故发生时间、地点,建设、设计、施工、监理等单位名称。

②事故发生的简要经过、造成工程损伤状况、伤亡人数和直接经济损失的初步估计。

③事故发生原因的初步判断。

④事故发生后采取的措施及事故控制情况。

⑤事故报告单位。

(4)重大及以上质量事故,省级交通运输主管部门应在接报 2h 内进一步核实,并按工程质量事故快报(表4-25)统一报交通运输部应急办转部工程质量监督管理部门;出现新的经济损失、工程损毁扩大等情况的应及时续报。省级交通运输主管部门应在事故情况稳定后的 10d 内,汇总、核查事故数据,形成质量事故情况报告,报交通运输部工程质量监督管理部门。

公路水运建设工程质量事故快报　　　　　　　　　　　表 4-25

填报单位:(盖章)填报　　　　　　　　　　　　　　　　日期:　　年　　月　　日

项目名称						
事故地点			发生时间	年　月　日　时		
工程类别	公路工程	□高速公路　　□干线公路　　□农村公路				
		□特大桥　　　□大桥　　　　□中桥				
		□特长隧道　　□长隧道　　　□中隧道				
		□路基工程　　□其他				
	水运工程	□港口　　　　□航道　　　□船闸　　　□其他				
		□大型　　　　□中型　　　□小型				
		□沿海　　　　□内河				
估算直接经济损失	（万元）		预判事故等级	□特别重大　　□重大		
				□较大　　　　□一般		
建设单位						
施工单位						
设计单位						

续上表

监理单位	
管养单位	
工程规模 事故经过 损毁情况初步 原因分析	
采取的措施	

值班电话:010-65292218　　　　　　传真:010-65292245

填表人:　　　　　　　　　审核人:　　　　　　　联系人及电话:

注:对于重大和特别重大工程质量事故,应将本表报部应急办。

(5)对特别重大质量事故,由交通运输部应急办会同部工程质量监督管理部门及时向国务院应急办报告。

3.质量事故发生后现场保护

事故发生后,事故发生单位和该工程的建设、施工、监理等单位,应严格保护事故现场,采取有效措施抢救人员和财产,防止事故扩大。

工程质量事故发生后,事故发生单位和相关单位应按照应急预案规定及时响应,采取有效措施防止事故扩大。同时,应妥善保护事故现场及相关证据,任何单位和个人不得破坏事故现场。因抢救人员、防止事故扩大及疏导交通等原因需要移动事故现场物件的,应做出标识,保留影像资料。

4.承包人复工申请

监理人视察完事故现场,应提出处理意见。承包人在上报事故报告、查明事故原因、消除事故产生的危害和影响之后的7d之内,可向监理人提交复工报告,请求批准复工。若事故原因迟迟未能查明,监理人认为事故隐患尚未消除时,承包人不得复工,直到事故原因查明并采取补救措施为止。

三、工程质量问题处理

(一)工程质量事故处理依据

1.质量事故的实况资料

要弄清质量事故的原因和确定处理对策,首先要掌握质量事故的实际情况。有关质量事故实况的资料主要可来自以下两个方面。

(1)施工单位的质量事故调查报告:质量事故发生的时间、地点;质量事故状况的描述;质量事故变化的观测记录。

(2)监理单位调查研究所获得的第一手资料。

2.有关合同及合同文件

(1)所涉及文件可以是工程承包合同、设计承包合同、设备与器材购销合同、监理合同等。

(2)有关合同和设计文件在处理质量事故时,其作用是用以判断在施工过程中有关各方是否按照合同有关条款实施其活动。

3.有关的技术文件和档案

(1)有关的设计文件,如施工图纸和技术说明等。

(2)与施工有关的技术文件和档案、资料,包括:

①施工组织设计或施工方案、施工计划。

②施工记录、施工日志等。

③有关建筑材料的质量证明资料。

④现场制备材料的质量证明资料。

⑤质量事故发生后,对事故状态的观测记录。

⑥其他有关资料。

4.有关的建设法规

(1)设计、施工、单位资质管理方面的法规。

(2)建筑市场方面、施工方面的法规。

(3)公路工程市场方面、施工方面的法规。

(4)关于标准化管理的法规。

(二)工程质量事故处理程序

当工程质量事故发生后,一般可以按以下程序处理:

(1)当发现工程出现质量缺陷或事故后,监理人首先应以"质量通知单"的形式通知施工单位,并要求停止有质量缺陷部位和与其有关联部位及下道工序的施工。需要时,要求施工单位采取必要的措施,防止事故扩大并保护好现场;同时,要求质量事故发生单位迅速按类别和等级向相应的主管部门上报。

发生重大质量事故的现场采取保护措施。事故发生后,事故发生单位和该工程的建设、施工、监理等单位,应严格保护事故现场,采取有效措施抢救人员和财产,防止事故扩大。

因抢救人员、疏导交通等原因,需要移动现场物件时,应当做标记,绘制现场简图并做书面记录,妥善保存现场重要痕迹、物证,并应采取拍照或录像等直录方式反映现场原状。

(2)施工单位接到质量通知单后,在监理人的组织与参与下,尽快进行质量事故的调查,写出调查报告。

事故发生单位在事故发生24h内写出书面质量报告。

质量报告的主要内容包括以下几点:

①工程项目名称,事故发生的时间、地点,建设、设计、施工、监理等单位名称。

②事故发生的简要经过,造成工程损伤状况、伤亡人数和直接经济损失的初步估计。

③事故发生原因的初步判断。

④事故发生后采取的措施及事故控制情况。

⑤其他相关各种资料。

(3)在事故调查的基础上进行事故原因分析,正确判断事故原因。

（4）在事故原因分析的基础上，研究制订事故处理方案。

（5）确定处理方案后，由监理人指令施工单位按既定的处理方案实施对质量缺陷的处理。

（6）在质量缺陷处理完毕后，监理人应组织有关人员对处理的结果进行严格的检查、鉴定和验收，写出"质量事故处理报告"，提交业主或建设单位，并上报有关主管部门。

（三）质量事故处理原则

（1）质量事故处理实行"三不放过"原则，即事故原因不清不放过；事故责任者和群众没有受到教育不放过；没有防范措施不放过。

（2）工程质量事故处理原则如下：

①安全可靠、不留后患。

②满足建筑工程的功能和使用要求。

③技术可行，经济合理。

（四）工程质量事故处理方案

（1）修补处理。修补处理方案包括：封闭保护、复位纠正、结构补强、表面处理等。

当工程的某个检验批、分项或分部工程的质量存在一定的缺陷，但通过修补或更换器具、设备后可以达到要求标准，又不影响使用功能和外观要求时，可采取修补处理措施。

对于较严重的质量事故问题，必须按一定的技术方案进行加固补强处理，但往往会造成一些永久性的缺陷。

（2）返工处理。当工程存在严重的质量问题，对结构的使用和安全构成重大的影响，且无法通过修补处理的情况下，可采取返工处理的方法。

（3）不做处理。当出现如下的质量缺陷时，可不做处理：

①不影响结构安全和正常使用。

②有质量问题，经过后续施工可以弥补。

③经法定鉴定单位鉴定合格。

④出现质量问题，经检测鉴定达不到设计要求，但经设计单位核算，仍能满足结构安全和正常使用。

案例 4-11

某桥梁工程，其基础为钻孔灌注桩基础，该工程施工任务由 A 公司总承包，其中桩基础施工分包给了 B 公司，建设单位委托了监理人。

A 公司要求 B 公司在施工前复核了该工程的原始基准点、基准线和测量控制点，在经 A 公司技术人员审核签认后，指令 B 公司进行该桩基础施工。该桥 1 号桥墩桩基础施工完毕后发现整体桩位（桩中心线）沿桥梁中线偏移，偏移量超出了规范允许偏差。经检查发现，造成桩位偏差的原因是桩位施工尺寸与总平面尺寸不一致。于是，A 公司与监理人共同研究协商以下处理方案：补桩；适当调整承台的结构钢筋，对外形尺寸做局部改动。

问题：

A 公司的做法有无不妥之处？为什么,你认为应该如何做？

解：

A 公司的做法有不妥之处。

(1)对工程的原始基准点、基准线和测量控制点的复核,不能只由 A 公司的技术人员审核签认后就指令施工;因为重大的工程放样复核测量需要经项目技术部门主管现场进行检查签认,总工程师审核签认合格后,报驻地监理人审核签认后才能实施。

(2)发现桩位偏差后,A 公司不能与监理人共同研究协商下达处理方案,A 公司和监理人都无权修改设计图纸。正确做法是当发现桩位偏差后,A 公司应将情况上报建设单位、设计单位、监理单位,由设计单位提出设计变更方案。

案例 4-12

某公路桥梁工程,施工企业正在组织 G39 号墩施工时,50t 履带式起重机在吊装作业中倾翻,吊杆砸向正在桥墩上进行钢筋施工作业的 3 名工人,致其从高空坠落,造成 1 死 2 伤的事故;桥墩上作业面也造成破坏,直接损失达到 300 万元。

问题：

(1)施工企业高空作业应做好哪些防备措施？

(2)50t 履带式起重机吊装作业注意事项有哪些？

(3)事故发生后,施工企业应该怎么办？

解：

(1)施工企业必须遵守国家有关法律法规,符合安全生产条件要求,建立安全责任制,健全安全生产管理制度,设立安全生产管理机构,足额配备具备相应资格的安全生产管理人员。

施工企业高空作业应该符合《建筑施工高处作业安全技术规范》(JGJ 80—2016)的有关规定,严格执行《公路工程施工安全技术规范》(JTG F90—2015)的相关规定和要求。施工企业应在施工组织设计中编制安全技术措施和施工现场临时用电方案。针对基坑支护与降水工程、土方开挖工程、模板工程、起重吊装工程、脚手架工程等危险性较大的工程,应编制专项施工方案,并附具安全验算结果,或组织专家进行论证、审查。施工前应进行危险源辨识,并应按要求对桥梁、隧道、高边坡路基等工程进行施工安全风险评估,编制风险评估报告,现场应监控。公路工程施工应编制综合应急预案、专项应急预案和现场应急处置方案,配备应急物资,并应定期组织相关人员进行培训和演练。

(2)起重吊装应符合《建筑施工起重吊装工程安全技术规范》(JGJ 276—2012)和《起重机械安全规程 第 1 部分:总则》(GB 6067.1—2010)及《公路工程施工安全技术规范》(JTG F90—2015)的相关要求。起重机械司机、起重信号司索工、起重机械安装拆卸工应按照有关规定经专业机构培训,并取得相应的从业资格。作业前应检查起重设备安全装置、钢丝绳、滑轮、吊索、卡环、地锚等。吊装作业应设置警戒区,警戒区不得小于起吊物坠落影响范围等。

该事故发生没有按照要求设置警戒区,起重机在吊装作业中倾翻,吊杆直接砸向警戒区范围内正在作业的工人,造成事故。

(3)事故发生后施工企业应该保护事故现场,采取有效措施抢救人员和财产,防止事故扩大;应当设置标志,绘制现场简图并做出书面记录,妥善保存现场重要痕迹、物证,并应采取拍照或录像等直录方式反映现场原状。

该事故属于重大质量事故，省级交通运输主管部门应在接报 2h 内进一步核实，并按工程质量事故快报（表4-25）统一报交通运输部应急办转部工程质量监督管理部门；出现新的经济损失、工程损毁扩大等情况的应及时续报。省级交通运输主管部门应在事故情况稳定后的10d 内，汇总、核查事故数据，形成质量事故情况报告，报交通运输部工程质量监督管理部门。

复习思考题

1. 该项目路面施工，完成了水泥稳定砂砾基层施工，进入沥青混凝土面层施工前，项目经理组织了有关人员对路面基层施工质量进行检测和评定。根据《公路工程质量检验评定标准　第一册　土建工程》（JTG F80/1—2017），按照基本要求、实测项目、外观质量和质量保证资料四部分进行检验，实测项目得分详见表4-26。外观质量鉴定：表面不平整扣 2 分。质量保证资料不齐全扣 2 分。

路基实测项目得分　　　　　　　　　　表 4-26

序号	检查项目	得分
1	压实度	86
2	平整度	83
3	纵断面高程	85
4	宽度	90
5	厚度	88
6	横坡	85
7	强度	88

问题：

该标段路面基层施工质量是否合格？是否可以进行面层施工？

2. 施工企业承担某跨径为 30m 的桥梁工程施工项目，桥梁上部为预应力钢筋混凝土箱梁，下部为钻孔灌注桩基础。项目建设已经完工后，施工单位通过自检，报请建设单位组织相关部门进行交工验收。经过对每个分项工程检测评定，该桥梁工程各分部工程得分见表4-27。

桥梁工程分部工程得分　　　　　　　　表 4-27

序号	项目	得分
1	基础及下部构造	87
2	上部构造预制和安装	88
3	总体、桥面系和附属工程	83
4	防护工程	82
5	引道工程	81

问题：

（1）该桥梁工程的施工质量是否合格？是否通过交工验收？

（2）交工验收的依据有哪些？

3.某施工单位与建设单位签订了某钢筋混凝土结构工程施工合同,在施工过程中出现了以下问题:

(1)某处钢筋混凝土主梁,由于绑扎钢筋困难,无法施工。施工单位未通报监理人就对该部分钢筋的位置移动了2cm。

(2)在主梁预制过程中,钢筋绑扎、模板已通过监理人的检查、签证和验收,但浇筑混凝土时,发现模板胀模。

(3)某钢筋混凝土柱,钢筋绑扎后未经过检查验收,即擅自合模封闭,浇筑混凝土。

问题:

(1)对于第一种情况,你认为项目经理的做法对吗? 应该如何处理?

(2)对于在施工现场出现的第二种情况,假如你是项目经理,你将如何处理?

(3)对于第三种情况,在浇筑混凝土前应该履行哪些检验程序?

4.某桥梁工程在施工阶段,建设单位与施工单位签订了施工合同,在施工过程中,监理人发现了工程所需的钢材是由建设单位负责提供,钢材运到工地,经检查验收,存入施工单位的库房。施工过程中在进行质量检验时,发现钢筋混凝土强度不足。经过原因分析,主要是建设单位提供的钢材质量不符合要求,监理人要求返工。

问题:

(1)对于建设单位提供的材料,其进场应满足的相关要求有哪些?

(2)质量事故可从哪几个方面进行分析? 你建议采用哪种方法进行分析?

(3)对此质量事故,施工企业应如何处理?

5.某施工单位承担了某重点工程项目。由于项目位于城市繁华地段,车多、人多,施工干扰大,为了保证项目施工质量,公司委派了一名经验丰富的项目经理进行项目管理,并要求施工中加强现场质量控制,项目部各自做好本职工作,确保有效控制质量。

问题:

(1)现场质量检查控制的方法主要是什么?

(2)现场质量检查控制包括哪些方面?

6.某高速公路,在施工过程中发生以下事件:

(1)特别严重的降雨,影响进度1个月。

(2)施工现场劳务不足,拖期1个月。

(3)建设单位在原工地现场之外的另一个地方追加了一项合同外的工作,耗时2个月。

(4)出现了无法预见的恶劣土质条件,使路基施工难度加大,影响工期2个月。

(5)施工场地使用权提供延误 1 个月。

承包人因此提出将路基的完工时间延长 7 个月。

问题：

(1)监理人认为以上原因的延误,哪些是非承包人原因? 监理人会同意工期延长几个月?

(2)试述工期索赔、费用索赔的程序。

(3)若承包人提出相应的索赔要求,应提供哪些材料?

7.对某水泥混凝土路面工程的路面质量不合格问题进行了调查,发现有 80 处起砂,调查结果统计详见表 4-28。

路面起砂原因调查结果 表 4-28

路面起砂原因	出现问题数	路面起砂原因	出现问题数
砂含泥量过大	16	水泥强度等级太低	2
砂粒径过小	45	砂浆终凝前压光不足	2
后期养护不良	5	其他	3
砂浆配合比不当	7		

请用排列图的方法,分析房间地坪起砂的主要原因。

8.某浆砌片石挡土墙不合格,需要拆除重建。经分析原因,施工期间出现砂含泥量过大,水泥强度等级太低,天气太冷,气温低;工人砌筑水平太差,砌筑方法有问题。请采用因果分析法绘制图,分析浆砌片石挡土墙不合格原因。

9.某省高速公路水泥混凝土路面工程,建设单位为保证工程质量,通过严格的招标投标程序确定了 A 施工企业中标,并签订了合同协议书。

开工前施工企业递交了开工报告,内附详细的施工组织设计,业主和监理人共同对该施工组织设计进行了审查,并做了批复。

在施工过程中,施工企业确定了质量控制点,并在施工中对相应的质量通病采取了预防措施。

工程竣工半年后,发现该标段终点处有连续十多块面板断裂。

问题：

(1)试述施工组织设计审查的内容。

(2)请说明水泥混凝土路面施工的质量控制点。

(3)半年有连续十多块面板断裂,请说明影响工程质量的因素。

(4)假定面板断裂与原材料、配合比、浇筑、养护有关,请绘出可能引起该质量问题的因果分析图。

10.某公路大桥,结构为钢筋混凝土箱肋拱桥,跨径 L 为 100m,跨越76m 的深谷。业主通过公开招投标的形式确定了施工单位(承包人)和监理人,并根据国家和交通行业部门等要求签订合同。在施工中大桥因支架整体失稳突然坍塌,造成 5 人死亡,12 人受伤(7 人重伤),直接经济损失360 万元。

背景情况：

(1)原设计施工方法为缆索吊机扣索分段吊装，业主认为施工进度太慢，更换了施工单位，并将施工方案改变为满布支架就地灌注。

(2)业主要求新入场施工单位改变原设计施工方案，对大桥采用满布支架就地灌注施工方案未通过原设计单位，没有进行整体受力分析及科学计算。

(3)施工前施工单位没有编制大桥的施工方案及其施工组织设计，也没有报监理人审批，擅自组织施工。

(4)施工单位在完成大桥支架施工后，未按照《公路工程施工安全技术规范》(JTG F90—2015)规定的要求进行荷载或预压试验，也没有进行报请监理人验收，就开始进行混凝土浇筑。

(5)由于没有完整的施工组织设计，施工时未能按照施工技术规范规定的分环、分段浇筑进行，在实际浇筑中，加载不均衡、不对称，致使整个支架受力不均衡，最终导致支架失稳而倒塌。

(6)现场指挥处置不当，在混凝土浇筑中，曾多次出现模板和钢筋翘起等事故隐患苗头，大桥坍塌的危险征兆已十分明显，施工单位负责人仍然盲目坚持错误指挥，冒险作业，加剧了事故危险因素的积累演变，加剧了支架的不稳定。

(7)大桥监理人在没有收到施工单位报送的施工支架设计图纸、计算书和施工方案及其施工组织设计等材料，明知施工质量和施工安全无法保证的情况下，没有下达停止施工指令。

问题：

(1)业主需要调整变更设计方案应该怎么办？业主随意更换施工企业是否可行？业主存在哪些问题？根据合同约定原施工企业是否可以提出索赔？

(2)对于新的满布支架就地灌注施工方案，在满足哪些要求后方可实施？

(3)施工单位编制大桥的施工方案及其施工组织设计应该包括哪些内容？施工企业存在哪些问题？

(4)大桥监理人在整个桥梁施工组织环节应该承担的职责有哪些？此事故中监理人存在哪些问题？

(5)当事故发生后，处理和报告程序是怎样的？

(6)根据交通运输部《公路水运建设工程质量事故等级划分和报告制度》(交办安〔2016〕146号)确定事故等级，进行事故分析，查找事故原因，如何追究业主、监理和承包人的责任？

项目五
ITEM FIVE

公路工程施工安全和环境管理

知识点

1. 掌握施工项目安全事故发生的原因。
2. 熟悉施工项目安全管理的基本制度。
3. 熟悉公路工程施工项目部的安全责任。
4. 熟悉法律规定从业人员的权利和义务。
5. 掌握公路工程施工环境管理的相关要求。

技能点

1. 进行施工项目安全影响因素管理。
2. 能够编制施工现场相关安全管理制度。
3. 能够进行施工现场安全检查。
4. 能够对人的不安全行为和物(含环境)的不安全状态进行控制。

引导案例

项目背景:某施工单位承担某高速公路施工项目,该项目其中软基段长达14km,该段软基处理采用清除鱼塘淤泥及田地杂物,回填河砂至地表,再铺设60cm厚的砂砾垫层,打塑料板间距1.2m,长度为11m,其上铺两层土工布,土工布之间是50cm砂,第二层土工布上仍需填筑砂砾。施工单位自2021年3月底开始施工到2021年10月底按照设计要求组织施工,填筑砂砾已达到路基设计标高。路基填筑高度为4m左右。后因邻近的季华路立交桥标高提高,该路段路基纵坡重新调整,设计标高提高,路基填筑高度需增加2.32~2.85m,施工单位接到变更设计图纸后继续施工,到2021年12月底,路基填筑高度高达5.8m。次年元旦,该段路基产生了滑坍,路基平均下沉2m,工人L、H正在此段路填筑土,L及时跳离逃生,H则随路基滑下,后被救起,经医院抢救1h后死亡。

请依据模块一至模块六的相关知识,完成 6 个工作任务,任务单详见表 5-1、表 5-4、表 5-5、表 5-9 ~ 表 5-11。

模块一　施工项目安全事故影响因素控制

【工作任务1】　请依据本模块中的相关知识,结合给定的项目建设背景资料,完成下列任务,详见表 5-1。

项目五　模块一　任务单 表 5-1

工作任务	请分析施工安全事故及影响因素
任务要求	1. 小组掌握施工安全事故的基本概念和分类、熟悉施工安全事故的常见影响因素、掌握基本的事故分析方法和工具、能够根据分析结果提出合理的控制措施; 2. 小组查阅施工项目安全相关资料,借阅《公路工程施工安全技术规范》(JTG F90—2015)、《公路沥青路面施工技术规范》(JTG F40—2004); 3. 小组完成对引导案例中的项目的基本背景,包括施工阶段、软基处理方法、施工时间和施工进展情况了解
任务准备	1. 知识准备:了解施工安全事故的基本概念和分类、施工安全法律法规和标准,掌握常用的事故分析工具和方法、事故报告编写和统计分析方法; 2. 工具准备:借阅《公路工程施工安全技术规范》(JTG F90—2015)、《公路沥青路面施工技术规范》(JTG F40—2004)
工作步骤	1. 小组讨论分工,每组 2 ~ 3 人; 2. 小组合作完成施工安全事故的基本概念和分类、施工安全事故的常见影响因素、基本的事故分析方法和工具等知识掌握,能够根据分析结果提出合理的控制措施;方面的; 3. 小组合作完成引导案例中的项目的基本背景,包括施工阶段、软基处理方法、施工时间和施工进展情况了解
自我评价 (优、良、中、差)	工作态度: 团队协作: 知识掌握:

一、常见施工项目安全事故发生原因的分析

公路工程施工是一个复杂的人、机、环境系统,其安全事故主要是由施工环境、管理、作业人员、机械设备和材料等方面的原因引起。公路施工中常见的安全事故有如下几个方面:

(1)高处坠落。包括从结构物上坠落、挖方段边缘或沟槽边缘坠落,以及从较高的施工机械设备上坠落,这种情况在建筑工地、高空作业、攀岩、跳伞等活动中比较常见。

(2)物体打击。包括高处落物伤害到人员或设备、碎屑或碎片飞溅伤害,以及撞到运动中或静止的硬物而造成伤害。

(3)触电。包括机械设备漏电、电缆破损、临时用电配电箱漏电造成的人员触电。

（4）机械事故。包括道路施工机械或运输机械将人员撞、轧、挤、割等伤害,机械失稳和倾翻事故造成人员的伤害,运转中的机械部件飞出对人员的伤害。

（5）坍塌事故。包括施工挖方地段边坡塌方,现场结构物和施工临时设施的坍塌,沟槽因支护不到位而造成的塌方。坍塌事故主要以路基和桥梁事故为主。

（6）烫伤事故。包括电焊、气焊造成的烫伤,以及沥青加工和施工造成的烫伤。

（7）意外火灾。包括煤气、氧气泄漏引起的火灾,电焊、气焊火花引起的火灾,以及各种用电设施造成的火灾。

（8）气体中毒。包括开挖沟槽、隧道等过程中因有毒气体造成的人员中毒,或食堂煤气泄漏造成的中毒。

（9）粉尘造成的职业伤害。指施工过程中水泥、石灰、细砂等产生的扬尘对人员肺部造成的伤害。

案例 5-1

2010 年××月××日,浙江省某桥施工工程发生触电事故,试分析原因。

分析思考:由浙江某公路建设有限公司施工的安豫线公路,在改建工程大赛桥施工现场,由于吊车驾驶员作业时不慎碰触高压电线,造成 1 名混凝土浇筑作业人员触电,经抢救无效死亡,该事故直接责任人是吊车驾驶员,由于其操作失误造成事故。

二、施工项目安全影响因素管理

（一）人的因素

研究表明,80%以上的事故是由人的不安全行为引起的,同时,建筑企业是一个复杂的多工种、高技术要求的行业,因此,在安全评价体系中员工素质和安全技术水平是一项重要的指标。常见人的不安全行为的表现形式详见表5-2。

常见人的不安全行为的表现形式　　　　　　　　　　　表5-2

类别	常见表现形式
违反上岗身体条件	患有不适合高空和其他施工作业的疾病(如精神病、癫痫病、高血压、心脏病等);未经过严格的身体检查,不具备从事高空、井下、高温、高压、水下等相应施工作业规定的身体条件;妇女在经期、孕期、哺乳期从事禁止和不适合的作业,未成年人从事禁止和不适合的作业
违反上岗规定	无证人员从事需证岗位作业;非定机、定岗人员擅自操作,单人在无辅助、轮换和监护情况下进行高、深、重、险等不安全作业;在无人监管电闸的情况下从事检修、调试高压、电气设备作业;在无人辅助拖线情况下从事易扯断动力线的电动机机具(如蛙式打夯机)作业
不按规定使用安全护品	进入施工现场不戴安全帽、不穿安全鞋;高空作业不配挂安全带或挂置不可靠;进行高压电气作业或雨天、潮湿环境中进行有电作业不使用绝缘护品;进入有毒气环境作业不使用防毒用具;电气焊作业不使用电焊帽、电焊手套、防护镜、在潮湿环境不使用安全(电压)灯和在有可燃气体环境作业不使用防爆灯;其他不使用相应安全护品的行为

续上表

类别	常见表现形式
违章指挥	在作业条件未达到规范、设计和施工要求的情况下组织指挥施工;在已出现不能保证作业安全的天气变化和其他情况时,坚持继续施工;在已发现事故隐患或不安全征兆,未予消除和排除的情况下继续指挥冒险施工;在安全设施不合格,工人未使用安全护品和其他安全施工措施不落实的情况下,强行组织和指挥施工;违反有关规定(包括修改、降低或取消)的指挥、违反施工方案和技术措施的指挥;在施工中出现异常情况时,做出不当的处置(可能导致出现安全事故或事态扩大)决定;在技术人员、安全人员和工人提出对施工中不安全问题的意见或建议时,未予重视,不认真研究整改,不顾安全继续组织指挥施工
违章作业	违反程序规定的作业、违反操作规定的作业、违反安全防(监)护规定的作业、违反防爆、防毒、防触电和防火规定的作业、使用有故障的机械、工具和设备进行作业、在不具备安全作业条件下进行作业;在已发现有事故隐患和征兆的情况下继续进行作业
缺乏安全意识,不注意自我保护和保护他人的行为	在缺乏安全警惕性的情况下出现误扶(不可靠物)、误入("四'口'")、误碰(致伤物)、误触(带电物)、误食(毒物)、误闻(有毒气体)情况以及滑、跌、闪失、坠落的行为;在作业中出现的工具脱手、物品飞溅掉落、碰撞和拖拉别人等行为;出现异常险情时不及时通知别人的行为;在前道工序中留下隐患而未予以消除或转告下道工序作业者的行为

1. 管理层的安全文化素质及安全技术水平

建筑施工管理层主要是指施工现场的施工员、预算员、质检员、安全员、材料员等,他们的安全文化素质及安全技术水平直接影响建筑施工工地的安全水平。

(1)安全意识素质。

管理层要时刻牢记"安全第一、预防为主",要重视施工质量,把安全看作第一要务,善良公正、宽容同情、关心体贴基层工人,珍惜员工生命,重视现场的生产条件和作业环境。

(2)安全责任感。

作为管理层,对安全生产要有高度责任感,掌握好国家安全生产的方针政策、法律法规、标准规范等,要有发现安全隐患的意识、查找安全隐患的能力,发生安全事故能临危不乱,沉着处理。

(3)管理工作方法及技能。

现场管理层是施工工地的直接管理员,管理层应认真钻研业务,既当施工现场的技术能手,又当现场的管理能手;熟悉现场各道工序的技术要求,善于协调各工种、各工序之间的关系;有较好的施工现场工作经验和现场组织能力;对现场使用的机械设备和电气设备的性能和工作原理有一定的了解;有一定的防火、防爆和急救知识和技术;熟悉事故调查和处理的程序。

(4)安全心理素质。

作为施工现场第一线指挥员,直接面对广大工人,面对整个施工工地,一旦发生安全事故,管理者要保持清醒的头脑,临危不乱,立即向上级领导报告,坚守现场,科学决断,稳定现场气氛和工人情绪,处置好现场。

(5)文化素质。

管理层有较强的语言及文字表达能力,职工的安全教育、安全技术的推进、施工图纸资料的理解、各种图纸的绘制、资料和记录的填写与整理、管理经验和方法等都离不开语言及文字表达,离不开文化。

(6)识别风险和警觉性。

企业管理层应具备识别潜在风险并对其保持高度警觉的能力。应该能够识别出潜在的安全隐患,并及时采取措施来消除或减轻这些风险。除了警觉性,还应该具备远见卓识,能够预见并应对可能带来安全问题的因素。

2.操作层的安全文化素质及安全技术水平

操作层的安全文化素质及安全技术水平是建筑施工安全文化的基石,在某种意义上决定着建筑施工安全管理的效果,是建筑施工现场安全生产的关键。只有提高全体员工的安全文化素质,才能提高整体队伍的整体素质和安全管理水平。

(1)安全思想素质及团队精神。

具有较强的安全意识,有"安全为自己"的观念;有较高的安全需求,珍惜生命,爱护健康,做到不伤害自己,不伤害他人,也不被他人伤害。

(2)遵章守纪,履行好岗位职责。

操作层是生产最基本、最重要的层面,应做到上标准岗,干标准活,按程序办事,不违章操作,不冒险蛮干,尽心尽责做好本职工作;拒绝违章指挥,制止违章行为,隐患不排除不生产,措施不落实不生产,场所不安全不生产。操作层要有严谨的科学态度,遵章守纪,自觉规范行为,始终牢记安全宗旨,以安全为本,以安全为荣。

(3)积极参加安全活动。

积极参与安全活动,积极响应安全号召,积极投身安全活动,积极参与安全教育和培训,是安全文化最基本、最重要的内容。

(4)安全心理素质。

在紧张危险的环境中,心理素质强能激发斗志,振奋精神,增强信心,工人的技术也会得到最好的发挥,从而处理好险情,保证安全生产。相反,如果工人的心理素质差,就会导致消极情绪,丧失主动性和积极性,容易产生事故。要使工人有良好的心理素质,只有通过有计划有步骤地训练和不断的潜移默化的影响才能逐步形成。

(5)文化程度。

建筑施工中的一些岗位是有文化要求的,文化程度不符合岗位要求,将会导致安全信息不能及时沟通,安全隐患不能及时发现和处理,容易引发安全事故。

(6)环境保护意识。

建筑施工现场员工应该要有环境的保护意识,要时刻意识到自己的工作可能对环境有可能造成的影响,并努力减少这种影响。

(二)建筑施工设备因素

建筑施工设备因素是施工现场安全管理的重要方面。由于设备装卸不良,材料强度不够、零部件磨损老化,安全防护装置失灵、缺乏防护用品或有缺陷,物质的堆放、整理有缺陷等,构成了物的不安全状态,在一定条件下,就转化成为事故。部分常见伤害事故的起因物和致害物见表5-3。

部分常见伤害事故的起因物和致害物

表 5-3

事故类型	起因物	致害物
物体(击)打击	由各种原因引起的落物、崩块、冲击物、滚动体、摆动体以及其他足以产生打击伤害的运动硬物	产生状态突变的模板、支撑、钢筋、块体材料和器具等,以及作业人员
	引发其他物体状态突变(如弹出、倾倒、吊落、滚动、扭转等)的物体,如撬杠、绳索、拉拽物和障碍物等	
高处坠落	由于不当操作或其他原因造成失稳、倾倒、掉落并拖带施工人员发生高空坠落的手推车和其他器物	掉落的施工人员受自身重力运动伤害
	脚手架面未满铺脚手板,脚手架侧面和"临边"未按规定设置防护	
	未加设盖板或其他盖物	
	失控掉落的梯笼和其他载人设备	
	高处作业未佩挂安全带	
机械和起重伤害	进行车、刨、钻、铣、锻、镗加工时的工作部件	机械转动和工作部件脱(飞)出的加工件,致伤施工人员
	未上紧的夹持件	
	没有、拆去或质量与装置不符合要求的安全罩	
	超重吊物	失稳、倾翻的起重机;倒塌设备损坏、砸压致伤施工人员
	软弱和受力不均衡的地基、支垫物	
	变形、破坏的吊具(架)破断、松脱、失控的索具	倾翻、吊落、折断、前冲的吊物;致伤施工人员
	破断、松脱、失控的索具	
	失控、失效的限控、保险和操作装置	失控的臂杆、起重小车、索具吊钩、吊笼(盘)和机械的其他部件致伤施工人员
	滑脱、折断的撬杠	失控、侧翻、吊落的重物和安装物,致伤施工人员
	失稳、破坏的支架	
	启闭失控的料笼、容器	掉落、散落的材料、物品,污染环境
	拴挂不平衡的吊索	严重摆动、不稳定回转和下落的吊物,易致伤施工人员
	失控的回转和限速机构	
触电伤害	未加可靠保护、破皮损伤的电线、电缆	误触高压线的起重机臂杆和其他运动中的导电物体,造成伤亡
	架空高压裸线	
	未设或设置不合格的接零(地)、漏电保护设施	带(漏)电的电动工具和设备易发生误触的电器开关导致人员触电
	未设门或未上锁的电闸箱	
坍塌伤害	由流沙、涌水、沉陷和滑坡引起的塌方	塌落的土方、高处滑落机械、车辆和堆物,易造成机械设备和施工人员的损伤
	过高、过陡和基地不牢的堆置物	
	停于坑槽边的机械、车辆和过重堆物	
	没有或不符合要求的降水和支护措施	
	受坑槽开挖伤害的建(构)筑物的基础和地基	整体或局部沉降、倾斜、倒塌的建(构)筑物,致使建筑物损坏、附近人员受伤

续上表

事故类型	起因物	致害物
坍塌伤害	设计和施工存在不安全问题的临时建筑和设施	整体或局部坍塌、破坏的工程建筑、临时设施及其杆部件和载存物件；致使建筑物损坏，建筑物内和施工人员受伤
	发生不均匀沉降和显著变形的地基	
	附近有强烈的振动和冲击源	
	强劲的自然力（风、雨、雪等）	
	因违规拆除结构件、拉结杆或其他原因造成破坏的局部杆件和结构	
	受载后发生变形、失稳或破坏的支架或支撑杆件	
火灾伤害	火源与靠近火源的易燃物	易燃物燃烧引起火灾，导致人员设备受损
	雷击、导电物体与易燃物	
	爆炸引起的溢漏的易燃物（液体、气体）和火源	
中毒、窒息和爆炸伤害	一氧化碳、瓦斯和其他有毒气体	一氧化碳、瓦斯易引起爆炸，有毒气体、化学药品易引起人员中毒，密闭容器不通风作业易引起作业人员窒息
	亚硝酸钠和其他有毒化学品	
	密闭容器、硐室和其他高温、不通风作业场所	
	爆炸（破）引起的飞石和冲击波	爆炸的雷管和炸药的飞溅块体和气浪易导致附近施工人员设备受损
	保管不当的雷管和其他引爆源	
	"瞎炮"与引起其爆炸的引爆物	
其他	朝天钉子、突出的铁件、散落的钢筋、管子和其他硬物以及伸入作业空间的杆件和其他硬物	易扎伤、碰伤和戳伤及砸伤施工人员

1. 大型设备及机具装卸安全控制

（1）脚手架装卸安全控制。

建筑施工中，结构施工或内外装饰施工都离不开各种脚手架，架子的搭设质量与施工人员的人身安全、工程进度、工程质量有直接的关系。脚手架的搭设和拆卸必须严格按照《建筑施工扣件式钢管脚手架安全技术规范》（JGJ 130—2011）和《建筑施工门式钢管脚手架安全技术标准》（JGJ/T 128—2019）的规定进行。

（2）起重机械装卸安全控制。

建筑施工起重机械设备是指建筑施工中使用的塔吊、各式起重机、卷扬机、施工升降机、物料提升机等。这些起重机械设备安装和拆卸必须依据各自拆装规范要求进行，并且要有控制超高、超载、变幅、过压等保护装置及按要求设置的防护装置等。

（3）大型施工机具装卸安全控制。

大型施工机具包括平刨、圆盘锯、钢筋机械、搅拌机、打桩机等，这些机具必须安装在施工现场，工程竣工后又必须拆离现场。因此，加强这些施工机具的装卸安全控制也是施工安全管理的一项重要内容。

2. 设备可靠性检测

为确保设备的正常运行，在安装设备之前，应对设备进行可靠性分析，在设备安装完成后投入使用之前，应对设备进行可靠性检测。对特种设备，如塔吊等起重设备要委托设备检测部门进行现场检测,检测合格取得设备运行许可证后,方可投入使用。

3.设备的维护及保养

施工设备在使用过程中会发生污染、松动、泄漏、磨损、振动、发热等各种故障,影响设备的正常使用,耽搁施工工期,严重时会酿成设备事故甚至人身伤亡事故。因此,应经常对施工设备加以检查、保养和调整,使设备随时处于最佳的技术状态。设备维修保养方式主要是"清洁、紧固、润滑、调整、防腐、防冻及外观表面检查"。对长时间运行的设备要巡视检查,定期切换,轮流使用,进行强制保养。

(1)日常维护保养。

要求设备操作人员在班前对设备进行检查,在班中按操作规程操作设备,定时巡视、记录各运行参数,随时注意运行中有无异响、异味、超载等现象,在班后对设备做好清洁工作。

(2)定期维护保养。

以操作人员为主、检修人员协助进行,有计划地停运设备进行维护保养。根据设备的用途、结构复杂程度、维护工作量及人员的技术水平等来决定维护的间隔周期。

(3)安全规范。

在进行设备维护和保养时,严格遵守相关的安全规范,确保操作人员和设备的安全。

模块二 公路工程施工项目安全制度建设

【工作任务 2】 请依据本模块中的相关知识,结合给定的项目建设背景资料,完成下列任务,详见表5-4。

项目五 模块二 任务单   表 5-4

工作任务	请列出变更设计对施工安全的影响及其管理措施以及路基填筑高度调整的技术要求和安全管理规范
任务要求	1. 小组讨论变更设计对施工安全的影响及其管理措施,掌握路基填筑高度调整的技术要求和安全管理规范; 2. 小组查阅相关的公路施工安全技术规范,如《公路工程施工安全技术规范》(JTG F90—2015),了解相关安全制度; 3. 小组完成对引导案例中的分析变更设计对施工安全的影响,包括路基填筑高度的调整及其原因
任务准备	1. 知识准备:了解公路工程施工项目安全制度的基本概念和重要性,掌握变更设计对施工安全的影响及其管理措施,熟悉路基填筑高度调整的技术要求和安全管理规范; 2. 工具准备:借阅《公路工程施工安全技术规范》(JTG F90—2015)、交通运输部公告 2018 年第 28 号
工作步骤	1. 小组讨论分工,每组 2~3 人; 2. 小组合作完成变更设计对施工安全的影响及其管理措施,掌握路基填筑高度调整的技术要求和安全管理规范; 3. 小组合作完成引导案例中的分析变更设计对施工安全的影响,包括路基填筑高度的调整及其原因
自我评价 (优、良、中、差)	工作态度: 团队协作: 知识掌握:

一、《中华人民共和国安全生产法》主要内容简介

为了加强安全生产工作,防止和减少生产安全事故,保障人民群众生命和财产安全,促进经济社会持续健康发展,《中华人民共和国安全生产法》重点突出以下几方面内容:

(1)以人为本,坚持安全发展。提出安全生产工作应当以人为本,将坚持安全发展写入了总则,对于坚守红线意识、进一步加强安全生产工作、实现安全生产形势根本性好转的奋斗目标具有重要意义。

《中华人民共和国安全生产法》

(2)建立完善安全生产方针和工作机制。将安全生产工作方针完善为"安全第一、预防为主、综合治理",进一步明确了安全生产的重要地位、主体任务和实现安全生产的根本途径。新法提出要建立生产经营单位负责、职工参与、政府监管、行业自律、社会监督的工作机制,明确了各方安全职责。

(3)落实"三个必须",确立安全生产监管执法部门地位。按照安全生产管行业必须管安全、管业务必须管安全、管生产经营必须管安全的要求。一是规定国务院和县级以上地方人民政府应当建立健全安全生产工作协调机制,及时协调、解决安全生产监督管理中的重大问题。二是各级政府安全生产监督管理部门实施综合监督管理,有关部门在各自职责范围内对有关"行业、领域"的安全生产工作实施监督管理。三是各级安全生产监督管理部门和其他负有安全生产监督管理职责的部门作为行政执法部门,依法开展安全生产行政执法工作,对生产经营单位执行法律、法规、国家标准或者行业标准的情况进行监督检查。

(4)强化乡镇人民政府以及街道办事处、开发区管理机构安全生产职责。明确乡镇人民政府以及街道办事处、开发区管理机构等地方人民政府的派出机关应当按照职责,加强对本行政区域内生产经营单位安全生产状况的监督检查,协助上级人民政府有关部门依法履行安全生产监督管理职责。

(5)明确生产经营单位安全生产管理机构、人员的设置、配备标准和工作职责。一是明确矿山、金属冶炼、建筑施工、道路运输单位和危险物品的生产、经营、储存单位,应当设置安全生产管理机构或者配备专职安全生产管理人员,将其他生产经营单位设置专门机构或者配备专职人员的从业人员下限由 300 人调整为 100 人。二是规定了安全生产管理机构以及管理人员的 7 项职责,主要包括拟定本单位安全生产规章制度、操作规程、应急救援预案,组织宣传贯彻安全生产法律、法规;组织安全生产教育和培训,制止和纠正违章指挥、强令冒险作业、违反操作规程的行为,督促落实安全生产整改措施等。三是明确生产经营单位作出涉及安全生产的经营决策,应当听取安全生产管理机构以及安全生产管理人员的意见。

(6)明确了劳务派遣单位和用工单位的职责和劳动者的权利义务。一是规定生产经营单位应当将被派遣劳动者纳入本单位从业人员统一管理,对被派遣劳动者进行岗位安全操作规程和安全操作技能的教育和培训。劳务派遣单位应当对被派遣劳动者进行必要的安全生产教育和培训。二是明确被派遣劳动者享有本法规定的从业人员的权利,并应当履行本法规定的从业人员的义务。

(7)建立事故隐患排查治理制度。把加强事前预防、强化隐患排查治理作为一项重要内容:一是生产经营单位必须建立事故隐患排查治理制度,采取技术、管理措施消除事故隐患;二

是政府有关部门要建立健全重大事故隐患治理督办制度,督促生产经营单位消除重大事故隐患;三是对未建立隐患排查治理制度、未采取有效措施消除事故隐患的行为,设定了严格的行政处罚。

(8)推进安全生产标准化建设。结合多年来的实践经验,明确生产经营单位应当推进安全生产标准化工作,提高本质安全生产水平。

(9)推行注册安全工程师制度。确立了注册安全工程师制度,并从两个方面加以推进:一是危险物品的生产、储存单位以及矿山、金属冶炼单位应当有注册安全工程师从事安全生产管理工作,鼓励其他单位聘用注册安全工程师;二是建立注册安全工程师按专业分类管理制度,授权国务院人力资源和社会保障部门、安全生产监督管理等部门制定具体实施办法。

(10)推进安全生产责任保险。为了增加事故应急救援和事故单位从业人员以外的事故受害人的赔偿补偿资金来源,国家鼓励生产经营单位投保安全生产责任保险。

二、建立健全安全管理制度

《中华人民共和国建筑法》《中华人民共和国安全生产法》和《建设工程安全生产管理条例》的实施,使我国建筑行业安全管理真正走上了法制化的轨道。企业安全管理制度是国家各项安全生产法律、法规、规范、标准在企业的延伸和细化。企业制订的安全管理规章制度,既要有科学依据,又要有可操作性,还要符合企业的实际情况,满足劳动者的安全需要。根据国家有关安全生产的法律、法规、规范、标准,企业应建立以下几项安全管理基本制度。

《中华人民共和国建筑法》

1.建立健全安全生产责任制

安全生产责任制是安全管理的核心,是保障安全生产的重要手段,可有效预防事故的发生。安全生产责任制是根据"管生产必须管安全""安全生产人人有责"的原则制订的。明确了各级领导和各职能部门及各类人员在生产活动中应负的安全职责。有了安全生产责任制,就能把安全与生产从组织形式上统一起来,把"管生产必须管安全"的原则从制度上固定下来,增强了各级管理人员的安全责任心,使安全管理纵向到底、横向到边、专管成线、群管成网、责任明确、协调配合、共同努力,真正把安全生产工作落到实处。安全生产责任制的内容应分级制订和细化,如企业、项目、班组都应建立安全生产责任制,按其职责分工,确定各自的安全责任,并组织实施和考评,保证安全生产责任制的落实。

《建设工程安全生产管理条例》

2.制订安全教育制度

安全教育制度是企业对职工进行安全法律、法规、规范、标准、安全知识和操作规程培训教育的规定,是提高职工安全意识的重要手段,是企业安全管理的一项重要内容。安全教育制度内容应规定:定期和不定期安全教育的时间、应受教育的人员、教育的内容和形式,如新工人、外来施工队人员等进场前必须接受三级(公司、项目、班组)安全教育。对危险性较大的特殊工种,必须经过专门的培训机构培训,合格后持证上岗,每年还必须进行一次安全操作规程的训练和再教育。对采用新工艺、新设备、新技术和变换工种的人员,进行安全操作规程和安全知识的培训和教育。

3. 制订安全检查制度

安全检查通常是指为了确保人员、财产或系统安全而进行的一系列检查和评估。是发现隐患、消除隐患、防止事故、改善劳动条件和环境的重要措施,是企业预防安全生产事故的一项重要手段,安全检查制度内容应规定安全检查负责人、检查时间、检查内容和检查方式。它包括经常性的检查、专业性的检查、季节性的检查和专项性的检查,以及群众性的检查等。对于检查出的隐患,应进行登记,并采取定人、定时间、定措施的"三定"办法给予解决,同时对整改情况应进行复查验收,确保隐患彻底被消除。

4. 制订各工种安全操作规程

工种安全操作规程是消除和控制劳动过程中的不安全行为、预防伤亡事故、确保作业人员的安全和健康,也是企业安全管理的重要制度之一。各工种安全操作规程的内容应根据国家和行业安全生产法律、法规、标准、规范,结合施工现场的实际情况制订,同时根据现场使用的新工艺、新设备、新技术,制订出相应的安全操作规程,并监督其实施。

5. 制订安全生产奖罚办法

企业必须制订安全生产奖罚办法,目的是不断提高劳动者进行安全生产的自觉性,调动劳动者的积极性和创造性,防止和纠正违反法律、法规和劳动纪律的行为。安全生产奖罚办法的内容,规定了奖罚的目的、条件、种类、数额、实施程序等。企业只有建立安全生产奖罚办法,做到有奖有罚,奖罚分明,才能鼓励先进,督促落后。

6. 制订施工现场安全管理规定

施工现场安全管理规定是施工现场安全管理制度的基础,目的是使施工现场安全防护设施标准化、定型化。

施工现场安全管理规定的内容包括:施工现场一般安全规定、安全技术管理、脚手架工程安全管理(包括特殊脚手架、工具式脚手架等)、电梯井操作平台安全管理、马道搭设安全管理、大模板拆装存放安全管理、水平安全网支搭拆除安全管理、井字架龙门架安全管理、孔洞临边防护安全管理、拆除工程安全管理、防护棚支搭安全管理等。

7. 制订机械设备安全管理制度

机械设备是指目前建筑施工普遍使用的垂直运输和加工机具。由于机械设备本身存在一定的危险性,如果管理不当,可能造成机毁人亡,因此它是目前施工安全管理的重点。大型设备应到上级有关部门备案,遵守国家和行业有关规定,还应设专人负责定期进行安全检查,执行保养制度,保证机械设备处于良好的状态,并执行各种机械设备的安全管理制度。

8. 制订施工现场临时用电安全管理制度

施工现场临时用电是目前建筑施工现场离不开的一项设备,由于其使用广泛、危险性比较大,牵涉每个劳动者的安全,因此施工现场临时用电安全管理制度也是施工现场一项重点的安全管理制度。施工现场临时用电管理制度的内容应包括外电的防护,地下电缆的保护,设备的接地与接零保护,配电箱的设置及安全管理规定(总箱、分箱、开关箱),现场照明、配电线路、电器装置、变配电装置、用电档案的管理等。

9. 制订生产安全事故报告和调查处理办法

制订生产安全事故报告和调查处理办法,目的是规范生产安全事故的报告和调查处理,主要为查明事故原因,吸取教训,采取改进措施,防止事故重复发生。生产安全事故报告和调查处理办法也是企业安全管理的一项重要内容。生产安全事故报告和调查处理制度的内容主要是:企业内部生产安全事故的报告,包括程序、内容和要求,同时根据生产安全事故的情况成立事故调查组;生产安全事故的调查程序、调查组人员的组成、调查组人员的分工和职责,事故调查报告的时间、内容、要求;对事故责任人的处理和采取防止同类事故发生的措施等。

10. 制订劳动防险用品管理制度

劳动防险用品是为了减轻或避免劳动过程中劳动者受到的伤害和职业危害,是保护劳动者安全健康的一项预防性辅助措施,是安全生产防止职业性伤害的需要,对于减少职业危害起着相当重要的作用。劳动防险用品制度的内容,主要包括安全网、安全帽、安全带、绝缘用品、预防职业病用品等的采购、验收、发放、使用、维护等的管理要求。

11. 建立应急救援预案

《中华人民共和国安全生产法》规定,生产经营单位必须建立应急救援组织,建立应急救援的目的是保障一旦发生生产安全事故,迅速启动预案,采取有效措施,组织抢救,防止事故扩大,减少人员伤亡和财产损失。

应急救援预案的主要内容应包括应急救援组织机构、预案的目的与原则、应急救援程序、应急救援要求、应急救援器材、设备的配备、应急救援人员的培训、应急救援的演练等,保证应急救援的正常运转。

12. 其他制度

除以上主要的安全管理制度外,企业还应建立有关的安全管理制度,如安全值班制度,班前安全活动制度,特种作业安全管理制度,安全资料管理制度,总、分包安全管理制度等,使企业安全管理更加完善和有效,达到以制度管理安全。

三、安全管理制度的落实

安全管理制度是为使生产经营活动安全进行,长期执行、完善并保障物质安全而形成的各种安全规章制度、防范措施、安全宣传教育培训制度、安全管理责任制以及奉公守法、遵守纪律的自律态度。它是安全生产的运行保障机制,是安全观念、意识文化的外在表现,是安全行为文化的规范和准则,是实现安全物质文化的依据。

1. 安全管理制度的制订

安全管理制度是指激励员工实施安全行为、规范安全意识的控制方式。安全管理不仅通过这些制度的存在被显示出来,而且还通过安全规章制度被格式化、文档化,重要的是通过实施,从而被全体员工所理解。建筑安全管理制度的主要内容如下:

(1)约束人的不安全行为方面的制度。

①安全生产责任制。包含各级各类人员的安生产责任及各个相关部门的安全生产责任。

②安全生产教育制度。包含新工人入场三级安全教育,转场安全教育,变换工种安全教

育,特种作业安全教育,班前安全讲话,周安全活动以及各级管理人员的安全教育等。

③特种作业管理制度。包含特种作业人员的分类、取证、培训及复审等要求。

(2)消除物的不安全状态方面的制度。

①安全防护管理制度。包含基础施工、脚手架工程、洞口临边作业、高处作业、料具存放及化学危险品存放的安全防护要求。

②机械安全管理制度。包含塔吊及主要施工机械的安全防护技术及管理要求。

③设备安全操作规程。设备安全操作规程规定操作过程该干什么,不该干什么,或设备应该处于什么样的状态,是操作人员正确操作设备的依据,是保证设备安全运行的规范,对提高可利用率、防止故障和事故发生、延长设备使用寿命等起着重要作用。其内容要结合设备实际运行情况及工作环境进行编制,突出重点,文字力求简练、易懂、易记。条目的先后顺序力求与操作顺序一致。

④安全技术管理制度。包含安全技术措施和方案编制、审核、审批的基础要求、安全技术交底要求,各类安全防护用品、工具、设施、临时用电工程以及机械设备等的验收要求,安全新技术、新工艺的总结和推广要求。

⑤临时用电安全管理制度。包含用电申请与审批制度、用电设备安全检查制度、临时用电的安全管理要求及配电线路、配电箱、各类用电设备和照明的安全防护技术要求。

(3)起隔离保护作用的制度。

①安全生产组织管理制度。包含安全生产保证体系,安全生产管理机构的设置及人员的配备,安全生产方针、目标等。

②劳动保护管理制度。包含劳动保护和保健的管理要求。

③对安全性进行全面评价的制度。

④评价制度的支持系统。包含因工伤亡事故报告、统计、调查及处理制度,安全生产奖惩制度,安全生产资料(档案)管理制度等。

2. 安全管理制度的执行

安全管理制度是安全管理的重要构成要素,是安全管理系统的核心要素。健全的管理制度是安全管理正常运行的保障,安全管理制度最终的落脚点在于执行。管理制度的执行程度、安全生产责任制的落实程度严重影响安全生产。另外,员工对安全管理制度的认识程度影响安全生产的提升和促进。

3. 安全宣传教育及培训

安全宣传教育培训承担着传递安全生产经验的任务,安全教育培训使得员工的安全文化素质不断提高。通过宣传教育培训,使员工能够认识到生产活动中安全的重要性,遵守企业生产活动中的安全规范和要求,掌握安全技能,促进生产。

(1)安全宣传。

加强国家安全方针政策的宣传及安全警示教育,宣传职业病的预防,增强员工安全意识,使广大员工掌握预防事故的知识和技能。安全宣传的形式主要有:定期召开安全会议,加强安全教育;在生产场地张贴安全标语和安全标志;为员工发放安全资料和图书;安全技术展览;安全广播等。

(2)三级安全教育。

三级安全教育系指对新工人的(包括参加实习人员、参加生产劳动的学生和新调入本队工作的人员)公司安全教育、项目部安全教育和班组安全教育。三级安全教育由安全、教育、劳资等部门配合组织进行。经教育考试合格者才准进入生产岗位,不合格者必须补课、补考。

(3)日常安全教育培训。

日常安全教育是施工企业一项常抓不懈的工作,施工企业应根据本企业的具体情况,采用多种方式针对性地进行教育。如采用安全活动日、安全月、班前班后安全会、开工前会、安全技术交底会等方式进行教育。

(4)专项安全教育培训。

专项安全教育培训就是结合某专项特点,针对该专项进行安全操作、安全防护的教育培训。例如专门针对混凝土工、钢筋工、防水工、油漆工、玻璃工、水暖工等各个工种进行的培训,也可以专门针对某分部工程的工人进行培训,如针对桩基础工程、混凝土工程、安装工程、装饰工程等各个分部工程的工人进行安全教育培训。

(5)特种作业人员安全技术培训。

特种作业系指对操作者本人,尤其是对他人和作业周围的设施安全有重大危害因素的作业。据不完全统计,特种作业造成的伤亡事故占事故总数的37.6%,死亡人数占总数的49.5%。国家规定登高架设、起重、电气、焊接、电梯、压力容器等特种作业人员必须培训,取得上岗证方可上岗,并定期参加复训和复审。特种作业人员的身体素质、文化素质必须满足相应条件。

(6)预防性安全教育。

预防性安全教育主要包括:冬季防寒、夏季防暑、雨季防洪防雷击等预防安全教育;生产作业阶段的事故预防教育;施工机械设备的预防性安全教育;安全规章制度教育;安全操作规程教育;危险源识别与风险评估教育;应急救援与自救互救教育;安全检查与隐患排查教育等。

4.安全检查

有计划、有布置、有检查是工作的一般程序,安全生产也不例外,在布置安全生产工作的同时,要制订相应的检查计划。

(1)安全检查的内容。

安全检查的内容主要包括:检查各级管理人员对安全施工规章制度的建立与落实情况;检查根据工程特点、施工方法、施工机械编制的安全技术措施及在施工过程中的贯彻情况;安全技术交底和操作规章制度的贯彻情况、安全设防情况、个人防护情况、安全用电情况、现场防火情况、安全标志牌等。

(2)安全检查的形式。

安全检查的形式主要有上级检查、定期检查、专业性检查、经常性检查、季节性检查以及自行检查等。安全检查的形式可以根据实际情况灵活选择和组合,目的是确保生产过程的安全,及时发现并消除安全隐患。通过不同形式的安全检查,可以提高员工的安全意识,加强安全管理,降低事故发生的概率。

（3）安全检查的方法。

随着安全管理科学化、标准化、规范化的发展，目前安全检查基本上采用安全检查表和一般检查方法。安全检查表是一种初步的定性分析方法，它通过事先拟订的安全检查明细表或清单，对安全生产进行初步的诊断和控制，安全检查的一般方法主要是通过看、听、嗅、问、查、测、验、析等手段进行。

（4）安全隐患整改、落实及消项。

对检查出来的问题和隐患分门别类仔细登记，登记的目的是积累信息资料，并作为整改的备查依据。查清产生安全隐患的原因，编写整改方案，落实整改责任人，组织人力物力进行整改，整改完成后要及时通知有关部门，有关部门应按要求派人进行复查，经复查合格后，方可消项。

5. 现场防护及安全措施

建筑施工管理好比一根铁链，一环连一环，如果忽视了哪一环，整体就会脱节、中断。因此，对工程施工中的不安全因素进行预测和分析，从技术管理层面采取措施，确保施工生产按操作规程要求严格进行，使施工过程的安全生产始终处于被监控的状态，是防患于未然的最有效措施。

（1）安全技术交底。

为了规范建筑施工人员安全操作程序，消除和控制劳动过程中的不安全行为，预防各类伤亡事故，确保作业人员的安全健康，在施工前期，每道工序都必须进行安全技术交底，即把工序中各道环节的施工技术措施和安全技术标准向操作员工进行详实的说明，向操作员工进行安全技术交底。

（2）标准化防护。

建筑施工伤亡事故大多发生在脚手架、模板的搭设（安装）或拆除过程中，尤其是临边与洞口，在施工过程中极易发生坠落事故。对基坑支护、模板工程、起重安装、垂直运输机工作、脚手架工程、拆除工程、施工用电和电焊作业等必须执行标准化防护，消除物的不安全状态。

（3）安全专项方案的编制、交底及贯彻。

在建筑施工过程的爆破工程、拆除工程、隧道工程、部分地下工程和空中工程、危险程度较高的分部工程，以及施工现场的防火、防爆、防触电、环境保护等，必须编制安全专项方案，方案编制后必须对参加该项工程的现场指挥人员、技术人员、施工员及工人分别进行技术交底及安全交底，并严格贯彻执行。

6. 事故预防及应急处理

事故预防及应急处理包括应急机构与职责（应急体系）、应急预案制订及演练、伤亡事故的处理。

（1）应急机构与职责。

首先要确定应急指挥人员和应急人员，并对其进行能力评价。组织机构和职责上不仅要考虑内部机构的人员及其作用，还要考虑外部援助机构人员及其作用。

（2）应急预案制订及演练。

各类事故或险情的应急处理方案中，应制订火灾或爆炸、洪灾、地震、人员食物中毒、人员高空坠落、重大疫情以及重大环境污染等重大事故或险情的应急处理方案。制订了应急预案，配备了应急设备之后，应根据制订的应急预案进行应急演练。把书面的预案进行模拟检验和练习，提高应急人员的应急反应能力和应变技能。

（3）伤亡事故的处理。

事故发生后，现场人员要有组织、听指挥，迅速做好以下几件事：

①抢救伤员，排除险情，制止事故蔓延扩大。

②为了事故调查分析需要，保护好事故现场。

③负伤者或事故现场有关人员应立即直接或逐级报告。

④做好事后调查，分析事故原因。

⑤制订事故预防措施。

⑥事故责任分析及结案处理。

7. 安全投入

（1）人员方面的投入。

严格按照前面所述的安全机构及岗位配备相应的安全管理人员，不得缩减。

（2）资金方面的投入。

资金方面的投入主要包括安全教育培训费和奖励基金、安全技术措施费用、工业卫生措施费用、安全设施维护保养费用、劳保用品费用等，这些安全资金不能挪作他用。

（3）安全设施方面的投入。

现场施工中，必须按照国家法律法规及建筑行业标准配备齐全的安全设施。

8. 环境因素

建筑施工现场的环境关系到能否正常进行工作，环境也是造成事故的一个重要因素。对建筑施工从气候条件、施工现场噪声及扬尘、施工照明及施工现场环境条件等方面进行要求和管理。

（1）气候条件。

由于建筑施工现场环境较为恶劣，建筑产品的体积十分庞大，施工周期长，从基础、主体、屋面到室外装修等，整个工程的70%均在露天进行作业，劳动者还要忍受四季酷暑严寒的气候变化，这样的环境条件容易引发安全事故。因此，考虑建筑施工现场作业环境时，应考虑气候条件的影响。

（2）施工现场噪声及扬尘。

长期处于较高噪声环境下，会引起员工的烦躁情绪，从而导致一些不安全行为。研究表明，当工作场所的噪声高于75bB时，人会有明显的不舒服感，如烦闷、急躁等心理反应。建筑施工现场噪声较大，因此，应将噪声作为考核工作环境的一个指标。另外，施工现场必须做好扬尘的控制，扬尘能较长时间漂浮在生产环境的空气中，在劳动过程中，员工长期吸入一定浓度的扬尘，会严重影响身体健康。因此，做好施工现场的扬尘控制，保护员工的身心健康，是施工企业义不容辞的责任。

（3）施工照明。

良好的照明可以保证施工人员拥有清晰的视线，看清楚作业面和其他人员的位置，减少因视线不清造成的误操作或碰撞等事故。正在建设的建筑工程,由于还没有安装好用电设备,施工用电全是临时用电,施工照明势必成为影响安全的重要因素。

(4)施工现场环境条件。

施工现场环境条件也是影响安全的一个因素。施工现场各项物料应摆放整齐;垃圾渣土要及时清理出现场;施工区域、宿舍、办公场所、食堂、洗涤场所及厕所环境卫生要符合《建设工程施工现场环境与卫生标准》(JGJ 146—2013)的规定。同时,做好流行病和传染病的预防工作,改善员工的工作生活条件,防止事故发生。

《建设工程施工现场环境与卫生标准》

四、公路工程施工合同协议安全要求

(一)《公路水运工程安全生产监督管理办法》(中华人民共和国交通运输部令2017年第25号)主要规定

公路水运工程安全生产监督管理坚持安全第一、预防为主、综合治理的方针。

1.公路水运工程安全生产监督管理要求实行统一监管、分级负责。

(1)交通运输部负责全国公路水运工程安全生产的监督管理工作。

(2)县级以上地方人民政府交通主管部门负责本行政区域内的公路水运工程安全生产监督管理工作,交通运输部和县级以上地方人民政府交通主管部门,可以委托其设置的安全监督机构负责具体工作,法律、行政法规规定不能委托的事项除外。承担公路水运工程安全生产监督管理职能的部门或者机构,统称为公路水运工程安全生产监督管理部门。

《公路水运工程安全生产监督管理办法》

2.公路水运工程安全生产监督管理部门的主要职责

(1)宣传、贯彻、执行有关安全生产的法律、法规,按照法定权限制定公路水运工程安全生产管理规章和技术标准。

(2)依法对公路水运工程从业单位安全生产条件实施监督管理,组织施工单位的主要负责人、项目负责人、专职安全生产管理人员的考核管理工作。

(3)建立公路水运工程安全生产应急管理机制,制定重大生产安全事故应急预案。

(4)建立公路水运工程从业单位安全生产信用体系,作为交通行业信用体系建设的一部分,对从业单位和人员实施安全生产动态管理。

(5)受理公路水运工程安全生产方面的举报和投诉,依法对公路水运工程安全生产实施监督检查和相应的行政处罚。

(6)依法组织或者参与调查处理生产安全事故,按照职责权限对公路水运工程生产安全事故进行统计分析,发布公路水运工程安全生产动态信息。省级交通主管部门负责向交通运输部和国务院其他有关部门报送事故信息。

(7)指导下级交通主管部门开展公路水运工程安全生产监督管理工作。

(8)组织公路水运工程安全生产技术研究和先进技术推广应用。

(9)开展公路水运工程安全生产经验交流,普及安全生产知识。

(10)与其他相关部门建立协调机制,共同推进公路水运工程安全生产工作的开展。

(11)法律、法规规定的其他职责。

3.安全生产条件要求

从业单位从事公路水运工程建设活动,应当具备法律、行政法规规定的安全生产条件,任何单位和个人不得降低安全生产条件。

(1)施工单位应当取得安全生产许可证,施工单位的主要负责人、项目负责人、专项安全生产管理人员(以下简称安全生产三类人员)必须取得考核合格证书,方可参加公路水运工程投标及施工。施工单位主要负责人,是指对本企业日常生产经营活动和安全生产工作全面负责、有生产经营决策权的人员,包括企业法定代表人、企业安全生产工作的负责人等。项目负责人,是指由企业法定代表人授权,负责公路水运工程项目施工管理的负责人,包括项目经理、项目副经理和项目总工。专职安全生产管理人员,是指在企业专职从事安全生产管理工作的人员,包括企业安全生产管理机构的负责人及其工作人员和施工现场专职安全员。

(2)交通运输部负责组织公路水运工程一级及以上资质施工单位安全生产三类人员的考核发证工作。省级交通主管部门负责组织公路水运工程二级及以下资质施工单位安全生产三类人员的考核发证工作。

(3)施工单位安全生产三类人员考核分为安全生产知识考试和安全管理能力考核两部分。考核合格的,由交通运输部或省级交通主管部门颁发《安全生产考核合格证书》。

(4)施工单位的垂直运输机械作业人员、施工船舶作业人员、爆破作业人员、安装拆卸工、起重信号工、电工、焊工等国家规定的特种作业人员,必须按照国家规定经过专门的安全作业培训,并取得特种作业操作资格证书后,方可上岗作业。

(5)施工单位在工程中使用施工起重机械和整体提升式脚手架、滑模爬模、架桥机等自行式架设设施前,应当组织有关单位进行验收,或者委托具有相应资质的检验检测机构进行验收,使用承租的机械设备和施工机具及配件的,由承租单位、出租单位和安装单位共同进行验收,验收合格的方可使用。验收合格后30d内,应向当地交通主管部门登记。

(6)从业单位应当对从业人员进行安全生产教育和培训,保证从业人员具备必要的安全生产知识,熟悉有关的安全生产规章制度和安全操作规程,掌握本岗位的安全操作技能。未经安全生产教育和培训合格的从业人员,不得上岗作业。

4.安全责任要求

(1)建设单位安全责任。

①建设单位在编制工程招标文件时,应当确定公路水运工程项目安全作业环境及安全施工措施所需的安全生产费用。安全生产费用由建设单位根据监理工程师对工程安全生产情况的签字确认进行支付。

②建设单位在公路水运工程施工招标文件中应当按照法律、法规的规定对施工单位的安全生产条件、安全生产信用情况、安全生产的保障措施等提出明确要求。

③建设单位不得对咨询、勘察、设计、监理、施工、设备租赁、材料供应、检测等单位提出不符合工程安全生产法律、法规和工程建设强制性标准规定的要求。不得随意压缩合同规定的工期。

（2）勘察单位安全责任。

①勘察单位应当按照法律、法规和工程建设强制性标准进行勘察，重视地质环境对安全的影响，提交的勘察文件应当真实、准确，满足公路水运工程安全生产的需要。

②勘察单位应当对有可能引发公路水运工程安全隐患的地质灾害提出防治建议。

③勘察单位及勘察人员对勘察结论负责。

（3）设计单位安全责任。

①设计单位应当按照法律、法规和工程建设强制性标准进行设计，防止因设计不合理导致安全生产隐患或者生产安全事故的发生。

②采用新结构、新材料、新工艺的工程和特殊结构的工程，设计单位应当在设计文件中提出保障施工作业人员安全和预防生产安全事故的措施建议。

③设计单位和设计人员应当对其设计负责。

（4）监理单位安全责任。

①监理单位应当按照法律、法规和工程建设强制性标准进行监理，对工程安全生产承担监理责任。应当编制安全生产监理计划，明确监理人员的岗位职责、监理内容和方法等。对危险性较大的工程作业应当加强巡视检查。

②监理单位应当审查施工组织设计中的安全技术措施或者专项施工方案是否符合工程建设强制性标准。监理单位在实施监理过程中，发现存在安全事故隐患的，应当要求施工单位整改，必要时，可下达施工暂停指令并向建设单位和有关部门报告。

③监理单位应当填报安全监理日志和监理月报。

（5）为公路水运工程提供施工机械设备、设施和产品的单位的安全责任。

为公路水运工程提供施工机械设备、设施和产品的单位，应确保配备齐全有效的保险、限位等安全装置，提供有关安全操作的说明，保证其提供的机械设备和设施等产品的质量和安全性能达到国家有关标准。所提供的机械设备、设施和产品应当具有生产（制造）许可证、产品合格证或者法定检验检测合格证明。对于尚无相关国家标准或者行业标准的设备和设施，应当保障其质量和安全性能。

（6）施工单位安全责任。

①施工单位应当对施工安全生产承担责任。施工单位主要负责人依法对本单位的安全生产工作全面负责。施工单位应当建立健全安全生产责任制度和安全生产教育培训制度及安全生产技术交底制度，制定安全生产规章制度和操作规程，保证本单位安全生产条件所需资金的投入，对所承担的公路水运工程进行定期和专项安全检查，并做好安全检查记录。

②施工单位的项目负责人依法对项目的安全施工负责，落实安全生产各项制度，确保安全生产费用的有效使用，并根据工程特点组织制定安全施工措施，消除安全事故隐患，及时、如实报告生产安全事故。实施安全生产技术交底制度，公路水运工程每项工程实施前，施工单位负责项目管理的技术人员对有关安全施工的技术要求向施工作业班组、作业人员详细说明，并由双方签字确认的制度。

③施工单位应当设立安全生产管理机构，配备专职安全生产管理人员。施工现场应当按照每 5000 万元施工合同额配备一名的比例配备专职安全生产管理人员，不足 5000 万元的至少配备一名。

④专职安全生产管理人员负责对安全生产进行现场监督检查,并做好检查记录,发现生产安全事故隐患,应当及时向项目负责人和安全生产管理机构报告;对违章指挥、违章操作和违反劳动纪律的,应当立即制止。

⑤施工单位在工程报价中应当包含安全生产费用,一般不得低于投标价的1%,且不得作为竞争性报价。安全生产费用,应当用于施工安全防护用具及设施的采购和更新、安全施工措施的落实、安全生产条件的改善,不得挪作他用。

⑥施工单位应当在施工组织设计中编制安全技术措施和施工现场临时用电方案,对下列危险性较大的工程应当编制专项施工方案,并附安全验算结果,必要时,施工单位对前款所列工程的专项施工方案,还应当组织专家进行论证、审查。经施工单位技术负责人、监理工程师审查同意签字后实施,由专职安全生产管理人员进行现场监督:

a.不良地质条件下有潜在危险性的土方、石方开挖。

b.滑坡和高边坡处理。

c.桩基础、挡墙基础、深水基础及围堰工程。

d.桥梁工程中的梁、拱、柱等构件施工等。

e.隧道工程中的不良地质隧道、高瓦斯隧道、水底海底隧道等。

f.水上工程中的打桩船作业、施工船作业、外海孤岛作业、边通航边施工作业等。

g.水下工程中的水下焊接、混凝土浇筑、爆破工程等。

h.爆破工程。

i.大型临时工程中的大型支架、模板、便桥的架设与拆除;桥梁、码头的加固与拆除。

j.其他危险性较大的工程。

⑦施工单位应当在施工现场出入口或者沿线各交叉口、施工起重机械、拌和场、临时用电设施、爆破物及有害危险气体和液体存放处以及孔洞口、隧道口、基坑边沿、脚手架、码头边沿、桥梁边沿等危险部位,设置明显的安全警示标志或者必要的安全防护设施。施工单位应当根据不同施工阶段和周围环境及季节、气候的变化,在施工现场采取相应的安全施工措施。施工现场暂时停止施工的,施工单位应当做好现场防护。因施工单位安全生产隐患原因造成工程停工的,所需费用由施工单位承担,其他原因按照合同约定执行。

⑧施工单位应当将施工现场的办公、生活区与作业区分开设置,并保持安全距离;办公、生活区的选址应当符合安全性要求。职工的膳食、饮水、休息场所、医疗救助设施等应当符合卫生标准。施工现场临时搭建的建筑物应当符合安全使用要求。施工现场使用的装配式活动房屋应当具有生产(制造)许可证、产品合格证。

⑨施工单位应当在施工现场建立消防安全责任制度,确定消防安全责任人,制定用火、用电、使用易燃易爆材料等各项消防管理制度和操作规程,设置消防通道,配备相应的消防设施和灭火器材。施工单位应当向作业人员提供必需的安全防护用具和安全防护服装,书面告知危险岗位的操作规程并确保其熟悉和掌握有关内容和违章操作的危害。

⑩作业人员有权对施工现场的作业条件、作业程序和作业方式中存在的安全问题提出批评、检举和控告,有权拒绝违章指挥和强令冒险作业。在施工中发生可能危及人身安全的紧急情况时,作业人员有权立即停止作业或者在采取必要的应急措施后撤离危险区域。作业人员应当遵守安全施工的工程建设强制性标准、规章制度,正确使用安全防护用具、机械设备等。

施工单位采购、租赁的安全防护用具、机械设备、施工机具及配件,应当具有生产(制造)许可证、产品合格证,并在进入施工现场前由专职安全管理人员进行查验。施工现场的安全防护用具、机械设备、施工机具及配件必须由专人管理,定期进行检查、维修和保养,建立相应的资料档案,并按照国家有关规定及时报废。施工单位应当对管理人员和作业人员进行每年不少于两次的安全生产教育培训,其教育培训情况记入个人工作档案。施工单位在采用新技术、新工艺、新设备、新材料时,应当对作业人员进行相应的安全生产教育培训。新进人员和作业人员进入新的施工现场或者转入新的岗位前,施工单位应当对其进行安全生产培训考核。未经安全生产教育培训考核或者培训考核不合格的人员,不得上岗作业。施工单位应当为施工现场的人员办理意外伤害保险,意外伤害保险费应由施工单位支付。实行施工总承包的,由总承包单位支付意外伤害保险费。

(7)建设工程实行施工总承包。

①建设工程实行施工总承包的,由总承包单位对施工现场的安全生产负总责。总承包单位依法将建设工程分包给其他单位的,分包合同中应当明确各自的安全生产方面的权利、义务。总承包单位对分包工程的安全生产承担连带责任。

②分包单位应当服从总承包单位的安全生产管理,分包单位不服从管理导致生产安全事故的,由分包单位承担主要责任。

(8)生产安全事故应急预案。

建设单位、施工单位应当针对本工程项目特点制定生产安全事故应急预案,定期组织演练。发生生产安全事故,施工单位应当立即向建设单位、监理单位和事故发生地的公路水运工程安全生产监督管理部门以及地方安全监督部门报告。建设单位、施工单位应当立即启动事故应急预案,组织力量抢救,保护好事故现场。

(二)项目施工合同对安全生产的要求

根据《公路工程标准施工招标文件(2018年版)》(交通运输部公告2017年第51号)要求,投标人应根据《公路水运工程安全生产监督管理办法》(中华人民共和国交通运输部令2017年第25号),在投标总价中计入安全生产费用,安全生产费用应符合合同条款的规定,一般不低于招标文件规定的投标上限价的1.5%,列入工程量清单第100章内安全生产费的支付子目。中标人应以建设单位和承包人的共同名义投保建筑工程一切险和第三者责任险,并列入工程量清单第100章内工程保险子目。建设单位在接到保单后,将按照保险单的费用直接向承包人支付。

1.发包人的施工安全责任

(1)发包人应按合同约定履行安全职责,授权监理人按合同约定的安全工作内容监督、检查承包人安全工作的实施,组织承包人和有关单位进行安全检查。

(2)发包人应对其现场机构雇佣的全部人员的工伤事故承担负责,但由于承包人原因造成发包人人员工伤的,应由承包人承担责任。

(3)发包人应负责赔偿以下各种情况造成的第三者人身伤亡和财产损失。

①工程或工程任何部分对土地的占用所造成的第三者财产损失。

②由于发包人原因在施工场地及其毗邻地带造成的第三者人身伤亡和财产损失。

(4)事故应急救援与处理。

2.承包人的施工安全责任

(1)承包人应按合同约定履行安全职责,执行监理人有关安全工作的指示,并在专用合同条款约定的期限内,按合同约定的安全工作内容,编制施工安全措施计划报送监理人审批。

(2)承包人应加强施工作业安全管理,特别应加强易燃、易爆材料、火攻器材、有毒与腐蚀性材料和其他危险品的管理,以及对爆破作业和地下工程等危险作业的管理。

(3)承包人应严格按照国家安全标准制定施工安全操作规程,配备必要的安全生产和劳动保护设施,加强对承包人人员的安全教育,并发放安全工作手册和劳动保护用具。

(4)承包人应按监理人的指示制定应对灾害的紧急预案,报送监理人审批。承包人还应按预案做好安全检查,配备必要的救助物资和器材,切实保护好有关人员的人身安全和财产安全。

(5)合同约定的安全作业环境及安全施工措施所需费用应遵守有关规定,并包括在相关工作的合同价中。因采取合同未约定的安全作业环境及安全施工措施增加的费用,由监理人按商定或确定。

(6)承包人应对其履行合同所雇佣的全部人员,包括分包人员的工伤事故承担责任,但由于发包人原因造成承包人人员工伤事故的,应由发包人承担责任。

(7)由于承包人原因在施工场地内及其毗邻地带造成的第三者人员伤亡和财产损失,由承包人负责赔偿。

3.治安保卫

(1)除合同另有约定外,发包人应与当地公安部门协商,在现场建立治安管理机构或联防组织,统一管理施工场地的治安保卫事项,履行合同工程的治安保卫职责。

(2)发包人和承包人除应协助现场治安管理机构或联防组织维护施工场地的社会治安外,还应做好包括生活区在内的各自管辖区的治安保卫工作。

(3)除合同另有约定外,发包人和承包人应在工程开工后,共同编制施工场地治安管理计划,并制定应对突发治安事件和紧急事件的预案。在工程施工过程中,发生暴乱、爆炸等恐怖事件,以及群殴、械斗等群体性突发治安事件的,发包人和承包人应立即向当地政府报告。发包人和承包人应积极协助当地有关部门采取措施平息事态,防止事态扩大,尽量减少财产损失和避免人员伤亡。

案例 5-2

某公路工程施工建设项目建设单位通过公开招投标方式确定了中标人,建设单位在与承包人签订施工合同协议的同时需要签订项目施工安全生产合同;根据《公路工程标准施工招标文件(218 年版)》的要求,请拟定安全生产合同。

安全生产合同

为在_____(项目名称)_____标段施工合同的实施过程中创造安全、高效的施工环境,切实做好本项目的安全管理工作,本项目发包人_____(发包人名称,以下简称"发包

人")与承包人_____(承包人名称,以下简称"承包人")特此签订安全生产合同:

1. 发包人职责

(1)严格遵守国家有关安全生产的法律法规,认真执行工程承包合同中的有关安全要求。

(2)按照"安全第一、预防为主"和坚持"管生产必须管安全"的原则进行安全生产管理,做到生产与安全工作同时计划、布置、检查、总结和评比。

(3)重要的安全设施必须坚持与主体工程"三同时"的原则,即:同时设计、审批,同时施工,同时验收、投入使用。

(4)定期召开安全生产调度会,及时传达中央及地方有关安全生产的精神。

(5)组织对承包人施工现场进行安全生产检查,监督承包人及时处理发现的各种安全隐患。

2. 承包人职责

(1)严格遵守《中华人民共和国安全生产法》《建设工程安全生产管理条例》(中华人民共和国国务院令第393号)等国家有关安全生产的法律法规,以及《公路水运工程安全生产监督管理办法》(中华人民共和国交通运输部令2017年第25号)《公路工程施工安全技术规范》(JTG F90—2015)和《公路筑养路机械操作规程》(JZ 0030—1995)等有关安全生产的规定。认真执行工程承包合同中的有关安全要求。

(2)坚持"安全第一、预防为主"和"管生产必须管安全"的原则,加强安全生产宣传教育,增强全员安全生产意识,建立健全各项安全生产的管理机构和安全生产管理制度,配备专职及兼职安全检查人员,有组织有领导地开展安全生产活动。各级领导、工程技术人员、生产管理人员和具体操作人员,必须熟悉和遵守本合同的各项规定,做到生产与安全工作同时计划、布置、检查、总结和评比。

(3)建立健全安全生产责任制。从派往项目实施的项目经理到生产工人(包括临时雇请的工人)的安全生产管理系统必须做到纵向到底,一环不漏;各职能部门、人员的安全生产责任制做到横向到边,人人有责。项目经理是安全生产的第一责任人。现场设置的安全机构,应按《公路水运工程安全生产监督管理办法》(中华人民共和国交通运输部令2017年第25号)规定的最低数量和资质条件配备专职安全生产管理人员,专职负责所有员工的安全和治安保卫工作及预防事故的发生。安全机构人员有权按有关规定发布指令,并采取保护性措施防止事故发生。

(4)承包人在任何时候都应采取各种合理的预防措施,防止其员工发生任何违法、违禁、暴力或妨碍治安的行为。

(5)承包人必须具有劳动安全管理部门颁发的安全生产考核合格证书,参加施工的人员,必须接受安全技术教育,熟知和遵守本工种的各项安全技术操作规程,定期进行安全技术考核,合格者方准上岗操作。对于从事电气、起重、建筑登高架设作业、锅炉、压力容器、焊接、机动车船艇驾驶、爆破、潜水、瓦斯检验等特殊工种的人员,经过专业培训,获得《安全操作合格证》后,方准持证上岗。施工现场如出现特种作业无证操作现象时,项目经理必须承担管理责任。

(6)对于易燃易爆的材料除应专门妥善保管之外,还应配备足够的消防设施,所有施工人员都应熟悉消防设备的性能和使用方法;承包人不得将任何种类的爆炸物给予、易货或以其他方式转让给任何其他人,或允许、容忍上述同样行为。

(7)操作人员上岗,必须按规定穿戴防护用品。施工负责人和安全检查员应随时检查劳动防护用品的穿戴情况,不按规定穿戴防护用品的人员不得上岗。

(8)所有施工机具设备和高空作业的设备均应定期检查,并有安全员的签字记录,保证其经常处于完好状态;不合格的机具、设备和劳动保护用品严禁使用。

(9)施工中采用新技术、新工艺、新设备、新材料时,必须制定相应的安全技术措施,施工现场必须具有相关的安全标志牌。

(10)承包人必须按照本工程项目特点,组织制定本工程实施中的生产安全事故应急救援预案;如果发生安全事故,应按照《国务院关于特大安全事故行政责任追究的规定》(中华人民共和国国务院令第302号)以及其他有关规定,及时上报有关部门,并坚持"四不放过"的原则,严肃处理相关责任人。

(11)安全生产费用按照《公路水运工程安全生产监督管理办法》(中华人民共和国交通运输部令2017年第25号)的相关规定使用和管理。

3.违约责任

如因发包人或承包人违约造成安全事故,将依法追究责任。

4.本合同由双方法定代表人或其授权的代理人签署并加盖单位章后生效,全部工程竣工验收后失效。

5.本合同正本二份、副本_____份,合同双方各执正本一份,副本_____份,当正本与副本的内容不一致时,以正本为准。

发包人:(盖单位章)　　　　　　　　　　　　承包人:(盖单位章)

法定代表人或其委托代理人: (签字)　　　法定代表人或其委托代理人: (签字)

年　月　日　　　　年　月　日

模块三　公路工程施工现场安全管理

【工作任务3】　请依据本模块中的相关知识,结合给定的项目建设背景资料,完成下列任务,详见表5-5。

项目五　模块三　任务单　　　　　　　　　　　　　表5-5

工作任务	请列出施工现场的安全监督与检查重点
任务要求	1.小组共同编制施工现场安全监督与检查重点方案; 2.小组查阅《公路工程施工安全技术规范》(JTG F90—2015)、交通运输部公告2018年第28号,了解施工现场的安全监督与检查重点; 3.小组完成对引导案例中的记录和分析事故发生的经过,包括具体时间、地点和情况

任务准备	1. 知识准备：掌握安全监督的基本概念，熟悉安全监督的主要职责、安全检查的类型以及掌握安全检查的主要内容； 2. 工具准备：借阅《公路工程施工安全技术规范》(JTG F90—2015)、交通运输部公告 2018 年第 28 号
工作步骤	1. 小组讨论分工，每组 2~3 人； 2. 小组合作完成编制施工现场安全监督与检查重点方案； 3. 小组合作完成引导案例中的记录和分析事故发生的经过，包括具体时间、地点和情况
自我评价 (优、良、中、差)	工作态度： 团队协作： 知识掌握：

一、相关法律对从业人员的规定

(一) 法律对从业人员的权利规定

1.《中华人民共和国安全生产法》有关规定

(1)知情权。生产经营单位的从业人员有权了解其作业场所和工作岗位存在的危险因素、防范措施及事故应急措施，并有权对本单位的安全生产工作提出建议。

(2)批评、检举、控告权。从业人员有权对本单位安全生产工作中存在的问题提出批评、检举、控告，生产经营单位不能因此而降低其工资、福利待遇或者解除与其订立的劳动合同。

(3)拒绝权。从业人员有权拒绝生产经营单位的违章指挥和强令冒险作业。

(4)紧急避险权。从业人员发现直接危及人身安全的紧急情况时，有权停止作业或者在采取可能的应急措施后撤离作业场所，生产经营单位不得因此降低其工资、福利待遇或者解除与其订立的劳动合同。

(5)依法向本单位提出赔偿的权利。因生产安全事故受到损害的从业人员，除依法享有工伤保险外，依照有关民事法律尚有获得赔偿的权利的，有权向本单位提出赔偿要求。

2.《中华人民共和国建筑法》有关规定

(1)作业人员有权对影响人身健康的作业程序和作业条件提出改进意见，有权获得安全生产所需的防护用品。作业人员对危及生命安全和人身健康的行为有权提出批评，有权检举控诉。

(2)职工有下列情形之一的视同工伤：

①在工作时间和工作岗位，突发疾病死亡或者在 48h 之内经抢救无效死亡的。

②在抢险救灾等维护国家利益、公共利益活动中受到伤害的。

③职工原在军队服役，因战、因公负伤致残，已取得革命伤残军人证，到用人单位后旧伤复发的。

(3)职工有下列情况之一的，不得认定为工伤或者视同工伤：

①因犯罪或者违反治安管理伤亡的。

②醉酒导致伤亡的。

③自残或者自杀的。

为了保证安全生产管理有效,施工企业应根据有关法律法规制订安全生产管理制度,并对项目管理人员和作业人员提出安全生产管理的基本要求。

(二)法律对从业人员的要求

1. 法律规定从业人员的义务

(1)遵守安全生产规章制度和操作规程的义务。从业人员在作业过程中应当严格遵守本单位的安全生产规章制度和操作规程,服从管理,正确佩戴和使用劳动防护用具,禁止强令冒险作业。

(2)接受安全生产教育和培训的义务。生产经营单位的从业人员应当接受安全生产教育和培训,掌握本职工作所需的安全生产知识,提高安全生产技能,增强事故预防和应急处理能力。

2. 管理人员安全生产基本要求

(1)坚持"管生产必须管安全"的原则,安全与生产必须同时计划、布置、检查、总结和评比。

(2)安全设施必须执行与主体工程"三同时"原则,即安全设施与主体工程同时设计、同时施工、同时投入生产和使用。

(3)对新进场的劳动者必须安排三级教育:公司教育、项目教育、班组教育。对转换工作和离岗后重新上岗人员必须重新安排转岗安全教育之后才允许上岗。

(4)根据"安全第一,预防为主"的指导方针,加强对劳动者劳动保护的管理措施和工程技术措施,切实保护劳动者在生产过程中的安全健康。

(5)对未成年工(年满16周岁、未满18周岁的劳动者)不得安排从事有毒有害作业及特别繁重的体力劳动,不得安排加班加点和夜班的工作。

3. 作业人员安全生产基本要求

(1)作业人员要服从管理,掌握安全生产规定及相关技能,持证上岗。

(2)进入作业现场,作业人员必须按规定穿戴好个人劳动防护用品。

(3)安全技能培训教育内容。

①本工程项目的施工作业特点和危险源、危险点。

②针对危险源、危险点的具体预防措施。

③相应的安全操作规程和标准。

④本项目应该注意的安全事项。

⑤发生事故后应该采取的避难和紧急救援措施。

⑥定期进行安全演练:如消防演习、疏散演练。

⑦安全案例分析:通过分析典型事故案例,让员工从事故中吸取教训,提高安全防范意识。

二、施工项目安全相关内容与主要控制措施

（一）危险性较大的工程专项施工方案编制

施工单位应在施工组织设计中编制安全技术措施和施工现场临时用电方案,对下列危险性较大的工程应当编制专项施工方案,并附安全验算结果。

(1)不良地质条件下有潜在危险的土方、石方开挖。

(2)滑坡和高边坡施工。

(3)桩基础、挡墙基础、深水基础和围堰工程。

(4)桥梁工程中梁、拱、柱等构件施工等。

(5)隧道工程中的不良地质隧道、高瓦斯隧道、水底海底隧道。

(6)水上工程的大桩作业、施工船作业、外海孤岛作业、边通航边施工作业等。

(7)水下工程中的水下焊接、混凝土浇筑、爆破工程作业。

(8)爆破工程。

(9)大型临时工程中的大型支架、模板、便桥架设与拆除,桥梁和码头加固与拆除。

(10)其他危险性较大的工程。

（二）施工项目安全验收制度

1.施工项目安全验收的原则

所有项目只有通过施工项目安全验收合格后才能使用。

2.施工项目安全验收范围

(1)各类脚手架、井字架、龙门架、堆料架。

(2)临时设施及开挖基坑支撑与支护。

(3)高空作业需搭好水平安全网和立网。

(4)临时电气工程设施。

(5)各种起重设施、临时便道等。

(6)各种施工机械。

(7)安全帽、安全带和防护面具、绝缘手套等个人防护品。

（三）施工项目安全主要控制措施

(1)安全法规,又称劳动保护法规,是采用立法的手段制订保护职工安全生产的政策、规程、条例、制度等。其控制的主要内容是安全生产责任制、安全教育、安全事故的调查处理等。

(2)安全技术,是在施工过程中为防止和消除伤亡事故或减轻繁重劳动所采取的措施。安全技术侧重于对劳动对象和劳动手段的管理,消除、减弱物的不安全状态,其控制的主要内容是安全检查和安全技术管理。

(3)工业卫生,是指在施工过程中为防止高温、严寒、粉尘、噪声、振动、毒气、废液、污染等

对劳动者身体健康的危害而采取的防护和医疗措施。工业卫生侧重于环境的管理,以形成良好的劳动条件,其控制的主要内容也是安全检查和安全技术管理。

三、安全管理体制

1. 安全管理综合体系

(1)国家监督。《中华人民共和国安全生产法》明确规定:"国务院负责安全生产监督管理的部门依照本法,对全国安全生产工作实施综合监督管理;县级以上地方各级人民政府负责安全生产监督管理的部门依照本法,对本行政区域内安全生产工作实施综合监督管理。"

(2)行业负责。行业行政主管部门根据"管生产必须管安全"的原则,管理本行业的安全生产工作,建立安全管理机构,配备安全技术干部,组织贯彻执行国家安全生产方针、政策、法规;制订行业规章制度和规范标准;对本行业安全生产工作进行计划、组织和监督检查、考核。

(3)企业负责。《中华人民共和国安全生产法》明确规定:"生产经营单位的主要负责人对本单位的安全生产工作全面负责。"企业应该贯彻执行劳动保护和安全生产的政策、法令和规章制度,要对企业的劳动保护和安全生产工作负责。

(4)群众(工会组织)监督。《中华人民共和国安全生产法》明确规定:"工会依法组织职工参加本单位安全生产工作的民主管理和民主监督,维护职工在安全生产方面的合法权益。""工会有权对建设项目的安全设施与主体工程同时设计、同时施工、同时投入生产和使用进行监督,提出意见。工会对生产经营单位违反安全生产法律、法规,侵犯从业人员合法权益的行为,有权纠正;发现生产经营单位违章指挥、强令冒险作业或者发现事故隐患时,有权提出解决的建议,生产经营单位应当及时研究答复;发现危及从业人员生命安全情况时,有权向生产经营单位建议并组织从业人员撤离危险场所,生产经营单位必须立即作出处理。"

(5)劳动者遵章守纪。劳动者在施工生产过程中应该自觉遵守安全生产规章制度和劳动纪律,严格执行安全技术操作规程,不违章操作。劳动者遵守规章制度是减少事故、实现安全生产的重要保证。

(6)工程监理。监理人必须把安全监理作为监理任务的重要组成部分,认真落实项目施工合同中安全生产责任,把工程项目安全监理工作做好。

2. 公司、项目、班组三级安全生产教育

(1)公司级。公司级安全生产教育应包括:党和国家的安全生产、环保方针、政策;本公司安全环保规章制度,安全生产纪律;本公司安全生产形势及历史上发生的重大事故和应吸取的教训;发生事故后如何抢救伤员、排险、保护现场和及时汇报。

(2)项目级。项目级安全生产教育应包括:工程项目特点及现场主要危险源分布和施工中涉及的重要环境因素,本项目安全环保制度、规定及安全环保常规知识、注意事项;本工种的安全操作技术规范和污染控制措施;高处作业、机械设备、电气安全知识,紧急情况下安全处置和安全疏散知识。

(3)班组级。班组级安全生产教育应包括:本班组作业特点及安全操作规程;班组安全活动制度及纪律;爱护和正确使用安全防护设备及个人劳保用品;本岗位易发生事故的不安全因素及防范对策;重要环境因素及污染控制要求;本岗位的作业环境及使用机械设备、工具的安全要求;岗位安全操作规范;生产设备、安全装置、劳动防护用品的性能及正确使用方法。

四、施工项目安全管理措施

1.落实安全责任、实现责任管理

施工项目经理部承担控制、管理施工生产的进度、成本、质量、安全四大目标的责任,同时还承担进行安全管理、实现安全生产的责任。

(1)建立、完善以项目经理为首的安全生产领导组织,并有组织、有领导、有计划地开展安全管理活动,承担组织、领导安全生产的责任。

(2)建立各级人员安全生产责任制度,明确各级人员的安全责任。认真抓好制度落实、责任落实,定期检查安全责任落实情况。

(3)施工项目应通过监察部门的安全生产资质审查,并得到认可。

(4)施工项目经理负责施工生产中物的状态审验与认可,承担物的漏检、失控的管理责任。

(5)一切管理、操作人员均需与施工项目经理签订安全协议,向施工项目经理做出安全保证。

(6)安全生产责任落实情况的检查,应认真详细记录,作为分配、补偿的原始资料之一。

2.安全教育与训练

(1)一切管理、操作人员应具有基本条件与较高素质。

(2)安全教育、训练的目的与方式:安全教育、训练包括知识、技能、意识三个阶段的教育。

(3)安全教育的内容随实际需要而确定。

(4)新工人入场前应完成三级安全教育,内容包括安全知识、生产组织原则、生产环境、生产纪律等。

(5)加强教育管理,增强安全教育效果。

(6)进行各种形式、不同内容的安全教育,并应把教育的时间、内容等清楚地记录在安全教育记录本和记录卡上。

3.安全检查

(1)安全检查的内容主要是查思想、查管理、查制度、查现场、查隐患、查事故处理。

(2)安全检查的方法,常用的有一般方法和安全检查表法。

①一般方法。

看:看现场环境和作业条件,看实物和实际操作,看记录和资料等。

听:听汇报、听介绍、听反映、听意见、听机械设备的运转响声或承重物发出的微弱声等。

嗅:对挥发物、腐蚀物、有毒气进行辨别。

问:对影响安全的问题详细查询,寻根究底。

查:查明问题、查对数据,查清原因,追查责任。

测:测量、测试、监测。

验:进行必要的试验或化验。

析:分析安全事故的隐患、原因。

公路工程典型安全
事故分析

②安全检查表法。通常包括检查项目、内容、回答问题、存在问题、改进措施、检查措施、检查人等，详见表5-6～表5-8。

安全检查整改通知单　　　　　　　　　　　　　　表5-6

受检部门	检查时间	
参加检查人员		
检查项		

检查情况评语：

检查组长签字：
检查人签字：

存在的问题：

日期：

对存在问题的处置，整改意见：

受检部门负责人签字：　　　　　　　　　　日期：

检查验证：

检查验证人签字：　　　　　　　　　　　日期：

施工现场安全检查评分　　　　　　　　　　　表5-7

项目经理部：　　　　　　　　　工程名称：

序号	检查项目	标准分	评定分	检查情况
1	现场有一图、四板，工地有施工单位标牌	10		
2	现场安全防护设施符合规定	10		
3	施工现场围挡、护网牢固整齐，符合要求	10		
4	现场运输道路平整畅通，有排水措施	10		
5	机具、材料、构配件码放整齐，符合要求	5		
6	施工现场零散碎料和垃圾、渣土清理及时	10		
7	成品保护措施健全有效	5		
8	责任区分片包干、个人岗位责任健全	5		
9	现场交通疏导标志清晰、明确齐全，主要路口有专人看守	10		
10	有明显的与现场相符的安全警示指示牌	10		
11	季节性安全施工措施齐全、针对性强，切实可行	5		
12	施工平面布置图符合规定，现场状况与图相符	5		
13	职工应知考核	5		

应得分：　　　　　　得分率：　　　　　　实得分：

检查人签字：　　　　　　　　　　　　　　　年　　月　　日

安全管理检查评分　　　　　　　　　　　　　表 5-8

项目经理部：　　　　　　　　　　工程名称：

序号	检查	扣分标准	分数	检查情况
1	安全生产责任制	未建立安全生产责任制，扣10分； 各级部门未执行责任制，扣4~6分； 经济承包中无安全生产目标，扣10分； 未制订各工种安全技术操作规程，扣10分； 未按规定配备专(兼)职安全员，扣10分； 管理人员责任制考核不及格，扣10分	标准分10分 扣分： 得分：	
2	目标管理	未制订安全管理目标(伤亡控制、重大责任事故指标)，扣10分； 无责任目标考核规定，扣8分； 考核办法未落实或落实不好，扣5分	标准分10分 扣分： 得分：	
3	施工组织设计中安全施工措施	施工组织设计中无安全措施，扣10分； 施工组织设计中无临时用电设计方案，扣10分； 临时用电设计方案未经审批，扣10分； 专业性较强的大项目，未编制独立专项安全施工组织设计，扣8分； 安全措施不全面，扣2~4分； 安全措施不落实或无针对性，扣8分	标准分10分 扣分： 得分：	
4	项目分部、分项班组工程安全技术交底	无书面安全技术交底，扣10分； 交底针对性不强，扣2~4分； 交底不全面，扣4分； 交底未交到班组、作业人员，扣6分； 交底未履行签字手续，扣6分	标准分10分 扣分： 得分：	
5	安全检查	无定期安全检查制度，扣5分； 安全检查无记录，扣5分； 检查出事故隐患，整改做不到定人、定时、定措施，扣6分； 对重大事故隐患整改通知书所列项目未按时完成，扣6分	标准分10分 扣分： 得分：	
6	安全教育	无安全教育制度，扣10分； 新入厂工人未进行三级教育，扣10分； 无具体安全教育内容，扣8分； 变换工种时，未进行安全教育，扣10分； 有一个人不懂本工种安全技术操作规程，扣2分； 施工管理人员未按规定进行年度安全培训，扣5分； 兼职安全员未按规定进行年度培训或考核不合格，扣5分	标准分10分 扣分： 得分：	
7	班前安全活动	未建立班前安全活动制度，扣10分； 班前安全活动无记录，扣4分	标准分10分 扣分： 得分：	
8	特种作业上岗	1人未经培训，从事特种作业，扣4分； 1人未持操作证上岗，扣4分	标准分10分 扣分： 得分：	

续上表

序号	检查	扣分标准	分数	检查情况
9	工伤事故处理	工伤事故未按规定报告,扣5~8分; 工伤事故未按事故调查分析规定处理,扣10分; 未建立工伤事故档案,扣4分	标准分10分 扣分: 得分:	
10	安全标志	无现场安全标志布置总平面图,扣5分; 现场未按安全标志总平面图设安全标志,扣5分	标准分10分 扣分: 得分:	
	小计			
	检查项目合计			

应得分:　　　　　得分率:　　　　　实得分:

检查人签字:　　　　　　　　　　　　年　月　日

(3)安全检查的形式有:

①定期安全检查。

②突击安全检查。

③特殊安全检查。

(4)安全检查是消除危险因素的关键。安全检查的目的是发现、处理、消除危险因素,避免事故伤害,实现安全生产。

安全检查完后必须坚持"三定":定整改责任人、定解决和整改具体措施、限定消除危险隐患的时间。

4.作业标准化

(1)制定作业标准,是实施作业标准化的首要条件。

(2)作业标准必须考虑人的身体运动特点和规律,作业场地的布置、工具设备的使用等,应符合人机学的要求。

(3)反复训练,达到作业标准化要求。

5.生产技术与安全技术的统一

生产技术工作是通过完善生产工艺过程、完备生产设备、规范工艺操作来发挥技术的作用,保证生产顺利进行。

(1)施工生产进行之前,考虑产品的特点、规律、质量、生产环境、自然条件等,弄清生产人员流动规律、能源供应状况、机械设备的配置条件、需要的临时设施规模,以及物料供应、储放、运输等条件,完成生产因素的合理匹配计算、施工设计和现场布置。

(2)施工项目中的分部、分项工程,在施工进行之前,针对工程具体情况与生产因素的流动特点,完成作业或操作方案。

(3)从控制人的不安全行为、物的不安全状态,预防伤害事故发生,保证生产工艺过程顺利实现方面去认识。

案例5-3

某公路工程大型施工企业,近年来因施工机械设备而引发的伤亡事故猛增,事故的次数和人数占事故总数的50%和52.2%,施工机械设备事故已成为影响该企业安全生产的主要因素。为此,该企业狠抓了施工机械设备的安全和使用管理。

问题:

(1)简述施工机械设备事故的预防措施。

(2)施工机械设备事故的处理程序包括哪些?

(3)如何才能做好施工机械设备的使用安全?

解:

(1)施工机械设备事故预防措施包括:

①建立施工机械安全管理制度。

②做好冬期前机械防冻及雨季防洪工作。

③实行机械专人管理,严格执行安全操作规程。

④及时进行安全检查,不带病作业。

(2)机械设备事故的处理程序包括:

①机械设备事故发生后,及时妥善处理。

②肇事者和肇事单位均应如实上报,并填写"机械设备事故报告单"。

③机械设备事故发生后,必须按照"三不放过"的原则进行批评教育。

④在处理过程中对责任者要追究责任,非责任者也要总结教训。

⑤根据事故的大小和影响程度,追究项目部或公司领导责任。

⑥在机械设备事故处理完毕后,记录事故详细情况。

(3)做好施工机械设备的使用安全,必须做到:

①合理安排机械施工任务。

②建立机械使用责任制度。

③严格执行"机械操作规程"。

模块四 公路工程施工项目部安全职责

【工作任务4】 请依据本模块中的相关知识,结合给定的项目建设背景资料,完成下列任务,详见表5-9。

项目五 模块四 任务单 表5-9

工作任务	请列出公路工程施工项目安全生产事故应急预案编制方法;了解安全生产管理法律法规及相关要求
任务要求	1. 小组掌握公路工程施工项目安全生产事故应急预案编制方法; 2. 查阅《生产经营单位安全生产事故应急预案编制导则》(GB/T 29639—2020)、《企业安全生产标准化基本规范》(GB/T 33000—2016),掌握公路工程施工项目安全生产事故应急预案编制要点; 3. 小组完成对引导案例中的记录事故中人员的伤亡情况及救援过程,分析事故对施工人员的安全影响

任务准备	1. 知识准备：了解项目合同条款对承包人的安全职责要求,掌握编制公路工程施工项目安全生产事故应急预案方法,熟悉公路工程施工项目部安全责任。查阅国家、行业及相关企业对项目施工安全管理的规定和要求; 2. 工具准备:借阅《生产经营单位安全生产事故应急预案编制导则》(GB/T 29639—2020)、《企业安全生产标准化基本规范》(GB/T 33000—2016)
工作步骤	1. 小组讨论分工,每组2~3人; 2. 小组合作完成公路工程施工项目安全生产事故应急预案编制;讨论项目施工安全管理的重要性; 3. 小组合作完成对引导案例中的记录事故中人员的伤亡情况及救援过程,分析事故对施工人员的安全影响分析汇总
自我评价 (优、良、中、差)	工作态度: 团队协作: 知识掌握:

一、项目合同条款对承包人的安全职责要求

根据《公路工程标准施工招标文件(2018年版)》(交通运输部公告2017年第51号)专用合同条款对承包人的施工安全责任进行细化要求:

(1)承包人应按合同约定履行安全职责,严格执行国家、地方政府有关施工安全管理方面的法律、法规及规章制度,同时严格执行发包人制定的本项目安全生产管理方面的规章制度、安全检查程序及施工安全管理要求,以及监理人有关安全工作指示。

(2)承包人应根据本工程的实际安全施工要求,编制施工安全技术措施,并在签订合同协议书后28d内,报监理人和发包人批准。该施工安全技术措施包括(但不限于)施工安全保障体系,安全生产责任制,安全防护施工方案,施工现场临时用电方案,施工安全评估,安全预控及保证措施方案,紧急应变措施,安全标识、警示和围护方案等。对影响安全的重要工序和危险性较大的工程应编制专项施工方案,并附安全验算结果,经承包人项目总工签字并报监理人和发包人批准后实施,由专职安全生产管理人员进行现场监督。

(3)本项目需要编制专项施工方案的工程包括但不限于以下内容:

①不良地质条件下由潜在危险性的土方、石方开挖。

②滑坡和高边坡的处理。

③桩基础、挡墙基础、深水基础及围堰工程。

④桥梁工程中的梁、拱、柱等构件施工等。

⑤隧道工程中的不良地质隧道、高瓦斯隧道等。

⑥水上工程中的打桩船作业、施工船作业、外海孤岛作业、边通航边施工作业等。

⑦水下工程的水中焊接、混凝土浇筑、爆破工程等。

⑧爆破工程。

⑨大型临时工程中的大型支架、模板、便桥的架设与拆除。

⑩桥梁、码头的加固与拆除。

⑪其他危险性加大的工程。

监理人和发包人在检查中发现有安全问题或有违反安全管理规章制度的情况时,可视为承包人违约,应按承包人违约处理条款约定办理。

(4)除项目专用条款另有约定外,安全生产费用应为投标价(不含安全生产费及建筑工程一切险及第三者责任险的保险费)的1.5%(若发包人公布了最高投标限价时,按最高投标限价1.5%计)。安全生产费用应用于施工安全防护用具及设备的采购和更新、安全施工措施的落实、安全生产条件的改善,不得挪作他用。如承包人在此基础上增加安全生产费用以满足项目施工需要,则承包人应在本项目工程量清单其他相关子目的单价或总额价中予以考虑,发包人不再另行支付。因采取合同未约定的特殊防护措施增加的费用,由监理人按商定或确定条款约定执行。

(5)承包人应充分关注和保障所有在现场工作的人员安全,采取以下有效措施,使现场和本合同工程的实施保持有条不紊,以免使上述人员的安全受到威胁。按《公路水运工程安全生产监督管理办法》(交通运输部令2017年第25号)规定的最低数量和资质条件配备专职安全生产管理人员;承包人的垂直运输机械作业人员、施工船舶作业人员、爆破作业人员、安装拆卸工、起重型号工、电工、焊工等国家规定的特种作业人员,必须按照国家规定经过专门的安全培训,并取得特种作业操作资格证书后,方可上岗作业。所有施工机具设备和高空作业设备均应定期检查,并由安全员签字记录;根据本合同各单位工程的特点,严格执行《公路水运工程安全生产监督管理办法》(交通运输部令2017年第25号)、《公路工程施工安全技术规范》(JTG F90—2015)等有关规定。

(6)为了保护本合同工程免遭损坏,或为了现场附近和过往群众的安全与方便,在确有必要时,或当监理人或有关主管部门要求时,承包人应自费提供照明、警卫、护栏、警告标志等安全防护设施。

(7)在整个施工过程中对承包人采取的施工安全措施,发包人和监理人有权监督,并向承包人提出整改要求。如果由于承包人未能对其负责的上述事项采取各种必要的措施而导致或发生与此有关的人身伤亡、罚款、索赔、损失补偿、诉讼费用及其他一切责任应由承包人负责。

二、公路工程施工项目安全生产事故应急预案

承包人要根据工程项目的特点,做好危险源的控制,并针对性编制安全生产事故应急预案。

(一)编制准备

(1)全面分析本施工项目危险因素、可能发生的事故类型及事故的危害。

(2)排查事故隐患的种类、数量和分布情况,并在隐患治理基础上预料可能发生的事故类型及其危害。

(3)确定事故危险源,进行风险评估。

(4)针对事故危险源和存在的问题,确定相应的防范措施。

(5)客观评价施工现场应急能力。

(6)充分借鉴同行事故教训及应急工作经验。

（二）编制应急预案

项目部应根据项目具体情况,通过情况资料的收集,对项目施工现场危险源与风险进行分析,并对应急能力进行评估,编制应急预案,并组织人员进行评审和完善。

1. 综合应急预案

综合应急预案是从总体上阐述处理事故的应急方针、政策,应急组织结构及相关应急职责,应急行动、措施和保障等基本要求和程序,是对各类事故的综合性文件。

2. 专项应急预案

专项应急预案是针对具体的事故类型、危险源和应急保障而制定的计划或方案,是综合应急预案的组成部分,应按照综合应急预案的程序和要求组织制定,并作为综合应急预案的附件。专项应急预案应制定明确的救援程序和具体的急救措施。

3. 现场处置方案

现场处置方案是针对具体的装置、场所或设施、岗位所制定的应急处置措施。现场处置方案应具体、简单、针对性强。

三、公路工程施工项目部安全责任

1. 项目经理的安全工作

(1)项目经理的安全职责。

①建立健全本单位安全生产责任制。

②组织制订本单位安全生产规章制度和操作规程。

③保证本单位安全生产投入的有效实施。

④督促、检查本单位的安全生产工作,及时消除生产安全事故隐患。

⑤组织制订并实施本单位的生产安全事故应急救援预案。

⑥及时、如实报告生产安全事故。

⑦沟通和汇报项目经理应与项目的所有相关方进行有效沟通,包括内部团队成员和外部利益相关者,确保安全信息的及时传递。

(2)项目经理需要做好的工作。

①对参加施工的全体职工的安全与健康负责,组织制订安全健康方针、目标、计划与实施、评价及改进工作。

②组织施工项目中的安全施工教育。

③配备施工项目的安全技术人员。

④定期组织召开安全生产会议,研究安全措施和对策。

⑤每天巡视施工现场,发现隐患,组织解决。

⑥组织开展现场安全施工活动,建立安全施工工作日志。

⑦主持处理施工现场发生的生产安全事故。

2. 班组长的安全职责

(1)模范遵守安全生产规章制度,领导本班组安全生产作业。

（2）组织本班组成员学习有关安全施工生产的知识、规定。

（3）安排生产任务时，要认真执行技术交底的规定要求，严格执行安全操作规程，有权拒绝违章指挥。

（4）开工前要对所使用的机具、设备、防护用具及作业环境亲自组织进行安全检查，发现问题立即改进，及时消除隐患。不能解决时，应及时上报。

（5）组织班组开展安全活动，开好班前安全生产会议，做好收工前的安全检查，组织安全讲评工作。

（6）发生工伤事故要立即组织抢救，保护好现场并立即向上报告。

（7）注意和关心工人的身体状况，合理排工。

3. 作业人员必须遵守的安全纪律

（1）没有安全技术措施和安全交底不准作业。

（2）安全设施未做到齐全有效不准作业。

（3）危险作业面未采取有效安全措施不准作业。

（4）发现事故隐患未及时排除不准作业。

（5）不按规定使用安全劳动保护用品不准作业。

（6）非特种作业人员不准从事特种作业。

（7）机械电器设备安全防护装备不齐全不准作业。

（8）对机械、设备、工具的性能不熟悉不准作业。

（9）新工人不经培训，或经培训考试不合格者不准作业。

（10）认真学习并严格执行安全操作规程，自觉遵守安全生产规章制度。

（11）积极参加安全活动，认真执行安全交底要求的规定，不违章作业，服从安全人员的指导。

（12）对新工人要积极传授安全生产知识，维护一切安全设施和防护用具，做到正确使用，不准拆改。

（13）对不安全作业要敢于提出意见，并有权拒绝实施。

（14）若发生伤亡和未遂事故，要保护现场并立即上报。

（15）遵守标志和警告：注意并遵守各种安全标志和警告信号，如禁止吸烟、禁止通行、注意安全等。

4. 生产计划部门的安全职责

（1）在编制下达生产计划时，要考虑工程的特点和季节气候条件，合理安排，并会同有关部门提出相应的安全要求和注意事项。

（2）在检查月、旬施工生产计划时，要同时检查安全措施的执行情况及其效果。

（3）在排除施工生产障碍时，要贯彻"安全第一"的思想，同时消除安全隐患。遇到生产与安全发生矛盾时，生产必须服从安全，不得冒险违章操作。

（4）对改善劳动条件的项目必须纳入生产计划，视同生产任务并优先安排，在检查计划完成情况时，一并检查。

(5)加强对现场的场容场貌管理,做到安全生产、文明施工。

(6)建立安全生产监控体系,实时监控生产过程中的安全指标和安全行为,确保生产安全。

5. 技术部门的安全职责

(1)对施工生产中的有关技术问题负安全责任。

(2)对改善劳动条件、减轻笨重体力劳动、消除噪声、治理尘毒危害等情况,负责制订技术措施。

(3)严格按照国家有关安全技术规程、标准等,编制、审批施工组织计划、施工方案、工艺等技术文件。负责解决施工中的疑难问题,从技术措施上保证安全生产。

(4)对于新工艺、新技术、新材料、新设备、新的施工方法,要制订相应的安全措施和安全操作规程,必要时,应做试验,以确保安全、完善和可靠。

(5)会同劳动、教育部门编制安全技术教育计划,对职工进行安全技术教育。

(6)进行技术交底时,应明确、规范、细致地进行安全要求和相关规定的交底。

(7)参加安全检查,对查出的隐患因素提出技术改进措施,并检查执行情况及效果。

(8)参加伤亡事故和重大未遂事故的调查,针对事故原因提出技术措施。

6. 机械动力部门的安全职责

(1)制订安全措施,保证机、电、起重吊装设备、锅炉、其他压力容器等安全运行。

(2)对严重危及职工安全的机械设备,应会同技术部门提出技术改进措施,并付诸实施。

(3)新购的机、电、起重吊装设备、锅炉、其他压力容器等设备的安全防护装置必须齐全、有效。出厂合格证及技术资料必须完整,使用前要制订安全操作规程。

(4)负责对机、电、起重吊装设备的操作人员,锅炉、其他压力容器的运行人员进行定期培训、考核并签发作业合格证。禁止无证上岗。

(5)认真贯彻执行机、电、起重吊装设备、锅炉、其他压力容器的安全规程和安全运行制度。对违章作业人员要严肃处理,发生机、电等设备事故时要认真调查分析。

7. 材料供应部门的安全职责

(1)施工生产使用的一切机具和附件,在购入时必须有出厂合格证明,发放时必须符合安全要求,回收后必须检修。

(2)对采购的危险品、有毒品材料,应严格按国家有关规定办理,炸药、雷管等还必须按国家有关安全规定组织运输、储存,并制订严格的保管、领用等制度。对材料,如水泥、预制构件、钢材等的堆放、码砌,必须符合安全要求,不得在领用过程中出现伤亡事故。

(3)对购进用于支护的成品材料如架管、扣件等,均应按规定验收合格,达到使用强度要求,以保证在使用中不出现安全事故。

(4)采购的劳动保护用品,必须符合规格、标准。

(5)负责采购、保管、发放、回收劳动用品,并应向本单位劳动部门提供使用情况。

(6)对批准的安全设施所用材料应纳入计划,及时供应。

(7)组织职工学习掌握对材料特别是一些危险品(如炸药、雷管等)的性能、储存、保管的安全要求、规定。

(8)合理安排仓库布局,确保物料储存安全,防止因堆放不当、过期或其他原因造成的安全隐患。

8.劳动部门的安全职责

(1)负责对劳动保护用品发放标准的执行情况进行监督检查,并根据上级有关规定,修改和制订劳动用品发放标准实施细则。

(2)严格审查和控制上报职工加班、加点和营养补助,以保证职工身体健康。

(3)会同有关部门对新工人做好入场安全教育,对职工进行定期安全教育和培训考核。

(4)对违反劳动纪律,影响安全生产者应加强教育,经说服无效或屡教不改的应提出处理意见。

(5)参加伤亡事故调查处理,认真执行对责任者的处理决定,并将处理材料归档。

9.财务部门的安全职责

(1)按国家规定要求和实际需要,提取安全技术措施费和其他劳保用品费,专款专用。

(2)负责拨给职工进行安全教育所需的宣传费用。

(3)依法参加工伤社会保险,为从业人员缴纳保险费。

10.教育部门的安全职责

(1)组织各种学习班时,都必须安排安全教育课程。

(2)各企业举办的各类专业学校,要设置劳动保护课程。

(3)将安全教育纳入职工培训计划,负责组织职工的安全技术培训和教育。

11.卫生部门的安全职责

(1)经常进行劳动卫生宣传教育,及时提出防暑药物、清凉饮料配方;做好防尘、测毒工作,对从事沙尘、粉尘、有毒、高温、高空作业人员,必须进行定期健康检查,做好职业病的治疗和建档建卡工作。

(2)发生工伤事故后,积极采取抢救、治疗措施,并向事故调查组提供伤势情况。

(3)组织配合有关部门对职工进行体格普查,对特种作业人员要定期做体格检查。

12.行政部门的安全职责

(1)经常对本单位职工进行安全生产教育。

(2)正确使用防暑降温费用,保证暑期清凉饮料按标准供应。

(3)安装冬季取暖火炉必须符合安全要求,做到定期检查,防止煤气中毒。

13.宣传部门的安全职责

(1)大力宣传党和国家的安全生产方针、政策、法令,教育职工树立安全第一的思想。

(2)配合各种安全生产竞赛活动,做好宣传鼓励工作。

(3)及时总结、报道安全生产的先进事迹和好人好事。

(4)在发生安全事故或紧急情况时,负责舆论引导,制定对外沟通策略,协调媒体关系,确保信息的准确和透明。

14. 保卫消防部门的职责

(1)协助有关部门对职工进行安全防火教育;开展群众性安全生产活动。

(2)主动配合有关部门开展安全检查,狠抓事故苗头,消除治安灾害事故隐患。

(3)对已发生的重大事故,协同有关部门组织抢救,查明性质;责任事故由有关部门处理,对性质不明的事故要参与调查。

15. 公路施工安全技术管理制度示意图(略)

案例 5-4

某公路工程建筑公司为了强化安全生产管理,需要制定建立完善安全管理制度,请协助完成安全技术管理制度。

解:

安全生产管理制度

第一条　为了控制或消除施工生产现场的不安全因素,防止因工伤亡事故发生,保证各项施工生产任务安全顺利地完成,根据国家有关规定和目前公路工程施工现场的实际情况,制订本制度。

第二条　本制度适用于本公司所有从事公路工程施工的项目经理部或者工地。

第三条　施工组织设计或施工方案中必须有针对性的安全技术措施。

(1)所有公路工程的施工组织设计或施工方案,必须有单项的安全技术措施。没有安全技术措施,工程不得进行施工。

(2)安全技术措施必须依据国家和地方以及行业的有关安全技术标准制订。

(3)安全技术措施必须全面,并具有针对性。要根据施工工程的结构特点、施工方法、施工机具设备、作业环境、各类施工人员的素质等实际情况,明确具体地提出应采取的措施和注意事项。

(4)施工现场需要的暂设电气工程,必须纳入施工组织设计中,要有设计、有计划、有平面布置图、有说明。

(5)施工组织设计或施工方案中的安全技术措施方案,由施工项目经理部的工程技术人员编制,专职安全管理人员参与意见,并经过项目总工程师审批生效。

第四条　特殊和危险性大的工程必须单独编制安全措施方案。

(1)爆破、隧道、吊装、水上和水下作业、深坑、滑模,搭设和拆除高大脚手架、桥架、挑架、挂篮等特殊架子,施工临时便桥、码头等,在施工前必须编制单独的安全技术措施方案。

(2)单独的安全技术措施方案,一定要有依据,严格执行标准,有计算、有详图、有说明、有审批。

(3)特殊和危险性大的工程的安全技术措施,必须由公司总工程师指定的具备相应资格的工程技术人员编制,并经公司总工程师审批。

第五条　必须严格实行逐级安全技术交底制度。

(1)分项工程开工前,项目经理部的总工程师要将工程概况、施工方法、安全技术措施等情况,向工地负责人、各施工队负责人进行详细的书面交底,并向参加施工的全体从业人员进行现场交底。书面交底应一式三份,项目经理部的总工程师、工地负责人各持一份,另一份交项目经理部专职安全管理员。

(2)两个及以上施工队或工种配合施工时,工地负责人要按工程进度定期或不定期地向各施工队或工班负责人进行交叉作业的书面安全技术交底。

(3)各施工队负责人每天要向本队的从业人员进行施工要求、作业环境的安全交底。工程量大、技术复杂、连续多天从事一项工作的要进行书面安全技术交底。

(4)各级书面交底书,要有交接时间、交接内容、交接人签字。

(5)各级书面交底书,要按分项工程归放在一起,以便备查。

第六条 必须严格执行安全技术措施的检查验收制度。

(1)施工现场的各项安全技术措施的实施情况,由项目总工程师指派的工程技术人员和专职安全管理人员进行验收签认。项目经理每月要亲自带队到现场检查一次安全技术措施的落实情况。

(2)按照谁主办、谁负责的原则,由项目的机电部门负责人对机电设施、设备进行验收签字,由项目的材料部门对施工材料、工程材料进行验收签认,由项目人事部门对个人防护用品进行验收签认。

第七条 必须做好特种作业等各类安全关键岗位人员的培训、教育、考核和管理工作。保证各类人员均具备相应的技术等级和从业资格。

第八条 必须做好安全技术资料的回收、分类、整理和保管工作。

专职安全管理人员要定期或不定期地回收各类安全技术措施费用计划,安全技术措施方案,安全技术交底书,安全技术措施,设施、设备、材料以及安全防护用品的检查验收单、合格证,施工队伍和从业人员资格证书、技术等级证书。

第九条 建立和实施严格的施工生产安全技术管理责任制度。

(1)各级总工程师或技术负责人,对施工生产安全负技术责任。

(2)施工组织设计或施工方案,必须经上一级总工程师或技术负责人审核批准后执行。

(3)由于安全技术措施费用不落实,导致因工伤亡事故发生的,要追究项目经理的责任;由于工地负责人无故不执行安全技术措施方案,导致因工伤亡事故发生的,要追究工地负责人的责任;由于安全技术本身的问题,导致因工伤亡事故发生的,要追究审批人的责任和编制人的从代责任;专职安全管理人员发现工地负责人无故不执行安全技术措施方案,既不监督落实,也不向主管领导汇报的,要追究专职安全管理人员的从代责任。

(4)各级总工程师或技术负责人,要组织技术部门和技术人员分析研究发生因工伤亡事故的技术原因,并提出相应的技术防范措施。

(5)各级主管安全生产的领导和总工程师或技术负责人员要认真组织工程技术人员、工地负责人以及各施工作业队负责人学习国家、行业以及上级颁布的安全技术规程、规范、规定、标准等,并要积极贯彻执行。

第十条 各级都要认真总结、推广安全生产中的技术革新和技术改造成果,积极采取安全新技术,不断促进安全技术进步。对在这项工作中做出成绩的工程技术人员等各类从业人员,要及时给予奖励。

第十一条 本制度由公司安全生产委员会办公室负责解释。

第十二条 本制度自发布之日起施行。

案例5-5

某公路工程项目在施工中出现以下情况：

(1)某安全警示牌妨碍了高处作业,经工地安全员批准拆除。

(2)拆除高处模板时自上而下进行,先拆除承重部分,后拆除非承重部分。

(3)起重机械停置在距沟槽坑边2m处进行作业。

问题：

(1)公路工程高处作业安全技术要求主要包括哪些内容？

(2)判断以上施工过程的操作是否妥当？并说明原因。

解：

(1)公路工程高处作业安全技术要求主要包括：

①公路工程高处作业必须设有可靠的安全措施。

②从事高处作业人员要定期或随时体检,发现有不宜登高的病症,不得从事高处作业,严禁酒后登高作业。

③高处作业人员不得穿拖鞋或硬底鞋,作业所需材料要事先准备齐全,工具应放在工具袋内。

④高处作业人员所用梯子不得缺挡或垫高,同一架梯子不得两人同时上下,在通道处(或平台)使用梯子应设置围栏。

⑤高处作业与地面练习,应有专人负责,或配有通信设备。

⑥运送人员和物件的各种升降电梯、吊笼,应有可靠的安全装置,严禁人员乘坐运送物件的吊篮。

(2)具体分析如下：

①情况(1)不妥当,正确的做法是要上报经项目负责人审批后方可拆移。

②情况(2)不妥当,正确的做法是拆除高处模板时自上而下进行,先拆除非承重部分,后拆除承重部分。

③情况(3)不妥当,正确的做法是在沟槽坑边停置的车辆、起重机械、振动机械应在距沟槽坑边不少于4m处。

模块五 公路工程施工环境保护管理

【工作任务5】 请依据本模块中的相关知识,结合给定的项目建设背景资料,完成下列任务,详见表5-10。

项目五　模块五　任务单　　　　　　　　　　　　　　　　表 5-10

工作任务	请总结公路工程施工环境保护管理工作的主要内容及方式有哪些;了解有关国家可持续发展战略对项目建设环境保护的要求
任务要求	1. 小组一块讨论总结公路工程施工环境保护管理工作的主要内容; 2. 查阅《公路养护安全作业规程》(JTG H30—2015),总结公路工程施工环境保护管理工作的重要性; 3. 小组协作完成对引导案例中的深入分析事故的原因,包括直接原因和潜在因素,确定事故发生的主要因素,如设计变更、施工方法、地质条件等,总结事故原因,并提出预防措施和建议
任务准备	1. 知识准备:熟悉国家和地方政府颁布的环境保护法律法规、掌握公路工程相关的环境保护规范和标准、了解施工现场环境管理;查阅有关建筑工程项目建设环境保护相关文件; 2. 工具准备:借阅《公路工程环境保护设计规范》(JTG B03—2017)、《公路养护安全作业规程》(JTG H30—2015)
工作步骤	1. 小组讨论分工,每组 2～3 人; 2. 小组合作完成总结公路工程施工环境保护管理的重要性工作;讨论项目建设环境保护意义。 3. 小组合作完成对引导案例中的深入分析事故的原因,包括直接原因和潜在因素,确定事故发生的主要因素,如设计变更、施工方法、地质条件等,总结事故原因,并提出预防措施和建议
自我评价 (优、良、中、差)	工作态度: 团队协作: 知识掌握:

一、国家对建设项目施工环境保护要求

(一)《中华人民共和国环境保护法》相关要求

为保护和改善环境,防治污染和其他公害,保障公众健康,推进生态文明建设,促进经济社会可持续发展,我国制定了《中华人民共和国环境保护法》,其具有以下特点:

1.明确了生态文明建设和可持续发展理念

强调经济社会发展与环境保护相协调,生态文明建设融入"五位一体"总布局。

2.明确了保护环境的基本国策和基本原则

明确环境保护是国家的基本国策的规定,环境保护坚持保护优先、预防为主、综合治理、公众参与、损害担责的原则。

3.完善了环境管理基本制度

(1)建立环境监测制度。

(2)严格实施环境影响评价制度。未依法进行环境影响评价的建设项目,不得开工建设。

(3)建立跨行政区域联合防治协调机制。

(4)实行防治污染设备"三同时"制度。防治污染的设施不符合要求的,不能发放排污许可证。不能投入生产。

(5)实行重点污染物排放总量控制制度和区域限批制度。

(6)实行排污许可管理制度。未取得排污许可证的,不得排放污染物。

(7)增加了生态保护红线规定。

4. 强化了政府的环境保护责任

各级政府应承担以下责任：

(1) 对本行政区域的环境质量负责。

(2) 改善环境质量。

(3) 加大财政投入。

(4) 加强环境保护宣传和普及工作。

(5) 对生活废弃物进行分类处置。

(6) 推广清洁能源的生产和使用。

(7) 做好突发环境事件的应急准备工作。

(8) 统筹城乡污染设施建设。

(9) 接受同级人大及其常委会的监督。同时明确政府不依法履行职责应承担相应的法律责任。

(二)《中华人民共和国噪声污染防治法》相关要求

1. 加强对建设项目可能产生的噪声污染管理

新建、改建、扩建可能产生噪声污染的建设项目，应当依法进行环境影响评价。建设项目的噪声污染防治设施应当与主体工程同时设计、同时施工、同时投产使用。

2. 强化对建设项目防治噪声污染效果监管

建设项目在投入生产或者使用之前，建设单位应当依照有关法律法规的规定，对配套建设的噪声污染防治设施进行验收，编制验收报告，并向社会公开。未经验收或者验收不合格的，该建设项目不得投入生产或者使用。

《中华人民共和国噪声污染防治法》

3. 对噪声污染防治措施相关费用落实

建设单位应当按照规定将噪声污染防治费用列入工程造价，在施工合同中明确施工单位的噪声污染防治责任。施工单位应当按照规定制定噪声污染防治实施方案，采取有效措施，减少振动、降低噪声。建设单位应当监督施工单位落实噪声污染防治实施方案。

二、公路工程施工合同环境保护承诺

根据《公路工程标准施工招标文件(2018年版)》(交通运输部公告2017年第51号)的有关要求，承包人在施工过程中，应遵守有关环境保护的法律，切实执行环境保护方面的要求和规定，并对违反法律和合同约定的义务所造成的环境破坏、人为伤害和财产损失负责。

(1) 承包人在施工过程中，应遵守有关环境保护的法律，履行合同约定的环境保护义务，执行环境保护方面的要求和规定，并对违反法律和合同约定的义务所造成的环境破坏、人为伤害和财产损失负责。

(2) 承包人应按合同约定的环保工作内容，编制施工环保措施计划，报送监理人审批。

(3) 承包人应按照批准的施工环保措施计划有序地堆放和处理施工废弃料，避免对环境造成破坏。因承包人任意堆放或弃置施工废弃物造成妨碍公共交通、影响城镇居民生活、降低河流行洪能力、危及居民安全、破坏周边环境，或者影响其他承包人施工等后果的，承包人应承担责任。

（4）承包人应按合同约定采取有效措施，对施工开挖的边坡及时进行支护，维护排水设施，并进行水土保护，避免因施工造成的地质灾害。

（5）承包人应按国家饮用水管理标准定期对饮用水源进行监测，防止施工污染饮用水源。

（6）承包人应按合同约定，加强对噪声、粉尘、废气、废水和废油的控制，努力降低噪声、控制粉尘和废气浓度，做好废水和废油的治理和排放。

（7）承包人应切实执行技术规范中有关环境保护方面的条款和规定。

①对于来自施工机械和运输车辆的施工噪声，为保护施工人员的健康，应遵守《中华人民共和国噪音污染防治法》并依据《工业企业噪声卫生标准》合理安排工作人员轮流操作筑路机械，减少接触高噪声的时间或穿插安排高噪声的工作。对距噪声源较近的施工人员，除采取使用防护耳塞或头盔等有效措施外，还应当缩短其劳动时间。同时，要注意对机械的经常性保养，尽量使其噪声降低到最低水平。为保护施工现场附近的居民的夜间休息，对居民区150m以内的施工现场、施工时间应加以控制。

②对于公路施工中粉尘污染的主要污染源—灰土拌和、施工车辆和筑路机械运转和运输产生的扬尘，应采取有效措施减轻施工现场的大气污染，保护人民健康，如：

a. 拌和设备应有较好密封或有防尘设备。

b. 施工通道、沥青混凝土拌和站及灰土拌和站应经常进行洒水处理。

c. 路面施工应注意保持水分，以免扬尘。

d. 隧道出渣和桥梁钻孔灌注桩施工时排除的泥浆要做妥善处理，严禁向河流或农田排放。

③采取可靠措施保证原有交通的正常通行，维持沿线村镇的居民饮水、农田灌溉、生产生活用水及通信等管线的正常使用。

（8）在整个施工过程中对承包人采取的环境保护措施，发包人和监理人有权监督，并向承包人提出整改要求。如果由于承包人未能对其负责的上述事项采取各种必要的措施而导致或发生与此有关的人身伤亡、罚款、索赔、损失补偿、诉讼费用及其他一切责任应由承包人负责。

（9）在施工期间，承包人应保持现场整洁，施工设备和材料、工程设备应整齐妥善存放和储存，废料与垃圾及不再需要的临时设施应及时从现场清除、拆除并运走。

（10）在施工期间，承包人应严格遵守《关于在公路建设中实行最严格的耕地保护制度的若干意见》的相关规定，规范用地、科学用地、合理用地和节约用地。承包人应合理利用所占耕地地表的耕作层，用于重新造地；合理设置取土坑和弃土场，取土坑和弃土场的施工防护要符合要求，防止水土流失。施工过程中要采取有效措施防止污染农田，项目完工后承包人应将临时占地自费恢复到临时占地使用前的状况。

（11）承包人应严格按照国家有关法规要求，做好施工过程中的生态保护和水土保持工作。施工中要尽可能减少对原地面的扰动，减少对地面草木的破坏，需要爆破作业的，应按规定进行控爆设计。加强施工便道的管理，取（弃）土场必须先挡后弃，严禁在指定的取（弃）土场以外的地方乱挖乱弃。

三、公路工程施工环境保护管理工作

公路施工环境保护管理是针对施工过程环境保护的全方位、全过程的管理，其主要任务是

根据《中华人民共和国环境保护法》及相关法律法规,对工程建设过程中污染环境、破坏生态的行为进行监督管理。

（一）施工环境保护管理工作的内容

施工期的环境保护工作,应体现在对事前控制和主动控制的要求。结合公路施工的特点,其主要内容如下。

1.施工准备阶段的主要环境保护工作

（1）参加设计交底,熟悉环评报告和设计文件,掌握沿线重要的环保对象,了解建设工程的具体环保目标,对敏感的环保目标做出标识。

（2）审查承包人提交的施工组织设计和开工报告,对施工方案中环保目标和环保措施提出审查意见。

（3）审查承包人的临时用地方案是否符合环保要求,临时用地的恢复计划是否可行。

（4）审查承包人的环保管理体系是否责任明确,切实有效。

（5）参加第一次工地会议,提出环境保护管理目标和施工环境保护措施及要求。

（6）制定针对可能发生的环境事故和紧急情况的应急预案,确保能够迅速有效地响应,减少对环境的损害。

2.施工阶段的主要环境保护工作

（1）审查承包人编制的分部(分项)工程施工方案中的环保措施是否可行。

（2）对施工现场、施工作业进行巡视或旁站,检查环境保护措施的落实情况。

（3）监测各项环境指标,出具监测报告或成果。

（4）向承包人发出环境保护工作指示,并检查指令的执行情况。

工程项目安全环保
基础培训

（5）处理或协助主管部门和建设单位处理突发的环保事件。

3.交工验收与缺陷责任期环境保护的主要工作

（1）参加交工验收检查,确认现场清理工作、临时用地的恢复是否达到环保要求。

（2）检查承包人的环保资料是否达到要求。

（3）评估环保任务和环保目标完成情况,对尚存在的主要环境问题提出继续监测或处理的方案和建议。

（4）完成缺陷责任期环境保护管理工作。

（二）施工环境保护管理工作的方式

施工环境保护工作以巡视方式为主,根据施工区污染源分布情况,监理人员应定期进行巡视。对特别关心的节点可以进行旁站,必要时还可以进行环境监测。巡视和旁站的情况,均应予以详细记录。

施工过程中如发现环境污染和生态破坏等情况,监理人员应立即通知承包人限期整改。一般性或操作性的问题,可以采取口头通知形式;口头通知无效或有污染隐患时,应发出书面通知,要求承包人整改,并根据承包人的书面回复检查整改结果。严重的问题,还应同时向建设单位汇报。如整改不理想,可以发布停工令。

（三）环境污染破坏事故的处理

当工程施工过程中出现重大污染或生态破坏事故时，按如下程序处理：

（1）承包人在发生事故后，除在规定时间口头报告监理人外，还应尽快提出关于事故初步调查结果的书面报告。报告应初步反映该工程的名称、部位、污染事故原因、应急环保措施等。

（2）立即汇报建设单位，及时向当地政府汇报，同时书面通知承包人暂停该工程施工，并根据环保主管部门有关意见，采取有效的环保措施。

（3）监理人和承包人对污染事故继续深入调查，并在和有关方面商讨后，提出事故处理的初步方案后报建设单位，交环保主管部门研究处理。

（4）督促承包人做好善后工作。

（5）在事故处理结束后，相关部门应对整治效果进行持续监测和评估，确保环境恢复到可接受的状态，并对类似事故的预防措施进行改进。

案例5-6

某大城市规划建设的高速公路，四车道，全长80km，设计行车速度80km/h，路基宽度24.5m。全程有互通式立交5处，跨河特大桥1座（1750m），大桥5座（共1640m），隧道4座（共3800m），其中单洞长隧道1座（2400m）。公路位于规划未建成区，起点接城市环路，沿线为山岭重丘区，相对高差50~300m，线路穿岭跨河，沿山谷行进，过山间盆地，有支线通向旅游区。该公路征用土地6.4km²，其中农田1.5km²，林地3km²，草坡和未利用土地1.4km²，其余为水塘宅基地等，土石方量8640×103m³，有高填方段2400m。项目总投资38亿元。该项目所在区域雨量充沛，夏多暴雨。森林覆盖率约40%，包括人工森林和天然森林。公路沿线农业经济发达，村庄较密集，穿越2个村庄，附近有2个较大乡镇，另有山岳风景名胜区和农业观光区各1处。

根据上述背景材料，分析回答以下问题：

(1)说明工程概况介绍部分有关生态环境影响的工程分析应包括的主要内容。

(2)说明生态环境现状调查与评价的主要内容及生态环境现状调查主要采用的方法。

(3)简要说明该项目评价的重点和评价中需注意的问题。

解：

(1)工程分析所要阐明的主要内容为：

①隧道名称、规模、建设点位、施工方式；弃渣场设置点位及其环境类型、占地特点；隧道上方及周边环境；隧道地质岩性及地下水疏水状态；景观影响。

②大桥和特大桥的名称、规模、点位；跨河大桥的施工方式，河流水体功能，可能的影响。

③高填方段占地合理性分析，占地类型，占地基本农田情况。

④边坡防护；主要深挖路段，弃渣场设置及其占地类型、数量、环境影响。

⑤主要取土场设置及其恢复设计；公路采石场及砂石料场情况。

(2)生态环境现状调查与评价的主要内容为：

①森林调查：类型、面积、覆盖率、生物量、组成的物种等；评价生物量损失、物种影响、有无重要保护物种、有无重要功能要求（如水源林等）。

②农业生态调查与评价:占地类型、面积、占用基本农田数量、农业土地生产力、农业土地质量。

③水土流失调查与评价:侵蚀面积、程度、侵蚀量及损失,发展趋势及造成的生态环境问题,工程与水土流失关系。

④景观资源调查与评价:公路沿线景观敏感点段,主要景观保护目标及保护要求,公路建设与重要景观点的关系。

本项目现状调查方法有:现有资料收集、分析,规划图件收集;植被样方调查,主要调查物种、覆盖率及生物量;现场勘察景观敏感点段;也可利用遥感信息测算植被覆盖率、地形地貌及各类生态系统面积、水土流失情况等。

(3)本工程评价的重点是生态环境影响(含水土流失问题)、噪声影响(略)。需要注意的问题有:

①生态环境的森林植被影响及可能对重要物种的影响。

②森林生态系统切割(森林生境切割)与阻隔导致的对野生动物的影响。

③农业占地和占用基本农田问题。

④取土场、弃渣场等非永久占地的复垦与生态恢复(植被重建)。

⑤水土保持方案的编制。

⑥景观美学影响评价。

⑦噪声敏感点的监测、影响评价及保护措施。

⑧水环境尤其是水源的保护问题(跨河大桥段)。

四、监理人在项目施工过程中的环境保护管理工作

监理人在巡视、旁站中,应随时检查施工单位制订的环境保护措施的落实情况,检查的主要内容有:

(1)是否落实了施工环境保护责任人。

(2)是否对施工人员进行了环保教育。

(3)施工场地的布设是否符合相关环保要求。

(4)职业危害的防护措施是否健全。

(5)施工现场(含临时便道、拌和站、预制场等)和料场等是否洒水防尘。

(6)是否按有关要求采取降噪措施。

(7)材料堆场设置环境的合理性及采取措施减少运输漏撒情况。

(8)施工废水、渣土、生活污水、垃圾的处置是否合理。

(9)是否按照批准的方案在拟定的取弃土场取弃土,取土结束后是否采取了有效的排水防护和植被恢复措施。

(10)查看是否有污水沉淀池和过滤设施,施工污水是否经过处理后再排放,是否对排放水质进行了监测。

如发现施工中有任何一项未做到位或布设不合理的情况,视为违反有关环保规定,监理人应责令施工单位整改;如发现不止一项未做到位或布设不合理的情况,视为情况严重,监理人应签发《工程暂停令》,要求施工单位暂停施工,并及时报告建设单位。

如发现施工中存在违反有关规定、未按合同要求落实环保措施的情况,监理人应书面责令施工单位整改,情况严重的签发《工程暂停令》,要求施工单位暂时停工,并及时报告建设单位。

施工单位在施工时发现文物,施工单位应按要求依法保护现场,并报告有关部门和建设单位。

施工单位依法取得砍伐许可证后方可按照砍伐许可的面积、株树、树种进行砍伐,并注意保护野生动物、植物。

案例 5-7

某高速公路标段范围为 K17 + 900 ~ K19 + 700,全长 1800m;被交道起讫桩号为 PK0 + 160 ~ PK1 + 000,全长 840m;互通内共设匝道 9 条,全长 4257.053m;桥梁 8 座,总长1746.115m;涵洞 7 道;通道 4 处。为了保护环境,该路段在施工期间应该采取哪些环境保护措施?

解:

该高速公路施工应按照国家和行业相关规定和要求,依据项目合同协议,主要从以下几方面采取环保措施。

1. 施工环境保护措施

环境卫生的保护与治理是当前环境保护工作的重点。施工过程中严格执行国家和当地有关环保的法律规定,确保文明施工,达到环保要求。现针对本工程特点,制定以下环保体系与措施:

(1)施工现场成立环境保护领导小组。组长由项目经理担任,组员由现场环保员和有关人员组成。并根据国家和地方有关管理规定及企业集团公司《环境保护工作管理规定》处理环保日常工作。

(2)施工现场建立环保保证体系和环保信息网络,发挥监控作用。

(3)根据施工现场的实际情况提出有效的技术措施,防止因施工对大气、水源污染和噪声扰民。对于来自施工机械和运输车辆的施工噪声,为保护施工人员的健康,合理安排工作人员轮流操作筑路机械,减少接触高噪声的时间,或穿插安排高噪声的施工。为保护施工现场附近居民的夜间休息,对居民区150m 以内的施工现场的施工时间加以控制。

(4)施工中噪声要严格控制。对噪声较大的工序尽量安排在昼间施工,并在工地四周临界处按要求设置噪声控制点,定期进行噪声测试,对参加施工人员加强教育减少人为施工噪声的出现。

(5)办公区、生活区驻地内均植草、种花、栽灌木林,绿化现场环境。

(6)施工现场设置的搅拌设备,必须搭设封闭式围挡及安装喷雾除尘装置。同时在搅拌站设置污水沉淀池,污水经过两级沉淀后排入附近市政管线。水泥和其他易飞扬的细颗粒散体材料,必须封闭、包扎、覆盖,不得沿途泄漏、遗洒。

(7)施工现场出口设洗车槽,专人管理车辆污泥冲洗,污水经过两级沉淀后排入附近市政管线。同时对车上物料进行整理,防止物料运输时遗散。

(8)运输车辆不得超量运载。运载土方车辆全部采用符合环保要求的全封闭式自卸车。

(9)本合同段处于多雨地区,拟建路线穿越大量农田村庄,土方工程施工时重点采取以下措施,防止水土流失对生态环境造成危害:

①在施工期间,应始终保持工地的良好排水状态,修建一些临时排水渠道,并与永久性排水设施相连接,且不得引起淤积和冲刷。

②雨季填筑路堤时,应随挖、随运、随填、随压实,依次进行;每层表面应筑成适当的横坡,避免积水;开挖或填筑的土质路基边坡应及时采取防护措施,防止雨季到来时因水流对坡面的冲刷而影响边坡稳定,减少对附近水域的污染。

③施工中应因地制宜地采取有效预防措施,防止施工场所占用的土地或临时使用的土地受到冲刷,防止取土场取土对河流、水道、灌溉或排水系统产生淤积或堵塞。

(10)对于钻孔灌注桩护壁泥浆不许随意排放到河流和沟塘,防止水源污染。我公司计划采用自行研制的泥浆循环再利用设备,把钻孔泥浆回收再利用,防止污染地表水源。钻孔废渣用装载机弃运到指定地点处理。

(11)绿化种植:在施工完成后,进行必要的绿化工作,恢复或改善当地的生态环境。

2. 施工期间自然排灌系统的保护措施

由于施工现场位于河网平原区,穿越当地耕地及农田、鱼塘、沟渠等自然排灌系统,保护并合理利用自然排灌系统是解决好施工现场的排水的首要问题,同时也是与当地居民做好工程共建工作,协调好当地居民、当地有关部门的前提条件。

(1)认真调查施工现场周围的农田及其排灌系统,查清排灌系统的走向、位置和流量,记录调查的有关资料。

(2)地表清理和整平完成后,根据现场的具体情况,在路基边缘采用砌砖排水明渠,并连通原有的排灌系统,保证排灌系统的畅通;过路明渠埋设暗管(机制水泥管),过水断面不小于原有的通过能力。

(3)在施工期间,应始终保持工地的良好排水状态,修建一些临时排水渠道,并与永久排水设施相连接,不得淤积和冲刷原有的排灌系统。

(4)施工物料如水泥、油料、化学品等应严格堆放、管理,防止物料随雨水径流排入地表及附近水域,造成原有排灌系统的污染。

(5)施工中的临时排水系统应能最大限度地减少水土流失对水文状态的改变,不得干扰现有灌溉或排水系统的自然流动。

(6)施工期间定期以人力、物力、机械进行排灌系统的清淤,保证排灌系统始终处于正常状态。

(7)若施工临时排水单位汇入原有排灌系统内,应在汇入前进行三级沉淀处理,以保证周边环境不受污染。

(8)遵守当地和国家有关环境保护的法律法规,特别是在水资源管理和保护方面。

3. 取土场的环境保护措施

拟建路段路基土源缺乏,按设计要求施工用土从四个取土场获得,共借土 62.5 万 m^3。取土和运输时采取可行的方法减少对环境的影响。

（1）为减少水土流失，取土时应分层取土，每层取土前，在坑内每隔 30~40m 设置纵横向排水沟，取完土的地面向两侧设置成不小于4%的纵坡。

（2）临时运输线路经过地区，村庄厂房密集，路线布设尽量与地形、地面建筑物、环境景观协调，减少占地与拆迁；运输土方时车辆必须做好封闭围挡，防止遗洒。

（3）取土完工后，及时进行场地清理、平整工作和整饰场貌路容，最后在场地上植树绿化。

模块六　公路工程施工信息管理

【工作任务6】　请依据本模块中的相关知识，结合给定的项目建设背景资料，完成下列任务，详见表5-11。

项目五　模块六　任务单 表5-11

工作任务	请列举公路工程项目施工中信息化管理的意义和作用；在工程项目施工管理中如何利用现代化的信息技术
任务要求	1. 小组研究讨论公路工程项目施工中信息化管理的作用主要有哪些； 2. 查阅有关资料，列举公路工程项目施工信息化管理对项目管理的重要性； 3. 小组完成对引导案例
任务准备	1. 知识准备：了解信息化管理基础、掌握项目管理系统、熟悉数据采集与分析，会利用信息化工具编制施工进度计划，进行任务分解和资源配置；查阅信息技术在工程项目管理中的应用； 2. 工具准备：借助线上、线下各类工具，为查阅有关资料做好准备
工作步骤	1. 小组讨论分工，每组 2~3 人； 2. 小组通过查阅文献，合作完成公路工程项目施工信息化管理对项目管理的重要性总结工作；讨论如何利用现代化管理手段提升工程项目施工管理水平； 3. 小组合作完成引导案例中提出的如何控制措施以防止类似事故再次发生，如何采取相应的控制措施，如何讨论和改进现有的施工管理方法等总结
自我评价 （优、良、中、差）	工作态度： 团队协作： 知识掌握：

一、项目信息

1. 信息的定义

项目信息作为科学的范畴，其概念是相当深刻和十分丰富的，不同的人有不同的理解和不同的定义，随着时代的发展和科学的进步，其内涵与外延都在不断地变化和发展。综合各种对工程项目信息的解释和说明，其定义为：工程项目信息是客观事物以数据形式传送交换的知识，它反映事物的客观状态和规律。数据包括文字、语言、数值、图表、图像、电话以及计算机多媒体技术等表达形式。

项目信息用数据表现,数据是信息的载体,但并非任何数据都是信息,数据本身是一个符号,只有当它经过处理、解释,对外界产生影响或用于指导客观实践时,才能成为信息。

2. 信息的特征

(1)可识别性。它可以通过人的感觉器官直接识别,也可以通过各种辅助仪器间接识别。经过识别后的信息可用文字、数字、图表、图像、代码等表示出来。

(2)可处理性。对信息可进行加工、压缩、精炼、概括、综合,以适用于不同目的。信息可通过报纸、杂志、书、信件、报告、电视、广播等各种手段进行传播,使信息为更多的人所共有。信息可通过计算机储存起来,根据需要随时进行加工和处理。

(3)事实性。信息的来源是事实,毫无事实根据的假信息不仅不会给工程管理者提供正确的决策判断依据,反而会使工程管理者做出错误的决定。

(4)滞后性。从时间上看,信息总是落后于事实的,总是先发生事实然后才会有信息,而且信息是有寿命的,它可随事实的变化不断扩大,也会以很快的速度衰减或失效。

(5)可转换性。信息可通过一定的方式转换成资金、劳力、物资和时间。

3. 信息和数据

项目信息和数据是信息系统中最基本的术语。信息是经过处理后对项目管理产生影响的数据,而数据是在生产生活中,通过观察或测量所收集到的,用各种物理介质记录下来的事实,包括数字、文字、符号、图形等。信息是对数据的解释,是加工的结果;数据则是信息的具体表现形式。

4. 信息的要求

项目信息作为工程项目管理者进行判断、决策的主要依据之一,影响或用于指导工程实践,则应符合下列要求:

(1)真实性。信息反映事物或现象的本质及其内在联系,真实和准确是信息的基本特征。因此,只有准确真实的项目信息才能产生正确的决策。

(2)完整性。任何方面的信息或数据都是对整个工程项目有机整体的一部分或一定程度的认识,彼此之间构成一个有机整体。

(3)时效性。任何信息旨在一定的时间内起作用,随着工程项目进展,新出现信息将部分或全部地取代原有信息。作为决策依据的有用信息,必须是在其时效范围内。

(4)等级性。适应不同层次、不同级别工程项目管理者的需要,对信息有等级性要求。

二、工程项目信息化

1. 工程项目信息化概念

工程项目信息化就是指从工程项目规划、招标投标、计划、质量、合同、进度、中期结算、竣工决算等过程中充分利用现代信息技术和信息资源,逐步提高工程项目集约化经营管理程度,使信息对工程项目的贡献达到较高水平的过程。

2. 工程项目信息化建设内容

工程项目信息化建设的内容包括:

(1)网络建设:在工程项目实施过程中所需要的网络环境建设。如局域网的组网、服务器的安装和配置、权限的设置、因特网的接入等。

(2)应用软件的开发与购买:在工程项目实施过程中所需的应用软件,①工程项目管理信息系统(MIS)如质量、合同、物资、进度等;②企业对外网站建设;③网上发文批文为主的办公管理自动化、信息化系统 QA;④决策支持系统(DSS)或领导信息系统。以上应用软件实现工程项目的联合运行和集成化管理,应包括三个层次,即业务处理层、管理控制层、辅助决策层。

三、工程项目管理信息系统

1. 项目管理信息

指为项目管理服务的一类信息。包括工程项目投资(成本)控制信息、质量控制信息、进度控制信息和合同管理信息等。

2. 信息系统

信息系统是指广义的管理信息系统。是一个以人为主导,利用计算机硬件、软件、网络通信设备以及其它办公设备,对信息进行收集、加工整理、储存、传输、维护和使用的系统。信息系统是以企业战略竞优、提高企业效益和效率为目的。支持企业高层决策、中层控制、基层运作的集成化的人机系统。

(1)信息系统的目标。提高工程项目质量、降低成本、提高工作效率、保证工期要求、增加企业效益。

(2)信息系统的功能。对信息进行收集、加工整理、储存、传递、维护和使用。

(3)信息系统的支持层次。支持企业高层决策、中层管理、基层业务处理。

(4)信息系统的组成。①计算机、通讯网络、办公设备等硬件系统;②应用软件;③数据库管理系统和数据;④管理机构和维护人员。

3. 管理信息系统

管理信息系统是指面向管理工作,为管理提供所需要的各种信息的信息系统。管理信息系统是一个计算机辅助的信息系统,支持企业高层决策、中层控制、基层运作的集成化的人机系统。

4. 工程项目管理信息系统

(1)工程项目管理信息系统概念:工程项目管理信息系统是根据项目管理的特点,以计算机为基础的,以工程项目为目标系统的管理信息系统。它的功能主要是收集、存储及分析数据,为工程项目管理人员进行规划、控制决策和数据查询提供支持。

(2)工程项目管理信息系统功能:①基本功能系统。包括市场信息查询子系统、投资、成本管理、工程造价管理子系统、进度控制子系统、质量管理、控制子系统、合同管理子系统、计划管理子系统、施工管理子系统、技术管理子系统、机械设备管理子系统、资源管理子系统、会计管理子系统。②决策支持子系统(DSS)。包括人机对话子系统(MMIS)、模型库管理子系统(MBMS)、数据库管理子系统(DBMS)、知识库管理子系统(KBMS)、问题处理子系统(PPS)。③专家系统(ES)。④集成化工程项目管理系统。

四、公路工程项目施工中信息化管理的意义

1. 工程项目施工管理方式存在的问题

传统工程施工各阶段的项目管理方式基本上是直线制或职能式,在整个项目施工进度过程中,由于公路工程施工项目施工过程中涉及到计划、进度、计量等许多报表和数据处理分析,各条块管理的信息化应用,由于数据格式、采样标准、计量单位等不一致,如:各种材料的基本等额、劳务分包商即时信息、工程的技术资料、物料采购及库存的控制等不统一,导致信息不能共享和横向纵向对比和分析,加之施工现场的突发状况较多,信息反馈不及时、无法实时掌握工程量、工程进展情况等,对项目的信息不能做出动态反馈,管理决策多头或僵化,存在诸多漏洞和弊端,信息传递和沟通效率低、差错多、成本高。信息数据无法即时同步,无法远程协同作业,分散的信息不能形成对项目进展情况的正确判断。施工企业的各级管理决策层难以做出正确的判断和决策,项目施工管理难度大。

2. 公路工程施工中信息化管理意义

公路工程施工是一项极为复杂的过程,涉及到各个环节和因素,施工管理是一个完整复杂的系统工程,通过信息化管理,利用信息化的管理手段和管理模式,能够将原来分割的、相互孤立的各项管理工作,有机、动态、规范地联系在一起,实现量化的施工全过程控制和科学管理。工程信息实时有效传递,实现有效沟通、科学决策、提高效率、降低项目建设成本的目的,在促进施工项目建设进度管理的同时,最大程度地保证施工质量和生产安全,极大地提升公路工程施工企业的管理水平和管理能力,增强企业核心竞争力,提高企业经济效益。

案例 5-8

某公路工程施工企业充分利用信息技术提升企业管理水平,加强企业内部信息化管理,请协助企业制定一套信息管理文件。

解:

(一)编制项目信息化管理方案

1. 项目部信息化管理的组织机构

主管副经理名单、主管信息化的部门、专职信息员名单;

2. 项目部计算机网络建设方案

①服务器放置地点;②计算机放置地点;③计算机到服务器的布线图;④服务器、路由器、防火墙、交换机、计算机、打印机、扫描仪等型号和台数;⑤局域网与互联网的接口方式和通信线路的选择;⑥局域网操作系统、网络杀毒软件的选型。

3. 项目部信息管理系统的建设方案

①信息化管理目标;②实施项目管理软件的步骤和方法;③应用软件的培训计划和考核办法;④需要建立的各项制度;⑤所需经费。

4. 项目管理软件的推广和应用

（1）制定应用计划。①培训计划；②数据的初始化；③业务数据的正常使用。

（2）培训。①项目管理软件的管理思想；②项目管理软件中的业务流程；③项目管理软件的操作方法。

（3）日常保证。①及时解决项目管理软件运行中出现的软件和硬件问题；②及时记录软件应用中出现的问题，属于软件本身功能错误，及时通知软件公司修改并报事业部备案，属于软件要增加的功能，报事业部，由事业部联系软件公司进一步开发完善项目管理软件。

（二）明确企业集团、相关职能部门（事业部）和项目经理部职责和权限

1. 企业集团管理职责和权限

（1）制定集团信息化工作条例，对集团计算机网络平台的建设提出统一要求，以保证集团从上至下信息传输的畅通。

（2）指导事业部选择使用的项目管理软件并根据集团管理模式的要求，与软件公司一起进行二次开发，然后在各事业部推广应用；

（3）及时收集使用过程中出现的问题，根据集团项目管理工作的不断深入，对项目管理软件提出修改和充实的意见，要求软件公司不断提高和改进项目管理软件的功能。

2. 企业职能部门（事业部）管理职责和权限

（1）负责制定在项目部加强信息化工作，推广应用项目管理软件的规划和实施办法；

（2）负责制定对项目部信息化工作的考核办法和奖惩制度；

（3）负责对项目部领导班子，特别是项目经理信息化工作的意识、信息化技术的操作技能进行培训和考核。

（4）负责审核项目部计算机网络建设方案和有关信息化工作的制度。指导项目部的具体实施工作，解决实际工作中出现的问题。

（5）在集团信息管理部指导下，选择适合事业部项目管理模式的项目管理软件，并根据自己实际需要提出软件二次开发的需求，对软件公司进行的开发进行验收，并在集团事业部各项目部推广应用。

（6）负责项目部初期建立计算机网络所需设备的配置，施工过程中增加和报废信息化设备的审批以及项目部解散时计算机及网络设备的回收。

（7）对项目部信息化工作进行考核和评价，并依据奖惩办法兑现奖惩。

3. 项目经理部的职责和权限

（1）应建立项目信息管理系统，建立项目信息管理责任制，实现项目管理信息化；

（2）应及时收集信息，并将信息准确、完整地传递给使用单位和人员；

（3）实行总分包项目，项目分包人应负责分包范围的信息收集和整理，承包人负责汇总、整理各分包人的全部信息；

（4）项目信息收集应随工程进展进行，保证真实、准确，按照项目信息管理的要求及时整理，并经有关负责人审核签字；

（5）项目部利用现代化信息技术，使用电子计算机并建立计算机局域网，保证信息传递及时、准确；

(6)项目部使用项目管理软件,加快信息采集、处理和传递的速度,保证项目部管理人员协同工作;

(7)应配备一名项目副经理负责项目部的信息化工作,配备专职信息管理员,信息管理员必须经由资质的培训单位培训。

(三)项目经理部应收集并整理的信息:

项目信息应包括项目经理部从项目策划到项目竣工验收为止的在项目管理过程中形成的各种数据、表格、图纸、文字和影像资料等。储存形式可以是纸质也可以是电子的。

1. 应收集并整理下列信息

①有关法律、法规和部门规章信息;②市场信息;③自然条件信息。

2. 项目经理部应收集并整理下列工程概况信息

①工程实体概况;②场地与环境概况;③参与建设的各单位概况;④施工合同;⑤工程造价计算书。

3. 项目经理部应收集并整理的施工信息

①施工记录信息;②施工技术资料信息。

4. 项目经理部应收集并整理下列项目管理信息

①项目管理规划大纲信息和项目管理实施规划信息;②项目进度控制信息;③项目质量控制信息;④项目安全控制信息;⑤项目成本控制信息;⑥项目现场管理信息;⑦项目合同管理信息;⑧项目材料管理、构配件管理和工、器具管理信息;⑨项目人力资源管理信息;⑩项目机械设备管理信息;⑪项目资金管理信息;⑫项目技术管理信息;⑬项目组织协调信息;⑭项目竣工验收信息;⑮项目考核评价信息。

(四)项目经理部推进项目信息化工作职责

(1)项目经理部信息化职责:项目管理所需各种信息,并将这些信息的提供任务分解到每个项目部管理人员。确认每种信息提供方式(文字、报表、图片、影像资料)、提供的频度(每天、每周、每月、每季、每年)和信息提供对象。

(2)项目经理信息化职责:①主持制定以提高项目管理水平,保证项目合同顺利实施,项目部信息化发展战略和目标;②建立稳定项目部信息化管理体系,项目部信息化组织机构的设置、信息职能的分配和信息员的配置;③不断丰富现代工程管理知识,学习掌握计算机的应用,不断提高推进信息化工作能力;④认真听取主管信息化工作的副经理的工作汇报,保证实施目标所需的各种资源;大力宣传信息化工作的重要性,保证项目部信息化工作规划和目标的落实。

(3)主管信息化工作的副经理职责:①负责项目部信息化推进工作,包括基础设施的建设、人员和资源的配备;②负责项目部信息管理工作,及时处理信息工作出现的问题,保证信息准确和畅通;③将项目部信息化工作目标分解,落实到各有关部门;④定期向项目经理汇报项目部信息化工作开展情况,出现的问题,及时改进项目部信息工作。

(4)项目部专职信息员职责:①对项目部信息化规划和目标、基础设施建设和项目部信息化工作职责等提出自己的建设性意见;②积极落实项目部规划和目标,监督项目部信息化工作责任制的执行情况,发现问题及时向主管副经理汇报;③具体负责项目部计算机网络建设工作,建立计算机网络安全使用制度,及时查杀计算机病毒、防止黑客侵入,保证计算机网络的正常运行;④负责项目部有关施工过程中所有纸质的和电子的文件、报表、文档和资料归档保存,做到编目规范,查询快捷;⑤负责对项目部管理人员使用计算机、计算机网络和应用管理软件的培训工作,解决日常运行中出现的问题;⑥保证项目部与事业部、业主、监理单位、合格分包企业的信息联络畅通。

复习思考题

1.常见施工项目安全事故发生的主要原因有哪些?

2.如何控制施工现场人的不安全行为和物的不安全状态?

3.公路工程施工项目安全管理制度有哪些?

4.法律规定从业人员的权利和义务有哪些?

5.公路施工现场安全检查项目有哪些?

6.项目经理的安全职责有哪些?假如你是项目经理,你该如何进行施工现场安全管理?

7.施工现场作业人员必须遵守的安全纪律有哪些?

8.实训环节。

(1)案例1:2008年11月,杭州萧山区地铁一号线湘湖站施工现场突然发生路面塌陷事故,路面坍塌的长度为75m,并下陷15m,正在路面行驶的11辆车陷入深坑。

事故发生后,国内交通隧道工程界的权威专家在查看了地铁工地事故现场,调阅了相关资料文件后判断,工程项目建设存在规划、设计、施工、运营四道风险(上海文新传媒网)。

结合公路工程施工项目安全管理相关知识,对以上案例进行分析。

(2)案例2:2005年3月,华南某省的省道改造工程在开工后的前3个月内即发生伤亡事故4起,死亡1人,重伤2人,轻伤4人,直接经济损失25.4万元。通过调查发现,该施工承建企业的安全生产组织混乱,安全生产机构名存实亡,安全生产管理人员没有相应的上岗资质,对工人的安全教育、培训和奖惩制度没有明确规定,安全生产经费计划混乱且被挪用。

结合公路工程施工项目安全管理相关知识,谈谈如何对该项目的安全管理状况进行改善?

(3)案例3:某公路施工公司在进行公路隧道施工时,隧道出现了塌方,当场有8名工人受伤,在运往医院的途中,有2名工人伤势过重死亡。事故发生后,质量监督站初步确定该事故为重大质量安全事故。根据现场情况请分析:

①施工现场谁是第一责任人,由谁对隧道施工安全全面负责。

②若你是项目经理,隧道施工安全管理包括哪些内容?你认为控制管理的重点是什么?

(4)案例4:某桥梁工程项目施工,涉及高处作业。施工单位为保证施工过程安全顺利地进行,需要对该工程项目的安全管理有详细的了解。本施工项目危险因素、可能发生的事故类型及事故的危害有哪些？若你是项目经理,针对工程具体特点,组织人员进行事故危险源辨析,并进行风险评估;针对事故危险源和存在的问题,确定相应的防范措施。

(5)案例5:某建设单位,组织实施一条高速公路建设项目,由于里程路程较长,划分为两个标段;分别有两家施工企业承担施工建设任务;开工不久,建设单位组织由相关部门人员对其项目的两个公路工程施工现场进行安全检查。

A项目部存在以下问题:

①安全防护不到位,施工现场有人不戴安全帽。

②项目班组工程安全技术交底不彻底,无书面安全技术交底资料。

③电焊工未严格执行持操作证上岗,有1人无证作业。

④现场未按安全标志不全,有一临时配电装置无安全标示。

B项目部存在以下问题:

①大型筑路机械未制定专门管理制度。

②混凝土浇筑未制定安全技术操作规程。

③安全检查记录不全。

若你是建设单位安全管理负责人,针对以上检查问题,下达了整改通知,请你对以上两个项目部的施工现场安全检查进行打分,并下达安全检查整改通知单,要求限期整改到位。

9.省道107环山公路太乙宫至马召段是玉山至马召新建公路的两段部分,为陕西省规划的"一纵、两环、三横"的次骨架关中环线公路,本项目属省道107线环山公路太乙宫至马召段第一段,呈东西走向,全长12.34km。跨康峪沟,西甘沟,经西甘村南、留村北,跨镐河桥至团结村北,再跨天子河继续向西延伸,途经曹村南、子午镇北。请谈谈工程项目施工对环境的影响及生态生活环境保护应采取的对策。

项目六
ITEM SIX
公路工程施工成本管理

知识点

1. 工程施工项目投标报价组成。
2. 公路工程施工项目成本管理基本原理。
3. 施工企业工、料、机定额组成。
4. 工程款结算与竣工决算方法。

技能点

1. 编制施工企业工、料、机定额。
2. 编制资金使用计划及进行费用偏差分析。
3. 能够进行施工项目中期结算。
4. 能够进行施工项目竣工决算。

引导案例

项目背景：某项目路线总体走向由东北向西南,起点位于动物疫病监测检查站以北570m处,起点桩号为 K202 + 200,终点桩号 K323 + 636。公路等级二级,设计速度80km/h。路线总长121.436km,本项目共分3个施工标段施工。本次以第一标段为主进行学习。

第一标段起讫点桩号为 K202 + 200 ~ K236 + 601,长度 34.439km,路基宽度 12m,主要工程数量详见表6-1。

标段一主要工程数量 表6-1

序号	项目	单位	第一标段
1	起讫桩号		K202 + 200 ~ K236 + 600
2	路线长度	km	34.439
3	挖方	万 m³	246.205
4	填方	万 m³	145.179

续上表

序号	项目	单位	第一标段
5	特殊路基处理	km	4.575
6	排水工程	km	40.149
7	防护与加固工程	km^3	48.56
8	路面工程	km^2	358.784
9	大桥	m/座	798/3
10	中桥	m/座	209/4
11	小桥	m/座	167/7
12	箱涵	m/道	1625.9/84
13	管线交叉	m/道	86/2
14	平面交叉	处	5
15	服务区	处	1
16	停车区	处	1
17	养护工区	处	1(与服务区合建)
18	观景平台	处	1(与服务区合建)

请依据模块一至模块四的相关知识,完成 4 个工作任务,任务单详见表 6-2、表 6-4、表 6-13 和表 6-24。

模块一   工程施工项目成本组成

【工作任务 1】   请依据本模块中的相关知识,结合给定的项目建设背景资料,完成下列任务,详见表 6-2。

项目六   模块一   任务单   表 6-2

工作任务	结合项目工程资料,项目招标采取工程量清单报价的方式,某施工企业计划进行该项目投标,分组填写清单报价,并总结清单报价时应注意的问题;了解施工项目成本控制措施
任务要求	1.小组了解工程周边市场信息,比如材料、人工、机械设备等价格信息; 2.小组识读施工图纸及相关的资料; 3.了解工程项目的施工组织设计等
任务准备	1.知识准备:了解工程量清单概念、组成; 掌握工程量清单作用、编制,进而对工程成本有初步的了解等。查阅施工现场成本费用控制方法手段。 2.工具准备:《公路工程标准施工招标文件(2018 年版)》,《公路工程预算定额(上、下册)》(JTG/T 3832—2018),《公路工程建设项目概预算编制办法》(JTG/T 3830—2018),安装同望、纵横造价软件

续上表

工作步骤	1. 小组完成路基、路面、桥梁、涵洞、安全设施、路线交叉等工程量核实表； 2. 小组合作完成工程量清单的编制； 3. 讨论施工现场如何在保证工程质量、安全和进度等目标前提下降低费用
自我评价 （优、良、中、差）	工作态度： 团队协作： 知识掌握：

一、工程施工项目成本基础知识

1. 工程施工项目成本基本概念

（1）施工图预算概念。

施工图预算是施工图设计文件的重要组成部分。施工图预算应控制在批准的设计概算范围之内。编制施工图预算时，应根据项目的设计文件，全面了解工程所在地的建设条件，掌握各项基础资料，正确引用定额、取费标准、人工单价、材料与设备价格，按《公路工程建设项目概算预算编制办法》（JTG 3830—2018）进行编制。其中建筑安装工程费包括直接费、设备购置费、措施费、企业管理费、规费、利润、税金和专项费用。

施工图预算编制依据主要为：

①《公路工程建设项目概算预算编制办法》（JTG 3830—2018）和配套《公路工程概算定额（上、下册）》（JTG/T 3831—2018）及《公路工程预算定额（上、下册）》（JTG/T 3832—2018）。

②国家发布的有关法律、法规等。

③工程所在地省级交通运输主管部门发布的补充规定和定额。

④批准的初步设计（或技术设计文件，若有）等资料。

⑤施工图设计图纸等设计文件、工程施工方案（含施工组织设计）。

⑥工程所在地的人工、材料与设备、施工机械价格等。

⑦有关合同、协议。

⑧其他有关资料。

（2）施工预算。

施工预算是施工单位进行成本控制与成本核算的依据；也是施工单位进行劳动组织与安排和进行工、料、机消耗控制的依据，对施工组织和施工起着极为重要的作用。它是施工单位从自身的角度对施工成本进行预算。同时，施工单位在参与项目投标报价时，要根据招标文件工程项目施工建设内容工程量清单和清单中各子目提供的工程数量，依据企业内部的施工定额同时结合部颁定额，编制投标报价文件，使投标更具有竞争力。

（3）签约合同价。

签约合同价指签定合同时合同协议书中写明的，包括了暂列金额、暂估价的合同总金额。

（4）工程施工项目成本组成。

①施工成本：包括直接成本（即人工费、材料费、施工机械使用费等直接费）、设备购置费、措施费、企业管理费、规费等各项费用。

②利润和税金：税金是由国家统一征收的费用，利润是根据本项目的具体情况和公司的利

润目标制定的。

③专项费用:包括施工场地建设费和安全生产费两项。

④风险费用:即在各种风险发生后需由承包人承担的风险损失。

2. 公路工程标准施工成本管理基本概念

(1)已标价工程量清单:指构成合同文件组成部分由承包人按照规定的格式和要求填写并表明价格的工程量清单。

(2)合同价格:指承包人按合同约定完成了包括缺陷责任期内的全部承包工作后,发包人应付给承包人的金额,包括在履行合同过程中按合同约定进行的变更和调整。

(3)费用:指为履行合同所发生的或将要发生的所有合理开支,包括管理费和应分摊的其他费用,但不包括利润。

(4)暂列金额:指已标价工程量清单中所列的暂列金额,用于在签订协议书时尚未确定或不可预见变更的施工及其所需材料、工程设备、服务等的金额,包括以计日工方式支付的金额。

(5)暂估价:指发包人在工程量清单中给定的用于支付必然发生但暂时不能确定价格的材料、工程设备以及专业工程的金额。

(6)计日工:指对零星工作采取的一种计价方式,按合同中的计日工子目及其单价计价付款。

(7)质量保证金(或保留金):指按合同中质量保证金约定用于保证在缺陷责任期内履行缺陷修复义务的金额。

二、工程量清单

目前公路工程施工项目一般采取工程量清单报价形式,根据《公路工程标准招标文件》要求,建设单位在编制招标文件时须根据工程项目施工建设内容编制工程量清单,清单中各子目提供的工程数量是投标企业投标的依据。招标文件中的工程量清单由第100章总则,第200章路基,第300章路面,第400章桥梁、涵洞,第500章隧道,第600章安全设施及预埋管线,第700章绿化及环境保护设施和计日工表(劳务、材料、施工机械)及暂估价表(材料暂估价、工程设备暂估价、专业工程暂估价)组成,投标人应认真填写工程数量表中所列的合同各工程子目的单价或合价。

1. 工程量清单概念

工程量清单由子目号、子目名称、单位、数量、单价、合价组成。《公路工程标准施工招标文件(2018年版)》(交通运输部公告2017年第51号)各章节的工程内容、工艺流程、检评标准构成子目的实施过程。工程量清单是合同文件之一,它反映出每一个相对独立项目的主要内容和预算数量,按分部分项工程列出工程数量。

计量规则由子目号、子目名称、单位、工程计量、工程内容组成。每个子目号与工程清单的子目号一一对应,是承包人报价、发包人支付的依据。

2. 工程量清单的作用

(1)便于招标单位编制标底。

(2)为所有投标人提供一个报价计算的共同基础,又便于评标时对报价进行分析比较。

（3）为实施工程计量与支付提供重要依据。

3. 工程量清单说明

（1）本工程量清单是根据招标文件中包括的有合同约束力的工程量清单计量规则、图纸以及有关工程量清单的国家标准、行业标准、合同条款中约定的规则编制。约定计量规则中所有的子目，其工程量按照有合同约束力的图纸所标示尺寸的理论净量计算。计量采用中华人民共和国法定计量单位。

（2）本工程量清单应与招标文件中的投标人须知、通用合同条款、专用合同条款、工程量清单计量规则、技术规范及图纸等一起阅读和理解。

（3）本工程量清单中所列工程数量是估算的或设计的预计数量，仅作为投标报价的共同基础，不能作为最终结算与支付的依据。实际支付应按实际完成的工程量，由承包人按工程量清单计量规则规定的计量方法，以监理人认可的尺寸、断面计量，按本工程量清单的单价和总额价计算支付金额；或者根据具体情况，按合同条款变更的估价原则的规定，由监理人确定的单价或总额价计算支付额。

（4）工程量清单各章是按《公路工程标准施工招标文件（2018 年版）》（交通运输部公告 2017 年第 51 号）第八章"工程量清单计量规则"和第七章"技术规范"的相应章次编号的，因此，工程量清单中各章的工程子目范围与计量等应与"工程量清单计量规则"和"技术规范"相应章节的范围、计量与支付条款结合起来理解或解释。

（5）对作业和材料的一般说明或规定，未重复写入工程量清单内，在给工程量清单个子目标价前，应参阅第七章"技术规范"的有关内容。

（6）工程量清单中所列工程量的变动，不会降低或影响合同条款的效力，也不免除承包人按规定的标准进行施工和修复缺陷的责任。

（7）图纸中所列的工程数量表及数量汇总表仅是提供资料，不是工程量清单的外延。当图纸与工程量清单所列数量不一致时，以工程量清单所列数量作为报价的依据。

三、工程施工项目投标报价

1. 投标报价说明

（1）工程量清单中的每一子目须填入单价或价格，且只允许有一个报价。

（2）除非合同另有规定，工程量清单中有标价的单价和总额价均已包括了为实施和完成合同工程所需的劳务、材料、机械、质检（自检）、安装、缺陷修复、管理、保险、税费、利润等费用，以及合同明示或暗示的所有责任、义务和一般风险。

（3）工程量清单中投标人没有填入单价或价格的子目，其费用视为已分摊在工程量清单中其他相关子目的单价或价格之中。承包人必须按监理人指令完成工程量清单中未填入单价或价格的子目，但不能得到结算与支付。

（4）符合合同条款规定的全部费用应认为已被计入有标价的工程量清单所列各子目之中，未列子目不予计量的工作，其费用应视为已分摊在本合同工程的有关子目的单价或总额价之中。

（5）承包人用于本合同工程的各类装备的提供、运输、维护、拆卸、拼装等支付的费用，已包括在工程量清单的单价与总额价之中。

(6)工程量清单中各项金额均以人民币(元)结算。

(7)暂列金额(不含计日工总额)的数量及拟用子目的说明。

(8)暂估价的数量及拟用子目的说明。

2.计日工说明

(1)发包人认为有必要时,由监理人通知承包人以计日工方式变更的零星工作,其价款按列入已标价工程量清单中的计日工计价子目及其单价进行计算。

(2)采用计日工计价的任何一项变更工作,应从暂列金额中支付,承包人应在该项变更的实施过程中,每天提交以下报表和有关凭证报监理人审批:工作名称、内容和数量;投入该工作所有人员的姓名、工种、级别和耗用工时;投入该工作的材料类别和数量;投入该工作的施工设备型号、台数和耗用的工时;监理人要求提交的其他资料和凭证。

(3)计日工由承包人汇总后,按进度付款申请单的约定列入进度付款申请单,由监理人复核并经发包人同意后列入进度付款。

(4)未经监理人书面指令,任何工程不得按计日工施工;接到监理人按计日工施工的书面指令,承包人也不得拒绝。

(5)投标人应在计日工单价表中填列计日工子目的基本单价或租价,该基本单价或租价适用于监理人指令的任何数量的计日工的结算与支付。计日工的劳务、材料和施工机械由招标人(发包人)列出正常的估计数量,投标人报出单价,计算出计日工总额后列入工程量清单汇总表中并进入评标价。

3.暂列金额

(1)暂列金额只能按照监理人的指示使用,并以合同价格进行相应调整。

(2)暂列金额应由监理人报发包人批准后指令全部或部分使用,或者根本不予动用。

(3)对于经发包人批准的每一笔暂列金额,监理人有权向承包人发出实施工程或提供材料、工程设备或服务的指令。这些指令应由承包人完成,监理人应根据变更的估价原则条款约定和计日工条款的约定,对合同价格进行相应调整。

(4)当监理人提出要求时,承包人应提供有关暂列金额支出的所有报价单、发票、凭证、账单或收据,除非该工作是根据已标价工程量清单列明的单价或总额价进行的估价。

案例6-1

根据《公路工程标准施工招标文件(2018年版)》(交通运输部公告2017年第51号)的要求,工程量清单表第100章格式及内容见表6-3。

工程量清单表第100章　　　　　　　　　　　　　表6-3

清单　第100章　总则

子目号	子目名称	单位	数量	单价	合价
101	通则				
101-1	保险费				
-a	按合同条款规定,提供建筑工程一切险	总额			

续上表

清单　第100章　总则

子目号	子目名称	单位	数量	单价	合价
-b	按合同条款规定,提供第三者责任险	总额			
102	工程管理				
102-1	竣工文件	总额			
102-2	施工环保费	总额			
102-3	安全生产费	总额			
102-4	信息化系统(暂估价)	总额			
103	临时工程与设施				
103-1	临时道路修建、养护与拆除(包括原有道路养护)	总额			
103-2	临时占地	总额			
103-3	临时供电设施架设、维护与拆除	总额			
103-4	电信设施的提供、维修与拆除	总额			
103-5	临时供水与排污设施	总额			
104	承包人驻地建设				
104-1	承包人驻地建设	总额			
105	施工标准化				
105-1	施工驻地	总额			
105-2	工地试验室	总额			
105-3	拌和站	总额			
105-4	钢筋加工场	总额			
105-5	预制场	总额			
105-6	仓储存放地	总额			
105-7	各场(厂)区、作业区连接道路及施工主便道	总额			

清单第100章合计　　人民币_____

模块二　工程施工定额管理

【工作任务2】　请依据本模块中的相关知识,结合给定的项目建设背景资料,完成下列任务,详见表6-4。

项目六　模块二　任务单　　　　　　　　　　　　　　　　　表 6-4

工作任务	结合项目工程资料,施工企业在组织项目实施过程中,如何通过定额管理降低工程施工成本?
任务要求	1.小组会计算人工、材料、机械定额; 2.小组会机械组合设计; 3.小组结合施工组织设计,从定额的角度分析人工、机械及材料的组合是否适当
任务准备	1.知识准备:了解劳动(人工)、机械台班、材料定额概念; 掌握定额的计算,会套用定额组价; 2.工具准备:企业施工定额,同望、纵横软件等
工作步骤	1.小组分工整理定额计算的方式; 2.小组内进行定额的套用
自我评价 (优、良、中、差)	工作态度: 团队协作: 知识掌握:

一、施工企业定额的制定

1. 基本概念

施工定额是以同一性质的施工过程(工序)为对象,指正常的施工条件下,完成一定计量单位的工序所需消耗的人工、材料、施工机械台班数量及其费用标准。施工定额是工程定额中分项最细、定额子目最多的一种定额。也是工程定额中的基础性定额。

施工定额是编制施工预算、加强企业成本管理和经济核算的基础。施工预算是以施工定额为基础进行编制的,用来确定单位工程中人工、机械、材料和资金需要量。

2. 施工定额的性质和作用

施工定额是建筑安装企业内部管理的定额,属于企业定额。

施工定额是企业编制施工组织设计的依据,是企业编制施工作业计划的依据。

施工企业是按照作业计划通过下达施工任务书和限额领料单来实现组织和指挥施工生产。

3. 施工定额的组成

施工定额由劳动定额、机械台班定额及材料消耗定额组成,是衡量工人劳动数量和性质,提供较好成果和效益的标准。所以,施工定额是计算工人计件工资的基础,也是计算奖励工资的依据。

4. 施工定额水平

施工定额中包含某些已成熟的先进的施工技术和经验,工人要达到和超过定额,就必须掌握和运用这些先进技术。企业为了推进施工定额,往往要组织技术培训,以帮助工人达到和超过定额。施工定额水平所反映的是一定的社会先进水平。

二、施工定额的制定

(一)劳动定额的制定

1. 劳动定额的概念

工人在工作班内消耗的工作时间,有的是必需的,有的是损失掉的。工作时间按其消耗的性质,基本可分为两大类:必须消耗的时间(定额时间)和损失时间(非定额时间)。工人工作时间分类图见图6-1。

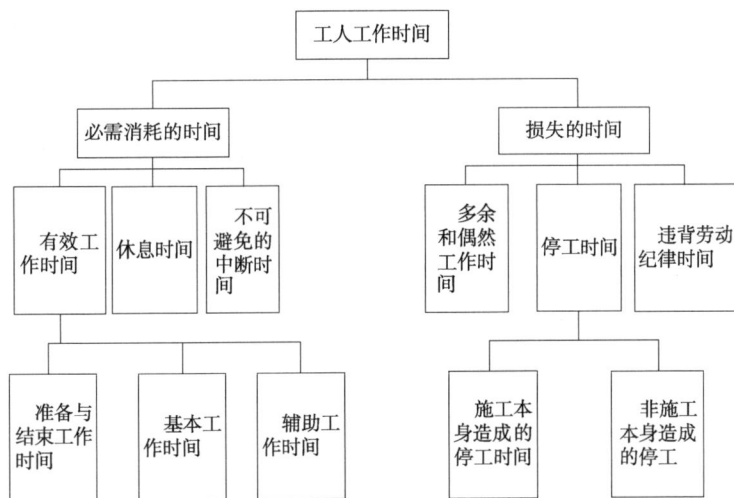

图6-1 工人工作时间分类图

在必需消耗的工作时间里,包括基本工作时间、辅助时间、准备结束时间、不可避免的中断时间、休息时间。基本时间是工人完成基本工作所消耗的时间,也就是完成能生产一定产品施工工艺过程所消耗的时间。辅助时间是为保证基本时间能顺利完成所做的辅助性的工作消耗的时间。准备结束时间是执行任务前或任务完成后所消耗的工作时间。不可避免的中断所消耗的时间是由于施工工艺特点引起的工作中断所必需的时间。

损失时间包括由多余和偶然工作、停工、违背劳动纪律所造成的时间损失。所谓多余工作,是工人进行了任务以外的工作而又不能增加产品数量的工作。偶然工作也是工人在任务外进行的工作,但能够获得一定的产品。停工时间按其性质可分为施工本身造成的停工时间和非施工本身造成的停工时间两种。

2. 劳动定额的表现形式

(1)时间定额。时间定额是工人在正常施工条件下,为完成单位合格产品或工作任务所消耗的必要劳动时间。必要劳动时间包括有效工作时间(准备结束时间、基本工作时间、辅助时间、不可避免的中断时间、休息时间)。时间定额以工日为单位,公路工程每个工日工作时间,根据《公路工程预算定额(上、下册)》(JTG/T 3832—2018)除潜水作业按6个小时、隧道洞内作业按7个小时外,其余均按8个小时计。

$$定额时间 = 基本工作时间 + 辅助时间 + 准备结束时间 + 不可避免中断时间 + 休息时间$$

$$单位产品的时间(定额) = \frac{1}{每工产量}$$

(2)产量定额。产量定额是指在正常施工条件下,在单位时间(工日)内所应完成合格产品的数量。

$$产量定额 = \frac{1}{单位产品时间定额(工日)}$$

3. 确定时间消耗的基本方法

计时观察法:查明工作时间消耗的性质和数量,详见图6-2;查明和确定各种因素对工作时间消耗数量的影响,找出工时损失的原因并研究缩短工时、减少损失的可能性。

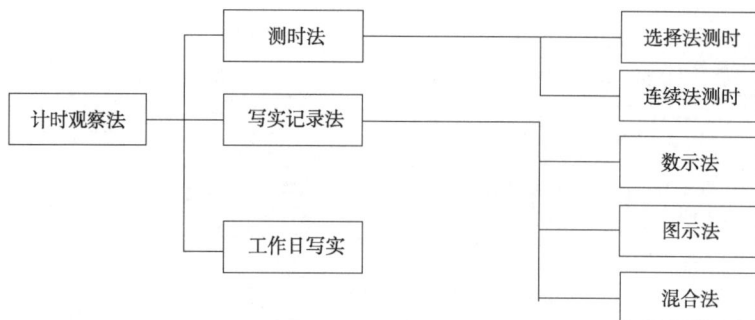

图6-2　确定时间消耗的基本方法

利用计时观察法编制施工劳动定额和机械台班定额,一般按以下步骤进行:

(1)确定计时观察的施工过程。

(2)划分施工过程。

(3)选择正常施工条件。

(4)选择观察对象。

(5)观察测时。

(6)整理和分析观察资料。

(7)编制定额。

案例 6-2

某混凝土工程的观察测量情况是:对象9名工人,施工条件正常,整个施工过程完成的工程数量为50m³ 混凝土。基本工作时间为514min,因没水泥而停工15min ,因停电耽误12min,辅助时间占基本时间的5% ,为28.3min,工人上班迟到8min,不可避免的中断时间为11.6min,休息时间占定额时间的4% 。

问题:

计算该混凝土工作的施工定额。

解:

正常工作时间 = 基本工作时间 + 辅助时间 + 准备结束时间 + 不可避免的中断时间 +
　　　　　　　休息时间

基本工作时间 514min；辅助时间 $=514\times5\%=25.7(\mathrm{min})$；

定额时间：$(514+25.7+28.3+11.6)\div(1-4\%)=603.75(\mathrm{min})$；

混凝土工作的劳动定额：$603.75\times9\div60\div8\div50\times10=2.264(\text{工日}/10\mathrm{m}^3)$；

混凝土工作的机械定额：$603.75\div60\div8\div50\times10=0.252(\text{台班}/10\mathrm{m}^3)$。

案例 6-3

用工作日写实法测算某项工作的测时数据，如表 6-5 所示。

完成某项工作消耗时间　　　　　　　　表 6-5

项目	测时编号							
	1	2	3	4	5	6	7	8
完成工作量（件）	12	24	32	10	15	20	20	25
消耗时间（h）	19.2	25.8	32.8	14.9	18.3	18.9	21.3	23.5

问题：

假定该工作的非工作时间（指准备时间、合理中断和休息时间及结束整理时间）占定额时间的 11%，请确定施工定额。

解：

（1）完成每件产品的消耗时间见表 6-6。

完成单件产品消耗时间　　　　　　　　表 6-6

项目	测时编号							
	1	2	3	4	5	6	7	8
完成每件产品耗时（h）	1.600	1.075	1.025	1.490	1.220	0.945	1.065	0.940

（2）完成每件产品平均耗时：

$(1.6+1.075+1.025+1.49+1.065+0.945+1.22+1.025+0.94)\div8=1.17(\mathrm{h}/\text{件})$

（3）完成每件产品先进平均耗时：

$(1.075+1.025+1.065+0.945+0.94)\div5=1.01(\mathrm{h}/\text{件})$

（4）完成每件产品的平均先进耗时：

$(1.17+1.01)\div2=1.09(\mathrm{h}/\text{件})$

（5）完成每件产品的施工定额：

$1.09\div(1-11\%)\div8=0.153(\text{工日}/\text{件})$

案例 6-4

用工作量写实法，确定钢筋工程施工定额中的劳动定额。

现场观察实测钢筋加工工作，准备机具时间等消耗时间 10min，钢筋切断消耗时间 30min，钢筋弯曲消耗时间 20min，调直钢筋消耗时间 52min，焊接成形时间 350min，操作过程中由于材料供应不足停工 20min，由于停电造成停工 5min，操作完成后清理工作消耗 8min。

问题:

(1)计算钢筋加工所消耗的基本时间。

(2)计算钢筋加工所消耗的定额时间。

(3)若在上述时间内完成工作量1.25t,参加施工工人人数为5人,试计算劳动定额。

解:

(1)计算基本工作时间:钢筋切断消耗时间、钢筋弯曲消耗时间、调直钢筋消耗时间、焊接成型时间之和。

基本工作时间 $= 30 + 20 + 52 + 350 = 452(\text{min})$

(2)计算定额时间:基本工作时间、准备机具时间、操作完成后清理时间之和。

定额时间 $= 452 + 10 + 8 = 470(\text{min})$

(3)计算劳动定额:

$470 \div 60 \div 8 \times 5 \div 1.25 = 3.917(\text{工日/t})$

产量定额:

$1 \div 3.917 = 0.255(\text{t/工日})$

(二)机械台班定额的制定

1.机械台班定额的概念

机械工作时间也可以分为必需消耗的时间和损失的时间两大类,如图6-3所示。

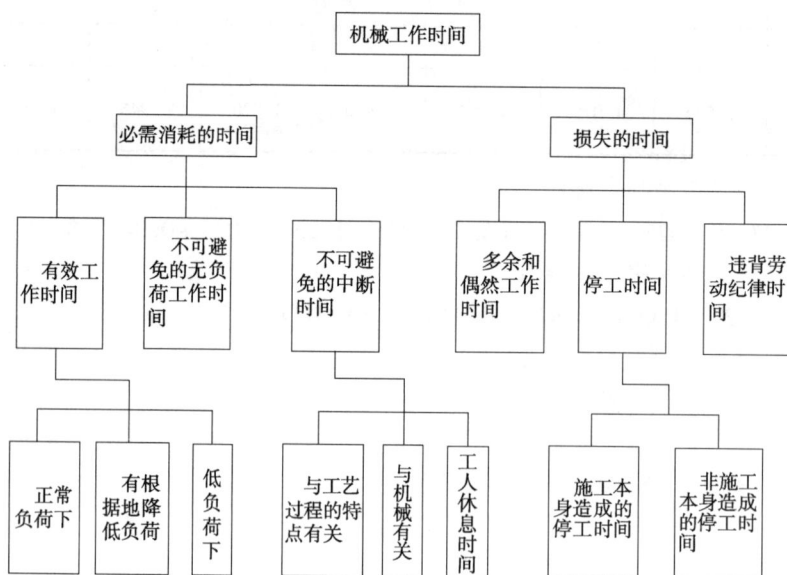

图6-3 机械工作时间分类图

(1)必需消耗的工作时间,包括有效工作、不可避免的无负荷工作和不可避免的中断三项时间消耗。

(2)损失工作时间,包括多余和偶然工作、停工和违背劳动纪律所消耗的时间。

2.机械定额的表现形式

（1）时间定额。

时间定额，指在正常施工条件下，使用机械生产单位合格产品或工作任务所消耗的机械工作时间，是必需消耗时间。时间定额以台班为单位，公路工程每个台班工作时间根据《公路工程预算定额》(JTG/T 3832—2018)除潜水作业按 6 个小时，隧道洞内作业按 7 个小时计外，其余均按 8 个小时计。

定额时间 = 基本工作时间 + 辅助时间 + 准备结束时间 + 不可避免的中断时间 + 休息时间

$$单位产品的时间（定额）= \frac{1}{每台班产量}$$

（2）产量定额。

产量定额，指在正常施工条件下，在单位时间(台班)内所应完成合格产品的数量。

$$产量定额 = \frac{1}{单位产品时间定额（台班）}$$

编制施工机械定额主要包括以下内容：

①拟订机械工作的正常条件。主要是拟订工作地点的合理组织和合理的工人编制。

②确定机械纯工作一小时正常生产率。确定机械正常生产率时，必须首先确定出机械纯工作一小时的正常生产效率。

循环动作机械，确定机械纯工作一小时的正常生产效率计算公式为：

$$机械纯工作一小时循环次数 = \frac{60 \times 60(s)}{一次循环的正常延续时间}$$

机械纯工作一小时正常生产率 = 机械纯工作一小时循环次数 × 一次循环生产的产品数量

③对于工作只做某一动作的连续动作机械，确定机械纯工作一小时正常生产率时，要根据机械的类型和结构特征，以及工作过程的特点来进行。

$$连续动作机械纯工作一小时正常生产率 = \frac{工作时间内生产的产品数量}{工作时间（h）}$$

（3）施工机械定额。

施工机械台班产量定额 = 机械工作一小时正常生产率 × 工作班延续时间 × 机械利用率

常用土方机械的单项产量定额见表6-7。

常用土方机械的单项产量定额(单位:1000m³/台班)   表6-7

项目	松土	普通土	硬土
履带式推土机(90kW)运距20m/增运 10m	1.98/增 0.72 台班	2.15/增 0.72 台班	2.61/增 0.72 台班
拖式铲运机(10m³)运距100m/增运 50m	1.65/增 0.35 台班	2.03/增 0.35 台班	2.53/增 0.35 台班
1.0m³ 以内履带式液压单斗挖掘机	1.7	1.98	2.26
自卸汽车(10t)自卸汽车运距 1km/增运 0.5km	6.82/增 0.83 台班	6.82/增 0.83 台班	6.82/增 0.83 台班

（4）机械组合设计

一个施工项目的实施，应以既有利于施工生产需要又要使机械设备充分得到应用为目标，根据作业任务的不同要求，选择适当的机械进行配合，降低生产成本。

施工机械的合理组合如下:

①主要机械和配套机械的组合。机械的工作容量、数量及生产率应有一定储备,主要机械的工作能力应配合适宜,以充分发挥主导机械的生产率。例如,挖掘机与运输车辆配合作业,挖掘机的挖土容量与运输车的厢容量相协调。

②牵引车与配套机器的组合。路基施工中,经常会有一些辅助性机械设备或拖式机械无独立动力行走设备,需要配以另外的牵引车牵引工作,这要求两者组合要协调和平衡。避免动力剩余过大,造成浪费,或动力不够而不能完成要求的工作。

③配合作业的机械组合应尽量少,组合数越多,其总的效率就越低。例如,两台效率为0.8的机械组合时,其总效率只有 $0.8 \times 0.8 = 0.64$,而且每一组合中,当其中一台机械发生故障时,组合中的其他机械也无法正常工作。

④尽量选择系列产品,在整个机械施工中,应减少同一功能机械的品种类型,力求统一,尽可能使用标准化、系列化产品,以便于维修和管理。

案例 6-5

浇筑尺寸为 $400mm \times 600mm \times 6000mm$ 的混凝土梁,选用出料容量为 400L 的搅拌机现场搅拌,搅拌机每一次搅拌循环:装料50s;运行180s;卸料40s;中断20s。机械利用系数为0.9,混凝土损耗率为1.5%。

问题:

浇筑该梁需要多少个台班?

解:

混凝土工程量:$0.4 \times 0.6 \times 6.0 = 1.44 (m^3)$;

混凝土搅拌机一次循环时间:$50 + 180 + 40 + 20 = 290 (s)$;

每小时循环次数:$60 \times 60 \div 290 \approx 12 (次)$;

每台班产量:$12 \times 0.4 \times 8 \times 0.9 = 34.56 (m^3/台班)$;

每立方米混凝土需要搅拌机台班:$1 \div 34.56 \approx 0.029 (台班/m^3)$;

浇筑此梁需要搅拌机的台班数:$1.44 \times 0.029 \approx 0.042 (台班)$。

案例 6-6

用工程量写实法确定自卸汽车运输路基土方(装载机装车)的机械定额。已知各项基础参数如表6-8所示。

自卸汽车运输路基土方机械定额 表6-8

项目	装车时间	卸车时间	调位时间	等待时间	运行时间	
					重载	空车
时间消耗(min)	3.305	1.325	1.25	1.00	11.952	10.676

问题:

(1)假定时间利用系数为0.9,请问其循环工作时间和台班循环次数是多少?

(2)假定自卸汽车的车厢容积为 $8m^3$,每天施工12h,每天准备机具和保养等消耗的时间为10min,试计算其每1000m³时间定额。

解:

(1)计算循环工作时间和台班循环次数。

①计算循环工作时间。循环工作时间为装车、卸车、调位、等待、运行所消耗的时间之和,即:

$3.305 + 1.325 + 1.25 + 1.00 + 11.952 + 10.676 = 29.508(\text{min})$

②计算台班循环次数。

台班循环次数 = 台班工作时间 × 时间利用系数 ÷ 循环工作时间,即:

$8 \times 60 \times 0.9 \div 29.508 = 14.64(\text{次})$

(2)计算时间定额。

每天施工12h,自卸汽车的循环次数为:

$(12 \times 60 - 10) \times 0.9 \div 29.508 = 21.655(\text{次})$

$21.655 \times 8 = 173.241(\text{m}^3)$

时间定额为:

$12 \div 8 \div 173.241 \times 1000 = 8.659(\text{台班}/1000\text{m}^3)$

案例 6-7

某工地有一台水泥混凝土搅拌站,生产能力为90m³/h,当地电价格为0.85元/kW·h,人工工资单价为106.28元/工日,拌和站和发电机组的基本情况见表6-9。

拌和站和发电机组的基本情况　　　　　　　　　　表6-9

项目	水泥混凝土拌和站
折旧费(元/台班)	561.58
大检修费(元/台班)	119.72
维护费(元/台班)	323.70
安装拆卸及辅助设施费(元/台班)	0
人工(工日/台班)	3
电(kW·h/台班)	853.36

问题:

计算水泥拌和站的机械台班预算单价。

解:计算水泥混凝土拌和站台班预算单价。

不变费用 $= 561.58 + 119.72 + 323.70 = 1005(\text{元}/\text{台班})$

可变费用 $= 3 \times 106.28 + 853.36 \times 0.85 = 1044.20(\text{元}/\text{台班})$

水泥混凝土拌和站台班单价 $= 1005 + 1044.20 = 2049.20(\text{元}/\text{台班})$

案例 6-8

某土方开挖项目,均为普通土,土方总量30000m³,运土平均距离5km,计划工期15d,施工单位现有斗容量0.6m³、1.0m³、2.0m³,履带式单斗挖掘机各两台及12t、15t、20t自卸汽车各10台,其主要参数见表6-10、表6-11。

挖掘机主要参数 表6-10

斗容量(m³)	0.6	1.0	2.0
台班产量(m³)	316.46	505.05	769.23
台班价格(元/台班)	832.45	1195.01	1501.23

自卸汽车主要参数 表6-11

载重能力	12t	15t	20t
运距5km台班产量(m³)	85.33	103.63	137.36
台班价格(元/台班)	841.44	926.75	1120.57

问题:

(1)挖掘机和自卸汽车按表中型号只能取一种,如何组合最经济?

(2)若按两班制组织施工,则需配备几台挖掘机和几辆自卸汽车?

(3)按照选定机械配备,计算该土石工程实际工期。

解:

(1)最经济组合计算。

各型号挖掘机挖每立方米土的费用:

斗容量0.6m³挖掘机:$832.45 \div 316.46 = 2.63$(元/m³)

斗容量1.0m³挖掘机:$1195.01 \div 505.05 = 2.37$(元/m³)

斗容量2.0m³挖掘机:$1501.23 \div 769.23 = 1.95$(元/m³)

各型号自卸汽车运5km每立方米土的费用:

12t自卸汽车:$841.44 \div 85.33 = 9.86$(元/m³)

15t自卸汽车:$926.75 \div 103.63 = 8.94$(元/m³)

20t自卸汽车:$1120.57 \div 137.36 = 8.16$(元/m³)

所以选用斗容量2.0m³的挖掘机和20t自卸汽车费用最经济。

(2)每天需要的挖掘机和自卸汽车数量。

总共30000m³土,工期15d。每天按2班组织施工,按前面选定的型号,每天需要挖掘机:$30000 \div 15 \div 2 \div 769.23 = 1.3$(台)。

故选择配备2台斗容量为2.0m³的挖掘机。

斗容量为2.0m³的挖掘机与20t自卸汽车配备比例关系为:

$769.23 \div 137.36 = 5.60$(辆)

故取6辆20t自卸汽车。

所以每台斗容量为2.0m³的挖掘机应配备6辆20t自卸汽车,2台斗容量为2.0m³的挖掘机,共需12辆20t自卸汽车,但施工单位只有10辆20t自卸汽车,应采用15t自卸汽车代替20t。

所需15t自卸汽车数量:$(12-10) \times 137.36 \div 103.63 = 2.65$(辆),故取3辆。

(3)实际工期计算。

按挖掘机生产能力计算:

工期 $= 30000 \div 2 \div 2 \div 769.23 = 9.75$(d)

按自卸汽车生产能力计算:

工期 $= 30000 \div 2 \div (10 \times 137.36 + 3 \times 103.63) = 8.90$(d)

所以,完成该土方施工期为8.90d。

(三)材料消耗定额

1. 材料消耗定额的概念

施工中材料的消耗,可分为必需的材料消耗和损失的材料消耗两类。

必须消耗的材料,是指在合理用料的条件下,生产合格产品所需消耗的材料。它包括:直接用于建筑和安装工程的材料,不可避免的施工废料,不可避免的材料损耗。

材料消耗定额 = 材料净用量 + 材料损耗量 = 材料净用量 × (1 + 材料损耗率)

2. 材料消耗定额的确定

(1)利用现场技术测定法,主要是编制材料损耗定额。

(2)利用试验室试验法,主要是编制材料净用量。

(3)采用现场统计法,通过对现场进料、用料的大量统计资料进行分析计算,获得材料消耗的数量。

(4)理论计算法,运用一定的数学公式计算材料消耗定额,是一般常用的方法。

案例 6-9

某工作用统计分析法编制定额,定额编制人员收集了前三年的施工统计资料,将施工统计资料进行了初步筛选,选定 $1m^3$ 隧洞内工程消耗的人工和机械的作业时间,见表6-12。

人工和机械的作业时间　　　　表6-12

组数	1	2	3	4	5	6	7	8	9	10	11	12
人工(h)	24	25	23	26	27	30	36	33	35	24	35	26
机械(min)	210	223	226	258	250	261	246	268	272	221	236	246

问题:

根据上述资料编制施工定额的劳动消耗定额和机械消耗定额。

解: 采用统计分析法编制劳动定额的计算方法。

(1)计算平均实耗工时。

$$平均实耗工时 \ M = \frac{1}{n}\sum_{i=1}^{n} t_i$$

$$M_r = \frac{24+25+23+26+27+30+36+33+35+24+35+26}{12} = 24.308(h)$$

$$M_j = \frac{210+223+226+258+250+261+246+268+272+221+236+246}{12} = 287.67(min)$$

(2)先进平均工时计算。

$$M_r' = \frac{24+25+23+26+27+24+26}{7} = 25(h)$$

$$M_j' = \frac{210+223+226+221+236}{5} = 223.2(min)$$

(3)平均先进工时计算。

$$平均先进工时 = \frac{平均实耗工时 + 先进平均的实耗工时}{2}$$

人工:$\frac{28.67 + 25}{2} = 26.84(h)$

机械:$\frac{243.08 + 223.2}{2} = 223.14(min)$

(4)确定施工定额。

人工:时间定额 $= \frac{26.84}{7} = 3.83(工日/m^3)$

产量定额 $= \frac{1}{3.83} = 0.26(m^3/工日)$

机械:时间定额 $= \frac{233.14}{60 \times 7} = 0.56(台班/m^3)$

产量定额 $= \frac{1}{0.56} = 1.79(m^3/台班)$

模块三　公路工程施工项目成本管理

【工作任务3】 请依据本模块中的相关知识,结合给定的项目建设背景资料,完成下列任务,详见表6-13。

项目六　模块三　任务单

表6-13

工作任务	结合项目工程资料,分析承包企业在组织项目实施过程中如何进行施工项目成本的动态控制
任务要求	1. 小组去访问项目部,了解三算对比(预算成本、目标成本、实际成本)的内容; 2. 小组协作完成引导案例中,某一清单细目,比如涵洞、路面等的三算对比,进一步了解成本的动态控制
任务准备	1. 知识准备:了解成本管理的概念; 掌握成本计划与控制管理; 2. 工具准备:网上浏览查阅成本管理的相关内容
工作步骤	1. 小组分工整理工程预算成本、目标成本、实际成本; 2. 小组去访问项目部,进一步了解三算对比; 3. 讨论施工现场如何控制直接成本
自我评价 (优、良、中、差)	工作态度: 团队协作: 知识掌握:

一、公路工程施工项目成本管理的基本概念

公路工程施工项目成本管理的内容包括:成本预测、成本计划、成本控制、成本核算、成本分析和成本考核等几个环节,如图6-4所示。企业进行项目投标决策时,根据项目招标文件和

企业具体情况等,分析市场情况,对项目进行成本预测,研究投标方案,预测盈利空间。项目施工阶段成本管理主要是成本计划、成本控制、成本核算、成本分析和成本考核等。

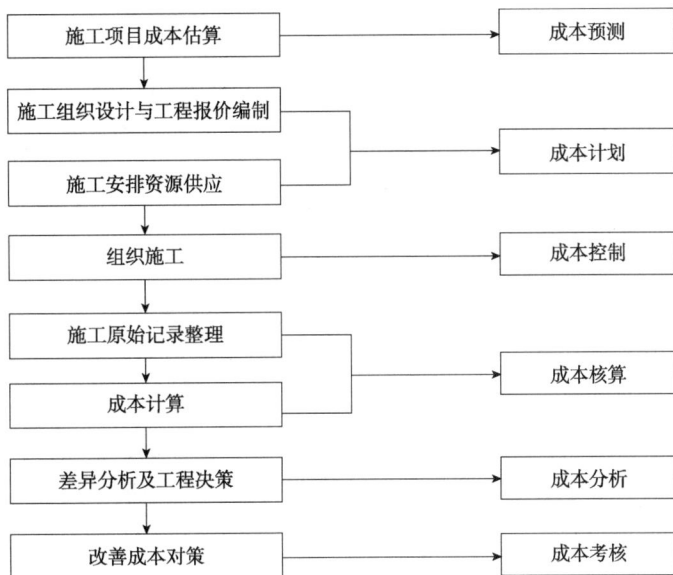

图 6-4　成本控制方法

1. 成本计划

成本计划是在开工前以货币形式确定企业完成计划期内预定的施工生产任务的生产耗费水平和降低成本的任务。成本计划是在编制了施工组织设计,确定了施工方案、资源供应计划及成本控制标准等基础上编制的。项目成本计划是企业施工技术财务计划的重要组成部分。

成本计划编制程序:据《建设工程项目管理规范》(GB/T 50326—2017),施工成本计划应按下列程序编制:①预测项目成本;②确定项目总体成本目标;③编制项目总体成本计划;④项目管理机构与企业职能部门根据其责任成本范围,分别确定各自成本目标,并编制相应的成本计划;⑤针对成本计划制定相应的控制措施;⑥由项目管理机构与企业职能部门负责人分别审批相应的成本计划。

2. 成本控制

成本控制是按照事先制定的成本标准,对成本的形成过程中实际发生的各项生产耗费进行严格的计算和监督,并及时纠正发生的偏差,杜绝一切超支浪费的现象,使生产成本控制在成本计划之内。

(1)直接成本控制。

直接成本是指可以直接确认归属于哪种产品的成本,是构成成本的主要部分。对直接成本的控制,施工企业根据自己的施工水平编制自己企业的施工定额,如单位产品(工程项目)的材料消耗、工时消耗、机械使用台班等定额,按照标准定额进行控制。

(2)间接成本控制。

间接成本是指不能直接确认归属于哪种产品的成本,一般采用分配的方法计入产品或成本,如企业管理费、专项费用(工地建设费、安全生产费)等。对于间接成本的控制,应制定开支限额或费率,并采用合理的分配标准进行控制。

3. 成本核算

成本核算是根据工程的施工特点和管理要求,对施工生产过程中的各项耗费进行审核、记录、汇集和分配,以计算工程实际成本。通过项目成本核算可以了解成本水平,根据成本核算的资料,分析成本升降的原因,从而采取措施,挖掘降低成本的潜力。

施工项目部的成本核算主要包括:人工费的核算、材料费的核算、周转材料的核算、机械使用费的核算、其他直接费的核算、施工间接费的核算、分包工程成本的核算等。

4. 成本分析

成本分析是利用成本核算以及有关计划、统计、定额和技术资料,运用一定的分析方法,研究影响成本升降的诸多因素及其形成原因,挖掘降低成本的潜力的一种管理活动。成本分析按其用途可分为成本预算分析、成本控制分析和成本计划执行情况的分析。

5. 成本考核

成本考核是在对成本计划执行情况分析的基础上,按照项目成本责任制的有关规定,体现责、权、利相结合的原则。

为了有效地发挥成本控制的作用,施工企业要建立成本的事前控制、事中控制和事后控制体系。成本事前控制是通过成本的预测和决策,确定成本控制计划和控制目标;成本事中控制是在成本形成的过程中,用具体的成本控制标准加以衡量,及时解决存在的问题,以达到控制生产消耗为目标的一种管理工作;成本事后控制主要是在一定时期内将各类生产实际成本与计划成本加以比较,检查成本计划的执行情况。

二、施工企业清单报价管理

工程量清单是招标和合同文件的组成部分,是一份以一定计量单位说明工程实物数量的文件,工程量清单中各章节的工程细目应和技术规范相应章节的计量与支付条款结合起来理解。

1. 工程量清单编制依据

投标人在编制投标报价时,须认真阅读和理解招标文件,认真研究工程项目施工设计图,结合工程现场施工条件和环境特点,主要依据以下文件和资料编制工程量清单。

(1)招标文件中技术规范和施工设计图纸。

(2)招标文件中标有工程数量的工程量清单。

(3)交通运输部颁布执行的《公路工程建设项目概算预算编制办法》(JTG 3830—2018)及配套《公路工程概算定额(上、下册)》(JTG/T 3831 —2018)、《公路工程预算定额(上、下册)》(JTG/T 3832—2018)等相关文件要求。

(4)当地交通运输部门颁布执行的有关规定和要求。

(5)施工企业自己规定执行的《施工定额》及有关要求。

(6)当地施工条件和材料供应情况等。

2. 工程量清单报价的单价和总额价的内容

(1)实施和完成合同工程所需的劳务、材料、机械、质检(自检)、安装、缺陷修复、管理、保险、税费、利润等施工成本费用。

（2）施工所有保险及保险费，用于预防合同明示或暗示的所有责任、义务和一般风险，均隐含在其他工程报价中，不在报价中单列。

（3）施工发生的安全生产费用，按投标控制价上限的1.5%计，以固定金额形式计入工程量清单。用于施工安全防护用具及设施的采购和更新、安全施工措施的落实、安全生产条件的改善。

（4）企业对市场的判断和对预期的利润的估价。

3. 工程量清单编制要求

（1）工程细目根据工程不同的部位分为第100章总则，第200章路基，第300章路面，第400章桥梁、涵洞，第500章隧道，第600章安全设施及预埋管线，第700章绿化及环境保护设施、计日工表、暂估价表及投标报价汇总表。

（2）工程量清单的工程细目与公路工程预算定额的细目有些相同、有些不同，计量方法也有一定差异。工程量清单的工程细目单价应包括实施和完成合同工程所需的劳务、材料、机械、质检（自检）、安装、缺陷修复、管理、保险、税费、利润。

（3）除合同特殊约定单独计量之外，工程量清单的工程细目中未列出的模板、脚手架、装备、机具和连接螺栓、垫圈等其他材料，应包括在工程量清单中所列的有关支付项目中，均不单独计量。

（4）工程量清单的项目不同，工作种类不同分别列在不同项目；对同一性质的工作，因施工部位或施工条件不同，应分别列出项目，对不同情况，要进行不同报价。

（5）工程量清单中所有子目，投标人均应计算填入单价，凡没有填入单价或价格的子目，其费用视为已分摊在工程量清单中其他相关子目的单价或价格之中。

（6）将一些临时性的或新增加的项目按照计日工或计量使用人工、材料和施工机械所需的费用列入计日工表。

案例 6-10

根据《公路工程标准施工招标文件（2018年版）》（交通运输部公告2017年第51号）要求，投标人根据招标文件工程量清单要求所有子目均应计算并填入单价，并按要求填报投标报价汇总表（表6-14）。试述投标报价汇总表格式要求。

投标报价汇总表 表6-14

_____（项目名称） _____标段

序号	章次	科目	金额（元）
1	100	总则	
2	200	路基	
3	300	路面	
4	400	桥梁、涵洞	
5	500	隧道	
6	600	安全设施及预埋管线	

续上表

序号	章次	科目	金额(元)
7	700	绿化及环境保护设施	
8	第100章至第700章清单合计		
9	已包含在工程量清单中的材料、工程设备、专业工程暂估价合计		
10	清单合计减去材料、工程设备、专业工程暂估价合计 (即序号8的金额 – 序号9的金额 = 序号10的金额)		
11	计日工合计		
12	暂列金额(不含计日工总额)		
13	投标报价(即序号8的金额 + 序号11的金额 + 序号12的金额 = 序号13的金额)		

注:材料、工程设备、专业工程暂估价已括在清单合计中,不应重复计入投标报价。

案例6-11

某山区公路工程项目,招标文件要求投标人按照工程量清单报价的方法进行报价。投标人在核算工程数量时发现桩基的设计数量比清单数量少,投标人对工程数量进行了更改,并按照更改后的数量进行了报价;在第200章路基报价时,投标人发现没有路基填前压实项;在第400章桥梁、涵洞报价时,发现没有模板和脚手架细目,投标人认为是招标人有漏项,以后工程施工时再进行增项,在报价时未考虑此项目费用。投标人确定了各细目的单价后进行汇总,得出了投标总价。

问题:

根据上述材料,判断投标人编制工程量清单时有无不妥之处,如有,请指出。

解:投标人有不妥之处。

(1)投标人在核算工程数量时发现设计数量与清单数量不同,投标人不能擅自更改清单工程数量,可以在招标文件要求的时间内向招标人提出澄清,根据招标人澄清数量进行报价;若招标人没有澄清数量,投标人应按照原清单数量进行报价。

(2)路基填前压实、模板和脚手架等在工程量清单中不单独设置细目,其费用在投标时应该考虑,即分别在第200章路基和第400章桥梁、涵洞相应细目中加以考虑。

三、施工成本计划与控制管理

(一)施工成本计划编制

1.施工成本计划编制

成本计划(目标成本)是费用开支的最高限额。要有效地控制工程成本,就必须充分重视成本计划的编制。成本计划将施工项目成本按照材料成本控制计划、设备成本控制计划、劳务费用成本控制计划、临时工程费用成本控制计划、管理费用成本控制计划分为五类,编制成分部、分项工程的成本计划,并按照工程成本的会计科目,将工程成本统一分类。

2. 材料成本控制计划

材料成本控制计划是按投标报价计算的单位估价表中的材料用量汇总统计,材料名目的粗细程度可根据需要列出。材料成本控制计划见表 6-15。

材料成本控制计划　　　　　　　　表 6-15

序号	材料名称	单位	用料量		单价(元)			总价(元)			备注
			控制数	发生数	投标估价	控制价	实际发生价	投标计算价	控制价	实际发生价	
一	水泥	t									
1	普通水泥	t									
2	耐酸水泥	t									
3											
二	钢筋	t									
1											
…											

由于材料是分批购买的,因此,在表 6-15 中可以将实际发生的单价及总价多列几栏,以便在控制过程中根据情况列出已发生数和今后预测的调整等。

3. 设备成本控制计划

如同材料一样,设备成本控制计划也列出细目进行控制。生产设备成本控制计划见表 6-16。

生产设备成本控制计划　　　　　　　　表 6-16

序号	设备名称	单位	规格型号	数量	单价(元)			总价(元)			备注
					投标估价	控制价	实际发生价	投标计算价	控制价	实际发生价	
一	××分部工程	t									
1	××机械	t									
2	××动力设备	t									
…											
二		t									

4. 劳务费用成本控制计划

劳务费用成本控制可按投标报价计算中的劳务数量进行估计,劳务来源和工资等各项成本费用应按实际情况核算。控制劳务费用的主要措施是合理安排进场和退场人员的时间,避免窝工现象,减少辅助生产人员,提高工效、降低劳务成本等。劳务费用成本控制计划见表 6-17。

劳务费用成本控制计划　　　　　　　表 6-17

序号	劳务名称	单位	数量	单价(元)			总价(元)			备注
				投标估价	控制价	实际发生价	投标计算价	控制价	实际发生价	
一	××分部工程									
1	××砌筑工									
2	××									
...										
二										

5. 临时工程费用成本控制计划

根据项目施工组织设计中临时工程项目内容制订的计划,因工程规模和工期长短不同而不同,工程费用的差别很大。例如,工期较长的工程,合理安排各类工人进场和退场时间,可以最大限度地利用工人的住宿营地,以减少营地建筑面积。临时工程费用成本控制计划见表6-18。

临时工程费用成本控制计划　　　　　　　表 6-18

序号	内容名称	单位	数量		单价(元)		总价(元)	
			控制计划数	实际数	计划	实际发生	计划	实际发生
一	营地建设	m²						
二	工地办公室	m²						
三	临时生产面积	m²						
	......							
	临时供水							
	临时供电							
	临时道路							

6. 管理费用成本控制计划

由于企业管理费在概算预算编制过程中是按系数法估算的,在签订合同后,可以较详细地分项核算,编制出接近实际情况的控制计划,详见表6-19。

管理费用成本控制计划　　　　　　　表 6-19

序号	内容	计算方法	费用(元)				
			计划值	实际发生值			
				季度1	季度2	季度3	季度4

根据以上各类成本控制计划的总数,可以编制成本计划总表。

(二)施工成本控制管理

1. 成本控制管理

成本控制管理就是在施工过程中,对工程成本的形成进行监督,并及时纠正,使成本控制在计划范围内,实现施工成本控制的目的。

2.施工项目成本控制的对象

(1)以施工项目成本形成的过程作为控制对象。

①在工程投标阶段,应根据工程概况和招标文件,进行项目成本的预测,提出投标决策意见。

②在施工准备阶段,应结合设计图纸的自审、会审和其他资料(如地质勘探资料等),编制施工组织设计,通过多方案的技术经济比较,从中选择经济合理、先进可行的施工方案,编制具体的成本计划,对项目成本进行事前控制。

③在施工阶段,以施工图预算、施工预算、劳动定额、材料消耗定额和费用开支标准等,对实际发生的成本费用进行控制。

④在竣工交付使用及缺陷责任期阶段,应对竣工验收过程发生的费用和缺陷责任期费用进行控制。

(2)以施工项目部的职能部门、施工队和生产班组作为成本控制的对象。

控制的具体内容是日常发生的各项费用和损失。这些费用和损失,都发生在各部门和生产班组。因此,也应以部门、施工队和班组作为成本控制对象,接受项目经理和各部门的指导、监督、检查和考核。

(3)以分部、分项工程作为项目成本的控制对象。

在正常情况下,应根据分部、分项工程的实物工程量,参考《公路工程预算定额(上、下册)》(JTG/T 3832—2018)和《公路工程机械台班费用定额》(JTG/T 3833—2018)及企业自己的《施工定额》等,结合本项目的项目管理技术和技术组织措施的节约计划,编制包括工、料、机耗数量、单价、金额的施工预算,作为对分部、分项工程成本进行控制的依据。

3.施工项目成本控制的实施

(1)施工前的成本控制。

根据设计图纸和有关技术资料,对施工方法、施工顺序、作业组织形式、机械设备选型、技术措施等进行认真的研究分析,制订出科学先进、经济合理的施工方案。

根据企业下达的成本目标,以分部、分项工程实物工程量为基础,依据劳动定额、材料消耗定额、机械台班定额和技术组织措施的节约计划,在优化的施工组织方案的指导下,编制详细而具体的成本计划,按照部门、施工队和班组的分工进行分解,作为部门、施工队和班组的责任成本落实下去,为今后的成本控制做好准备。

(2)施工期间的成本控制。

①加强施工任务单和限额领料单的管理。特别要做好每一个分部、分项工程完成后的验收工作(包括实际工程量的验收和工作内容、工作质量、文明施工验收),以及实耗人工、实耗材料数量的核对工作,以保证施工任务单和限额领料单的结算资料绝对正确,为成本控制提供真实、可靠的数据。

②将施工任务单和限额领料单的结算资料与施工预算进行核对,计算分部、分项工程的成本差异,分析差异产生的原因,并采取有效的纠偏措施。

③做好月度成本原始资料的收集和整理,正确计算月度成本,分析月度预算成本与实际成

本的差异。对于盈亏比例异常的现象,则要特别重视,并在查明原因的基础上,采取果断措施尽快加以纠正。

④在月度成本核算的基础上,实行责任成本核算。也就是利用原有会计核算的资料,重新按责任部门或责任者归集成本费用,每月结算一次,并与责任成本进行对比,由责任部门或责任人自行分析成本差异和产生差异的原因,自行采取措施纠正差异,为全面实现责任成本创造条件。

⑤经常检查合同的履约情况。如遇拖期或质量不符合要求时,应根据合同规定向对方索赔;对缺乏履约能力的单位,要采取断然措施,立即中止合同,并另找可靠单位以免影响施工,造成经济损失。

⑥定期检查各责任部门和责任者的成本控制情况。检查成本控制责、权、利的落实情况(一般每月一次)。发现成本差异偏高或偏低的情况,应会同责任部门或责任者分析产生偏差的原因,并督促他们采取相应的对策来纠正差异。如有因责、权、利不到位而影响成本控制工作的情况,应针对责、权、利不到位的原因,调整有关各方面的关系,落实责、权、利相结合的原则,使成本控制工作得以顺利进行。

(3)竣工阶段的成本控制。

①精心安排、干净利落地完成工程竣工扫尾工作。从现实情况看,很多工程一到竣工扫尾阶段,就把主要施工力量抽调到其他工程,以致扫尾工作拖拖拉拉,战线拉得很长,机械设备无法转移,成本费用照常发生,使在建阶段取得的经济效益逐步流失。

②重视竣工验收工作,顺利交付使用。在验收以前,要准备好验收所需要的各种书面资料(包括竣工图)送甲方备查,对验收中甲方提出的意见,应根据设计要求和合同内容认真处理,如果涉及费用,应请甲方签证,列入工程结算。

③及时办理工程结算。一般来讲,工程结算造价为原施工图费用与设计变更费用之和,但在施工过程中,有些按实结算的经济业务,是由财务部门直接支付的,项目计量员不掌握资料,往往在工程结算时漏算。因此,要在办理工程结算前,要求项目经理和项目计量员进行认真的核对。

④在工程保修期间,应由项目经理指定保修工作的责任者,并责成保修责任者根据实际情况提出保修计划(包括费用计划),以此作为保修费用的控制依据。

(三)施工项目成本的动态控制措施

1. 生产进度成本控制

(1)根据合同工期和工程特点,编制合理的总体和阶段施工计划。

(2)向相关部门提供同步施工计划的工、料、机需要量计划。

(3)加强资源调度,规范现场的施工作业流程,督促、协调项目操作层按计划组织施工,工程滞后形成的抢工期和总工期滞后形成的合同违约对成本的影响非常大。

(4)理顺施工环境,努力提供良好的施工条件。

2. 技术质量成本控制

(1)编制合理的施工组织设计,认真进行技术和工艺交底、培训。

（2）通过试验、测量，及时提供科学数据。

（3）技术质量人员应熟悉规范，严格进行现场技术支持和质量管理，减少返工损失；同时与监理人理顺关系，做好工序的衔接和质检记录。

3．合同成本控制

（1）编制合理的总体成本计划和阶段性成本计划，并及时下达相关职能部门监控。

（2）选择有实力的协作单位。

（3）完善分包合同条款，提高合同谈判技巧，减少合同损失。

（4）严格按规定进行分包工程结算，准确反映报告期分包成本。

（5）加强主合同条款研究，熟悉施工现场，做好变更索赔的立项、报告及批复追踪工作，变更是力保平衡标价的重要手段。

4．人工费控制

（1）项目管理层实行定岗、定员、定薪。

（2）按规定测算、计提工资和各项津贴、补贴及规费（养老保险、失业保险、医疗保险、工伤保险、住房公积金）等费用。

（3）严格控制临时用工，执行临时用工签发单制度，不得改变工日单价。

（4）监控操作层的人员数量、质量、使用效率。

5．材料费控制

（1）向操作层明确调拨材料（包括半成品）的单价或计算办法。

（2）按施工计划制订报告期材料采购计划，并按计划向操作层供货。

（3）材料（包括半成品）采购要货比三家，采用统购、招标等方式降低成本，对操作层自行采购的材料，还要提供信息支持，进行质量把关和消耗监控，保证材料质量。

（4）材料采购数量按实际施工图纸需要量与供料方进行结算，堵塞进场漏洞，减少使用中的消耗问题。

（5）周转材料以不低于上级规定折旧的比例向操作层出租。

（6）按报告期对现场材料使用情况进行盘点，与已完工程定额消耗量进行对比，奖节罚超，并向合约部门提供操作层的材料结算资料。

（7）对材料差价较大的市场情况，应做好记录、保存凭证，向建设单位索赔差价。

6．机械费控制

（1）向操作层明确提供机械设备租赁价格和结算方式。

（2）做好公司机械设备向操作层的出租记录，定期向合同管理部门提供设备结算资料，以便于结算和成本分析。

（3）监控操作层按合同承诺提供足够的、合格的施工机械。

（4）协助操作层加强设备的维修与保养，提高机械利用率。

7．财务成本控制

（1）按施工合同和项目预算成本计划进行归集、分摊。

（2）测算财务费用。

(3)按规定控制分包工程支付和工程借款。

(4)按施工进度做好资金计划和资金管理工作,资金对降低采购成本等有决定性作用。

(5)按规定计提行政固定资产折旧、税金、统筹等费用。

(6)按财务规定报销差旅费。

(7)进行报告期成本核算、分析,准确反映成本动态。

(8)至少按季度对项目资金运作情况进行分析,包括资金来源、资金去向、外欠工程款、材料费、机械费情况以及建设单位工程款支付滞后、过早购入材料、备用金占用、操作层借款等形成的资金积压问题,并提出扭转对策。

8. 综合管理费用控制

(1)测算项目行政资产的配置计划和使用、维修费用计划。

(2)测定办公用品费用,按月、按部门进行定额控制。

(3)测算水费、电费、电话费。

(4)测算招待费用,按月、按部门进行定额控制。

9. 项目成本控制案例

(1)投资偏差。

$$投资偏差 = 已完工程实际投资 - 已完工程计划投资$$
$$= 已完工程量 \times 实际单价 - 已完工程量 \times 计划单价$$

(2)进度偏差。

$$进度偏差 = 拟完工程计划投资 - 已完工程计划投资$$
$$= 拟完工程量 \times 计划单价 - 已完工程量 \times 计划单价$$

案例 6-12

某公路工程建设施工项目合同于2022年12月签订,约定的合同工期为20个月,2023年1月开始施工。施工单位按合同要求编制了该混凝土结构工程施工进度时标网络计划,如图6-5所示,并经专业监理人审核批准。

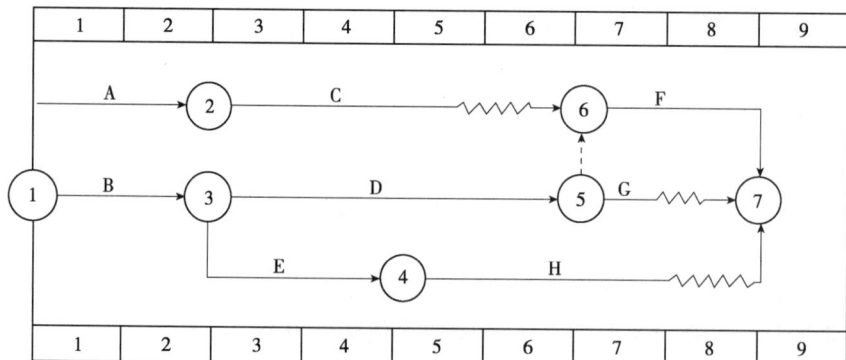

图 6-5 时标网络计划

该项目的各项工作均按最早开始时间安排,且各工作每月所完成的工程量相等,各工作计划工程量和实际工程量如表6-20所示。工作D、E、F的实际工作持续时间与计划工作时间相同。

工程计划工程量和实际工程量 表6-20

工作名称	A	B	C	D	E	F	G	H
计划工程量(m³)	8600	9000	5400	10000	5200	6200	1000	3600
实际工程量(m³)	8600	9000	5400	9200	5000	5800	1000	5000

施工期间,由于建设单位原因使工作H的实际开始时间比计划开始时间推迟了1个月,并由于工作H工程量的增加使该工作的持续时间延长了1个月。

合同约定,混凝土结构工程综合单价为1000元/m³,按月结算。结算价按项目所在地混凝土结构工程价格指数进行调整,项目实施期间各月的混凝土结构工程价格指数如表6-21所示。

工程价格指数 表6-21

混凝土结构工程价格指数(%)	2022年	2023年								
	12月	1月	2月	3月	4月	5月	6月	7月	8月	9月
	100	115	105	110	115	110	110	120	110	110

问题:

(1)请按施工进度计划编制资金使用计划,并简要写出步骤。计算结果填入表6-22中。

投资计算结果表(单位:万元) 表6-22

项目	投资数据								
	1	2	3	4	5	6	7	8	9
每月拟完工程计划投资									
累计拟完工程计划投资									
每月已完工程实际投资									
累计已完工程实际投资									
每月已完工程计划投资									
累计已完工程计划投资									

(2)计算工作H各月的已完工程计划投资和已完工程实际投资。

(3)计算混凝土结构工程已完工程计划投资和已完工程实际投资,计算结果填入表6-22中。

(4)计算8月末的投资偏差和进度偏差。

解:

(1)将各工作计划工程量与单价相乘后,除以该工作持续时间,得到各工作每月拟完工程计划投资额;再将时标网络计划中各工作分别按月纵向汇总得到每月拟完工程计划投资额;然后逐月累加得到各月累计拟完工程计划投资额。

(2)H工作6~9月每月完成量为5000÷4=1250(m³/月)。

①H工作6~9月已完工程计划投资为1250×1000=125(万元)。

②H工作6~9月已完工程实际投资:

6月份为125×110%=137.5(万元);7月份为125×120%=150.0(万元);

8 月份为 $125 \times 110\% = 137.5($ 万元 $)$;9 月份为 $125 \times 110\% = 137.5($ 万元 $)$ 。

（3）计算结果见表 6-23。

投资偏差和进度偏差情况（单位：万元）   表 6-23

项目	投资数据								
	1	2	3	4	5	6	7	8	9
每月拟完工程计划投资	880	880	690	690	550	370	530	310	—
累计拟完工程计划投资	880	1760	2450	3140	3690	4060	4590	4900	—
每月已完工程实际投资	880	880	660	660	410	355	515	415	125
累计已完工程实际投资	880	1760	2420	3080	3490	3845	4360	4775	4900
每月已完工程计划投资	1012	924	726	759	451	390.5	618	456.5	137.5
累计已完工程计划投资	1012	1936	2662	3421	3872	4262.5	4880.5	5337	5474.5

（4）投资偏差 = 已完工程实际投资 - 已完工程计划投资 = 5337 - 4775 = 562（万元），超支 562 万元。

进度偏差 = 拟完工程计划投资 - 已完工程计划投资 = 4900 - 4775 = 125（万元），拖后 125 万元。

模块四　工程款结算与竣工决算

【工作任务 4】　请依据本模块中的相关知识，结合给定的项目建设背景资料，完成下列任务，详见表 6-24。

项目六　模块四　任务单   表 6-24

工作任务	结合项目工程资料，承包企业项目在施工过程中，当完成一定工程量时，需申请业主进行中期支付，请你帮助整理支付条件。当承包企业完成工程约定的工程量，需要进行竣工决算，请列出竣工决算支付条件
任务要求	1. 小组会进行工程款的申请、结算、支付等； 2. 小组协作完成竣工决算的资料
任务准备	1. 知识准备：了解工程款的申请、支付、结算；掌握工程竣工决算； 2. 工具准备：网上浏览查阅结算、决算的相关内容
工作步骤	1. 小组分工整理计量支付报表； 2. 小组合作完成竣工决算资料的整理
自我评价 （优、良、中、差）	工作态度： 团队协作： 知识掌握：

一、施工项目各款项要求

满足《公路工程标准施工招标文件（2018 年版）》（交通运输部公告 2017 年第 51 号）对项

目资金管理的要求。

（一）工程资金监管要求

建设单位与承包人签订合同协议时应与建设单位指定的银行签署工程资金监管协议,工程资金监管协议的内容在保证本项目资金有效监管的前提下由三方共同商定。

案例6-13

依据《公路工程标准施工招标文件(2018年版)》(交通运输部公告2017年第51号)要求,建设单位(发包人)与指定的银行签署工程资金监管协议格式。

工程资金监管协议

发包人:＿＿＿＿＿＿＿＿＿＿＿＿＿＿(以下简称"甲方")

承包人:＿＿＿＿＿＿＿＿＿＿＿＿＿＿(以下简称"乙方")

经办银行:＿＿＿＿＿＿＿＿＿＿＿＿(以下简称"丙方")

为了促进＿＿＿＿＿＿＿＿＿＿＿＿＿(项目名称)的顺利实施,管好用好建设资金,确保工程资金专款专用,同时为承包人提供便捷有效的银行业务服务,根据＿＿＿＿＿＿＿＿＿＿＿＿＿(项目名称)合同条款有关约定,经甲、乙、丙三方协商,达成协议如下:

1. 资金管理的内容

(1)乙方为完成＿＿＿＿＿＿＿＿＿＿＿＿(项目名称)工程成立的项目经理部在丙方开设基本结算户。

(2)甲方应按合同规定将工程款汇入乙方在丙方开设的账户。

(3)乙方应将流动资金及甲方所拨资金专项用于＿＿＿＿＿＿＿＿＿＿＿＿(项目名称)。

(4)丙方应为乙方提供便利有效的银行业务服务,并接受甲方委托对乙方在丙方开设的基本结算户资金使用情况进行监督。

2. 甲方的权责

(1)按照＿＿＿＿＿＿＿＿＿＿＿＿＿(项目名称)合同有关条款规定的时间和方式,向乙方支付工程款。

(2)在发现乙方将本项目资金挪用、转移时,甲方有权终止工程支付,直至乙方改正为止。

(3)不定期审查丙方对乙方的资金使用监督情况,如丙方不能履行其责任,甲方有权随时终止本协议。

(4)在乙、丙双方发生争议时,甲方应负责协调、解决。

3. 乙方的权责

(1)项目经理部成立以后,乙方应尽快在丙方开设基本结算账户。

(2)确保本项目资金专款专用不发生挪用、转移资金的现象;保证不通过权益转让、抵押、担保承担债务等任何其他方式使用基本结算户的资金。

(3)办理材料、设备等采购业务金额在＿＿＿＿＿＿＿＿＿＿万元以上的,应出示购货合同、协议和发票,在办理超过＿＿＿＿＿＿＿＿＿＿万元以上的采购业务时,应将合同、协议和发票复印件送丙方备案;购买应急材料、设备时可先办理支付手续,但事后必须补备有关资料。

(4)用银行转账支票办理支付款时,必须将转账支票送丙方,由丙方负责办理支票转付手续。

(5)向分包单位支付工程进度款时,应附甲方批准分包的文件。

(6)向上级单位缴纳管理费、机械设备及周转材料租赁摊销费等款项时,应附上级单位出具的转账通知等有关资料,以确保资金专款专用。

4.丙方的权责

(1)成立_____(项目名称)工程资金管理小组,明确业务流程,提高工作效率,杜绝"压票"现象。

(2)根据乙方提供的购物合同、协议和发票,检查其所购材料、设备是否用于_____(项目名称)工程建设,对于标段以外的购货款项,有权拒绝办理,并及时报告甲方。

(3)根据乙方与分包单位签订的合同及支付文件,检查其支付款项是否符合有关条件,向分包单位以外单位的支付有权拒绝办理,并及时通知甲方。

(4)根据乙方提供的上级单位出具的转账通知等有关资料,办理管理费、机械设备及周转材料租赁摊销费等款项的支付;对超出转账通知等有关资料以外的支付,有权拒绝办理,并及时报告甲方。

(5)定期将乙方前一周期的支付情况,整理后书面报送甲方;乙方复印备案的资料一并送甲方。

5.甲、乙、丙三方都应履行保密责任,不得将其他两方的业务情况透露给三方以外的其他单位或个人。

6.本协议有效期自乙方在丙方开户起,至工程交工验收甲方向乙方颁发交工验收证书后结束。

7.本协议未尽事宜,由甲方牵头,三方协商解决。

8.本协议正本三份、副本_____份。合同三方各执正本一份、副本_____份,当正本与副本内容不一致时,以正本为准。

发包人:_____(单位盖章)

法定代表人或委托代理人:_____(签字)

_____年_____月_____日

承包人:_____(单位盖章)

法定代表人或委托代理人:_____(签字)

_____年_____月_____日

经办银行:_____(单位盖章)

法定代表人或委托代理人:_____(签字)

_____年_____月_____日

(二)预付款有关要求

1.预付款概念和要求

(1)预付款:用于承包人为合同工程施工购置材料、工程设备、施工设备、修建临时设施以及组织施工队伍进场等。预付款的额度和预付办法在专用条款中约定。预付款必须专用于合同工程。

（2）预付款保函：除专用合同条款另有约定外，承包人应在收到预付款的同时向发包人提交预付款保函，预付款保函的担保金额应与预付款金额相同。保函的担保金额可根据预付款扣回的金额相应递减。

（3）开工预付款：建设单位和施工承包人签订合同协议书并提交了开工预付款保函后，向承包人支付开工预付款的70%，在承包人承诺的主要设备进场后，再支付预付款的30%，开工预付款的金额在专用条款数据表中约定，一般不超过合同价的10%。

开工预付款在进度付款的累积金额达到签约合同价的30%以后，开始按工程进度以固定比例分期从各月的进度付款中扣回，全部金额在进度款付款书的累积金额达到签约合同价的80%时扣完。

承包人不得将该预付款用于本工程无关的支出，监理人有权监督承包人对该项费用的使用，如经查实承包人滥用开工预付款，建设单位有权立即向银行索赔履约保证金，并解除合同。

（4）材料、设备预付款：主要用于提前支付工程项目主要材料和设备的费用，材料、设备预付款按项目专用条款数据表约定中所列主要材料、设备单据费用（进口的材料、设备为到岸价，国内采购的为出厂价或销售价，地方材料为堆场价）的百分比支付。一般为主要材料和设备的70%~75%，一般不低于60%。

预付款支付的条件为：材料、设备符合规范要求并经监理人认可；承包人已出具材料、设备费用凭证或支付单据；材料、设备已在现场交货，且存储良好，监理人认为材料、设备的存储方法符合要求。则监理人应将此项金额作为材料、设备预付款计入下一次的进度付款证书中。在预计交工前3个月，将不再支付材料、设备预付款。

2. 预付款的扣回与还清

（1）预付款在进度付款中扣回，扣回的办法在专用合同条款中约定。在颁发工程接受证书前，由于不可抗力或其他原因解除合同时，预付款尚未扣清的，尚未扣清的预付款余额应作为承包人的到期应付款。

（2）开工预付款在进度付款证书的累计金额未达到签约合同价的30%之前不予扣回，在达到签约合同价的30%之后，开始按工程进度以固定比例（即每完成签约合同价的1%，扣回开工预付款的2%）分期从各月从进度付款证书中扣回，全部金额在进度付款证书的累计金额达到签约合同价的80%时扣完。

（3）当材料、设备预付款已用于或安装在永久工程之中时，材料、设备预付款应从进度付款证书中扣回，扣回期不超过3个月。已经支付材料、设备预付款的材料设备的所有权应属于建设单位。

二、工程款结算

（一）工程计量

工程计量与支付是项目合同执行过程中的核心问题，是以支付为核心控制手段，通过计量与支付的有效控制来提高承包人的合同意识,约束承包人履行合同的义务,以保证工程合同的全面履行。应按照《公路工程标准施工招标文件(2018 年版)》(交通运输部公告 2017 年第 51 号)对工程计量与支付有关要求执行。

计量

1)计量依据

(1)合同文件。

(2)工程量清单及说明。

工程量清单计量规则

(3)技术规范。

(4)图纸。

(5)计量资料。

(6)检验申请批复单、工程质量检验表、中间交工证书。

2)计量单位

计量采用国家法定的计量单位。

3)计量方法

工程量清单中的工程量计算规则应按有关国家标准、行业标准的规定,并在合同中约定执行。依据《公路工程标准施工招标文件(2018 年版)》(交通运输部公告 2017 年第 51 号)工程的计量应以净值为准,除非项目专用合同条款另有约定。工程量清单中各个子目的具体计量方法按本合同文件工程量清单计量规则中的规定执行。

4)计量周期

除专用合同条款另有约定外,单价子目已完成工程量按月计量,总价子目的计量周期按批准的支付分解报告确定。

5)计量工程师的要求

必须符合合同要求,计量工程师依据合同文件及有关规范、办法和规定,保证计量支付的准确无误,在规定时限内认真完成计量支付工作,准确、齐全、及时上报各类报表及计量支付软盘,确保"计量有资料,支付有报表,查询有台账"。

监理人与承包人一起或单独对计量工程进行实地测量、检查,复核承包人所报计量支付报表的相关资料,签认分项工程中间计量表,按合同文件有关规定准确计量已完工程的实际工程量,对其准确性和真实性负责。按合同规定扣回动员预付款、保留金,计算违约金。

6)单价子目的计量

(1)已标价工程量清单中的单价子目工程量为估算工程量。结算工程量是承包人实际完成的,并按合同约定的计量方法进行计量的工程量。

(2)承包人对已完成的工程进行计量,向监理人提交进度付款申请单、已完成工程量报表和有关计量资料。

(3)监理人对承包人提交的工程量报表进行复核,以确定实际完成的工程量。对数量有异议的,可要求承包人按施工测量条款约定进行共同复核和抽样复测。承包人应协助监理人进行复测并按监理人要求提供补充计量资料。承包人未按监理人要求参加复核,监理人复核或修正的工程量视为承包人实际完成的工程量。

(4)监理人认为有必要时,可通知承包人共同进行联合测量、计量,承包人应遵照执行。

(5)承包人完成工程量清单中每个子目的工程量后,监理人应要求承包人派员共同对每个子目的历次计量报表进行汇总,以核实最终结算工程量。监理人可要求承包人提供补充计量资料,以确定最后一次进度款的准确工程量。承包人未按监理人要求派员参加的,监理人最终核实的工程量视为承包人完成该子目的准确工程量。

(6)监理人应在收到承包人提交的工程量报表后的 7d 内进行复核,监理人未在约定时间内复核的,承包人提交的工程量报表中的工程量视为承包人实际的工程量,据此计算工程价款。

(7)承包人未在已标价工程量清单中填入单价或总额价的工程子目,将被认为其已包含在本合同的其他子目的单价和总额价中,发包人将不再另行支付。

7)总价子目的计量

除专用合同条款另有约定外,总价子目的分解和计量按照下述原则进行。

(1)总价子目的计量和支付应以总价为基础,不因以物价波动引起的价格调整的因素而进行调整。承包人实际完成的工程量,是进行工程目标管理和控制进度支付的依据。

(2)承包人在合同约定的每个计量周期内,对已完成的工程进行计量,并向监理人提交进度付款申请单、专用合同条款约定的合同总价支付分解表所表示的阶段性或分项计量的支持性资料,以及达到工程形象目标或分阶段需完成的工程量和有关计量资料。

(3)监理人对承包人提交的材料进行复核,以确定分阶段实际完成的工程量和工程形象目标。有异议的,可要求承包人按施工工程量的条款约定进行共同复核和抽样复测。

(4)除按照变更条款约定的变更外,总价子目的工程量是承包人用于结算的最终工程量。

(二)工程支付

1.工程款支付要求

1)付款周期及支付依据

(1)付款周期:同计量周期。

(2)支付依据:

①承包人已按合同要求履行了全部职责。

②相应的分列证明资料有监理人的签字认可。

③发包人确认所有的计量与支付均没有遗漏或重复,且计算准确,汇总无误。

2)预付款扣回

(1)开工预付款扣回:在进度付款的累积金额达到签约合同价的30%以后,开始按工程进度以固定比例分期从各月的进度付款中扣回。

(2)材料、设备预付款扣回:当材料、设备已用于或安装在永久工程中时,材料、设备预付款应从进度款中扣回。

3)质量保证金扣留

监理人应从第一个付款周期开始,在建设单位的进度付款中,按照项目专用合同约定的比例扣留质量保证金,一般为月支付额的10%,直至扣留的质量保证金总额达到项目专用条款规定的限额为止。依据《公路工程标准施工招标文件(2018 年版)》(交通运输部公告 2017 年第 51 号)质量保证保证金最高不超过合同价格的3%。质量保证金的计算额度不包括预付款的支付、扣回以及价格调整的金额。

4)支付最低限额

如果该付款周期应结算的价款经扣留和扣回后的款额少于项目专用合同条款数据表中列明的进度付款证书的最低金额,则该付款周期监理人可不核证支付,上述款额将按付款周期结转,直至累计应支付的款额达到项目专用合同条款数据表中列明的进度付款证书的最低金额。

5)农民工工资保证金

(1)为确保施工过程中农民工工资实时、足额发放到位,承包人应按照项目专用合同条款约定的时间和金额缴存农民工工资保证金。

(2)农民工工资保证金可采用银行保函或现金、支票形式。采用银行保函时,出具保函的银行须具有相应的担保能力,且按照发包人批准的格式出具,所需费用由承包人承担。农民工工资的保证金扣留条件、返还时间按照项目专用合同条款的约定执行。

2. 工程进度款支付

1)工程进度付款申请单

承包人应在每个付款周期末,按照监理人批准的格式和专用合同条款约定的份数,向监理人提交进度付款申请单,并附相应的支持证明文件。除专用合同条款另有约定外,进度付款申请单应包括下列内容:

(1)截至本次付款周期末已实施工程的价款。

(2)根据变更条款约定应增加和扣减的变更金额。

(3)根据索赔条款约定应增加或扣减的索赔金额。

(4)根据预付款约定应支付的预付款和扣减的返还预付款。

(5)根据质量保证金条款约定应扣减的质量保证金。

(6)根据合同应增加和扣减的其他金额。

2)工程进度付款证书和支付时间

(1)监理人在收到承包人进度付款申请单以及相应的支持证明文件后的14d内完成核查,提出发包人到期支付给承包人的金额。

(2)发包人应在监理人收到进度付款申请单且承包人提交了合格的增值税专用发票后的28d内,将进度应付款支付给承包人。发包人不按期支付的,按项目专用合同条款数据表中约定的利率向承包人支付逾期付款违约金。违约金计算基数为发包人的全部未付款额,时间从应付而未付该额之日算起(不计复利)。

(3)监理人出具进度付款证书,不应视为监理人已同意、批准或接受承包人完成的该部分工作。

(4)进度付款涉及政府投资资金的,按照国库集中支付等国家相关规定和专用合同条款的约定办理。

3)工程进度付款的修正

在对以往历次已签发的进度付款证书进行汇总和复核中发现错漏或重复的,监理人有权予以修正,承包人也有权提出修正申请。经双方复核同意的修正,应在本次进度付款中支付或扣除。

(三)交工结算

1.交工验收

(1)交工验收条件:当公路工程施工项目按照合同约定的各项任务已经按照要求完成,且承包人按照《公路工程质量检验评定标准　第一册　土建工程》(JTG F80/1—2017)的要求进行工程质量检验评定为合格;

(2)交工验收组织:交工验收由发包人主持,由发包人、监理人、质监、设计、施工、运营、管理养护等有关部门代表组成交工验收小组,对本项目的工程质量进行评定,并写出交工验收报告报交通运输主管部门备案。承包人应按照发包人要求提交竣工资料,完成交工验收准备工作。承包人应按照《公路工程竣(交)工验收办法》和相关规定编制交工资料的内容。

(3)交工验收证书:经验收达到合格标准的工程,发包人应按照《公路工程竣(交)工验收办法》(中华人民共和国交通部令2004年第3号)签发交工验收合格证书。验收合格工程的实际交工日期,以最终提交交工验收申请报告的日期为准,并在交工验收证书中写明。

(4)交工验收费用:组织办理交工验收和签发交工验收证书的费用由发包人承担。

2.交工结算

(1)交工结算依据:工程建设施工项目通过了发包人主持交工验收,且签发了交工验收合格证书。

(2)交工结算:根据合同协议要求结算应包括前期工程未支付款项、符合要求的工程索赔及根据合同约定返还部分质量保证金等。

案例 6-14

某高速公路项目按照合同要求正常施工,施工单位按照相关要求上报计量支付报表。

(1)识读例表的内容,会填写计量支付报表传递单(表6-25)、交工证书(表6-26)、支付证书(表6-27)、竣工结算等。

计量支付报表传递单　　　　　　　　　　表6-25

计量支付报表传递单			
			编号:
合同段:	承包单位:		支付报表期号:
致:总监理工程师			
根据合同条款 17.1.2 条规定,现上报第_____期支付报表,请予审核。			
承包人(签字):			日期:
监理工程师办公室			
收件人(签字):			日期:
总监理工程师(签字):			日期:
项目执行机构			
收件人(签字):			日期:
项目指挥部负责人(签字):			日期:

交工证书 表 6-26

监表 11　中间交工证书

承包单位:	合同号:
监理单位:	编号:

下列工程已完,申请交验,以便进行下一步作业,工程内容:K205 + 000 ~ K206 + 000 段落路基清理现场已施工完毕,各项指标已符合《公路工程质量检验评定标准　第一册　土建工程》(JTG F80/1—2017)的质量评定标准,申请交工。

桩号	K205 + 000 ~ K206 + 000	日期	承包人签字	

监理工程师收件日期:　　　　　　　　　　　　　签字:

结论:
　　各项指标符合《公路工程质量检验评定标准　第一册　土建工程》(JTG F80/1—2017)的质量评定标准,同意交工。

监理工程师:　　　　　　　　　　　　　　　　　日期:

承包人收件日期:　　　　　　　　　　　　　　　签字:

支付证书 表 6-27

支付证书

承包单位:	支付期号:第　期	截止日期:　年　月　日
现批准支付　　　　　　　　　　　　元,作为本期的全部付款。		

附件:各项计量证明

清单号	名称	本期末金额(元)	上期末金额(元)	本期金额(元)
100	总则			
200	路基			
300	路面			
400	桥梁、涵洞			
500	隧道			
600	安全设施及预埋管线			
700	绿化及环境保护			
	安全生产费			
	计日工			
	暂定金额			
	小计			
	工程变更			
	价格调整			
	违约罚金			
	索赔金额			
	合计			

（2）掌握工程款支付的相关内容。若清理现场的工程数量在第1、2、5个月分别完成工程数量的60%、35%、5%详见表6-28。

工程量清单表　　　　　　　　　　　　　　　　　　　　表6-28

工程名称：某项目一标段

清单第200章总则

子目号	子目名称	单位	数量	单价	合价
202	场地清理				
202-1	清理与掘除				
-a	清理现场	m²	750814.00	7.02	5270714.28
……	……	……	……	……	……

清单第200章总则合计　人民币152487542.31元

（3）计算第1、2、5个月申请清理现场的工程款支付，填入表中相应位置（表6-29、表6-30、表6-31）。

清单月支付报表　　　　　　　　　　　　　　　　　　表6-29

承包单位：　　　合同号：　　　某项目一标段　　　单位：　元

监理单位：　　　截止日期：　　　第1个月　　　编号：　第　页共　页

子目号	子目名称	单位	合同约定			到本期末完成		到上期末完成		本期完成	
			原合同数量（个）	单价（元）	原合同金额（元）	数量（个）	金额（元）	数量（个）	金额（元）	数量（个）	金额（元）
202	场地清理										
202-1	清理与掘除										
-a	清理现场	m²	750814.00	7.02	5270714.28	450488.40	3162428.57	0	0	450488.40	3162428.57

清单月支付报表　　　　　　　　　　　　　　　　　　表6-30

承包单位：　　　合同号：　　　某项目一标段　　　单位：　元

监理单位：　　　截止日期：　　　第2个月　　　编号：　第　页共　页

子目号	子目名称	单位	合同约定			到本期末完成		到上期末完成		本期完成	
			原合同数量（个）	单价（元）	原合同金额（元）	数量（个）	金额（元）	数量（个）	金额（元）	数量（个）	金额（元）
202	场地清理										
202-1	清理与掘除										
-a	清理现场	m²	750814.00	7.02	5270714.28	713273.30	5007178.57	450488.40	3162428.57	262784.90	1844750.00

清单结算报表 表 6-31

| 承包单位: | 合同号: | 某项目一标段 | 单位: | 元 |
| 监理单位: | 截止日期: | 第 5 个月 | 编号: | 第 页共 页 |

子目号	子目名称	单位	合同约定			到本期末完成		到上期末完成		本期完成	
			原合同数量(个)	单价(元)	原合同金额(元)	数量(个)	金额(元)	数量(个)	金额(元)	数量(个)	金额(元)
202	场地清理										
202-1	清理与掘除										
-a	清理现场	m²	750814.00	7.02	5270714.28	750814.00	5270714.28	713273.30	5007178.57	37540.70	263535.71

案例 6-15

某农村公路项目,施工合同价 500 万元,项目 4 月开工,合同工期 5 个月,合同约定:

(1)开工前承包人承诺的人员设备到达现场,建设单位支付进度预付款 50 万元;在工程累计完成合同价 30% 以上,从进度支付中分两个月扣回。

(2)主要材料到场后,建设单位支付材料预付款比例为 60%;预付款支付见表 5-32。

(3)进度款按月结算,不考虑调价,每月进度付款证书最低限额为 50 万元。

(4)质量保证金扣留月支付额 3%,限额为 15 万元。

该项目施工各月完成的产值见表 6-32,主要材料到场后下月用于项目施工中。项目缺陷责任期 2 年;项目通过交工验收,返还质量保证金 80%,剩余部分缺陷责任期满后返还。

工程完成及材料预付款情况 表 6-32

项目	4 月	5 月	6 月	7 月	8 月
完成产值(万元)	80	123	168	89	40
主要材料预付款(万元)	30	80	70	20	

问题:

(1)4~8 月间,每月应签认的工程款额是多少?应签发的款额为多少?

(2)9 月份承包人提出交工申请,交工结算的前提是什么?结算价款为多少?

解:

(1)计算各月工程款额及应签发的款额如下:

进度预付款起扣点 $= 500 \times 30\% = 150$(万元)

①4 月份完成的产值 80 万元,并经监理人认可。

扣留质量保证金 $= 80 \times 3\% = 2.4$(万元)

工程款 $= 80$(万元),应签发 $= 80 - 2.4 = 77.6$(万元)

建设单位应签发 77.6 万元。

②5 月份完成的产值 123 万元,并经监理人认可。

累积完成产值 $= 80 + 123 = 203$(万元)

因为累积完成产值大于进度预付款起扣点 150 万元,5 月份应扣进度预付款 50%,

扣进度预付款 $= 50 \times 50\% = 25$(万元)

4 月份材料预付款 30 万元,应在 5 月份扣回;

扣留质量保证金 $= 123 \times 3\% = 3.69$(万元)

工程款 $= 123$(万元),应签发 $= 123 - 25 - 30 - 3.69 = 64.31$(万元)

建设单位应发 64.31 万元。

③6 月份完成的产值 168 万元,并经监理人认可。

扣进度预付款 50%,25 万元;扣回 5 月份材料预付款 80 万元;

扣留质量保证金 $= 168 \times 3\% = 5.04$(万元)

工程款 $= 168$(万元),应签发 $= 168 - 25 - 80 - 5.04 = 57.96$(万元)

建设单位应签发 57.96 万元。

④7 月份完成的产值 89 万元,并经监理人认可。

扣回 6 月份材料预付款 70 万元;

扣留质量保证金 $= 89 \times 3\% = 2.67$(万元)

工程款 $= 89$(万元),应签发 $= 89 - 70 - 2.76 = 16.33$(万元)

因小于每月进度付款证书最低限额为 50 万元,

7 月份建设单位将不支付。

⑤8 月份完成的产值 40 万元,并经监理人认可。

扣回 7 月份材料预付款 20 万元;

扣留质量保证金 $= 40 \times 3\% = 1.2$(万元)

工程款 $= 40$(万元),应签发 $= 40 - 20 - 1.2 + 16.33 = 35.13$(万元)

35.13 万元小于每月进度付款证书最低限额 50 万元,8 月份建设单位将不支付。

(2)交工结算。

①交工的前提。

a.承包人按照合同协议的约定完成了所包括的工作内容。

b.承包人按照《公路工程竣(交)工验收办法》和相关规定编制了竣工资料。

c.通过了由建设单位组织的由建设单位、监理、质检、设计、施工、运营、管理养护等有关部门代表参加的交工验收,对本项目的工程质量评定为合格,并编写了交工验收报告。

d.建设单位签发交工验收证书。

②交工结算工程价款。

工程未支付款项:35.13 万元。

扣留质量保证金累积 $= 2.4 + 369 + 5.04 + 2.67 + 1.2 = 14.8$(万元)

扣留质量保证金累计 14.8 万元未超过限额为 15 万元。

项目通过交工验收,返还质量保证金 80%,剩余部分缺陷责任期满后返还。

交工结算金额 $= 35.13 + 14.8 \times 80\% = 46.97$(万元)

建设单位应发交工结算工程价款为 46.97 万元。

三、工程款决算

（一）工程竣工验收

1. 竣工验收的含义

（1）竣工验收指承包人完成了全部合同工作后，发包人按合同要求进行的验收。

（2）国家验收是政府有管关部门根据法律、规范、规程和政策要求，针对发包人全面组织实施的整个工程正式交付投运前的验收。

（3）需要进行国家验收的，竣工验收是国家验收的一部分。竣工验收所采用的各项验收和评定标准应符合国家验收标准。发包人和承包人为竣工验收提供的各项竣工验收资料应符合国家验收的要求。

2. 竣工验收申请报告

当工程具备以下条件时，承包人即可向监理人报送竣工验收申请报告：

（1）除监理人同意列入缺陷责任期内完成的尾工（甩项）工程和缺陷修补工作外，合同范围内全部单位工程以及有关工作，包括合同要求的试验、试运行及检验和验收均已完成，并符合合同要求。

（2）已按合同约定的内容和份数备齐了符合要求的竣工资料；竣工验收资料的内容，承包人应按照《公路工程竣（交）工验收办法》（中华人民共和国交通部令2004年第3号）、《公路工程竣（交）工验收办法实施细则》（交公路发〔2021〕446号）和相关规定编制。

（3）已按监理人的要求编制了缺陷责任期内完成的尾工（甩项）工程和缺陷修补工作清单以及相应施工计划。

（4）监理人要求在竣工验收前应完成的其他工作。

（5）监理人要求提交的竣工验收资料清单。

3. 验收组织

监理人收到承包人按照竣工验收申请报告约定提交的竣工验收申请报告后，应审查申请报告的各项内容，并按以下不同情况进行处理。

（1）监理人审查后认为尚不具备竣工验收条件的，应在收到竣工验收申请报告后的28d内通知承包人，指出在颁发接受证书前承包人还需要进行的工作内容。承包人完成监理人通知的全部工作后，应再次提交竣工验收申请报告，直至监理人同意为止。

（2）监理人审查后认为已具备竣工验收条件，应在收到竣工验收申请报告后的28d内提交发包人进行工程验收。交工验收由发包人主持，由发包人、监理人、质监、设计、施工、运营、管理养护等有关部门代表组成交工验收小组，对本项目的工程质量进行评定，并写出交工验收报告报交通主管部门备案。承包人应按发包人的要求提交竣工资料，完成交工验收准备工作。

（3）发包人经过验收后同意接收工程的，应在监理人收到竣工验收申请报告后的56d内，由监理人向承包人出具经发包人签认的工程接收证书。发包人验收后同意接收工程但提出整修和完善要求的，限期修好，并缓发工程接收证书。整修和完善工作完成后，监理人复查达到要求的，经发包人同意后，再向承包人出具经发包人签认的工程接收证书。

（4）发包人经过验收后不同意接收工程的，监理人应按照发包人验收意见发出指示，要求承包人对不合格工程认真返工重做或进行补救处理，并承担由此产生的费用。承包人在完成不合格工程返工重做或进行补救后，应重新提交的竣工验收申请报告，再按照上述约定重新组织审查和验收工作。

（5）除专用合同条款另有约定外，经验收合格工程的实际竣工日期，以提交竣工验收申请报告的日期为准，并在工程接收证书中写明。经验收合格工程的实际交工日期，以最终提交交工验收申请报告的日期为准，并在交工验收证书中写明。

（6）发包人在收到承包人竣工验收申请报告56d后未进行验收的，视为验收合格，实际竣工日期以提交验收申请报告的日期为准，但发包人由于不可抗力不能进行验收的除外。

（7）组织办理交工验收和签发交工验收证书的费用由发包人承担。

4. 单位工程验收

（1）发包人根据合同进度计划安排，在全部工程竣工前需要使用已经竣工的单位工程时，或承包人提出经发包人同意时，可进行单位工程验收，验收的程序可参照上述进行。验收合格后，由监理人向承包人出具发包人签发的单位工程验收证书。已签发单位工程接收证书的单位证书由发包人负责照管。单位工程的验收成果和结论作为全部工程竣工验收申请报告的附件。

（2）发包人在全部工程竣工前，使用已经接收的单位工程导致承包人费用增加的，发包人应承担由此增加的费用和（或）工期延误，并支付承包人合理利润。

5. 施工运行

（1）施工期运行是指合同工程尚未全部竣工，其中某项或某几项单位工程或工程设备安装竣工，根据专用合同条款约定，需要投入施工期运行的，经发包人按单位工程验收的约定验收合格，证明能确保安全后，才能在施工期投入运行。

（2）在施工期运行中发现工程或工程设备损坏或存在缺陷的，由承包人按缺陷责任约定进行修复。

6. 试运行

（1）除专用条款另有约定外，承包人应按专用合同条款约定进行工程及工程设备试运行。负责提供试运行所需的人员、器材和必要的条件，并承担全部试运行费用。

（2）由于承包人的原因导致试运行失败的，承包人应采取措施保证试运行合格，并承担相应费用。由于发包人的原因导致试运行失败的，承包人应当采取措施保证试运行合格，发包人应承担由此产生的费用，并支付承包人合理利润。

7. 竣工清场

（1）除合同另有约定外，工程接收证书颁发后，承包人应按以下要求对施工场地进行清理，直至监理人检验合格为止。竣工清场费用由承包人承担。施工场地内残留的垃圾已全部清除出场；临时工程已拆除，场地已按合同要求进行清理、平整或复原；按合同约定撤离的承包人设备和剩余的材料，包括废弃的施工设备和材料，已按计划查理施工场地；工程建筑物周边及其附近道路、河道的施工堆积物，已按监理人指示全部清理；监理人指示的其他场地清理工作全部完成。

(2)承包人未按监理人的要求恢复临时占地,或者场地清理未达到合同约定的,发包人有权委托其他人恢复或清理,所发生的金额从拟支付给承包人的款项中扣除。

8. 施工队伍的撤离

工程接收证书颁发后的 56d 内,除了经监理人同意需在缺陷责任期内继续工作和使用的人员、施工设备和临时工程外,其余的人员、施工设备和临时工程均应撤离施工场地或拆除。除合同另有约定外,缺陷责任期满时,承包人的人员和施工设备应全部撤离施工场地。

9. 竣工文件

承包人应按照《公路工程竣(交)工验收办法》(中华人民共和国交通部令 2004 年第 3 号)的相关规定,在缺陷责任期内为竣工验收补充竣工资料,并在签发缺陷责任期终止证书之前提交。

(二)工程款决算

1. 竣工付款申请单

(1)工程接收证书颁发后,承包人应按专用合同条款约定的份数和期限向监理人提交竣工付款申请单,并提供相关证明材料。除专用合同条款另有约定外,竣工付款申请单应包括下列内容:竣工结算合同总价、发包人已支付承包人的工程价款、应扣留的质量保证金、应支付的竣工付款金额。

(2)监理人对竣工付款申请单有异议的,有权要求承包人进行修正和提供补充资料。经监理人和承包人协商后,由承包人向监理人提交修正后的竣工付款申请单。

(3)在交工验收证书签发后 42d 内,承包人向监理人提交交工付款申请单(包括相关证明材料)的份数在项目专用合同条款数据表中约定。

2. 竣工付款证书及支付时间

(1)监理人在收到承包人提交的竣工付款申请单后的 14d 内完成核查,提出建设单位到期应支付给承包人的金额以及相应的支持性材料,经建设单位审查同意后,由监理人向承包人出具经建设单位签认的竣工付款证书。监理人有权扣发承包人未能按照合同要求履行任何工作或义务的相应金额。

(2)建设单位应在监理人收到竣工付款申请单后的 14d 内,将竣工应付款支付给承包人。建设单位不按期支付的,按专用合同条款的约定支付逾期付款违约金。

(3)承包人对建设单位签认的付款证书有异议的,建设单位可出具竣工付款申请单中承包人已同意部分的临时付款证书。存在争议的部分,按合同争议解决约定处理。

(4)竣工付款涉及政府投资资金的,按照国库集中支付等国家相关规定和专用合同条款约定执行。

四、最终结清

(一)缺陷责任与保修责任

1. 缺陷责任期的起算时间

缺陷责任期自实际竣工日期起计算。在全部工程竣工验收前,已经发包人提前验收的单位工程,其缺陷责任期的起算日期相应提前。

2.缺陷责任

(1)承包人应在缺陷责任期内对已交付使用的工程承担缺陷责任。

(2)缺陷责任期内,发包人在使用过程中,发现已接收的工程在新的缺陷或已修复的缺陷部位或部件又遭损坏的,承包人应负责修复,直至检验合格为止。

(3)监理人和承包人应共同查清缺陷和(或)损坏的原因。经查明属承包人原因造成的,应由承包人承担修复和查验的费用。经查验属发包人原因,由发包人承担修复和查验的费用。

(4)承包人不能在合理时间内修复缺陷的,发包人可自行修复或委托其他人修复,所需费用和利润,按缺陷责任期延长约定办理。

3.缺陷责任期的延长

由于承包人原因造成某项缺陷或损坏使某项工程或工程设备不能按原定目标使用而需要再次检查、检验和修复的,发包人有权要求承包人相应延长缺陷责任期,但缺陷责任期最长不超过2年。

4.进一步试验和试运行

任何一项缺陷或损坏修复后,经检查证明其影响了工程或工程设备的使用性能,承包人应重新进行合同约定的试验和试运行,全部费用应由责任方承担。

5.承包人的进入权

缺陷责任期内承包人为缺陷修复工作需要,有权进入工程现场,但应遵守发包人的保安和秘密规定。

承包人在缺陷修复过程中,应服从管养单位的有关安全管理的规定,由于承包人自身原因造成的人员伤亡、设备和材料的损毁及罚款等责任由承包人自负。

6.缺陷责任期终止证书

在实际竣工日期起约定的缺陷责任期,包括缺陷责任期延长的期限终止后14d内,由监理人向承包人出具经发包人签认的缺陷责任期终止证书,并退还剩余的质量保证金。

7.保修责任

(1)合同当事人根据有关法律规定在专用合同条款中确定工程质量保修范围、期限和责任。保修期自实际竣工日期起计算。在全部工程竣工验收前,已经发包人提前验收的单位工程,其保修期的起算日期相应提前。

(2)保修期自实际交工日期起计算,具体期限在项目专用合同条款数据表中约定。保修期和缺陷责任期重叠的期间内,承包人的保修责任同缺陷责任。在缺陷责任期满后的保修期内,承包人可不在工地留有办事人员和机械设备,但必须随时与发包人保持联系。在保修期内,承包人应对由于施工质量原因造成的损坏自费进行修复。

(3)在全部工程交工验收前,已经发包人提前验收的单位工程,其保修期的起算日期相应提前。

(4)工程保修期终止后28d内,监理人签发保修期终止证书。

(5)若承包人不履行保修义务和责任,则承包人应承担由于违约造成的法律后果,并由发包人将其违约行为上报省级交通运输主管部门,作为不良记录纳入公路建设市场信用信息管理系统。

(二)最终结清

1.最终结清申请单

(1)缺陷责任期终止证书签发后,承包人可按专用合同条款约定的份数和期限向监理人提交最终结清申请单,并提供相关材料。

(2)发包人对最终结清申请单内容有异议的,有权要求承包人进行修正和提供补充资料,由承包人向监理人提交修正后的最终结清申请单。

2.最终结清证书和支付时间

(1)监理人收到承包人提交的最终结清申请单后的14d内,提出发包人应支付给承包人的价款送发包人审核并抄送承包人。发包人应在收到后的14d内审核完毕,由监理人向承包人出具经发包人签认的最终结清证书。监理人未在约定时间内核查,又未提出具体意见的,视为承包人提交的最终结清申请已经监理人核查同意;发包人未在约定时间内审核又未提出具体意见的,监理人提出应支付给承包人的价款视为已经发包人同意。

(2)发包人应在监理人出具最终结清证书且承包人提交了合格的增值税专用发票后的14d内,将应支付款支付给承包人。发包人不按期支付的,按专用合同条款的约定支付逾期付款违约金。

(3)承包人对发包人签认的最终结清证书有异议的,按照争议解决约定办理。

(4)最终结清付款涉及政府投资资金的,按照国库集中支付等国家相关规定和专用合同条款约定执行。

案例6-16

某建安工程施工合同,合同总价为600万元,其中有78万元的主材由建设单位直接供应,合同工期为7个月。

(1)合同规定:

①建设单位应向承包人支付合同价25%的预付工程款。

②预付工程款应从施工工程尚需的主要材料及构配件价值相当于预付工程款时起扣,每月以抵充工程款的方式陆续扣回,主材费比重按62.5%考虑。

③建设单位每月从给承包人的工程进度款金额中按3%的比例扣留工程质量保证金,通过竣工验收后结算给承包人。

④由建设单位直接供应的主材款应从发生当月的工程款中扣回其费用。

⑤每月付款证书签发的最低限额为50万元等。

(2)第一个月主要完成土方工程的施工,由于施工条件复杂,土方工程量发生了较大的变化(招标文件中的工程数量为2800m³,承包人填报的综合单价为80元/m³),单价应做出调整。实际工程量超过或少于估计工程量15%以上时,单价乘以系数0.9或1.05。

（3）经工程师签证确认：

①承包人在第一个月完成的土方工程数量为3300m³。

②其他各月实际完成的建安工作量及建设单位直接提供的主材价值如表6-33所示。

建安工程量与建设单位供应的主材价值　　　　　　表6-33

月份	1	2	3	4	5	6	7
实际完成的建安工作量	—	90	110	100	100	80	70
建设单位供应主材价值	—	18	20	—	—	30	—

问题：

（1）第一个月土方工程实际工程进度款为多少万元？

（2）该工程预付工程款是多少万元？预付工程款在第几个月份开始起扣？

（3）1~7月，工程师应签证的工程款各是多少？应签发付款书金额是多少？并指明是否签发付款。

（4）竣工结算时，工程师签发付款证书金额是多少万元？

解：

（1）具体计算如下：

①超过15%以内的工程进度款为2800×(1+15%)×80=3220×80=25.76(万元)。

②超过15%的剩余部分的工程进度款为(3300-3200)×80×0.9=0.58(万元)。

③土方工程进度款为25.76+0.58=26.34(万元)。

（2）具体计算如下：

①预付工程款金额=600×25%=150(万元)。

②预付工程款起扣点=600-150/62.5%=360(万元)。

③开始起扣预付工程款的时间为第5个月，因为第5个月累计实际完成的工程量为26.34+90+110+100+100=426.34(万元)，大于360万元。

（3）具体计算如下：

①1月应签证的工程款为26.34×(1-3%)=25.5498(万元)；

1月应签发付款证书金额为25.5498万元，但低于最低支付限额，本月不签发付款证书。

②2月应签证的工程款为90×(1-3%)=87.3万元；

2月应签发付款证书金额为87.3-18+25.5498=94.8498(万元)；本月应签发付款证书。

③3月应签证的工程款为110×(1-3%)=106.7(万元)；

3月应签发付款证书金额为106.7-20=86.7(万元)，本月应签发付款证书。

④4月应签证的工程款为100×(1-3%)=97(万元)；

4月应签发付款证书金额为97.万元，本月应签发付款证书。

⑤5月应签证的工程款为100×(1-3%)=97(万元)；

本月应扣预付款为(426.34-360)×62.5%=41.46(万元)；

5月应签发付款证书金额为97.-41.46=55.54(万元)，本月应签发付款证书。

⑥6月应签证的工程款为80×(1-3%)=77.6(万元)；

本月应扣预付款为80×62.5%=50(万元)；

6月应签发付款证书金额为 $77.6 - 50 - 30 = -2.4$(万元),本月不应签发付款证书。

⑦ 7月应签证的工程款为 $70 \times (1 - 3\%) = 67.9$(万元);

本月应扣预付款为 $150 - 41.46 - 50 = 58.54$(万元);

7月应签发付款证书金额为 $67.9 - 58.54 - 2.4 = 6.96$(万元),本月不应签发付款证书。

(4)竣工决算:

应签发付款证书金额为 $6.96 + (26.34 + 90 + 110 + 100 + 100 + 80 + 70) \times 3\% = 24.2502$(万元)。

复习思考题

1. 某公路防护工程需砌筑一段浆砌护墙,断面:墙高2m、顶宽0.5m、底宽1m;拟采用M5.0水泥砂浆砌筑。根据合同约定,工程单价确定是首先现场测定每10m³砌体的人工工日,材料、机械台班消耗指标,并乘以相应的当地价格确定。各项测定参数如下。

(1)砌筑1m³砌体需要工时参数:基本工作时间为12.6h(折算为一人工作);辅助工作时间为工作延续时间的3%;准备与结束时间为工作延续时间的2%;不可避免的中断时间为工作延续时间的2%;休息时间为工作延续时间的18%;人工幅度差系数为10%。

(2)砌筑1m³砌体需要各种材料净用量:片石0.72m³;水泥砂浆0.28m³;水0.75m³;片石和砂浆的损耗率分别为20%、8%。

(3)砌筑1m³砌体需要200L砂浆搅拌机0.5台班;机械幅度差系数为15%。

问题:

(1)试确定该砌体工程的人工时间定额和产量定额。

(2)设当地人工工资标准为106.28元/工日;片石单价为63.11元/m³;M5水泥砂浆的单价为115.8元/m³;水的单价为2.72元/m³;其他材料费为片石、水泥砂浆和水费用之和的2%;200L砂浆搅拌机台班费用为129.87元/台班。试确定1m³砌体的单价。

(3)计算该工程每100延米的砌筑工程量及直接费。

2. 某机械化施工公司承包了某公路工程的土方工程施工任务,土方工程数量为9800m³;平均运距8km,合同工期为10d。该公司现有WY60、WY100、WY200液压挖掘机各4台、2台、1台及6t、8t、15t自卸汽车各10台、20台、10台,其主要参数见表6-34和表6-35。

挖掘机主要参数 　　　　　　　　　　　　　　　　表6-34

型号	WY60	WY100	WY200
斗容量(m³)	0.60	1.00	2.00
台班产量(m³)	316.46	505.05	769.23
台班单价(元/台班)	832.45	1195.01	1501.23

自卸汽车主要技术参数   表 6-35

载重能力	6t	8t	15t
运距 8km 台班产量(m³)	31.90	41.06	76.16
台班单价(元/台班)	575.79	680.18	926.78

问题：

（1）若挖掘机和自卸汽车按表中型号只能各取一种，且数量没有限制，如何组合最经济？相应的每立方米土方的挖运直接费为多少？

（2）该工程只允许白天一班施工，且每天安排的挖掘机和自卸汽车的型号、数量不变，需要安排几台何种型号的挖掘机和几台何种型号的自卸汽车？每立方米土方的挖运直接费为多少？

（3）确定按上述安排的挖掘机和自卸汽车的型号并计算其需要的数量。

3. 某公路工程施工项目合同价为 5000 万元，合同工期为 6 个月，合同签订日期为 3 月初，从当年 4 月份开始施工。合同规定：

（1）预付款按合同价 20% 支付，支付预付款及进度款累计达总合同价 30% 时，开始抵扣，在下月起各月平均扣回。

（2）质量保证金按 3% 扣回，限额 150 万元。

（3）当物价比签订合同时上涨大于或等于 5% 时，依照当月应结价款的实际上涨幅度，按如下公式进行调整：

$$P = P_0 \times \left(0.15 \frac{A}{A_0} + 0.6 \frac{B}{B_0} + 0.25 \right)$$

注：①上式中 0.15 为人工费在合同总价中的比重，0.6 为材料在合同总价中的比重。

②单价上涨幅度小于 5% 时，不予调整，其他情况均不予调整。

（4）该工程实际完成产值见表 6-36 和表 6-37（不包括索赔费用）。

实际完成产值   表 6-36

月份	4	5	6	7	8	9
实际产值(万元)	800	1000	1000	1000	800	400

各月造价指数表   表 6-37

月份	3	4	5	6	7	8	9
人工	110	110	115	115	120	130	130
材料	150	135	135	130	140	140	140

问题：

（1）该工程预付款为多少？

（2）每月实际结算工程款为多少？

4.某工程包括 A、B、C 三项分项工程,合同期为 6 个月。工期每提前一月奖励 1.5 万元,每拖后一月罚款 2 万元。各分项工程的计划进度与实际进度如表 6-38 所示。表中粗实线表示计划进度,进度线上方的数据为每月计划完成工程量(单位:1000m³);粗虚线表示实际进度,进度线上方的数据为每月实际完成工程量(单位:1000m³)。该工程采用单价合同,按月结算。三项分项工程的计划单价分别为:200 元/m³、180 元/m³、160 元/m³。在实际结算过程中,分项工程 A 的单价上调 10%,分项工程 B 的单价与计划单价相同。但在第 6 个月承包人获得索赔款 1.4 万元,工期补偿 0.5 月,分项工程 C 的单价减少了 10 元。

某工程计划进度与实际进度表　　　　　表 6-38

分项工程	进度计划（月）							
	1	2	3	4	5	6	7	8
A	3	3	3					
	3	3	3					
B		3	3	3				
			3	3	3	2	2	
C				2	2	2		
						2	2	2

问题:

(1)计算各分项工程的每月拟完工程计划投资、已完工程实际投资、已完工程计划投资,并将结果填入表 6-39 中。

各分项工程每月投资数据表　　　　　表 6-39

分项工程	投资项目	每月投资数据(单位:万元)							
		1	2	3	4	5	6	7	8
A	拟完工程计划投资								
	已完工程实际投资								
	已完工程计划投资								
B	拟完工程计划投资								
	已完工程实际投资								
	已完工程计划投资								
C	拟完工程计划投资								
	已完工程实际投资								
	已完工程计划投资								

（2）计算整个工程每月投资数据表，将结果填入表 6-40 中。

每月投资数据表　　　　　　　表 6-40

项目	投资数据（单位：万元）							
	1	2	3	4	5	6	7	8
拟完工程计划投资								
拟完工程计划投资累计								
已完工程实际投资								
已完工程实际投资累计								
已完工程计划投资								
已完工程计划投资累计								

（3）分析第 4 月末和第 6 个月的投资偏差。

5. 某二级公路建设项目，施工合同价 800 万元，项目四月开工，合同工期 6 个月，由于施工期较短，项目采取固定合同价，施工期不考虑调价因素。合同约定：

（1）开工前承包人承诺的人员设备到达现场，发包人支付开工预付款为合同价的 10%；在工程累计完成合同价 30% 时，从进度支付中分三个月扣回。

（2）主要材料到场后，发包人根据合同约定分别支付了一定数额的材料预付款，详见表 6-41。

（3）进度款按月结算，每月进度付款证书最低限额 50 万元。

（4）质量保证金扣留月支付额 3%，质量保证金限额为 24 万元。

该项目施工各月完成的产值见表 6-41，主要材料到场后下月用于项目施工中。项目缺陷责任期 1 年；项目通过交工验收，返还质量保证金 50%，剩余部分缺陷责任期满后返还。

工程完成及材料预付款情况　　　　　　　表 6-41

项目	4 月	5 月	6 月	7 月	8 月	9 月
完成产值（万元）	78	152	172	168	148	82
主要材料预付款（万元）	80	90	70	20		

问题：

（1）从 4 月到 9 月，应签认的工程款额是多少？应签发的款额为多少？

（2）10 月份承包人按期完工，项目并通过了交工验收，请计算结算价款为多少。

参 考 文 献

[1] 中华人民共和国交通运输部.公路工程技术标准:JTG B01—2014[S].北京:人民交通出版社股份有限公司,2014.

[2] 中华人民共和国交通运输部.公路工程质量检验评定标准 第一册 土建工程:JTG F80/1—2017[S].北京:人民交通出版社股份有限公司,2017.

[3] 中华人民共和国交通部.公路建设项目环境影响评价规范:JTG B03—2006[S].北京:人民交通出版社,2006.

[4] 中华人民共和国交通运输部.公路项目安全性评价规范:JTG B05—2015[S].北京:人民交通出版社股份有限公司,2015.

[5] 中华人民共和国交通运输部.公路工程预算定额(上、下册):JTG/T 3832—2018[S].北京:人民交通出版社股份有限公司,2018.

[6] 中华人民共和国交通运输部.公路工程机械台班费用定额:JTG/T 3833—2018[S].北京:人民交通出版社股份有限公司,2018.

[7] 中华人民共和国交通运输部.公路工程标准施工招标文件(2018年版)[M].北京:人民交通出版社股份有限公司,2018.

[8] 中华人民共和国交通运输部.公路工程标准施工招标资格预审文件(2018年版)[M].北京:人民交通出版社股份有限公司,2018.

[9] 中华人民共和国交通运输部.公路工程施工安全技术规范:JTG F90—2015[S].北京:人民交通出版社股份有限公司,2015.

[10] 张文斌.公路工程项目管理[M].北京:中国电力出版社,2010.

[11] 李继业,范世香.公路工程项目管理[M].北京:化学工业出版社,2010.

[12] 中国公路建设行业协会,重庆交通学院,长沙理工大学.公路工程施工项目管理实务[M].北京:人民交通出版社,2005.

[13] 李绪梅,陈列.公路工程项目管理[M].4版.北京:人民交通出版社,2005.